# Strafprozeßrecht

Hemmer/Wüst/Siara/Petto

Mai 1999

# Informieren Sie sich über unsere Kurse:

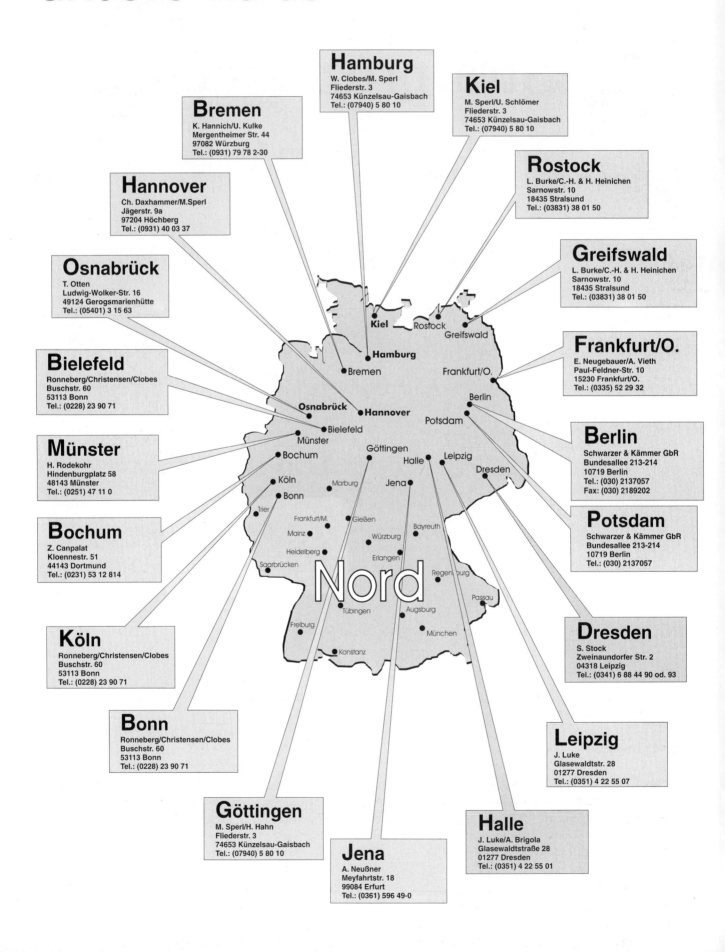

**Hamburg**
W. Clobes/M. Sperl
Fliederstr. 3
74653 Künzelsau-Gaisbach
Tel.: (07940) 5 80 10

**Kiel**
M. Sperl/U. Schlömer
Fliederstr. 3
74653 Künzelsau-Gaisbach
Tel.: (07940) 5 80 10

**Bremen**
K. Hannich/U. Kulke
Mergentheimer Str. 44
97082 Würzburg
Tel.: (0931) 79 78 2-30

**Rostock**
L. Burke/C.-H. & H. Heinichen
Sarnowstr. 10
18435 Stralsund
Tel.: (03831) 38 01 50

**Hannover**
Ch. Daxhammer/M.Sperl
Jägerstr. 9a
97204 Höchberg
Tel.: (0931) 40 03 37

**Greifswald**
L. Burke/C.-H. & H. Heinichen
Sarnowstr. 10
18435 Stralsund
Tel.: (03831) 38 01 50

**Osnabrück**
T. Otten
Ludwig-Wolker-Str. 16
49124 Gerogsmarienhütte
Tel.: (05401) 3 15 63

**Frankfurt/O.**
E. Neugebauer/A. Vieth
Paul-Feldner-Str. 10
15230 Frankfurt/O.
Tel.: (0335) 52 29 32

**Bielefeld**
Ronneberg/Christensen/Clobes
Buschstr. 60
53113 Bonn
Tel.: (0228) 23 90 71

**Berlin**
Schwarzer & Kämmer GbR
Bundesallee 213-214
10719 Berlin
Tel.: (030) 2137057
Fax: (030) 2189202

**Münster**
H. Rodekohr
Hindenburgplatz 58
48143 Münster
Tel.: (0251) 47 11 0

**Potsdam**
Schwarzer & Kämmer GbR
Bundesallee 213-214
10719 Berlin
Tel.: (030) 2137057

**Bochum**
Z. Canpalat
Kloennestr. 51
44143 Dortmund
Tel.: (0231) 53 12 814

**Köln**
Ronneberg/Christensen/Clobes
Buschstr. 60
53113 Bonn
Tel.: (0228) 23 90 71

**Dresden**
S. Stock
Zweinaundorfer Str. 2
04318 Leipzig
Tel.: (0341) 6 88 44 90 od. 93

**Bonn**
Ronneberg/Christensen/Clobes
Buschstr. 60
53113 Bonn
Tel.: (0228) 23 90 71

**Leipzig**
J. Luke
Glasewaldtstr. 28
01277 Dresden
Tel.: (0351) 4 22 55 07

**Göttingen**
M. Sperl/H. Hahn
Fliederstr. 3
74653 Künzelsau-Gaisbach
Tel.: (07940) 5 80 10

**Halle**
J. Luke/A. Brigola
Glasewaldtstraße 28
01277 Dresden
Tel.: (0351) 4 22 55 01

**Jena**
A. Neußner
Meyfahrtstr. 18
99084 Erfurt
Tel.: (0361) 596 49-0

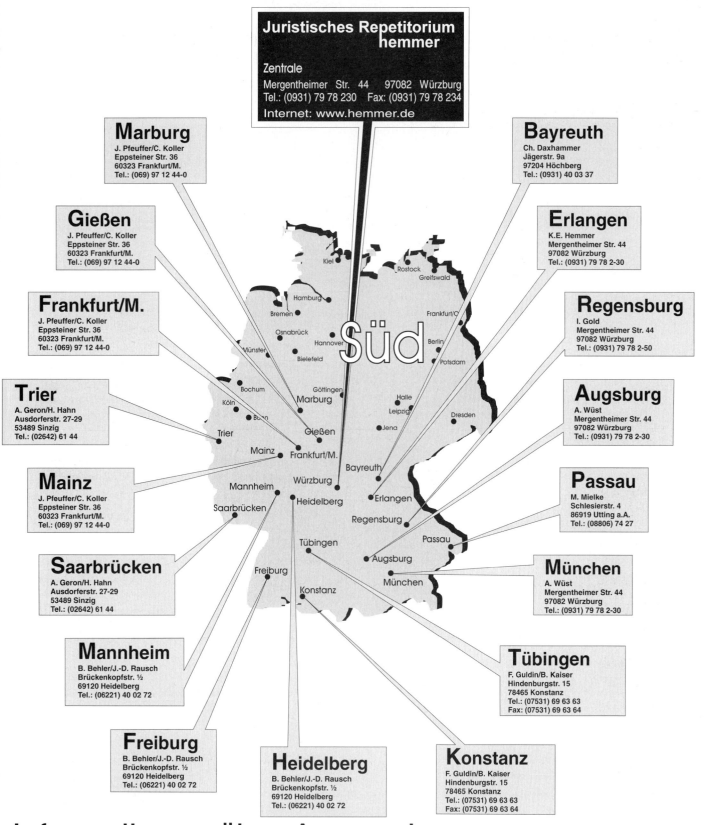

**Juristisches Repetitorium hemmer**

Zentrale
Mergentheimer Str. 44  97082 Würzburg
Tel.: (0931) 79 78 230   Fax: (0931) 79 78 234
Internet: www.hemmer.de

**Marburg**
J. Pfeuffer/C. Koller
Eppsteiner Str. 36
60323 Frankfurt/M.
Tel.: (069) 97 12 44-0

**Gießen**
J. Pfeuffer/C. Koller
Eppsteiner Str. 36
60323 Frankfurt/M.
Tel.: (069) 97 12 44-0

**Frankfurt/M.**
J. Pfeuffer/C. Koller
Eppsteiner Str. 36
60323 Frankfurt/M.
Tel.: (069) 97 12 44-0

**Trier**
A. Geron/H. Hahn
Ausdorferstr. 27-29
53489 Sinzig
Tel.: (02642) 61 44

**Mainz**
J. Pfeuffer/C. Koller
Eppsteiner Str. 36
60323 Frankfurt/M.
Tel.: (069) 97 12 44-0

**Saarbrücken**
A. Geron/H. Hahn
Ausdorferstr. 27-29
53489 Sinzig
Tel.: (02642) 61 44

**Mannheim**
B. Behler/J.-D. Rausch
Brückenkopfstr. ½
69120 Heidelberg
Tel.: (06221) 40 02 72

**Freiburg**
B. Behler/J.-D. Rausch
Brückenkopfstr. ½
69120 Heidelberg
Tel.: (06221) 40 02 72

**Heidelberg**
B. Behler/J.-D. Rausch
Brückenkopfstr. ½
69120 Heidelberg
Tel.: (06221) 40 02 72

**Konstanz**
F. Guldin/B. Kaiser
Hindenburgstr. 15
78465 Konstanz
Tel.: (07531) 69 63 63
Fax: (07531) 69 63 64

**Tübingen**
F. Guldin/B. Kaiser
Hindenburgstr. 15
78465 Konstanz
Tel.: (07531) 69 63 63
Fax: (07531) 69 63 64

**München**
A. Wüst
Mergentheimer Str. 44
97082 Würzburg
Tel.: (0931) 79 78 2-30

**Passau**
M. Mielke
Schlesierstr. 4
86919 Utting a.A.
Tel.: (08806) 74 27

**Augsburg**
A. Wüst
Mergentheimer Str. 44
97082 Würzburg
Tel.: (0931) 79 78 2-30

**Regensburg**
I. Gold
Mergentheimer Str. 44
97082 Würzburg
Tel.: (0931) 79 78 2-50

**Erlangen**
K.E. Hemmer
Mergentheimer Str. 44
97082 Würzburg
Tel.: (0931) 79 78 2-30

**Bayreuth**
Ch. Daxhammer
Jägerstr. 9a
97204 Höchberg
Tel.: (0931) 40 03 37

# Informationen über Assessorkurse:

**Bayern:** RA I. Gold, Mergentheimer Str. 44, 97082 Würzburg; Tel.: (0931) 79 78 2-50

**Baden-Württemberg:** RA F. Guldin, Hindenburgstr. 15, 78465 Konstanz; Tel.: (07531) 69 63 63
RA'e Behler/Rausch, Brückenkopfstr. ½, 69120 Heidelberg; Tel.: (06221) 40 02 72

**Brandenburg:** RA'e Neugebauer/Vieth, Paul-Feldner-Str.10, 15230 Frankfurt/O; Tel.:(0335) 52 29 32

**Hessen:** RA J. Pfeuffer, Eppsteiner Str. 36, 60323 Frankfurt; Tel.: (069) 97 12 44-0

**Rheinland-Pfalz:** RA J. Pfeuffer, Eppsteiner Str. 36, 60323 Frankfurt; Tel.: (069) 97 12 44-0
RA. A. Geron, Ausdorferstr. 27-29, 63489 Sinzig; Tel.: (02642) 6144

**Nordrhein-Westfalen:** A. Ronneberg, Buschstr. 60, 53113 Bonn; Tel.: (0228) 23 90 71

**Thüringen:** RA A. Neußner, Meyfartstr. 18, 99084 Erfurt; Tel.: (0361) 596 49-0

**Sachsen:** RA J. Luke, Glasewaldstraße 28, 01277 Dresden; Tel.: (0351) 4 22 55 01

**Sachsen-Anhalt:** RA J. Luke, Glasewaldstraße 28, 01277 Dresden; Tel.: (0351) 4 22 55 01

**Mecklenburg-Vorp.:** RA M. Henjes, Sarnowstr. 10, 18435 Stralsund; Tel.: (03831) 378 40

**Hamburg:** U. Koblenz, Fliederstr. 3, 74653 Künzelsau-Geisbach; Tel.: (07940) 5 80 10

# hemmer-Skripten

| Plz | Ort | Name | Straße |
|---|---|---|---|
| 73401 | Aalen | Bücher Jahn | Mittelbachstr. 14-16 |
| 16278 | Angermünde | Schmook Buchhandlung, Ehm. Welk | Rosenstr. 3 |
| 06556 | Artern | Buchhandlung Das Gute Buch | Leipziger Str. 41 |
| 63739 | Aschaffenburg | Fachbuch im Fachwerk, Inh. Börries Diekmann | Roßmarkt 42 |
| 86150 | Augsburg | Buchhandlung Gondrom GmbH & Co.KG | Annastr. 39 |
| 86150 | Augsburg | Buchhandlung Pustet | Karolinenstr. 12 |
| 86150 | Augsburg | Schlossersche Buchhandlung | Annastr. 20 |
| 86159 | Augsburg | Bücher Gunda | Salomon-Idler-Str. 24f |
| 86159 | Augsburg | Mephisto Buchhandlung | Salomon-Idler-Str.2 |
| 06567 | Bad Frankenhausen | STOLZE Buchhandlung | Markt 8 |
| 61352 | Bad Homburg | Buch-Dahl, Bestell- u.Versandbuchhandlg | Lange Meile 7 |
| 61348 | Bad Homburg v.d.H. | Emil Schwabe GmbH, Großbuchhandlung | Elisabethenstr. 29 |
| 83435 | Bad Reichenhall | Buchhandlung Walter Martin | Ludwigstr. 20 |
| 36433 | Bad Salzungen | Buchhandlung am Markt | Am Markt 7 |
| 96047 | Bamberg | Görresbücher Universitätsbuchhandlung | Lange Str. 24 |
| 96047 | Bamberg | Wissenschaftliche Buchhandlung Willi Schmidt | Schützenstr. 1 |
| 95444 | Bayreuth | Buchhandlung Gondrom | Maxstr. 18 |
| 95444 | Bayreuth | Markgrafen-Buchhdlung, Inh. R.-J. Geilenkirchen | Maximilianstr. 32 |
| 95447 | Bayreuth | Teilbibliothek RW | Universitätsstraße |
| 95447 | Bayreuth | Uni-Buchladen Peter Kohler | Emil-Warburg-Weg 28 |
| 95448 | Bayreuth | Charivari, Inh. M. Ebersberger | Fichtelgebirgsstr. 13 |
| 51465 | Bergisch-Gladbach | Buchhandlung Potthoff | Am Alten Pastorat 5 |
| 51702 | Bergneustadt | Buchhandlung Baumhof | Hauptstr. 3 |
| 10117 | Berlin | Akademische Buchhandlung Am Gendarmenmarkt | Markgrafenstr. 39 |
| 10178 | Berlin | Berliner Universitätsbuchhandlung am Alex GmbH | Spandauer Str. 2 |
| 10623 | Berlin | Buchhandlung Kiepert KG | Hardenbergstr. 4-5 |
| 10623 | Berlin | Marga Schoeller Bücherstube GmbH | Knesebeckstr. 33 |
| 10627 | Berlin | Buchhandlung Born, Jürgen Woltmann | Kantstr. 83 |
| 10785 | Berlin | Fachbuchhandlung Schweitzer Sortiment Berlin | Lützowstr. 105 |
| 10785 | Berlin | Fachbuchhandlung Struppe & Winckler | Potsdamer Str. 103 |
| 10789 | Berlin | Buchhandlung Hugendubel, Abt. 2/3 | Tauentzienstr. 13 |
| 12159 | Berlin | Bommer Bücher Berlin | Handjerystr. 71 |
| 12439 | Berlin | Buchhandlung Schöneweide, Inh. Hanka Steiger | Brückenstr. 2 |
| 13125 | Berlin | der buchladen in buch, Inh. Michael Kowarsch | Röbellweg 14 |
| 13507 | Berlin | Tegeler Bücherstube GmbH | Grußdorfstr. 17 |
| 14193 | Berlin | Georg Westermann Buchhandlung | Flinsberger Platz 3 |
| 14195 | Berlin-Dahlem | Fachbuchhandlung Struppe & Winckler | U-Bahnhof Thielplatz |
| 14195 | Berlin-Dahlem | Kiepert an der Freien Universität | Garystr. 46 |
| 13505 | Berlin-Konradshöhe | Bücherstube Jutta Winckelmann | Falkenplatz 9a |
| 10117 | Berlin-Mitte | Kiepert an der Humboldt-Universität | Georgenstr. 2 |
| 33602 | Bielefeld | Fachbuchhandlung Struppe & Winckler | Friedrich-Verleger-Str. 7 |
| 33615 | Bielefeld | Buchhandlung in der Uni, Luce Benedikt | Universitätsstr. 25 |
| 06749 | Bitterfeld | Buchhandlung W. Krommer GmbH | Walther-Rathenau-Str. 5 |
| 44801 | Bochum | Universitätsbuchhandlung Schaten GmbH | Querenburger Höhe 221/222 |
| 53111 | Bonn | Book Company | Nordstr. 104 |
| 53113 | Bonn | Behrendt Buchhandlung | Am Hof 5a |
| 53121 | Bonn | Fachbuch & Medienservice Stollfuß Verlag | Justus-v.Liebig-Str. 3-11 |
| 49565 | Bramsche | Buchhandlung Rud. Gottlieb | Großestr. 15 |
| 14776 | Brandenburg/Havel | Buchhaus Melcher | Katharinenkirchplatz 12 |
| 35619 | Braunfels | Buchhandlung am Schloß, Inh. Elvira Lorenz | Marktplatz 9 |
| 38100 | Braunschweig | Buchhandlung Graff | Neue Straße 23 |
| 38100 | Braunschweig | Buchhandlung Wagner | Bohlweg 29 |
| 38100 | Braunschweig | Johannes Neumeyer, Inh. M. Zieger | Bohlweg 26a |
| 38114 | Braunschweig | Bernhard Thalacker GmbH & Co KG | Hambur ger Str. 277 |

# im Fachbuchhandel

| Plz | Ort | Name | Straße |
|---|---|---|---|
| 28060 | Bremen | Carl Ed. Schünemann KG, Buch-Kunstverlag | Zweite Schlachtpforte 7 |
| 28195 | Bremen | Buchhandlung Kamloth, Fachbücher | Ostertorstr. 25-29 |
| 28359 | Bremen | Universitätsbuchhandlung Bremen | Bibliothekstr. 3 |
| 76602 | Bruchsal | Buchhandlung Baier Inh. Wolfgang Fraißl | Hohenegger 6 |
| 29221 | Celle | Buchhandlung Buchfink, Bücher und Musikalien GmbH | Westcellertorstr. 8a |
| 09130 | Chemnitz | Goethe Buchhandlung | Theodor-Körner-Platz 14 |
| 49661 | Cloppenburg | Buchhandlung Terwelp | Lange Str. 8 |
| 96450 | Coburg | Buchhandlung Riemann | Am Markt 9 |
| 08451 | Crimmitschau | Behles Buchhandlung | Markt 8 |
| 64283 | Darmstadt | Buchhandlung H. L. Schlapp | Ludwigsplatz 3 |
| 64283 | Darmstadt | Darmstädter Bücherstube, Inh. Jeanette Seitz | Friedensplatz 4 |
| 64283 | Darmstadt | Fachbuch Gebicke | Mathildenplatz 11 |
| 94469 | Deggendorf | Bücher Kelling, Inh. Ingo Kelling | Oberer Stadtplatz 24 |
| 06847 | Dessau | Fachbuchhandlung Hein & Sohn | Elisabethstr. 16b |
| 46335 | Dinslaken | Niederheinische Bücherstube Paul Jacobs | Duisburgerstr. 56-62 |
| 41539 | Dormagen | City-Buchhandlung Dormagen | Köllnerstr. 122 |
| 44137 | Dortmund | Buchhandlung C. L. Krüger | Westenhellweg 9 ½ |
| 44145 | Dortmund | Litfass - Der Buchladen | Münsterstr. 107 |
| 69221 | Dossenheim | Buchhandlung Worring OHG | Hauptstr. 16 |
| 63303 | Dreieich | Buchhandlung "Am Kerweplatz" | Mittelstr. 14 |
| 01069 | Dresden | Buchhandlung Technische Universität | Rugestr. 6-10 |
| 01099 | Dresden | Buchhandlung Dresdner Fachbuch | Bautzner Str. 27 |
| 01099 | Dresden | Goethe Buchhandlung | Bautzner Str. 16 |
| 47137 | Duisburg | Buchhandlung Gerhard Filthaut | Von-der-Mark-Str. 77 |
| 40001 | Düsseldorf | Buchhaus Stern-Verlag Janssen & Co | Friedrichstr. 24-26 |
| 40211 | Düsseldorf | Buchhandlung Sack | Klosterstr. 22 |
| 40477 | Düsseldorf | Goethe Buchhandlung, Teubig GmbH | Duisburger Str. 11 |
| 40549 | Düsseldorf | Goethe Buchhandlung Teubig GmbH | Willstätterstr. 15 |
| 90542 | Eckental | Die Büchercke am Rathaus | Eckentaler Str. 12 |
| 75031 | Eppingen | Buchhandlung Bräutigam/Zöller GbR | Kastanienweg 7 |
| 99084 | Erfurt | Buchhandlung Peterknecht | Lange Brücke 57 |
| 99084 | Erfurt | Haus des Buches Carl Habel GmbH | Juri-Gagarin-Ring 35 |
| 91054 | Erlangen | Rudolf Merkel Universitätsbuchhandlung GmbH & Co. | Untere Karlstr. 9-11 |
| 91054 | Erlangen | Universitätsbuchhandlung Mencke-Blaesing | Universitätsstr. 16 |
| 91054 | Erlangen | Universitätsbuchhandlung Theodor Krische | Krankenhausstr. 6 |
| 45141 | Essen | Buchhandlung G.D. Baedeker | Bottroper Str. 20 |
| 35066 | Frankenberg | Buchhandlung Schreiber | Neustädter Str. 46-49 |
| 60311 | Frankfurt | Buchhandlung an der Paulskirche, Erich Richter GmbH | Kornmarkt 3 |
| 60318 | Frankfurt | Nibelungen-Buchhandlung Arno Juhre | Spohrstr. 41 |
| 60388 | Frankfurt | Bücherstube Berger | Marktstr. 15 |
| 60439 | Frankfurt | Peter Pelz Bücherkorb | Nordwestzentrum Tituskorso |
| 60313 | Frankfurt/M. | Hugendubel Buchhandlung | Steinweg 12 |
| 60313 | Frankfurt/M. | Juristische Fach- und Versandbuchhandlung Rolf Kerst | Klingerstr. 23 |
| 60325 | Frankfurt/M. | Universitätsbuchhandlung Bockenheimer Bücherwarte GmbH | Bockenheimer Landstr. 127 |
| 60486 | Frankfurt/M. | Buchhandlung Harri Deutsch | Gräfstr. 47/51 |
| 60486 | Frankfurt/M. | Buchhandlung Th. Hector GmbH | Gräfstr. 77 |
| 60326 | Frankfurt/M. | Deutscher Fachverlag GmbH | Mainzer Landstr. 251 |
| 15230 | Frankfurt/O. | Ulrich von Hutten, Inh. Robert Kiepert | Logenstr. 8 |
| 15230 | Frankfurt/O. | LUKAS-Buchhandlung, Inh. Karl-Heinz Möckel | Franz-Mehring-Str. 4 |
| 79098 | Freiburg i.Br. | Walthari Buchhandlung GmbH | Bertoldstr. 28 |
| 72250 | Freudenstadt | Kurbuchhandlung Saucke GmbH & Co.KG | Loßburger Str. 26 |
| 36037 | Fulda | Buchhandlung Joseph Uptmoor | Friedrichstr. 20 |
| 36037 | Fulda | Buchhandlung Ulenspiegel, Antiquariat M. Borg | Löherstr. 13 |
| 45886 | Gelsenkirchen | Medien und Kommunikation, buchline | Munscheidstr. 14 |

# hemmer-Skripten

| Plz | Ort | Name | Straße |
|---|---|---|---|
| 97737 | Gemünden am Main | Buchhandlung Hofmann, Inh. Jürgen Sommerer | Bahnhofstr. 27 |
| 07545 | Gera | Buchhandlung Gondrom GmbH & Co.KG | Heinrichstr. 39 |
| 07545 | Gera | Kanitz'sche Buchhandlung, Inh. Hennies und Zinkeisen | Markt 3 |
| 82538 | Geretsried | Bücher Ulbrich | Karl-Lederer-Platz 3 |
| 70839 | Gerlingen | Deutscher Apotheker Verlag, Buchhandlung | Daimlerstr. 9 |
| 86459 | Gessertshausen | Buch- & Kunsthandlung | Abtei Oberschönenfeld |
| 35390 | Gießen | Ferber'sche Universitätsbuchhandlung | Seltersweg 83 |
| 35390 | Gießen | Kurt Holderer Universitätsbuchhandlung | Neuenweg 4 |
| 35390 | Gießen | Ricker'sche Universitätsbuchhandlung | Ludwigsplatz 12-13 |
| 21509 | Glinde | Bücherkate Glinde, Exner & Co. | Dorfstr. 2 |
| 99867 | Gotha | Buchhandlung Rudi Euchler, Inh. Manfred Seyfarth | Waltershäuser Str. 10 |
| 99867 | Gotha | Lessing Buchhandlung - Carl Habel GmbH | Am Hauptmarkt 27 |
| 37073 | Göttingen | Deuerlich'sche Buchhandlung | Weender Str. 33 |
| 37073 | Göttingen | Robert Peppmüller Buchhandlung und Antiquariat | Barfüßerstr. 11 |
| 37079 | Göttingen | Ottiger-Hogrefe GmbH Buchhandlung | Robert-Bosch-Str. 25 |
| 17489 | Greifswald | Buchhandlung Bodden, Weiland Nachfolger GmbH | Markt 5 |
| 17489 | Greifswald | Rats- & Universitätsbuchhandlung | Lange Str. 77 |
| 04668 | Grimma | Bücherwurm Grimma, Inh. Marlies Uhde | Weberstr. 40 |
| 64521 | Groß-Gerau | Buchhandlung Calliebe | Frankfurter Str. 33 |
| 03172 | Guben | Buchhandlung Pohland | Frankfurter Str. 21 |
| 51643 | Gummersbach | Bücher Osberghaus, Inh. Ulrich Osberghaus | Kaiserstr. 26 |
| 39340 | Haldensleben | Buchhandlung Bücherkabinett, Inh. Ursula Fricke | Hagenstr. 7 |
| 06108 | Halle | Buchhandlung der Evangelischen Stadtmission | Weidenplan 3 |
| 06108 | Halle | Buchhandlung H.K. Sack GmbH | Großer Berlin 11 |
| 06108 | Halle | Buchhandlung J.F. Lehmanns | Universitätsring 7 |
| 06108 | Halle (Saale) | Unibuch Dausien GmbH | Große Ulrichstr. 32 |
| 20095 | Hamburg | Thalia-Fachbuchhandlung Erich Könnecke | Hermannstr. 18 |
| 20146 | Hamburg | Buchhandlung Mauke W. Söhne | Schlüterstr. 12 |
| 20146 | Hamburg | Reuter & Klöckner Buchhandlung | Schlüterstr. 44 |
| 20354 | Hamburg | Land&Karte, Dr. Götze & CO.GmbH | Bleichenbrücke 9 |
| 22415 | Hamburg | Buchhandlung Uta Selck | Langenhorner Markt 2a |
| 30159 | Hannover | Buchhandlung Schmorl uv Seefeld | Bahnhofstr. 14 |
| 30159 | Hannover | Decius Fachbuchhandlung GmbH | Marktstr. 52 |
| 30167 | Hannover | Uni-Buchhandlung Witte | Königsworther Str. 4/6 |
| 30171 | Hannover | Hennies u. Zinkeisen GmbH, Fachbuchhandlung | Marienstr. 4+18 |
| 69115 | Heidelberg | Universitätsbuchhandlung Gustav Braun KG | Sofienstr. 3 |
| 69117 | Heidelberg | Comenius-Buchhandlung | Plöck 2 |
| 69117 | Heidelberg | Universitätsbuchhandlung Kurt Ziehank | Universitätsplatz 12 |
| 74072 | Heilbronn | Buchhandlung Zimmermann, Inh. Gisela Preiß-Syhre | Wilhelmstr. 32 |
| 64046 | Heppenheim | Bücherstube May, Irene Menninger | Wilhelmstraße 6 |
| 32052 | Herford | Buchhandlung A. Jackmann, Inh. Luthardt/Witte GbR | Berliner Str. 2 |
| 17424 | Heringsdorf | Gorki - Buchhandlung, Heringsdorf | Friedenstr. 14 |
| 65239 | Hochheim | Buchhandlung Eulenspiegel, A.Schneider /U.Weber-Kröpsch | Weiherstr. 8 |
| 56424 | Homburg | Buchhandlung Welsch | Saarbrücker Str. 3 |
| 98693 | Ilmenau | Buchhandlung Techn.Hochschule, Inh. Schulke/Hartung | Weimarer Str. 21 |
| 87509 | Immenstadt | Häring Buchhandlung | Klosterplatz 4/Kemptener S.6 |
| 89966 | Inning | Buchhandlung Lichtstrahl | Hauptstr. 1a |
| 07743 | Jena | Buchhandlung Thomas Mann | Eichplatz 1 |
| 07743 | Jena | Jenaer Universitätsbuchhandlung | Schlossgasse 3-4 |
| 41564 | Kaarst/Büttgen | Arche Buchladen | Bachstr. 2 |
| 67611 | Kaiserslautern | Geschwister Schmidt Buchhandlung | Karl-Marx-Str. 15 |
| 76021 | Karlsruhe | Uni-Buchhandlung Kellner & Moessner GmbH | Kaiserstr. 18 |
| 76133 | Karlsruhe | Bücher für Rechtswissenschaft Hermann Karl Sack GmbH | Karlstr. 3-5 |
| 76133 | Karlsruhe | Metzler'sche Buchhandlung W. Hoffmann | Karlstr. 13 |

# im Fachbuchhandel

| Plz | Ort | Name | Straße |
|---|---|---|---|
| 76137 | Karlsruhe | Buchhandlung Mende Stammhaus | Karlstr. 76 |
| 34117 | Kassel | A.Freyschmidt's Buchhandlung, Inh. Dr. Hans Eberhar | Obere Königsstr. 23 |
| 34127 | Kassel | Buchhandlung a.d. Hochschule, Joachim Fischlein GmbH | Holländische Str. 22 |
| 34128 | Kassel | Buchhandlung in Harleshausen, G.Kubesch-Paech u. H.Schwabe | Wolfhager Str. 398 |
| 34131 | Kassel | Neuwerk Buch- u.Misikalienhandlung | Heinrich-Schütz-Allee 35 |
| 87435 | Kempten/Allgäu | Kemptener Fachsortiment GmbH, Fachbuchhandlung | Salzstr. 30 |
| 24100 | Kiel | Universitätsbuchhandlung Mühlau | Holtenauer Str. 116 |
| 24103 | Kiel | Buchhandlung Eckart Cordes | Willestr. 12-14 |
| 24105 | Kiel | Dawartz Universitätsbuchhandlung | Holtenauer Str. 114 |
| 24118 | Kiel | Brunswiker Universitätsbuchhandlung | Olshausenstr. 1 |
| 24118 | Kiel | Campus Buchhandlung GmbH | Leibnizstr. 4 |
| 47533 | Kleve | Buchhandlung am Rathaus GmbH | Kavariner Str. 17a |
| 56068 | Koblenz | Görres Buchhandlung | Gymnasialstr. 4-8 |
| 50676 | Köln | Vereinigte Universitäts- und Fachbuchhandlung | Rubensstr. 1 |
| 50769 | Köln | Buchhandlung Bouvier | Edsel-Ford-Str. 26 |
| 50859 | Köln | Colonia-Versandbuchhandlung | Widdersdorfer Landstr. 6 |
| 50937 | Köln | Fachbuchhandlung Deubner - Die Bücherpost | Universitätsstr. 20 |
| 50937 | Köln | Universitätsbuchhandlung W itsch | Universitätsstr. 18 |
| 50968 | Köln | Verlag Dr. Otto Schmidt KG | Unter den Ulmen 96-98 |
| 78462 | Konstanz | Buchhandlung Gess GmbH | Kanzleistr. 5 |
| 78462 | Konstanz | Buchhandlung Söhnen-Meder, Konstanzer Bücherschiff | Paradiesstr. 3 |
| 96317 | Kronach | H.O. Schulze Bücher | Schwedenstr.11 (Rosenau) |
| 94405 | Landau/Isar | Buchhandlung L. Wegmann & Söhne | Ob. Stadtplatz 17 |
| 84028 | Landshut | Bücher Pustet | Altstadt 28 |
| 89129 | Langenau | Buchhandlung Mahr | Lange Str. 8 |
| 74348 | Lauffen a.N. | Buch und Papier Schreyer | Bahnhofstr. 21 |
| 04107 | Leipzig | Fachbuchhandlung Sack für Recht/W irtschaft/Steuern | Harkortstr. 7 |
| 04109 | Leipzig | Buchhandlung Hugendubel | Petersstr. 12-14 |
| 96215 | Lichtenfels | A. Dumproff, Buch & Kunst | Coburger Str. 7 |
| 09212 | Limbach-Oberfrohna | Buchhandlung Ragna Schöne | Johannisplatz 3 |
| 65549 | Limburg/Lahn | Buchhandlung Witzelsburger, Inh. Ingrid Ring | Plötze 5 |
| 23552 | Lübeck | Buchhandlung Weiland | Fleischhauerstr. 20 |
| 21335 | Lüneburg | UNIBUCH Dietrich zu Klampen & Rolf Johannes OHG | Barckhausenstr. 36 |
| 39104 | Magdeburg | Buchhandlung Erich Weinert | Ernst-Reuter-Allee 23-27 |
| 39112 | Magdeburg | Fachbuchhandlung Hennies und Zinkeisen GmbH | Halberstädter Str. 112 |
| 55116 | Mainz | Fachbuchhandlung Scherell & Mundt | Kaiser-Friedrich-Str. 6 |
| 55122 | Mainz | Johannes Gutenberg Buchhandlung | Saarstr. 21 |
| 68161 | Mannheim | Fachbuch Leydorf - Erhard G. Leydorf KG | L 3,1 gegenüber d. Schloss |
| 68161 | Mannheim | Prinz Medienvertriebs GmbH & Co. KG | T1, 1-3 |
| 35037 | Marburg | Trautvetter & Fischer Nachf., Wissenschaftlicher Verlag | Gladenbacher Weg 57 |
| 35037 | Marburg | Unibuchhandlung Elwert N.G. | Reitgasse 7-9 |
| 35037 | Marburg | Zeckey`s Buchhandlung für Jura, Volks- u. Betriebswirtschaft | Rudolphsplatz-Passage |
| 98606 | Meiningen | Bücherkabinett Ehrsam | Georgstr. 26 |
| 88605 | Meßkirch | Buchhandlung J. Schönebeck | Conradin-Kreutzer-Str. 10 |
| 32423 | Minden | Herm. Hagemeyer GmbH & Co.KG | Scharn 11-17 |
| 41199 | Mönchengladbach | Buchhandlung Zur Burgmühle, Inh. Regina Gurr | Zur Burgmühle 20 |
| 63165 | Mühlheim am Main | Mühlheimer Buchladen | Bahnhofstr. 1 |
| 95213 | Münchberg | Buchhandlung Schlegel, Inh. I. Kredewahn | Kulmbacher Str. 24 |
| 80295 | München | Fachbuchhandlung für Recht Schweitzer Sortiment | Lenbachplatz 1 |
| 80331 | München | Hugendubel München - Filiale Marienplatz 2 | Marienplatz 2 |
| 80335 | München | Hugendubel München - Filiale Nymphenburger Straße | Nymphenburger Str. 25 |
| 80335 | München | Hugendubel München - Filiale Stachus | Karlsplatz 11/12 |
| 80539 | München | Akademische Buchhandlung | Veterinärstr. 1 |
| 80539 | München | Buchhandlung JF Lehmanns | Veterinärstr. 10 |

# hemmer-Skripten

| Plz | Ort | Name | Straße |
|---|---|---|---|
| 80799 | München | Hueber Universitätsbuchhandlung | Amalienstr. 75-79 |
| 80799 | München | Theologische Fachbuchhandl. Chr. Kaiser GmbH | Schellingstr. 3 |
| 80799 | München | Universitätsbuchhandlung Heinrich Frank | Schellingstr. 3 |
| 80993 | München | Hugendubel München, Filiale im OEZ | Riesstr. 59 |
| 81241 | München | Hugendubel München - Filiale Pasing | Bäckerstr. 4 |
| 81476 | München | Buchhandlung Ebba v. Oertzen | Winterthurer Str. 3 |
| 48143 | Münster | Coppenrath & Boeser Universitätsbuchhandlung GmbH | Bäckergasse 3 |
| 48143 | Münster | Poertgen Herder Haus der Bücher | Salzstr. 56 |
| 48143 | Münster | Universitätsbuchhandlung Krüper | Frauenstr. 42 |
| 63263 | Neu-Isenburg | Buchhandlung Carl Habel | Hermesstr. 4 |
| 17033 | Neubrandenburg | Semdoc Fachbuchhandel | Friedrich-Engels-Ring 52 |
| 92318 | Neumarkt/Opf. | Buchhandlung Boegl | Ulmer Gasse 2 |
| 41460 | Neuss | Buchhandlung B. Ratka | Krämerstr. 8 |
| 90403 | Nürnberg | Universitäts-Buchhandlung Büttner & Co. | Adlerstr. 10-12 |
| 90408 | Nürnberg | Bücherstube Martin, Inh. Peter Häberer | Krelingstr. 19 |
| 90429 | Nürnberg | Juristische Fachbuchhandlung Jakob Zeiser & Ress | Fürther Str. 102 |
| 90453 | Nürnberg | Buch- und Lehrmittelhandlung Friedrich Höfler | Waldstromerstr. 9 |
| 90522 | Oberasbach | Wissenschaftliche Buchhandlung Schmidt & Bauer | Gablonzer Str. 6 |
| 46045 | Oberhausen | BLOHM / Bücher in Oberhausen | Elsässer Str. 36 |
| 77704 | Oberkirch/Baden | Grimmelshausen Buchhandlung, Inh. Hans Grießmayer | Hauptstr. 50a |
| 09484 | Oberwiesenthal | Buch & Reiseecke | Annaberger Str. 8 |
| 77654 | Offenburg | Dokumente Verlag, Import-Export-Buchhandlung | Hildastr. 4 |
| 26122 | Oldenburg | Buchhandlung Anna Thye Inh. Gerda Fritz | Schloßplatz 21/22 |
| 49074 | Osnabrück | Buchhandlung H. Th. Wenner GmbH & Co | Große Str. 69 |
| 49074 | Osnabrück | Buchhandlung Jonscher GmbH | Domhof 6 |
| 49074 | Osnabrück | Dieter Heide Buchhandlung | Osterberger Reihe 2-8 |
| 33098 | Paderborn | Universitätsbuchhandlung Meier KG | Warburger Str. 98 |
| 94032 | Passau | Akademische Buchhandlung Nickel & Neuefeind | Exerzierplatz 10 |
| 94032 | Passau | Akademische Buchhandlung Nickel & Neuefeind GmbH | Exerzierplatz 10 |
| 94032 | Passau | Buchhandlung Friedrich Pustet GmbH | Kleiner Exerzierplatz 4 |
| 94036 | Passau | Buchhandlung Robert Baierl | Regensburger Str. 48a |
| 31228 | Peine-Vöhrum | Vöhrumer Bücherstube | Kirchvordener Str. 5 |
| 85276 | Pfaffenhofen | Goethe Buchhandlung | Münchener Str. 20b |
| 14467 | Potsdam | Alexander von Humboldt Buchhandlung GmbH | Am Kanal 47 |
| 14482 | Potsdam | Becker's Buchhandlung | Breitscheid/Ecke Bebelstr. |
| 88212 | Ravensburg | Buchhandlung De Jure | Marienplatz 11 |
| 93047 | Regensburg | Bücher Pustet | Gesandtenstr. 6-8 |
| 93047 | Regensburg | Bücherkiste Prasch | Obere Bachgasse 14 |
| 93047 | Regensburg | Georg Pfaffelhuber Fachbuchhandlung | Ludwigstr. 6 |
| 93047 | Regensburg | Hugendubel Buchhandlung | Wahlenstr. 17 |
| 53424 | Remagen | Buchhandlung am Annakloster, Rosmarie Feuser | Marktstr. 34 |
| 63110 | Rodgau | Buchhandlung i. Gartenstadt, Inh. Frauke Werner | Kölnerstr. 1 |
| 18055 | Rostock | Fachbuchhandlung GrundGeyer | Kröpeliner Str. 53 |
| 18055 | Rostock | Uni-Buchhandlung Weiland | Kröpeliner Str. 80 |
| 18055 | Rostock | Universitätsbuchhandlung im Fünfgiebelhaus | Pädagogienstr. 20 |
| 18057 | Rostock | Die andere Buchhandlung, Inh. Manfred Keiper | Ulmenmarkt 1 |
| 18119 | Rostock | Buchhandlung HORIZONT | Parkstr. 52 |
| 66111 | Saarbrücken | Bock & Seip GmbH Buchhandlung | Futterstr. 2 |
| 66111 | Saarbrücken | Phönix Montanus GmbH | Bahnhofstr. 54 |
| 66119 | Saarbrücken | Juristisches Antiquariat & Buchhandlung -Jura GmbH | Talstr. 58 |
| 73084 | Salach | Buchhandlung im alten Haus, Inh. Angelika Dölker | Eduardstr. 5 |
| 53757 | Sankt Augustin | Bücherstube Sankt Augustin | Markt 25 |
| 07907 | Schleiz | Buchhandlung Am Neumarkt, Inh. Henriette Schmidt | Neumarkt 16 |
| 36381 | Schlüchtern | Buchhandlung Dr. Jürgen Stock | Weinbergstr. 64 |

# im Fachbuchhandel

| Plz | Ort | Name | Straße |
|---|---|---|---|
| 98574 | Schmalkalden | Buchhaus Uslar | Salzbrücke 8 |
| 91126 | Schwabach | Buchhandlung Kreutzer am Markt | Königsplatz 14 |
| 73525 | Schwäbisch Gmünd | Buchhandlung Schmidt | Ledergasse 2 |
| 19053 | Schwerin | Buchhandlung für Recht und Wirtschaft | Arsenalstr. 28 |
| 19053 | Schwerin | Schloß-Buchhandlung | Schloßstr. 26 |
| 58239 | Schwerte | Buchhandlung Schmidt KG | Hagener Str. 3a |
| 31319 | Sehnde | Der Bücherwurm | Mittelstr. 10 |
| 42651 | Solingen | Buchhandlung Tückmantel | Am Neumarkt |
| 27367 | Sottrum | Buchhandlung + Touristik Wilkens GmbH | Große Str. 11 |
| 70173 | Stuttgart | Buchhaus Wittwer | Königstr. 30 |
| 70173 | Stuttgart | Hoser's Buchhandlung | Charlottenplatz 17 |
| 70176 | Stuttgart | Karl Leitermeier KG Verlag | Silberburgstr. 126 |
| 70178 | Stuttgart | Ernst Klett Verlag GmbH, Hausbuchhandel | Rotebühlstr. 77 |
| 70178 | Stuttgart | Fachbuchhandlung Karl Krämer | Rotebühlstr. 40 |
| 70182 | Stuttgart | Versandbuchhandlung Hans Martin | Sitzenburgstr. 9 |
| 70469 | Stuttgart | Buchhandlung U. Hübsch | Klagenfurter Str. 62 |
| 70563 | Stuttgart | Richard Boorberg Verlag | Scharrstr. 2 |
| 70565 | Stuttgart | Buchhandlung Neff & Oetinger | Schockkannedstr. 37 |
| 59846 | Sundern/Sauerland | Buch Heinrich Berghoff-Flüel, Inh. Claus Arolt | Hauptstr. 114 |
| 99891 | Tabarz | Buchhandlung E. Benke, Inh. Ilonka Brockmann | Lauchagrundstr. 3 |
| 78144 | Tennenbronn | Buchhandlung Paul Haas | Hauptstr. 32/38 |
| 88069 | Tettnang | Buchhandlung Alwin Schneider | Storchenstr. 25 |
| 14959 | Trebbin | Buchhandlung Schaefer | Bahnhofstr. 20 |
| 54290 | Trier | Akademische Buchhandlung Interbook GmbH | Fleischstr. 62 |
| 54296 | Trier | Buchhandlung Stephanus | Im Treff 23 |
| 72074 | Tübingen | Buchhandlung Hugo Frick GmbH | Nauklerstr. 7 |
| 25436 | Uetersen | Buchhandlung Lavorenz | Großer Sand 26 |
| 89073 | Ulm | Buch-Kerler | Platzgasse 26 |
| 89073 | Ulm | Buchhandlung Gondrom | Hirschstr. 12 |
| 68519 | Viernheim | Buchhandlung Schwarz auf Weiß | Rathausstr. 45 |
| 06268 | Vitzenburg | Rausche Bücher & Zeitschriften | Neue Str. 7 |
| 92648 | Vohenstrauß | Buchhandlung Rupprecht | Bahnhofstr. 2 |
| 61273 | Wehrheim/Taunus | Buchhandlung Gundl | Karlsbader Str. 7 |
| 71384 | Weinstadt | Anker Buch & Medien GmbH | Marktstr. 42 |
| 97877 | Wertheim | Buchhandlung und Verlag, E. Buchheim Nachf. | Eichelgasse 11 |
| 97877 | Wertheim | Burgbuchhandlung Wertheim, Helga Postel | Kapellengasse 7 |
| 33824 | Werther | Buchhandlung Lesezeichen, Inh. Gesine Klack | Ravensberger Str. 41 |
| 82407 | Wielenbach | Buchhandlung Bücherexpress, Inh. R. Rothwinkler | Raistingerstr. 10 |
| 65185 | Wiesbaden | Hertie - Buchabteilung | Schwalbacher Str. 8 |
| 15745 | Wildau | Buchhandlung Montanus aktuell | Chausseestr. 1 |
| 23966 | Wismar | Buchhandlung Weiland | Hinter dem Rathaus 21 |
| 58452 | Witten | Buchhandlung C. L. Krüger | Bahnhofstr. 30 |
| 06886 | Wittenberg | Buchhandlung Gondrom | Markt 23 |
| 15569 | Woltersdorf | EC-Buchhandlung Woltersdorf | Schleusenstr. 50 |
| 42103 | Wuppertal | Klaus v. Mackensen, Inh. Michael Kozinowski | Fr.-Ebert-Str. 10 |
| 42111 | Wuppertal | G. Frobel, Lehrmittel | Am Hitzhaus 11 |
| 42103 | Wuppertal-Elberfeld | Buchhandlung von Mackensen, Inh. Michael Kozinowski | Friedrich-Ebert-Str. 10 |
| 97070 | Würzburg | Buchhandlung August Knodt | Textorstr. 4 |
| 97070 | Würzburg | Buchhandlung Neuer Weg | Sanderstr. 33-35 |
| 97070 | Würzburg | Ferdinand Schöningh Buchhandlung | Franziskanerplatz 4 |
| 97070 | Würzburg | Hugendubel - Die Welt der Bücher | Schmalzmarkt 12 |
| 98544 | Zella-Mehlis | Stadbuchhandlg. Zella-Mehlis, Inh. Ulrike Hinrichs | Kirchstr. 2 |
| 07937 | Zeulenroda | Bücherstube Zeulenroda, Inh. Hans-Peter Arnold | Dr. Gebler-Platz 5 |

# Der Jahreskurs
## Juristisches Repetitorium
## hemmer

gegründet 1976 in Würzburg

Würzburg • Erlangen • Bayreuth • Regensburg • München • Passau • Augsburg
Frankfurt/M. • Bochum • Konstanz • Heidelberg • Freiburg • Mainz • Berlin • Bonn
Köln • Göttingen • Tübingen • Münster • Hamburg • Osnabrück • Gießen • Potsdam
Hannover • Kiel • Dresden • Marburg • Trier • Jena • Leipzig • Saarbrücken
Bremen • Halle • Rostock • Greifswald • Frankfurt/O. • Bielefeld • Mannheim

Unsere Jahreskurse beginnen jeweils im Frühjahr
und/oder Herbst.

Skriptenpaket im Preis integriert:*
Bereits mit Anmeldung 12 Skripten nach Wahl vorab.

 neu ab September '98:*  **monatliches Exemplar
der Zeitschrift Life&Law**

\* in den Kursorten München, Augsburg, Erlangen, Würzburg, Hannover, Jena,
Bochum, Bremen, Kiel, Bielefeld, Göttingen, Münster, Dresden, Freiburg,
Heidelberg, Mannheim

\*\* ab Frühjahr '99: in allen Kursorten

# EXAMENSTYPISCH • ANSPRUCHSVOLL • UMFASSEND

# Gewinnen Sie mit der "HEMMER-METHODE"!

**Wer in vier Jahren sein Studium erfolgreich abschließen will, kann sich einen Irrtum im Hinblick auf Examensvorbereitung und Ausbildungsmaterial nicht leisten!**

**Stellen Sie frühzeitig die Weichen richtig. Trainieren Sie unter professioneller Anleitung das, was Sie im Examen erwartet.**

> *Ihr Ziel: Sie wollen ein gutes Examen.*

Dazu hat Ihre Ausbildung den Ansprüchen des Examens zu entsprechen. Um das Examen sicher zu erreichen, müssen Sie wissen, mit welchem Anforderungsprofil Sie im Examen zu rechnen haben.

## Die Kunst, eine gute Examensklausur zu schreiben, setzt voraus:

- **Problembewußtsein**

*Problembewußtsein*

„Problem erkannt, Gefahr gebannt". Ein zentraler Punkt ist das Prinzip, an authentischen Examensproblemen zu lernen. Anders als im wirklichen Leben gilt: „Probleme schaffen, nicht wegschaffen".

- **Juristisches Denken**

*Juristisches Denken*

Dazu gehört die Fähigkeit,

⇒ komplexe Sachverhalte in ihre Bestandteile zu zerlegen (assoziative Textauswertung),
⇒ die notwendigen rechtlichen Erörterungen anzuschließen,
⇒ Einzelprobleme zueinander in Beziehung zu setzen,
⇒ zu einer schlüssigen Klausurlösung zu verbinden und
⇒ durch ständiges Training wiederkehrende examenstypische Konstellationen zu erfassen.

Grundlegende Fehler werden so vermieden.

- **Abstraktionsvermögen**

*Abstraktionsvermögen*

Die Gesetzessprache ist abstrakt. Der Fall ist konkret. Nur wer über das notwendige Abstraktionsvermögen verfügt, ist in der Lage, die für die Fallösung erforderliche Transformationsleistung zu erbringen. Diese Fähigkeit wird geschult durch methodisches Lernen.

- **Sprachsensibilität**

*Sprachsensibilität*

Damit einhergehend ist Genauigkeit und Klarheit in der Darstellung, Plausibilität und Überzeugungskraft erforderlich.

## Was macht das Juristische Repetitorium Hemmer so erfolgreich?

**In allen drei Rechtsgebieten gilt: Examenstypisches, umfassendes und anspruchsvolles Lernsystem**

## 1. Kein Lernen am einfachen Fall

*Grundfall geht an Examensrealität vorbei*

Hüten Sie sich vor Übervereinfachung beim Lernen! Unterfordern Sie sich nicht. Die Theorie des einfachen Grundfalles nimmt zwar als psychologischer Aspekt die Angst vor Fallösungen, die Examensreife kann aber so nicht erlangt werden. Es fehlt die Einbindung des gelernten Teilwissens in den Kontext des großen Falls. Ein vernetztes Lernen findet nicht statt. Außerdem: Für den Grundfall brauchen Sie kein Repetitorium. Sie finden ihn in jedem Lehrbuch. Die Methode der Reduzierung juristischer Sachverhalte auf den einfachen Grundfall bzw. das Schema entspricht weder in der Klausur noch in der Hausarbeit der Examensrealität. Sie müssen sich folglich das notwendige Anwendungswissen für das Examen selbst aneignen. Schablonenhaftes Denken ist im Examen gefährlich. Viele lernen nur nach dem Prinzip "Aufschieben und Hinauszögern" von zu erledigenden Aufgaben. Dies erweist sich als Form der Selbstsabotage. Wer sich überwiegend mit Grundfällen und dem Auswendiglernen von Meinungen beschäftigt, dem fehlt am Schluß die Zeit, Examenstypik einzutrainieren.

## 2. Kein Lernen am Rechtsprechungsfall mit Literaturmeinung

Zwar ermöglicht dies, Einzelprobleme leichter als durch Lehrbücher zu erlernen, es fehlt aber eine den Examensarbeiten entsprechende Vielschichtigkeit.

*Rechtsprechungsfall entspricht nicht der Vielschichtigkeit des Examensfalls*

Außerdem besteht die Gefahr des Informationsinfarkts. Viel Wissen garantiert noch lange nicht, auch im Examen gut abzuschneiden. Maßgeblich ist die Situationsgebundenheit des Lernens. Wer sich examenstypisch am großen Fall Problemlösungskompetenz unter Anleitung erarbeitet, reduziert die Informationsmenge auf das Wesentliche. Durch richtiges Lernen mit einem ausgesuchten, am Examen orientierten Fallmaterial verschaffen Sie sich mehr Freizeit. Nur wer richtig lernt, erspart sich auch Zeit. Weniger ist häufig mehr!

Die Examensklausuren und noch mehr die Hausarbeiten sind so konstruiert, daß die notwendige Notendifferenzierung ermöglicht wird. Die Examensrealität ist damit in der Regel anders als der einfache Rechtsprechungsfall. Examensfälle sind anspruchsvoll.

## 3. „HEMMER-METHODE": Lernen am examenstypischen „großen" Fall

Wir orientieren uns am Niveau von Examensklausuren, weil sich gezeigt hat, daß traditionelle Lehr- und Lernkonzepte den Anforderungen des Examens nicht entsprechen. Der Examensfall und damit der große Fall ist eine konstruierte Realität, auf die es sich einzustellen gilt.

*Examen ist eine konstruierte Realität*

Die "HEMMER-METHODE" ist eine neue Lernform und holt die Lernenden aus ihrer Passivität heraus. Mit gezielten, anwendungsorientierten Tips unterstützen wir vor allem die wichtige Sachverhaltsaufbereitung und damit Ihre Examensvorbereitung.

*Jura ist ein Sprachspiel!*

Denken Sie daran, Jura ist ein Spiel und zuallererst ein *Sprachspiel*, auch im Examen. Es kommt auf den richtigen Gebrauch der Worte an. Lernen Sie mit uns einen genauen und reflektierten Umgang mit der juristischen Sprache. Dies heißt immer auch, genau denken zu lernen. Profitieren Sie dabei von unserem Erfahrungswissen. Die juristische Sprache ist erlernbar. Wie Sie sie sinnvoll erlernen, erfahren Sie in unseren Kursen.

Statt reinem Faktenwissen erhalten Sie Strategie- und Prozeßwissen. "Schach dem Examen!".

*Spaß mit der Arbeit am Sachverhalt.*

Die genaue Arbeit am Sachverhalt bringt Spaß und hat sich als sehr effizient für das juristische Verständnis von Fallkonstellationen herausgestellt. Dabei ist zu beachten, daß die juristische Sprache eine Kunstsprache ist. Wichtig wird damit die Transformation: So erklärt der Laie in der Regel in der Klausur nicht: „Ich fechte an, ich trete zurück", sondern „Ich will vom Vertrag los".

Lernen Sie, den Sachverhalt richtig zu lesen. Steigern Sie Ihre Leseaufmerksamkeit. Gehen Sie deshalb gründlich und liebevoll mit dem Sachverhalt um, und verlieren Sie sich dabei nicht in Einzelheiten. Letztlich geht es um die Wahrnehmungsfähigkeit: Was ist im Sachverhalt des Examensfalles angelegt und wie gehe ich damit um ("Schlüssel-Schloß- Prinzip"). Der Sachverhalt gibt die Problemfelder vor. Entgehen Sie der Gefahr, daß Sie "ein Weihnachtsgedicht zu Ostern vortragen".

*Trainieren von denselben Lerninhalten in verschiedenen Anwendungssituationen*

Juristerei setzt eine gewisse Beweglichkeit voraus, d.h. jeder Fall ist anders, manchmal nur in Nuancen. Akzeptieren Sie: Jeder Fall hat einen experimentellen Charakter. Trainieren Sie Ihr bisheriges Wissen an neuen Problemfeldern. Dies verhindert, daß das Gelernte auf einen bestimmten Kontext fixiert wird. Trainieren Sie, dieselben Lerninhalte in verschiedene Anwendungssituationen einzubetten und aus unterschiedlichen Blickwinkeln zu betrachten. Denn wer einen Problemkreis von mehreren Seiten her kennt, kann damit auch flexibler umgehen. Verbessern Sie damit Ihre Transferleistung. Über das normale additive Wissen hinaus vermitteln wir sog. metabegriffliches Wissen, d.h. bereichsübergreifendes Wissen.

*modellhaftes Lernen*

Modellhaftes Lernen schafft Differenzierungsvermögen, ermöglicht Einschätzungen und fördert den Prozeß der Entscheidungsfindung. Seien Sie kritisch gegenüber Ihren Ersteinschätzungen. Eine gewisse Veränderungsbereitschaft gehört zum Lernprozeß. Überprüfen Sie Ihr Wertungssystem auch im Hinblick auf das Ergebnis des Falles.

Hüten Sie sich vor zu starkem Routinedenken und damit vor automatisierten Mustern. Fragen Sie sich stets, ob Sie mit Ihren Annahmen den Fall weiterlösen können oder ob Sie in eine Sackgasse geraten.

*Assoziationsmethode als erste "Herangehensweise" – Hypothesenbildung*

Mit der Assoziationsmethode lehren wir in unseren mündlichen Kursen, wie Sie die zentralen Probleme des Falles angehen und ausdeuten. Dabei wird die Bedeutung nahezu aller Worte untersucht. Durch frühe Hypothesenbildung werden alle für die Fallösung möglichen Problemkonstellationen durchgespielt. Die spätere gezielte Selektion führt dazu, daß die für den konkreten Sachverhalt abwegigen Varianten ausscheiden (Prinzip der Retardation bzw. der negativen Evidenz). Die übriggebliebenen Hypothesen bestimmen die Lösungsstrategie.

*wichtigste Arbeitsphase = Problemaufriß*

Die erste Stunde, der Problemaufriß, ist die wichtigste Stunde. Es werden die Weichen für die spätere Niederschrift gestellt. Wenn Sie die Klausur richtig erfassen (den "roten Faden" / die "main street"), sind Sie zumindest auf der sicheren Seite und schreiben nicht an der Klausur vorbei.

## 4. Ersteller als „imaginärer" Gegner

*Dialog mit dem Klausurersteller*

Der Ersteller des Examensfalles hat auf verschiedene Problemkreise und ihre Verbindung geachtet. Der Ersteller als Ihr "imaginärer Gegner" hat, um Notendifferenzierungen zu ermöglichen, verschiedene Problemfelder unterschiedlicher Schwierigkeit versteckt. Der Fall ist vom Ersteller als kleines Kunstwerk gewollt. Diesen Ersteller muß der Student als imaginären Gegner bei seiner Fallösung berücksichtigen. Er muß also versuchen, sich in die Gedankengänge, Annahmen und Ideen des Erstellers hineinzudenken und dessen Lösungsvorstellung wie im Dialog möglichst nahe zu kommen. Je ideenreicher Ihre Ausbildung verläuft, desto mehr Möglichkeiten erkennen Sie im Sachverhalt. Die Chance, eine gute Klausur zu schreiben, wird größer.

*bestmöglicher Konsens*

---

**Wir fragen daher konsequent bei der Fallösung:**

- *Was will der Ersteller des Falles ("Sound")?*

- *Welcher "rote Faden" liegt der Klausur zugrunde ("main-street")?*

- *Welche Fallen gilt es zu erkennen?*

- *Wie wird bestmöglicher Konsens mit dem Korrektor erreicht?*

---

Die Fallösung wird dann nicht durch falsches Schablonendenken geprägt, vielmehr zeigen Sie, daß Sie gelernt haben, mit den juristischen Begriffen umzugehen, daß es nicht nur auswendig gelernte Begriffe sind, sondern daß Sie sich darüber im klaren sind, daß der Begriff immer erst in der konkreten Anwendung seine Bedeutung gewinnt.

*Unterfordern Sie sich nicht*

Lernen Sie nicht auf zu schwachem Niveau. Zwar ist "der Einäugige unter den Blinden König". Die Einäugigkeit rächt sich aber spätestens im Examen. Ziel jeden guten Unterrichts muß eine realistische Selbsteinschätzung der Hörer sein.

*problemorientiertes Lernen, unterstützt durch Experten*

Wichtig ist, mit der Assoziationsmethode im richtigen sozialen Kontext zu lernen, denn gemeinsames Lernen in Gruppen ist nicht nur motivierend, sondern auch effektiv. Nehmen Sie an einer Atmosphäre teil, wo Sie sinnvoll Erfahrungsaustausch, Meinungsvielfalt und Kontakt mit Experten erfahren. Maßgeblich ist die gezielte Unterstützung. Wir geben das Niveau vor. Achten Sie stets darauf, daß die Lernsituation anwendungsbezogen bleibt und der Vielschichtigkeit des Examens entspricht. Unser Repetitorium spricht den Juristen an, der sich am Prädikatsexamen orientiert. Insoweit profitieren Sie auch vom Interesse und Wissensstand der anderen Kursteilnehmer.

*Gefahr bei Kleingruppen*

Hüten Sie sich vor sog. "Kleingruppen". Dort besteht die Gefahr, daß Schwache und Nichtmotivierte den Unterricht allzusehr mitbestimmen: "Der Schwächste bestimmt das Niveau!" Wichtig ist doch für Sie, auf welchem Niveau (was und wie) die Auseinandersetzung mit der Juristerei stattfindet. Wer nur auf vier Punkte lernt, landet leicht bei drei Punkten!

Soviel ist klar: Wie Sie lernen, beeinflußt Ihr Examen. Weniger bekannt ist, daß das Fehlen bestimmter Informationen das Examen verschlechtert.

Glauben Sie an die eigene Entwicklungsfähigkeit, schöpfen Sie ihr Potential aus.

## 5. Spezielle Ausrichtung auf Examenstypik

*im Trend des Examens*

Dies hat weiterhin den Vorteil, daß wir voll im Trend des Examens liegen. Die Thematik der Examensfälle ist bei uns auffällig häufig vorher im Kurs behandelt worden. Auch in Zukunft ist damit zu rechnen, daß wir mit Ihnen innerhalb unseres Kurses die Themen durchsprechen, die in den nächsten Prüfungsterminen zu erwarten sind.

## 6. „Gebrauchsanweisung"

*Expertenkniffe*

Vertrauen Sie auf unsere Expertenkniffe. Die **"HEMMER-METHO-DE"** setzt richtungsweisende Maßstäbe und ist Gebrauchsanweisung für Ihr Examen.

### Der Erfolg gibt uns recht!

*Examensergebnisse*

Die Examenstermine zeigen, daß **unsere Kursteilnehmer** überdurchschnittlich abschneiden; z.B. Würzburg, Ergebnisse Frühjahr 1995: Die sechs Besten des Termins in Würzburg, alle **"Freischüßler": Schnitt von 13,39** Punkten! Von 1980 bis 1996 in 32 Terminen insgesamt zehn mit der Note "sehr gut", neun von uns. Darunter mehrfach die Landesbesten, z.B. mit **15,08** (Achtsemester). Sieben davon waren langjährige Mitarbeiter. Von 1991-1996 sechs mal "sehr gut", 41 mal gut. Bereits in unserem ersten Durchgang in Berlin, Göttingen und Konstanz **(später 14,5)** die Landesbesten mit "sehr gut". Auch in Freiburg, Bayreuth, Köln, Regensburg **(15,54; 14,0)**, Erlangen **(15,4; 15,0; 14,4)**, Gießen **(15,5)**, Hamburg **(14,5)**, München **(14,25; 14,04; 14,04; 14,00)**, Frühjahr 1997 (1 termin!): 36 mal über Neun: 2x sehr gut, 14x gut, 20x vollbefriedigend. Köln (2x), Bonn, und Heidelberg "sehr gut".

Augsburg: Frühjahr '95, Landesbester mit **15,25** Punkten **(Achtsemester !)**. Wenn Siebtsemester mit **13,7; 13,7; 12,8; 12,3;** (Würzburg) und bereits im ersten "Freischuß 91 I" vier **Siebtsemester** einen Schnitt von **12,01** Punkten (Augsburg) erzielten, spricht dies für ein richtiges methodisches Vorgehen. Sie konnten sich in der Kürze der Zeit nur auf uns verlassen. Häufig erreichten unsere Kursteilnehmer die Note "gut" und "vollbefriedigend". Lernen auf ein Prädikatsexamen zahlt sich eben aus.

*Ziel: solides Prädikatsexamen*

Lassen Sie sich aber nicht von diesen "Supernoten" verschrecken. Denn unsere Hauptaufgabe sehen wir nicht darin, nur Spitzennoten zu produzieren: Wir streben ein solides Prädikatsexamen an. So erreichten z.B. schon im ersten Durchgang unsere Kursteilnehmer in Leipzig (Termin 1994 II) bereits nach dem Schriftlichen einen Schnitt von 8,6 Punkten, wobei der Gesamtdurchschnitt aller Kandidaten nur 5,46 Punkte betrug (Quelle: Fachschaft Jura Leipzig, »Der kleine Advokat«, April 1995). Aber am allerwichtigsten für uns ist: Unsere Durchfallquote ist äußerst gering! Regelmäßiges Training an examenstypischem Material zahlt sich also aus.

*Spitzennoten von Mitarbeitern*

Dies zeigt sich auch z.B. bei unseren Verantwortlichen: In jedem Rechtsgebiet arbeiteten Juristen mit, die ihr Examen mit "sehr gut" bestanden haben. Zur Zeit (März 97) arbeiten in der Zentrale in Würzburg drei mit sehr gut (14,79, 14,08, 14,04 und sieben mit über dreizehn (13,8, 13,7, 13,6, 13,5, 13,4, 13,2, 13,02) und weitere mit gut und zwar alles Hemmer-Kursteilnehmer in Würzburg am Kursprogramm mit. Wenn ehemalige Kursteilnehmer mit Noten von 15,54, 15,5, 15,25 Punkten und viele andere mit "sehr gut" und "gut" unser Programm mitgestaltet haben, zeigt das ein hohes Maß an Übereinstimmung mit unserer Lernmethode.

Die Ergebnisse unserer Kursteilnehmer im Ersten Staatsexamen können auch Vorbild für Sie sein. Motivieren Sie sich durch Ihre guten Mitkursteilnehmer/innen. Lassen Sie sich daher nicht von unseren Supernoten verschrecken, sehen Sie dieses Niveau als Anreiz für Ihr Examen. „Wer nur in der C-Klasse spielt, bleibt in der C-Klasse."

Wir sind für unser Anspruchsniveau bekannt. Trainieren Sie zusammen mit anderen interessierten Juristen auf Examensniveau. Lassen Sie sich in unseren Kursen motivieren. Lernen Sie mit der **"HEMMER-METHODE"**. Fragen Sie ehemalige Kursteilnehmer, wie sie im Examen abgeschnitten haben. Sie werden bestätigen, daß die

Ausbildung mit der "HEMMER-METHODE" eine lohnende Investition in ihre Zukunft war.

Anders als die Universität sind wir eine Firma und keine "Behörde". Uns mißt man an unserer Leistung: Wie uns die Kursteilnehmer bestätigen, stimmt das Verhältnis von Kosten und Gewinn.

Holen Sie sich die wichtigsten Grundinformationen z.B. aus den "Basics" und versuchen Sie dann, die Fälle des Hauptkurses vor dem Unterricht zu lösen. Sie lernen dann durch Versuch und Irrtum (trial and error).

Gehen Sie mit dem sicheren Gefühl ins Examen, sich richtig vorbereitet zu haben:

# Testen Sie uns!

# Der Hemmer-Hauptkurs

Der Jahreskurs mit den großen Fällen, schriftlichen Lösungen, Wiederholungs- und Vertiefungsfragen in allen drei Rechtsgebieten, einschließlich zwölf Skripten bei Kursbeginn.

**Kursort/-zeit:** Entnehmen Sie bitte den Kursort und die Kurszeit der aktuellen Werbung Ihrer Stadt.

INFOTELEFON: 0931-79782-30
Fax: 0931-79782-34
Internet: www.hemmer.de

**Probehören:** jederzeit im laufenden Kurs
**Kündigung:** jederzeit ohne Einhaltung von Kündigungsfristen

--------------------------------------------------------------------------------

**Anmeldung:** **Hiermit melde ich mich zum Hauptkurs des Juristischen Repetitoriums Hemmer verbindlich an.** (Bitte in Druckbuchstaben deutlich lesbar ausfüllen)

Teilnahme ab: (Einstiegsmonat) ......................................... Kursort: ...........................................................

Name: ......................................................... Vorname: ...........................................................

Studienadresse: ........................................................................................................................

Heimatadresse: ........................................................................................................................

Telefon: ......................................................... Unterschrift: ...........................................................

Bitte zusenden an:Juristisches Repetitorium Hemmer • Mergentheimer Str. 44 • 97082 Würzburg • **Fax: 0931-7978234** • Tel.: 0931-7978230

# Strafprozeßrecht

Hemmer/Wüst/Siara/Petto

Mai 1999

Hemmer/Wüst Verlagsgesellschaft
Hemmer/Wüst/Siara/Petto, Strafprozeßrecht

ISBN 3-89634-153-7

2. Auflage, Februar 1997
1. veränderter Nachdruck, Januar 1998
3. Auflage, Mai 1999

gedruckt auf chlorfrei gebleichtem Papier
von Schleunungdruck GmbH, Marktheidenfeld

# Vorwort

## Neues Lernen mit der hemmer-Methode

Wer in vier Jahren sein Studium abschließen will, kann sich einen **Irrtum** in bezug auf Stoffauswahl und -aneignung **nicht leisten**. Hoffen Sie nicht auf die leichten Rezepte, die Schemata und den einfachen Rechtsprechungsfall. Die unnatürlich klare Zielsetzung der Schemata läßt keine Frage offen und suggeriert eine Einfachheit, die in der Prüfung nicht besteht. Hüten Sie sich vor Übervereinfachung beim Lernen. Stellen Sie deswegen frühzeitig die Weichen richtig.

Die Grundmaxime der StPO, der Ablauf des Strafverfahrens, insbesondere des Erkenntnisverfahrens, sowie die Rechtsbehelfe im strafprozessualen Verfahren bilden die inhaltlichen Schwerpunkte des Skripts **StPO**. Das Strafprozeßrecht ist bereits im Ersten Staatsexamen von gewisser Klausurrelevanz, sollte aber auch im Hinblick auf Referendariat und Praxis im Studium nicht vernachlässigt werden. Die StPO-Probleme werden nur dann richtig erfaßt und damit auch für die Klausur handhabbar, wenn man den praktischen Hintergrund verstanden hat.

Die **hemmer-Methode** vermittelt Ihnen die **erste richtige Einordnung** und das **Problembewußtsein**, welches Sie brauchen, um an einer Klausur bzw. dem Ersteller nicht vorbeizuschreiben. Häufig ist dem Studenten nicht klar, warum er schlechte Klausuren schreibt. Wir geben Ihnen **gezielte Tips!** Vertrauen Sie auf unsere **Expertenkniffe**.

Durch die ständige Diskussion mit unseren Kursteilnehmern ist uns als erfahrenen Repetitoren klar geworden, welche **Probleme** der Student hat, sein **Wissen anzuwenden**. Wir haben aber auch von unseren Kursteilnehmern profitiert und von Ihnen erfahren, welche **Argumentationsketten** in der Prüfung zum Erfolg geführt haben.

Die **hemmer-Methode** gibt **jahrelange Erfahrung** weiter, erspart Ihnen viele schmerzliche Irrtümer, setzt richtungsweisende Maßstäbe und begleitet Sie als **Gebrauchsanweisung** in Ihrer Ausbildung:

### 1. Basics:

Das *Grundwerk* für Studium und Examen. Es schafft **Grundwissen** und mittels der **hemmer-Methode** richtige Einordnung für Klausur und Hausarbeit.

### 2. Skriptenreihe:

*Vertiefend:* Über 1.000 Prüfungsklausuren wurden auf ihre "essentials" abgeklopft.

Anwendungsorientiert werden die für die Prüfung nötigen Zusammenhänge umfassend aufgezeigt und wiederkehrende Argumentationsketten eingeübt.

Gleichzeitig wird durch die **hemmer-Methode** auf **anspruchsvollem Niveau** vermittelt, nach welchen Kriterien Prüfungsfälle beurteilt werden. Spaß und Motivation beim Lernen entstehen erst durch Verständnis.
Lernen Sie, durch Verstehen am juristischen Sprachspiel teilzunehmen. Wir schaffen den "background", mit dem Sie die innere Struktur von Klausur und Hausarbeit erkennen: „**Problem erkannt, Gefahr gebannt**". Profitieren Sie von unserem **technischen know how**. Wir werden Sie auf das Anforderungsprofil einstimmen, das Sie in Klausur und Hausarbeit erwartet.

Die **studentenfreundliche Preisgestaltung** ermöglicht auch den **Erwerb als Gesamtwerk**.

### 3. Hauptkurs:

*Schulung am examenstypischen Fall mit der Assoziationsmethode.* Trainieren Sie unter professioneller Anleitung, was Sie im Examen erwartet und wie Sie bestmöglich mit dem Examensfall umgehen.

Nur wer die Dramaturgie eines Falles verstanden hat, ist in Klausur und Hausarbeit auf der sicheren Seite! Häufig hören wir von unseren Kursteilnehmern: „**Erst jetzt hat Jura richtig Spaß gemacht**".

Die Ergebnisse unserer Kursteilnehmer geben uns recht. Der **Bewährungsgrad** einer Theorie ist der **Erfolg**. Die Examensergebnisse zeigen, daß unsere Kursteilnehmer überdurchschnittlich abschneiden.

Z.B.: **Zentrale in Würzburg:** Von '91 bis '97 6x sehr gut, 50x gut, darunter mehrere Landesbeste, einer mit 15,08 (Achtsemester), z.B. '97: 14,79; '96: 14,08. Auch '95: Die 6 Besten, alle Freischüßler, Schnitt von 13,39, einer davon mit sehr gut; Sommer '97: Von 9 x gut, 8x Hemmer! In den Terminen 95/96/97 5x Platzziffer 1, 1x Platzziffer 2, alles spätere Mitarbeiter. Landesbester in Augsburg 15,25 (Achtsemester). **München Frühjahr '97 (ein Termin!):** 36x über Neun: 2x sehr gut, 14x gut, 20x vollbefriedigend.

Bereits in unserem ersten Durchgang in Berlin, Göttingen, Konstanz die Landesbesten mit "sehr gut". "Sehr gut" auch in Freiburg, Bayreuth, Köln (2x), Bonn, Regensburg (15,54;14,2; 14,00) Erlangen (15,4; 15,0; 14,4), Heidelberg (14,7; Termin 97 I: 14,77) und München (14,25; 14,04; 14,04; 14,00). Augsburg: Schon im ersten Freischuß 91 I erzielten 4 Siebtsemester (!) einen Schnitt von 12,01. Auch in Thüringen '97 I 2x 12, 65 waren die Landesbesten Kursteilnehmer. Von 6x gut, 5 Hemmer-Teilnehmer. Fragen Sie auch in anderen Städten nach unseren Ergebnissen.

*Lassen Sie sich aber nicht von diesen Supernoten verschrecken, sehen Sie dieses Niveau als Ansporn für Ihre Ausbildung. Denn: Wer auf 4 Punkte lernt, landet leicht bei 3!*

Basics, Skriptenreihe und Hauptkurs sind als **modernes, offenes und flexibles Lernsystem** aufeinander abgestimmt und ergänzen sich ideal.

Wir hoffen, als Repetitoren mit unserem Gesamtangebot bei der Konkretisierung des Rechts mitzuwirken und wünschen Ihnen **viel Spaß beim Durcharbeiten** unserer Skripten.

Wir würden uns freuen, mit Ihnen später als Hauptkursteilnehmer mit der **hemmer-Methode** gemeinsam Verständnis an der Juristerei im Hinblick auf Examina zu trainieren.

*Hemmer*        *Wüst*

# Inhaltsverzeichnis

Zahlen beziehen sich auf die Rn. des Skripts

**Kommentare:**

Beulke                                          Strafprozeßrecht, 3. Auflage 1998

Fezer                                           Strafprozeßrecht, 2. Auflage 1995

Kleinknecht/Meyer-Goßner                        Strafprozeßordnung, 43. Auflage 1997

KMR                                             Loseblattkommentar zur Strafprozeßordnung,
                                                8. Auflage ab 1990

Löwe/Rosenberg                                  Die Strafprozeßordnung und das
                                                Gerichtsverfassungsgesetz mit Nebengesetzen
                                                25. Auflage 1987,ff


**Lehrbücher**

Roxin                                           Strafprozeßrecht, 15. Auflage 1997
                                                (Prüfe Dein Wissen, PdW)

Roxin                                           Strafverfahrensrecht, Studienbuch
                                                25. Auflage 1998


**Weitere Literatur siehe Fußnoten**

## § 1 ALLGEMEINES

### A. Einführung

#### I. Bedeutung des Strafprozeßrechts für das Examen

*die StPO-Zusatzfrage im Ersten Staatsexamen*

Die StPO ist ein von Studenten häufig vernachlässigtes Rechtsgebiet, dessen Bedeutung für das Erste Staatsexamen und vor allem für den späteren Referendardienst unterschätzt wird.                    **1**

Dies mag daran liegen, daß im Ersten Staatsexamen die StPO meist nur in kleineren Zusatzfragen im Anschluß an einen ausführlicheren materiellen Teil geprüft wird. Die Bedeutung dieser Fragen für die Bewertung der Strafrechtsklausur sollte aber in keiner Weise unterschätzt werden. Hier hinterläßt der Bearbeiter den letzten Eindruck beim Korrektor und kann entweder durch gute Kenntnisse des prozessualen Rechts glänzen oder durch fehlende bzw. falsche Ausführungen das im materiellen Teil gewonnene Wohlwollen des Korrektors wieder verspielen.

Grundvoraussetzung für die erfolgreiche Bearbeitung einer solchen prozessualen Zusatzfrage und für das Bestehen in der mündlichen Prüfung ist vor allem das Verständnis der Systematik der StPO. Der Aufgabensteller wird regelmäßig eine Fragestellung wählen, die sich nicht allein durch die Lektüre des Gesetzes lösen läßt, sondern die eine vertiefte Kenntnis des Strafverfahrensrechts erfordert.

#### II. Grundsätzliches zur Beantwortung strafprozessualer Fragen

*zweistufige Prüfung als methodisches Grundmuster*

Generell läßt sich sagen, daß zur Beantwortung strafprozessualer Fragen fast immer auf das gleiche methodische Muster zurückgegriffen werden kann. Dieses soll deswegen vor der Beschreibung des eigentlichen Lernstoffs hier kurz vorangestellt werden:                    **2**

Prozeßrecht ist Verfahrensrecht. Die StPO ist das Instrument zur Durchsetzung des staatlichen Strafanspruchs gegen denjenigen, der durch Übertretung einer materiellen Strafrechtsnorm sozial inadäquat gehandelt hat. Dieses Verfahren liegt im Spannungsfeld zwischen den Interessen der Öffentlichkeit an einer Bestrafung und dem Interesse des einzelnen am Schutz seiner Grundrechte.

Gegenstand einer Examensklausur wird es regelmäßig sein,

**(1)** einen Fehler innerhalb dieses Verfahrens zu entdecken und

**(2)** die Konsequenzen dieses Fehlers für das weitere Verfahren zu ermitteln.

Dieser Zweierschritt folgt aus dem oben genannten Spannungsverhältnis:

Die StPO erlaubt nicht die Wahrheitsfindung um jeden Preis. Die Grundrechte des einzelnen genießen auch gegenüber Strafverfolgungsbehörden Schutz. So stehen der Staatsanwaltschaft im Ermittlungsverfahren nur die in der StPO genannten Eingriffsbefugnisse zu. Das Gericht verhandelt nur nach den dafür vorgesehenen Regeln der StPO über die Hauptverhandlung. Ein Abweichen hiervon kommt nicht in Betracht, auch wenn es der Wahrheitsfindung dienen sollte.

*Beispiele:*

*(1) Staatsanwalt R bestellt den Beschuldigten U zur Vernehmung. Um störende Verzögerungen zu vermeiden, unterläßt er es, den U darauf hinzuweisen, daß er zur Sache nicht auszusagen braucht. In der Annahme, zur Aussage verpflichtet zu sein, gesteht U die ihm zur Last gelegte Tat.*

*(2) Trunkenbold S wurde bei einer Verkehrskontrolle durch die Polizei angehalten. Von der Polizei ins Krankenhaus verbracht, entnimmt ihm Krankenschwester T eine Blutprobe, die eine mittlere BAK von 2,0‰ ergibt.*[1]

In beiden Fällen haben die Ermittlungsbehörden rechtswidrig gehandelt:

Im ersten Beispiel hat Staatsanwalt R gegen § 136 I S.2 verstoßen, wonach er den U über sein Aussageverweigerungsrecht hätte belehren müssen.

Im zweiten Beispiel wurde die Blutentnahme nicht, wie in § 81a vorgeschrieben, durch einen Arzt durchgeführt.

Nicht jeder Verfahrensfehler führt aber auch dazu, daß der Strafanspruch des Staates gegen einen Straftäter nicht mehr verwirklicht werden kann. Andernfalls wäre das öffentliche Interesse an einer Sanktionierung von Straftaten nicht ausreichend gesichert. Regelmäßig ist deshalb eine Einordnung der Verfahrensverstöße nach ihren Rechtsfolgen vorzunehmen. Hierunter fällt die Frage, ob aus einem Beweiserhebungsverbot auch ein Beweisverwertungsverbot folgt oder auch die Untersuchung, ob der Verstoß gegen eine Verfahrensregel in der Hauptverhandlung eine Revision begründen kann.

In Beispiel (1) ist deshalb zu prüfen, ob das Geständnis des U in einem Prozeß verwertbar wäre. Dies wird von der h.M. und inzwischen auch von der Rechtsprechung verneint.[2]

In Beispiel (2) ist zu untersuchen, ob das Ergebnis der Blutuntersuchung verwertbar ist. Dies ist nach h.M. zumindest dann der Fall, wenn die Polizei den S nicht bewußt darüber getäuscht hatte, daß die Krankenschwester T keine approbierte Ärztin war.[3]

Für die Annahme oder Ablehnung eines Verwertungsverbotes bzw. die Maßgeblichkeit der Verletzung einer Rechtsnorm für die Revision sind von Rechtsprechung und Literatur eine Reihe von Begriffen entwickelt worden, die zur Begründung herangezogen werden. Hierunter fällt etwa die Betrachtung des Schutzzweckes einer Norm, ihre Qualifikation als reine Ordnungsvorschrift oder die sogenannte "Rechtskreistheorie".[4] Die "Bewertung" des Verfahrensverstoßes anhand dieser Kriterien stellt eine über die Subsumtion hinausgehende Anforderung an den Kandidaten. Hier werden die meisten Punkte vergeben.

*Prüfung im Rahmen der Revision*        Zu der oben genannten zweistufigen Vorgehensweise kommt dann ein weiterer Arbeitsschritt, wenn die Auswirkungen eines Verfahrensfehlers im Rahmen einer Revision zu überprüfen sind.[5]      *3*

Hier ist dann nicht nur fraglich, ob ein Verfahrensfehler vorlag und dieser ein Verwertungsverbot nach sich zieht, sondern im weiteren auch, ob das Urteil auf diesem Fehler beruht (§ 337).

---

1     vgl. unten, Rn. 390 ff.

2     KLEINKNECHT/MEYER-GOßNER, § 136, Rn. 20 und näher unten, Rn. 380 ff.

3     KLEINKNECHT/MEYER-GOßNER, § 81a, Rn. 32 und näher unten, Rn. 390 ff.

4     dazu siehe unten, Rn. 378 ff.

5     dazu unten, Rn. 502 ff.

So folgte aus der unterlassenen Belehrung in Beispiel (1) für das Geständnis ein Beweisverwertungsverbot. Ein Beruhen des Urteils hierauf
wäre aber dann ausgeschlossen, wenn das Gericht sich bei einer Verurteilung des U nicht darauf gestützt hätte, sondern beispielsweise durch
die Zeugenaussage der neugierigen Nachbarin N von der Schuld des U
überzeugt wäre.

## B. Grundsätzliches zum Strafverfahren und zur Strafprozeßord-nung (StPO)

### I. Der Aufbau der StPO und sonstige Rechtsquellen

> **hemmer-Methode:** Bevor Sie in die Spezialprobleme einsteigen, sollten
> Sie sich in jedem Rechtsgebiet einen Überblick über die Struktur des
> Gesetzes verschaffen. Auch die StPO ist nach dem bekannten Prinzip
> aufgebaut, daß die allgemeinen, für das ganze Verfahren geltenden
> Regeln "vor die Klammer gezogen" sind.

*Aufbau der StPO*

Die StPO besteht aus sieben Büchern. Das erste (§§ 1 - 149) enthält     **4**
allgemeine Vorschriften, die für alle Stadien des Strafverfahrens
gelten. Besonders zu nennen sind die Vorschriften über die örtliche
Zuständigkeit der Gerichte (§§ 7 ff.), die Fristen (§§ 42 ff.), die Zeugen und Sachverständigen (§§ 48 ff., 72 ff.), die Ermittlungsmaßnahmen (§§ 94 ff.), die Verhaftung und die vorläufige Festnahme
(§§ 112 ff.) sowie die Vernehmung des Beschuldigten (§§ 133 ff.).

Während das zweite Buch (§§ 151 - 295) das Verfahren im ersten
Rechtszug, also die Durchführung von Vor-, Zwischen- und Hauptverfahren, behandelt, regeln die Bücher drei und vier die Rechtsmittel
(§§ 296 - 358) und eine Wiederaufnahme des Verfahrens (§§ 359 -
373a). Dabei wird auch für die Rechtsmittel auf die Vorschriften über
die Hauptverhandlung in erster Instanz verwiesen (z.B. §§ 332, 356).

Das fünfte Buch (§§ 374 - 406h) befaßt sich mit der Beteiligung des     **5**
Verletzten am Verfahren, vor allem in Form der Privatklage, der Nebenklage oder der Geltendmachung von Schadensersatzansprüchen
im Strafprozeß.

Das sechste Buch (§§ 407 - 444) regelt die besonderen Verfahrens-
arten, wobei insbesondere auf das Strafbefehlsverfahren hinzuweisen ist.

*sonstige Rechtsquellen*

Im siebten Buch (§§ 449 - 473) ist von der Strafvollstreckung und
den Kosten des Verfahrens die Rede.

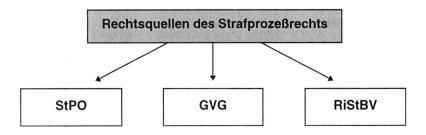

Wichtige Rechtsquellen des Strafverfahrensrechts sind neben der
StPO auch das Gerichtsverfassungsgesetz (GVG), das vor allem die
Gerichtsorganisation regelt, und die Richtlinien für das Strafverfahren
und das Bußgeldverfahren (RiStBV)[6]. Letztere enthalten als Ergänzung zur StPO eine umfangreiche und detaillierte Regelung des
Verfahrensablaufs. Ihre Bedeutung liegt in der Einengung des
staatsanwaltschaftlichen Ermessens, insbesondere im Bereich der
von der StPO weitgehend offengelassenen technischen Fragen der
Verfahrenshandhabung.

**6**

> **hemmer-Methode: Die RiStBV können natürlich nicht für alle Lebens-
> sachverhalte die richtige Antwort parat halten. Es handelt sich viel-
> mehr (wie der Wortlaut schon sagt) nur um Richtlinien, die eine selb-
> ständige, verantwortungsbewußte Prüfung aller denkbaren Maßnah-
> men natürlich nicht ersetzen können. Klausurrelevanz kommt den
> RiStBV erst im Zweiten Staatsexamen zu (z.B. bei Erstellen einer Ab-
> schlußverfügung). Die Kenntnis ihrer Regelungen erleichtert aber auch
> dem Studenten das Verständnis des strafprozessualen Verfahrens und
> der StPO.**

Daneben sind noch die Vorschriften der §§ 77 ff. StGB über den
Strafantrag sowie §§ 78, 79 StGB über die Verjährung von Bedeutung. Bestimmungen über das Verfahren gegen Jugendliche enthält
das Jugendgerichtsgesetz (JGG).

### II. Überblick über den Ablauf des Strafverfahrens

*Ablauf des Strafverfahrens*

Das Strafverfahren in der ersten Instanz gliedert sich in drei verschiedene Stadien.

### 1. Ermittlungsverfahren

*Ermittlungsverfahren: Bei hinrei-
chendem Tatverdacht*

Im *Vor- oder Ermittlungsverfahren* (§§ 151 - 177) ist durch die Strafverfolgungsbehörden zu untersuchen, ob gegen den Beschuldigten ein
hinreichender Tatverdacht vorliegt, der die Erhebung einer öffentlichen
Klage (§ 170) rechtfertigt. Das Verfahren dient der Sachverhaltsermittlung. Zuständig dafür ist die Staatsanwaltschaft, die in der Regel von
der Polizei unterstützt wird (§ 163). Das Ermittlungsverfahren beginnt,
wenn die Staatsanwaltschaft zureichende tatsächliche Anhaltspunkte
für das Vorliegen einer Straftat hat (§ 152 II). Es endet regelmäßig mit
der Abschlußverfügung der Staatsanwaltschaft. In dieser erhebt sie
entweder öffentliche Klage durch Einreichung einer Anklageschrift
beim zuständigen Gericht mit dem Antrag, das Hauptverfahren zu eröffnen (§ 170 I), oder sie stellt das Verfahren ein (§ 170 II).

**7**

In der Klausur hat das Ermittlungsverfahren zweierlei Bedeutung:

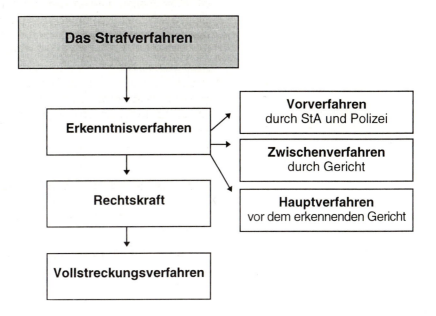

Zunächst kann nach der Rechtmäßigkeit von Maßnahmen der Staatsanwaltschaft aus der Warte des laufenden Ermittlungsverfahrens gefragt werden.

Weit häufiger aber werden Vorgänge aus dem Ermittlungsverfahren im Rahmen der Hauptverhandlung mittelbar relevant. Beispielsweise durch die Frage, ob ein im Ermittlungsverfahren gewonnenes Beweismittel im Prozeß verwendet werden darf. Nur so läßt sich die oben genannte zweite Stufe, also die Einordnung eines Verfahrensverstoßes, abprüfen.

## 2. Zwischenverfahren

*Zwischenverfahren: Gericht eröffnet bei hinreichendem Tatverdacht*

Wird tatsächlich öffentliche Klage erhoben, prüft das für die spätere Hauptverhandlung zuständige Gericht im *Zwischenverfahren* (§ 199), ob hinreichende Verdachtsgründe vorliegen, die ein weiteres Verfahren rechtfertigen. Ist dies der Fall, beschließt das Gericht, das Hauptverfahren zu eröffnen (§ 203). Das Zwischenverfahren soll so einen zusätzlichen Schutz für den Beschuldigten gewähren.

**8**

Die Klausurrelevanz des Zwischenverfahrens ist gering.

> **hemmer-Methode:** Beachten Sie den Unterschied zwischen einer Einstellung durch die Staatsanwaltschaft nach § 170 II und einem Beschluß des Gerichts, durch den die Eröffnung der Hauptverhandlung im Zwischenverfahren abgelehnt wird nach § 204.
> Während im ersten Fall das Ermittlungsverfahren jederzeit wieder aufgenommen werden kann, ist eine erneute Anklage im zweiten Fall nur dann möglich, wenn neue Tatsachen oder Beweismittel vorliegen (§ 211). Die Sperrwirkung kommt einem beschränkten Strafklageverbrauch gleich!

## 3. Hauptverfahren

*Hauptverfahren: Entscheidung über Schuld oder Unschuld fällt in Hauptverhandlung*

Das nun folgende *Hauptverfahren* (§§ 213 - 295) besteht aus zwei Teilen. Die Vorbereitung der Hauptverhandlung (§§ 213 - 225a) dient vor allem organisatorischen Fragen wie z.B. Terminbestimmung, Ladungen usw.

**9**

Kernstück des Hauptverfahrens bildet die Hauptverhandlung als "Höhepunkt des gesamten Strafprozesses".[7] Erst hier wird in mündlicher Gerichtsverhandlung über Schuld oder Unschuld des Angeklagten entschieden und ein Urteil gefällt, das gegebenenfalls in Rechtskraft erwächst.

Hieraus ergibt sich auch, daß die Regelungen über die Hauptverhandlung zentrales Thema der StPO-Klausuren sind. Überprüft werden können Verfahrensfehler im Rahmen der Hauptverhandlung vor allem durch die Frage nach den Erfolgsaussichten einer Revision.

## C. Die Maxime des Strafverfahrens

**Legalitätsprinzip:**
grds. Pflicht der StA, ein Ermittlungsverfahren durchzuführen
**Ausnahme:** Opportunitätsprinzip, §§ 153 ff.
**Konsequenz:** ggf. § 258a StGB
**Problem:** Private Kenntniserlangung der StA
**Strittig:** Bindung der StA an höchstrichterliche Rechtsprechung

**Öffentlichkeitsgrundsatz:**
Grds. haben Zuhörer das Recht auf Anwesenheit in Verhandlung

**Akkusationsprinzip:**
Strafverfolgung nur aufgrund von Anklage möglich
„Wo kein Kläger, da kein Richter"

**Mündlichkeitsgrundsatz:**
Gegenstände der Hauptverhandlung sind mündlich vorzutragen

**Die Grundsätze des Strafprozeßrechts**

**Unmittelbarkeitsgrundsatz:**
- Originäre Beweismittel sind grds. vorrangig zu verwenden
- grds. persönliche Überprüfung aller Beweismittel durch Gericht

**Grundsatz der Beschleunigung:**
Strafverfahren ist möglichst zügig durchzuführen

**Untersuchungsgrundsatz:**
Sachverhaltsermittlung von Amts wegen

**Offizialprinzip:**
grds. Anklagemonopol des Staates außer bei:
- Antrags- und Ermächtigungsdelikten
- Privatklage

Der Strafprozeß wird durch bestimmte Grundsätze (Maxime) geprägt, die sich teils aus der Geschichte des Strafprozeßrechts entwickelt haben, teils aus der Verfassung resultieren. Sie gelten entweder für das ganze Verfahren, nur für das Vorverfahren oder nur für das Hauptverfahren. Zu einem großen Teil sind sie gesetzlich in der StPO normiert.

---

7    ROXIN, § 42 A I

> **hemmer-Methode: Es empfiehlt sich, sich bereits vor dem Einstieg in das eigentliche Strafverfahren einen Überblick über die folgenden Prinzipien zu verschaffen. Ihre Bedeutung besteht vor allem darin, daß sie allgemeine Wertungen zum Ausdruck bringen, die sich als "roter Faden" durch das gesamte Strafverfahren hindurchziehen.**

## I. Das Offizialprinzip

### 1. Grundsatz

*Offizialprinzip: Grds. Anklagemonopol des Staates*

An erster Stelle zu nennen ist das Offizialprinzip. Diesem zufolge obliegen Einleitung des Strafverfahrens und Strafverfolgung grundsätzlich dem Staat und nicht dem einzelnen Bürger. Auf den Willen des Verletzten kommt es grundsätzlich nicht an. Von Bedeutung ist dies im Vorverfahren, wo gemäß § 152 I die Erhebung der öffentlichen Klage der Staatsanwaltschaft obliegt. Den Gegensatz dazu bildet die sog. *Dispositionsmaxime* im Zivilprozeß. Dort ist der Bürger selbst für die Einleitung und das weitere Betreiben des Prozesses verantwortlich.

**10**

### 2. Einschränkungen

*eingeschränkt bei Antragsdelikten*

Eingeschränkt ist das Offizialprinzip zum einen bei den *Antragsdelikten* (z.B. §§ 123 II, 303c StGB), die für eine Verurteilung einen wirksamen Strafantrag seitens des Verletzten voraussetzen.

**11**

Zum anderen sind hier die Ermächtigungsdelikte zu nennen, bei denen die Strafverfolgung von der Ermächtigung durch eine bestimmte Person abhängt, wie z.B. von der des Bundespräsidenten im Falle des § 90 StGB.

Das Vorliegen eines Strafantrages bzw. der Ermächtigung ist Prozeßvoraussetzung, so daß im Falle ihres Fehlens das Verfahren einzustellen ist.[8]

### 3. Ausnahmen

*Ausnahme: Privatklageverfahren*

Eine Ausnahme vom Offizialprinzip stellt das *Privatklageverfahren* (§§ 374 ff.) dar. Bei den in § 374 genannten Delikten kann der Verletzte selbst für die Verfolgung der Straftat sorgen.[9] Einer Einschaltung der Staatsanwaltschaft bedarf es dann nicht. Die Privatklage kann von dem Verletzten selbst erhoben werden oder von Personen, die an seiner Stelle berechtigt sind, Strafantrag zu stellen (§§ 77 - 77d StGB). Allerdings ist gemäß § 376 die Staatsanwaltschaft bei Vorliegen eines öffentlichen Interesses verpflichtet, Klage zu erheben. Der Begriff des öffentlichen Interesses bestimmt sich nach den Nr. 86 II, 229 I, 232 I RiStBV.[10] Demnach soll die öffentliche Klage insbesondere dann erhoben werden, wenn der Rechtsfriede über den Lebenskreis des Verletzten hinaus gestört wurde und die Strafverfolgung zum Beispiel wegen des Ausmaßes der Straftat ein gegenwärtiges Anliegen der Allgemeinheit ist.

**12**

> **hemmer-Methode: Verwechseln Sie nicht das öffentliche Interesse im Sinn des § 376 mit dem besonderen öffentlichen Interesse der §§ 232 I, 248a, 303c StGB. Letzteres ist zusätzlich nötig, um das Erfordernis eines Strafantrages als Prozeßvoraussetzung zu überwinden.**

---

8    vgl. dazu unten, Rn. 170 ff.

9    dazu siehe unten, Rn. 448 ff.

10   Richtlinien für Straf- und Bußgeldverfahren; abgedruckt bei Kleinknecht/Meyer-Goßner - Anhang 15

## II. Das Akkusationsprinzip

*Akkusationsprinzip: Wo kein Kläger, da kein Richter*

Der in § 151 normierte Anklagegrundsatz besagt, daß die Eröffnung der gerichtlichen Untersuchung, also des Hauptverfahrens, notwendig die Erhebung einer Klage voraussetzt ("Wo kein Kläger, da kein Richter"). Die Klageerhebung erfolgt aber nie durch das zur Entscheidung berufene Gericht, sondern entweder durch die Staatsanwaltschaft oder einen Privatkläger. Strafverfolgung und Urteilsfindung obliegen damit zwei voneinander unabhängigen Instanzen, nämlich der Staatsanwaltschaft bzw. dem Privatkläger einerseits und dem Gericht andererseits.

**13**

## III. Das Legalitätsprinzip

### 1. Grundsatz

*Legalitätsprinzip: Verfolgungs- und Anklagezwang*

Nach dem Legalitätsprinzip ist die Staatsanwaltschaft bei Vorliegen eines Anfangsverdachts verpflichtet, ein Ermittlungsverfahren durchzuführen (§§ 152 II, 160) und bei hinreichendem Tatverdacht gemäß § 170 I öffentliche Klage zu erheben (sog. Verfolgungs- und Anklagezwang). Bei Beteiligung der Polizei (§ 163) gilt das Legalitätsprinzip auch für diese. Das Legalitätsprinzip ergänzt das Akkusationsprinzip, indem es sicherstellt, daß eine Straftat auch wirklich zur Anklage kommt und damit vor Gericht abgeurteilt werden kann.

**14**

> **hemmer-Methode: Beachten Sie in diesem Zusammenhang auch die Frage, ob die Staatsanwaltschaft im Hinblick auf Fragen der Strafbarkeit an die ständig höchstrichterliche Rechtsprechung gebunden ist (dazu Rn. 128 ff.).**

### 2. Opportunitätsprinzip

*Opportunitätsprinzip*
*⇨ Verfolgungsermessen*

Den Gegensatz dazu bildet das sog. Opportunitätsprinzip, wonach es im *Ermessen* der Strafverfolgungsbehörden liegt, ob sie einer Straftat nachgehen wollen oder nicht. Diese Möglichkeit stellt im deutschen Strafprozeßrecht jedoch *rechtlich* gesehen eine Ausnahme dar (z.B. Einstellung des Verfahrens aus Opportunitätsgründen gemäß §§ 153 ff.). In der *Praxis* ist die Einstellung nach den §§ 153 ff. jedoch sehr häufig.

**15**

> **hemmer-Methode: Eine berüchtigte Frage in mündlichen Prüfungen ist die nach Unterschieden zwischen dem Strafverfahren und dem Verfahren nach dem Ordnungswidrigkeitengesetz. Ein wesentlicher Punkt dabei ist, daß für die Verfolgung von Ordnungswidrigkeiten, anders als im Strafverfahren, das Opportunitätsprinzip gilt. Die Behörde entscheidet hier nach pflichtgemäßem Ermessen darüber, ob sie eine Ordnungswidrigkeit verfolgt oder nicht (§ 47 I OWiG).**

## IV. Der Untersuchungsgrundsatz

*Untersuchungsgrundsatz: Strafverfolgungsorgane erforschen Sachverhalt v.A.w.*

Darunter versteht man die Pflicht der Strafverfolgungsorgane, den fraglichen Sachverhalt von Amts wegen zu untersuchen (*Prinzip der materiellen Wahrheit*).

Dieser Grundsatz gilt bereits im Ermittlungsverfahren, § 160. Staatsanwaltschaft und über § 163 auch die Polizei müssen sowohl nach belastenden als auch nach entlastenden Umständen suchen. Im Hauptverfahren ist gemäß § 244 II das Gericht verpflichtet, die Wahrheit von Amts wegen zu erforschen, wobei es nicht an Anträge der Verfahrensbeteiligten gebunden ist.

**16**

> hemmer-Methode: **Im Zivilprozeß gilt dagegen die sog. Verhandlungsmaxime. Das Gericht ist hier nur an die Tatsachen und Beweismittel gebunden, die ihm von den Parteien vorgelegt werden (Prinzip der formellen Wahrheit). Die Ermittlung des Sachverhalts obliegt also diesen.**

## V. Das Beschleunigungsgebot

*Beschleunigungsgebot und Konzentrationsmaxime*

**1.** Das Gebot einer möglichst raschen Durchführung des Strafverfahrens folgt direkt aus dem Rechtsstaatsprinzip des Art. 20 III GG. Der Beschuldigte soll frühzeitig Gewißheit über den gegen ihn erhobenen Strafvorwurf haben. Für das Vorverfahren finden sich entsprechende Regelungen in §§ 115, 118 V oder 121, die alle eine schnelle Überleitung ins Hauptverfahren bezwecken. In der Hauptverhandlung gilt die sog. Konzentrationsmaxime, wonach die Hauptverhandlung nach Möglichkeit in einem Zuge durchgeführt werden soll. Daher sind Unterbrechungs- und Aussetzungsmöglichkeiten nur in beschränktem Umfang gegeben (vgl. §§ 228, 229).

17

> hemmer-Methode: **Lernen mit Verständnis! Die Zuverlässigkeit der Erinnerung ist einer der wesentlichen Grundvoraussetzungen für die Urteilsfindung. Der Prozeß stellt insgesamt für alle Beteiligten eine hohe psychische und physische Belastung dar: Wenn die Beteiligten dann aufgrund zu langer Prozeßdauer nicht einmal mehr sicher sein können, ob die Ergebnisse der Hauptverhandlung richtig in Erinnerung geblieben sind, wird die Gefahr einer Fehlentscheidung erheblich erhöht. Lesen Sie zur Möglichkeit und den Folgen einer Aussetzung oder Unterbrechung auch Rn. 217 ff.!**

*Konflikt: Beschleunigung u. Richtigkeit*

**2.** Probleme ergeben sich dabei aus dem Konflikt zwischen der durch das Beschleunigungsgebot bezweckten Funktionsfähigkeit der Strafrechtspflege und der materiellen Richtigkeit der Entscheidung, wobei letzterer natürlich stärkeres Gewicht zukommt.

18

*überlange Verfahrensdauer als Prozeßhindernis*

**3.** Umstritten ist, ob eine Prozeßverschleppung durch das Gericht oder die Staatsanwaltschaft ein Verfahrenshindernis darstellt, das nach § 260 III zur Einstellung des Verfahrens führt. Dies soll nach der Rspr. des BGH in der Regel zu verneinen sein. Eine überlange Dauer des Verfahrens ist vielmehr bei der Strafzumessung zugunsten des Beschuldigten zu berücksichtigen.[11]

19

Nach Ansicht des BVerfG und der Lit. kann dagegen in Ausnahmefällen die Verzögerung so schwerwiegend sein, daß aus rechtsstaatlichen Gründen eine Fortsetzung des Verfahrens nicht mehr hingenommen werden kann. Dann soll eine Einstellung gerechtfertigt sein.[12]

*Bsp.: Staatsanwaltschaft und Gericht verschleppen jahrelang unter irgendwelchen Vorwänden willkürlich den Prozeß, ohne daß dies vom Angeklagten zu vertreten ist. Hier kommt es nach Ansicht von Lit. und BVerfG auf die Umstände des Einzelfalls an, ob ein Prozeßhindernis vorliegt.*

---

11    BGHSt 35, 137; BGH NStZ 1982, 291

12    BVerfG NStZ 1984, 128; BVerfG StV 1993, 352; Hillenkamp, NJW 1989, 2841

## VI. Der Grundsatz der freien richterlichen Beweiswürdigung

*freie richterliche Beweiswürdigung*

Gemäß § 261 entscheidet das Gericht nach seiner freien, aus dem Inbegriff der Verhandlung geschöpften Überzeugung über das Ergebnis der Beweisaufnahme. Der Richter ist also nicht an Beweisregeln gebunden, die vorgeben, wann eine Tatsache als bewiesen oder nicht bewiesen anzusehen ist. Erforderlich ist die "persönliche Gewißheit" des Richters, das heißt, er muß die (subjektive) Überzeugung von einem bestimmten Sachverhalt erlangt haben.[13]

**20**

*Bsp.: Wenn das Gericht auch nur geringe Zweifel am Tötungsvorsatz des Angeklagten hat, muß es von einer Bestrafung nach § 212 StGB absehen, selbst wenn aufgrund der Beweislage eine überwiegende Wahrscheinlichkeit dafür spricht. Statt dessen kann es ihn einer gefährlichen Körperverletzung (§ 224 StGB), deren Voraussetzungen es für erwiesen hält, schuldig sprechen.*

*Grenzen*

Grenzen findet die subjektive Überzeugung des Tatrichters jedoch da, wo die Beweisaufnahme einen nachvollziehbaren und rational einleuchtenden Schluß auf die Schuld des Angeklagten nicht zuläßt.[14] Dieser muß insoweit vor Willkür geschützt werden.[15]

**21**

Gesetzliche Ausnahmen vom Prinzip der freien Beweiswürdigung finden sich in §§ 190 StGB, 274 oder 51 I BZRG.

**22**

## VII. Die Grundsätze der Mündlichkeit und Unmittelbarkeit

### 1. Das Mündlichkeitsprinzip, § 261

*Mündlichkeitsprinzip: Möglichkeit der Kontrolle durch Öffentlichkeit*

Da das Gericht seine Überzeugung aus dem Inbegriff der Verhandlung gewinnen muß (§ 261), ist erforderlich, daß der gesamte Stoff des Prozesses in der Hauptverhandlung vollständig *mündlich* durchgesprochen wird.

**23**

Diese Vorgehensweise dient dazu, die Kontrolle des Strafverfahrens durch die Öffentlichkeit sowie die Nachvollziehbarkeit durch die Verfahrensbeteiligten zu ermöglichen. Ziel ist die Gewährleistung eines rechtsstaatlichen Verfahrens. Dementsprechend ordnet § 249 I an, daß Urkunden und sonstige schriftliche Beweismittel in der Hauptverhandlung grds. verlesen werden müssen. Es darf nicht, wie im Zivilprozeß, auf Schriftsätze verwiesen werden.

> **hemmer-Methode: Keine Regel ohne Ausnahme!** In § 249 II ist das sog. Selbstleseverfahren aus Gründen der Verfahrensvereinfachung geregelt. Insoweit ist der Mündlichkeitsgrundsatz bzgl. Urkundsbeweisen also eingeschränkt.

### 2. Der Unmittelbarkeitsgrundsatz, §§ 226, 250, 261

*Unmittelbarkeitsgrundsatz*

Mündlichkeits- und Unmittelbarkeitsprinzip in der Hauptverhandlung sind eng miteinander verknüpft. Nach dem Unmittelbarkeitsgrundsatz hat das erkennende Gericht sich selbst ein möglichst unvermitteltes und direktes Bild von den für das Urteil relevanten Tatsachen zu verschaffen (§ 261). So muß z.B. das Gericht während der gesamten Hauptverhandlung selbst anwesend sein (§ 226), andernfalls ein absoluter Revisionsgrund nach § 338 Nr. 1 vorläge. Auch ist grundsätzlich das tatnächste Beweismittel heranzuziehen. Letztlich dient das Unmittelbarkeitsprinzip einer möglichst unverfälschten Erkenntnis der maßgeblichen Tatsachen.

**24**

13    BGHSt 10, 208; ROXIN, PdW, S. 280

14    BGH NStZ 1988, 236

15    Zur Rüge einer Verletzung von § 261 im Rahmen der Revision unten, Rn. 517

> **hemmer-Methode:** An dieser Stelle können natürlich nur allgemeine Grundzüge dargestellt werden. Auf die Einzelprobleme, wie z.B. das Verbot der Ersetzung einer Zeugenaussage durch Verlesung eines früheren Vernehmungsprotokolls, ist weiter unten noch genauer einzugehen.[16] Wichtiger als bloßes Auswendiglernen von Definitionen ist das Verständnis der rechtsstaatlichen Grundsätze, die hinter Mündlichkeits- und Unmittelbarkeitsprinzip stehen, um auf diese Weise auch in unbekannten Konstellationen Argumentationsstoff parat zu haben.

## VIII. Der Öffentlichkeitsgrundsatz

*Öffentlichkeitsgrundsatz, § 169 S.1 GVG*

**25** Der Öffentlichkeitsgrundsatz, geregelt in § 169 S.1 GVG, besagt, daß im Rahmen der tatsächlichen Gegebenheiten grundsätzlich jedermann der mündlichen Hauptverhandlung beiwohnen darf. Ziel ist auch hier die Transparenz des Strafverfahrens und die Kontrolle durch die Öffentlichkeit. Aufgrund konkurrierender Interessen erfährt der Grundsatz aber viele Einschränkungen.[17]

## IX. Der Grundsatz "in dubio pro reo"

*"in dubio pro reo" als zentraler Grundsatz des Beweisrechts*

**26** Hierbei handelt es sich um einen zentralen Grundsatz des Beweisrechts. Zugunsten des Beschuldigten gilt grundsätzlich die Vermutung seiner Unschuld, solange seine Schuld nicht *zweifelsfrei* bewiesen ist. Dieser Beweis muß zudem in einem prozeßrechtlich einwandfreien Verfahren erfolgen.[18]

*str. bei Verfahrensfragen*

Der Grundsatz "im Zweifel für den Angeklagten" gilt unstreitig hinsichtlich der Frage der Schuld und des Strafmaßes. Fraglich ist seine Anwendbarkeit aber, sofern es um Prozeßvoraussetzungen oder sonstige Verfahrensfragen geht.[19]

> **hemmer-Methode:** Die Frage, ob der Grundsatz des i.d.p.r. auf Verfahrensfragen anwendbar ist, gehört auch im Ersten Examen schon zu den "Klassikern". Die erfolgreiche Beantwortung dieser speziellen Fragestellung setzt aber wenigstens voraus, daß man diesen Grundsatz bereits in seiner materiellen Bedeutung verstanden hat. Beachten Sie auch die Abgrenzung zur sog. Wahlfeststellung (Hemmer/Wüst, Strafrecht-AT II, Rn. 347 ff.).

## X. Sonstige aus dem Rechtsstaatsprinzip folgende Grundsätze

### 1. Gebot des fairen Strafverfahrens

*fair trial-Prinzip: Auffangtatbestand*

**27** Dieser sogenannte Grundsatz des "fair trial" folgt unmittelbar aus Art. 1, 20 III, 28 GG und dient im Grunde als Auffangtatbestand, um nicht ausdrücklich normierte Rechte und Pflichten der Verfahrensbeteiligten zu begründen.[20]

*Bsp.: Das Gericht veranlaßt durch das Versprechen, nicht über ein bestimmtes Strafmaß hinauszugehen, den Verteidiger des Angeklagten dazu, keine weiteren Beweisanträge mehr zu stellen. Im Urteil geht es dann trotzdem über dieses Strafmaß hinaus. Der BGH sah darin einen Verstoß gegen die Grundsätze des "fair trial", der zur Aufhebung des Urteils führte.[21]*

---

16     siehe unten, Rn. 323 ff.

17     siehe unten, Rn. 228 ff.

18     zu diesem Grundsatz ausführlich unter, Rn. 399

19     dazu vgl. unten, Rn. 399 ff.

20     zur Dogmatik GEPPERT, Jura 1992, 597; BEULKE, Rn. 28

21     BGHSt 36, 210

## 2. Anspruch auf den gesetzlichen Richter, Art. 101 I S.2 GG

*Anspruch auf gesetzlichen Richter, Art. 101 I S.2 GG*

Dieser grundrechtsähnliche Anspruch verlangt, daß vom Staat bereits im voraus durch Gesetz und Geschäftsverteilungspläne geregelt wird, welches Gericht für den jeweiligen Rechtsfall zuständig ist. Damit sollen willkürliche Maßnahmen ausgeschaltet werden. Im übrigen ist das Recht auf den gesetzlichen Richter auch dann nicht gewahrt, wenn der Rechtsuchende vor einem nicht ausreichend unvoreingenommenen Richter steht. Diesem hat der Gesetzgeber durch die §§ 22 ff. Rechnung getragen.[22]

**28**

## 3. Anspruch auf rechtliches Gehör, Art. 103 I GG

*Anspruch auf rechtliches Gehör, Art. 103 I GG*

Vor jeder nachteiligen Entscheidung muß der Beschuldigte Gelegenheit haben, zu den Vorwürfen Stellung zu nehmen und Anträge zu stellen.

**29**

Das Gericht muß diese Ausführungen beachten und in seine Erwägungen mit einbeziehen. In der StPO findet dieser Grundsatz seine Ausprägung z.B. in §§ 33, 33a oder 258 II.

> **hemmer-Methode:** Bevor Sie weitere Einzelheiten des Strafverfahrensrechts erlernen, sollten Sie sich vergewissern, ob Sie die Grundsätze auch wirklich richtig verstanden haben! Gerade im Ersten Examen wird gerne das Grundsätzliche abgefragt: Vor allem im mündlichen Examen wiegen Fehler in diesem Bereich besonders schwer. Auch später im Zweiten Examen sind die Grundsätze als Auslegungshilfe schwieriger Detailfragen von hoher Bedeutung, oftmals helfen sie eher weiter als die Kenntnis vieler Einzelfakten.

---

22    Für Referendare: Machen Sie sich auch mit den Regelungen über den Geschäftsverteilungsplan in den §§ 21a ff. GVG vertraut. Eine Verletzung kann gegebenenfalls einen absoluten Revisionsgrund gemäß § 338 Nr.1 begründen.

## § 2 DER ABLAUF DES STRAFVERFAHRENS

### A. Das Vorverfahren, §§ 151 - 177

*Vorverfahren: Ermittlung eines hinreichenden Tatverdachts durch die Strafverfolgungsbehörden*

Erstes Stadium des Strafverfahrens ist, wie bereits dargestellt, das Vor- oder Ermittlungsverfahren (§§ 151 - 177). Staatsanwaltschaft und Polizei stellen hier im Vorfeld einer Gerichtsverhandlung Ermittlungen an und prüfen, ob die Erhebung einer öffentlichen Klage (§ 170 I) überhaupt hinreichenden Erfolg verspricht. "Herrin des Vorverfahrens" ist die Staatsanwaltschaft. Sie kann selbst ermitteln oder sich der Polizei bedienen (§ 161). **30**

### I. Die Einleitung des Vorverfahrens

#### 1. Möglichkeiten der Ingangsetzung

*Einleitung:*

Im Hinblick auf die Einleitung des Vorverfahrens ist grundsätzlich danach zu unterscheiden, ob die zu verfolgende Straftat ein sog. *Offizialdelikt* oder ein *Antragsdelikt* ist. **31**

#### a) *Strafanzeige* gemäß § 158 I S.1 1. Alt. i.V.m. § 160 I 1.Alt.

*Strafanzeige: § 158 I S.1, 1.Alt.: Mitteilung eines relevanten Sachverhalts*

Offizialdelikte verfolgen die Strafverfolgungsbehörden von Amts wegen. Dennoch müssen sie zunächst von einer möglichen Straftat Kenntnis erlangen. Dies kann durch Strafanzeigen gemäß § 158 I S.1 1.Alt geschehen. **32**

Darunter versteht man die Mitteilung eines Sachverhalts, der nach Meinung des Anzeigenden Anlaß für eine Strafverfolgung bietet.[23] Diese kann durch jedermann schriftlich oder mündlich bei Polizei, Staatsanwaltschaft oder Amtsgericht gestellt werden.

#### b) *Strafantrag* gemäß § 158 I S.1, 2. Alt. i.V.m. § 160 I 1.Alt.

*Strafantrag, § 158 I S.1, 2. Alt. StPO: Der Anzeigeerstatter wünscht erkennbar die Strafverfolgung*

Weiter kann bei den Strafverfolgungsbehörden ein Strafantrag gestellt werden. Hierin gibt der Anzeigende seinen persönlichen Wunsch nach Verfolgung der Tat Ausdruck. Folge eines solchen Antrags ist, daß der Antragsteller bei Einstellung des Verfahrens gemäß § 171 S.1 zu bescheiden ist. Ein solcher Antrag kann insbesondere auch bei Offizialdelikten gestellt werden und hat mit dem Strafantrag gemäß §§ 77 ff. StGB nichts zu tun. **33**

> **hemmer-Methode:** Achten Sie genau auf die terminologische Unterscheidung von Straf*anzeige* und Straf*antrag*. Insbesondere meint die StPO in § 158 I 2.Alt. nicht den Strafantrag i.S.d. §§ 77 ff. StGB. Vielmehr handelt es sich um den gleichen Antragsbegriff wie in § 171 S.1. Dagegen bezieht sich § 158 II auf den Begriff des Strafantrages aus dem StGB.

#### c) Einleitung des Verfahrens aufgrund amtlicher Wahrnehmung

Wenn die Staatsanwaltschaft auf anderem Wege vom Verdacht einer Straftat Kenntnis erhält, muß sie von Amts wegen Ermittlungen aufnehmen, § 160 I. Dabei muß auch glaubwürdigen Gerüchten oder sonstigen Hinweisen (z.B. auch aus der Zeitung) nachgegangen werden. Dasselbe gilt auch für die Polizei. **34**

---

23 KLEINKNECHT/MAYER-GOßNER, § 158, Rn. 2

Diese hat nach § 163 I das "Recht und die Pflicht des ersten Zugriffs". Der in der Praxis häufigste Fall sind Wahrnehmungen durch die Polizei. Diese verfolgt, wenn keine besonderen schwerwiegenden Gründe vorliegen, den Fall zunächst weiter und übersendet gemäß § 163 II das aktenmäßig zusammengetragene Ermittlungsergebnis an die Staatsanwaltschaft.

Problematisch ist, ob auch außerdienstlich erworbene Kenntnisse zu den "amtlichen Wahrnehmungen" zählen.

> *Bsp.: Polizist P erhält am Stammtisch von einem Bekannten die vertrauliche Mitteilung von einem Mord. P ist jedoch innerdienstlich für die Bearbeitung dieses Falles gar nicht zuständig.*

Diese Frage ist noch nicht vollständig geklärt, wird aber vom BGH zumindest dann bejaht, wenn es sich um Straftaten handelt, die nach Art und Schwere "die Belange der Öffentlichkeit in besonderem Maße berühren".[24]

Gegen diese Ansicht wird von der Literatur zu Recht eingewandt, daß hierin kein greifbares Abgrenzungskriterium gesehen werden kann. Dies gilt insbesondere deshalb, weil im Fall der Nichtanzeige eine Strafbarkeit des StA nach § 258a StGB im Raum steht. Eine Pflicht zum Einschreiten aufgrund außerdienstlicher Wahrnehmungen solle sich demnach nur aus der beamtenrechtlichen Treuepflicht ergeben und lediglich disziplinarrechtliche Konsequenzen nach sich ziehen.[25]

In allen drei Fällen sind die Ermittlungsbehörden wegen des *Legalitätsprinzips* verpflichtet, tätig zu werden, §§ 160 I, 152 II.

### d) Einleitung des Ermittlungsverfahrens bei Antragsdelikten

*bei Antragsdelikten: Ermittlungen nur bei Strafantrag*

Etwas anders stellt sich die Situation bei Antragsdelikten (z.B. §§ 123, 185 ff., 223, 248a, 303, StGB) dar. Hier werden die Strafverfolgungsbehörden erst dann tätig, wenn ein wirksamer Strafantrag i.S.d. §§ 77 ff. StGB durch den Antragsberechtigten in der Form des § 158 II vorliegt. Gemäß Nr. 6 I RiStBV soll die StA aber dann schon zuvor ermitteln, wenn der Verlust wichtiger Beweismittel droht.

**35**

### 2. Vorliegen eines Anfangsverdachts

*Anfangsverdacht notw.; Vermutungen nicht ausreichend*

Voraussetzung für die Einleitung des Vorverfahrens ist zusätzlich das Vorliegen eines Anfangsverdachts gemäß § 152 II. Es müssen "zureichende tatsächliche Anhaltspunkte" vorliegen, die es nach kriminalistischer Erfahrung als möglich erscheinen lassen, daß eine verfolgbare Straftat vorliegt.[26] Bloße Vermutungen reichen nicht. Dem Staatsanwalt steht ein Beurteilungsspielraum zu.

**36**

> **hemmer-Methode: Die Funktion dieses weiteren Tatbestandsmerkmals ist klar. Die Staatsanwaltschaft soll nicht verpflichtet sein, wegen jedes unsinnigen Hinweises Ermittlungen anzustellen. Andererseits soll auch der Bürger davor geschützt werden, Gegenstand von Ermittlungen zu sein, ohne daß es dafür einen verständlichen Anlaß gibt.**

---

24    BGHSt 5, 225

25    KLEINKNECHT/MEYER-GOßNER, § 160, Rn. 10 m.w.N.

26    KLEINKNECHT/MEYER-GOßNER, § 152, Rn. 4

## II. Die Verfahrensbeteiligten

### 1. Der Beschuldigte

*Beschuldigter: Nicht nur Objekt der Strafverfolgung*

Als erster Beteiligter des Verfahrens ist der Beschuldigte zu nennen. Er ist nicht nur Objekt des Strafverfahrens, sondern er hat die Möglichkeit, auf den Gang des Verfahrens selbst Einfluß zu nehmen.

**37**

### a) Begriff des Beschuldigten

*Bezeichnung des Beschuldigten, § 157*

Derjenige, gegen den ein Strafverfahren betrieben wird, wird von der StPO je nach Verfahrensabschnitt unterschiedlich bezeichnet. Beschuldigter heißt der Betroffene während des gesamten Verfahrens über die Rechtskraft des Urteils hinaus bis einschließlich des Vollstreckungsverfahrens.[27]

**38**

Nur dieser Beschuldigtenbegriff i.w.S. ist im Rahmen des Vorverfahrens maßgeblich. Dagegen hat der Beschuldigte in der StPO die gesetzliche Bezeichnung Angeschuldigter, wenn gegen ihn öffentliche Klage nach § 170 I erhoben worden ist (§ 157 1.Alt.). Nach Beschluß der Eröffnung des Hauptverfahrens gemäß § 203 heißt er dann Angeklagter (§ 157 2.Alt.).

*Bedeutung des Beschuldigtenbegriffs*

Der Beschuldigte ist im Strafverfahrensrecht ein *Prozeßsubjekt*, dem selbständige Rechte und Pflichten zustehen. Da der Begriff des Beschuldigten im Gesetz nicht geklärt ist, ist es notwendig, bestimmte objektive Merkmale zu finden, an denen sich die Beschuldigtenstellung festmachen läßt. Damit soll verhindert werden, daß die Strafverfolgungsbehörden dem Verdächtigen willkürlich Beschuldigtenrechte wie z.B. das Recht auf Belehrung (§ 136 I S.2) vorenthalten.

> **hemmer-Methode:** Nach heute h.M. führt ein Verstoß gegen § 136 I S.2 zu einem Beweisverwertungsverbot. Es ist daher besonders wichtig, wer Beschuldigter ist (dazu auch unten Rn. 380 ff.).

*subjektives Element: Willensakt der Staatsanwaltschaft*
*objektives Element: Anfangsverdacht*

**aa)** Nach herrschender Ansicht in Lit. und Rspr. setzt sich die Beschuldigteneigenschaft aus zwei Elementen zusammen. Zum einen bedarf es eines *Willensakts der Strafverfolgungsbehörde*, mit dem sie subjektiv zum Ausdruck bringt, daß sie ein Strafverfahren gegen eine bestimmte Person als Beschuldigten betreiben will.[28] Dies folgert man aus dem Rechtsgedanken des § 397 I AO. Auf der anderen Seite darf die Stellung als Beschuldigter nicht allein vom Willen der Behörde abhängen. Daher muß objektiv ein *hinreichend konkreter Anfangsverdacht* hinzukommen.[29]

**39**

> **hemmer-Methode:** Hier zeigt sich wieder das altbekannte Spiel mit subjektiven und objektiven Kriterien. Da jedes von beiden Elementen für sich allein häufig zu unvertretbaren Ergebnissen führen würde, wird eine vermittelnde Theorie geschaffen, die in der Mehrzahl der Fälle dafür sorgt, daß sowohl die Interessen des Verdächtigen als auch die Funktionsfähigkeit der Strafverfolgung gewahrt bleiben.

*Bsp.: Kurz nach Entdeckung eines Mordes wird der M in unmittelbarer Nähe zum Tatort mit blutverschmierten Kleidern angetroffen. Polizist P nimmt ihn daraufhin vorläufig fest (§ 127 II).*

---

27 BGHSt 26, 367

28 BGHSt 37, 48; BEULKE, Rn. 111

29 BGH NStZ 1983, 86

Hier sind sowohl ein konkreter Tatverdacht wie auch ein behördlicher Willensakt in Form der vorläufigen Festnahme gegeben. Der M ist damit Beschuldigter und z.B. gemäß § 136 I S.2 über sein Aussageverweigerungsrecht zu belehren. Weitere derartige Willensakte der Behörden sind z.B. die ausdrückliche Vernehmung als Beschuldigter, ein Haftbefehl (§ 112 ff.) oder Maßnahmen nach §§ 81a, 81b.

*keine Vernehmung eines Beschuldigten bei Spontangeständnissen*

Ebenso sind auch die Fälle der sogenannten *Spontangeständnisse* zu lösen. Ein Verdächtiger, der ohne Befragung einem Strafverfolgungsorgan gesteht, eine Straftat begangen zu haben, kann sich hinterher nicht darauf berufen, nicht gemäß § 136 I S.2 belehrt worden zu sein. Da ihm gegenüber noch kein behördlicher Willensakt ergangen ist und auch nicht ergehen konnte, hat er auch keine Beschuldigtenrechte.

**40**

> **hemmer-Methode:** Mit diesen Kriterien läßt sich auch der Fall lösen, daß ein späterer Beschuldigter von der Ermittlungsbehörde zuerst (ohne Belehrung nach § 136 I S.2) als Zeuge vernommen wird und keine Absicht einer Umgehung der Beschuldigtenrechte besteht. Es handelt sich hier um eine sog. informatorische Befragung.
> Die Strafverfolgungsorgane verdächtigen noch keine bestimmte Person, sondern versuchen, sich zuerst einmal über das Geschehen zu orientieren. Mangels eines hinreichend konkreten Anfangsverdachts liegt keine Beschuldigtenvernehmung vor.[30]
> Kommen theoretisch mehrere Personen als Beschuldigte in Betracht, so müssen diese nicht alle automatisch und von Anfang an als Beschuldigte behandelt werden. Jedenfalls ist zunächst eine informatorische Befragung aller potentiell Verdächtigen möglich, bevor der konkrete Wille entsteht, eine bestimmte Person zu beschuldigen.[31]

*subjektives Element entbehrlich, wenn StA Beschuldigtenstellung bewußt vorenthält*

**bb)** Eine Durchbrechung dieser Grundsätze ist vom BGH zum Schutz des Verdächtigen entwickelt worden. Danach kann ein Verdächtiger auch ohne einen Willensakt der Strafverfolgungsbehörde Beschuldigter sein, wenn die Behörde ihm diese Stellung willkürlich vorenthält.

**41**

*Bsp.: Die Staatsanwaltschaft ermittelt wegen eines Raubes (§ 249 StGB) an einem Bankangestellten. Dabei hält sie den A für stark verdächtig. Trotzdem wird das Ermittlungsverfahren nicht gegen A, sondern gegen einen unbekannten Täter eingeleitet. A wird als Zeuge geladen und vom Ermittlungsrichter nach Vereidigung vernommen (§§ 162 I S.1, 161a I S.3., 65). Dabei sagt A in einigen Punkten die Unwahrheit. Als sich dies später herausstellt, möchte die Staatsanwaltschaft gegen A wegen Meineids (§ 154 StGB) vorgehen. Ist A wegen Meineids strafbar?*

Das wäre der Fall, wenn A überhaupt tauglicher Täter des § 154 StGB sein könnte. Voraussetzung ist, daß A lediglich Zeuge und nicht etwa Beschuldigter war. Ein Beschuldigter kann nämlich in einem gegen ihn gerichteten Strafverfahren nie die einem Zeugen obliegenden Aufgaben erfüllen. Da ihm gemäß § 136 I S.2 das Recht zur Aussageverweigerung zusteht, darf er auch nicht vereidigt werden, da dies den Druck auf ihn, eine (wahrheitsgemäße) Aussage zu machen, erhöhen würde.

Für die Beschuldigtenstellung ist einerseits ein hinreichend konkreter Tatverdacht erforderlich, andererseits ein entsprechender, nach außen in Erscheinung tretender Willensakt der Staatsanwaltschaft. An letzterem fehlt es hier, da kein Verfahren gegen A eingeleitet, sondern er als Zeuge behandelt wurde. Grundsätzlich ist es der Staatsanwaltschaft überlassen, ob sie jemanden als Beschuldigten verfolgt ("Herrin des Ermittlungsverfahrens").

---

30    BGH NStZ 1983, 86
31    KLEINKNECHT/MAYER-GOßNER, Einl., Rn. 78

Sie darf aber nicht den einer Straftat Verdächtigen aus sachfremden Erwägungen willkürlich in die Rolle eines Zeugen drängen, obwohl gute Gründe vorliegen, ihn als Beschuldigten zu verfolgen. Gerade dies ist hier aber der Fall. Auf keinen Fall darf dem A die Beschuldigteneigenschaft vorenthalten werden etwa zu dem Zweck, ihn als solchen dem Aussage- und womöglich dem Eideszwang auszusetzen.[32]

Daher ist A hier als Beschuldigter anzusehen. Eine Strafbarkeit aus § 154 StGB entfällt.

> **hemmer-Methode:** An diesem Beispielsfall läßt sich sehr schön die Wechselwirkung von Prozeßrecht und materiellem Strafrecht beobachten. Die §§ 153 ff. StGB können vor allem in Klausuren des Ersten Staatsexamens zum "Einfallstor" für strafverfahrensrechtliche Fragen werden!
> Beachten Sie jedoch, daß eine Strafbarkeit nach § 154 StGB auch dann eintritt, wenn im Einzelfall ein Vereidigungsverbot nach §§ 60, 62, 65 StPO bestand[33].

### b) Die Rechte des Beschuldigten im Vorverfahren

*Beschuldigtenrechte:*
- *Anwesenheit* §168c II

**aa)** Der Beschuldigte hat gemäß § 168c II ein *Anwesenheitsrecht* bei der *richterlichen* Vernehmung eines Zeugen oder Sachverständigen.

42

- *Verteidigung* §137

**bb)** Ferner besteht ein *Recht auf Verteidigung* (§ 137).

- *Aussageverweigerung* §136 I S2

**cc)** Von großer Bedeutung ist das Recht des Beschuldigten, jede *Aussage und Einlassung zur Sache zu verweigern*, §§ 136 I S.2, 163a III S.2 und IV S.2. Das folgt aus dem Grundsatz, daß niemand verpflichtet ist, sich selbst zu belasten (nemo tenetur se ipsum accusare). Über dieses Recht ist er nach § 136 I S.2 auch zu belehren.

- *rechtliches Gehör* §136 I

**dd)** Der Beschuldigte hat einen *Anspruch auf rechtliches Gehör*, Art. 103 I GG. Dieses hat in der StPO z.B. in § 136 I seinen Niederschlag gefunden.

- *verbotene Vernehmungsmethoden* §136a I, II

**ee)** Sehr wichtig ist auch die Vorschrift des § 136a I und II, in der *verbotene Vernehmungsmethoden* aufgeführt sind. § 136a gilt über § 163a III S.2 und IV S.2 auch bei Vernehmungen durch den Staatsanwalt und die Polizei. Maßnahmen, die die Willensfreiheit des Beschuldigten oder in sonstiger Weise seine Willensbildung beeinträchtigen, sind unstatthaft. Dies folgt aus dem allgemeinen Rechtsstaatsprinzip und dient der Gewährleistung eines menschenwürdigen Strafverfahrens.

> **hemmer-Methode:** Hier handelt es sich um ein sehr examensrelevantes Gebiet. Seine besondere Bedeutung erhält die Vorschrift des § 136a dadurch, daß nach § 136a III verbotswidrig gewonnene Beweise vor Gericht in der Hauptverhandlung nicht verwertet werden dürfen.
> Es geht dabei um die allgemeine Problematik von Beweiserhebungs- und Beweisverwertungsverboten. Daher wird bei der Darstellung der Hauptverhandlung noch ausführlichst auf dieses Thema einzugehen sein.

*§ 136a auch bzgl. Zeugen und Sachverständigen*

Zu beachten ist an dieser Stelle aber auch, daß § 136a auch für die Vernehmung von Zeugen (§ 69 III) und von Sachverständigen (§ 72) gilt. Selbstverständlich dürfen in einem rechtsstaatlichen Verfahren auch bei diesen Personen keine verbotenen Methoden angewandt werden.

---

[32] BGHSt 10, 8

[33] Schönke/Schröder-Lenckner, § 154 Rn. 9.

## c) Die Pflichten des Beschuldigten

*Beschuldigtenpflichten:*

Der Beschuldigte hat nicht nur Rechte, sondern es treffen ihn im Vorverfahren auch bestimmte Pflichten. **43**

• *Erscheinen*

**aa)** Gemäß § 163a III S.1 hat er die Pflicht, auf Ladung vor dem Staatsanwalt zur Vernehmung *zu erscheinen*, auch wenn er sich nicht zur Sache äußern will. Er muß lediglich erscheinen, zur Aussage ist er nicht verpflichtet. **44**

*ggf. Vorführung durch StA*

Falls er dem nicht Folge leistet, kann die Staatsanwaltschaft nach §§ 163a III S.2 i.V.m. 133, 134 die *zwangsweise Vorführung des Beschuldigten* anordnen. Es ergeht ein Vorführungsbefehl, § 133. Voraussetzung für diesen ist die Androhung der Vorführung in einer schriftlichen Ladung (§ 133 II) und das unentschuldigte Fernbleiben des Beschuldigten. Ausnahmsweise kann die Vorführung ohne vorausgehende Ladung und Androhung angeordnet werden, wenn die Voraussetzungen der §§ 112, 112a oder 126a gegeben sind, auf die § 134 I verweist.

Dem Schutz des Beschuldigten dient die Vorschrift des § 163a III S.3. Auf seinen Antrag hin entscheidet über die Rechtmäßigkeit der Vorführung das Gericht. Dies ist in der Regel das gemäß §§ 163a III S.3 2. HS., 161a III S.2 zuständige Landgericht.

Da der Antrag auf gerichtliche Entscheidung keine aufschiebende Wirkung hat, muß er aus Rechtsschutzgründen bereits gegen die Androhung in der Ladung zulässig sein.[34]

*Vorführung durch Ermittlungsrichter*

**bb)** Dasselbe gilt über §§ 133, 134 direkt auch für die Vernehmung durch einen Ermittlungsrichter. In diesem Fall ist der Richter für Ladung und Erlaß des Vorführungsbefehls zuständig. Als Rechtsmittel gegen die Ladung, die eine Vorführungsandrohung enthält, kommt die Beschwerde nach § 304 in Betracht. **45**

> **hemmer-Methode:** Für den "Einsteiger" in die StPO ist am Anfang das Verhältnis der Vorschriften der §§ 133 - 136a zu denen der §§ 161a - 163a eher unklar. Dennoch ist auch diese Zweiteilung nur eine Ausprägung des Prinzips, daß allgemeine Regeln "vor die Klammer gezogen" werden. Die §§ 133 ff. enthalten die Regelungen, die für sämtliche Vernehmungen in allen Verfahrensstadien gelten, die §§ 161a ff. dagegen regeln speziell Vernehmungen des Beschuldigten durch Staatsanwaltschaft, Polizei oder Ermittlungsrichter im Vorverfahren.

*Duldung von Zwangsmaßnahmen*

**cc)** Weiterhin hat der Beschuldigte die Pflicht, *Zwangsmaßnahmen* wie z.B. die Untersuchungshaft (§§ 112 ff.) über sich ergehen zu lassen. **46**

*Gegenüberstellung*

**dd)** Zu nennen ist auch § 58 II, wonach der Beschuldigte im Vorverfahren eine *Gegenüberstellung mit Zeugen* zu erdulden hat. Dabei muß er in gewissem Umfang auch Veränderungen an sich, wie z.B. Veränderungen an seiner Frisur, vornehmen lassen.[35] **47**

## 2. Staatsanwaltschaft

### a) Aufgabe der Staatsanwaltschaft

*StA ermittelt als selbständiges Organ der Rechtspflege*

Die Staatsanwaltschaft ist "Herrin des Ermittlungsverfahrens". Sie ist weder reine Verwaltungsbehörde noch Teil der Rechtsprechung. **48**

---

34 LR-RIEß, § 163a, Rn. 67; KLEINKNECHT/MEYER-GOßNER, § 163a, Rn. 22; GÖSSEL, GA 1976, 62
35 BVerfGE 47, 239

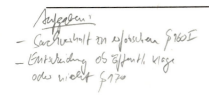

*Aufgaben:*
*- Sachverhalt zu erforschen § 160 I*
*- Entscheidung ob öffentl. Klage oder nicht § 170*

Vielmehr steht sie als selbständiges Organ der Rechtspflege zwischen beiden.[36] Aufgabe der Staatsanwaltschaft ist es, den Sachverhalt zu erforschen (§ 160 I) und zu entscheiden, ob öffentliche Klage erhoben wird oder nicht (§ 170). Wegen des *Untersuchungsgrundsatzes* ist sie dabei verpflichtet, auch den Beschuldigten entlastende Umstände zu ermitteln. Dazu kann sie in begrenztem Umfang Zwangsmittel einsetzen.[37]

### b) Organisation der Staatsanwaltschaft

*hierarchischer Behördenaufbau*

*BGH → Bundesanwaltschaft § 142 I Nr. 1*
*OLG → Generalstaatsanwalt § 120, 142a*
*LG → Oberstaatsanwalt § 142 I Nr. 2 i.V.m. 73 ff.*

Der Aufbau der Staatsanwaltschaft folgt der Gerichtsorganisation. Geregelt ist er in den §§ 141 - 152 GVG, wo sich auch Vorschriften über die sachliche und örtliche Zuständigkeit finden.

49

Beim BGH besteht die Bundesanwaltschaft, an deren Spitze der Generalbundesanwalt steht, § 142 I Nr. 1 GVG. Sie vertritt die Anklage in allen Verfahren vor dem BGH, §§ 135, 121 II GVG. Sonderzuständigkeiten für erstinstanzliche Verfahren vor den OLGs ergeben sich zudem aus § 142a GVG.

Der Leiter der Staatsanwaltschaft bei den Oberlandesgerichten ist der Generalstaatsanwalt. Die Zuständigkeit bestimmt sich ebenfalls parallel zum Gerichtsaufbau (vgl. §§ 120, 142a II GVG).

Die Staatsanwaltschaft beim Landgericht untersteht dem Leitenden Oberstaatsanwalt, §§ 142 I Nr. 2 i.V.m. 73 ff. GVG. Dieser ist Vorgesetzter der Staatsanwälte des Landgerichts sowie der Staats- und Amtsanwälte der zum Bezirk gehörenden Amtsgerichte.

### c) Weisungsgebundenheit des Staatsanwalts

*zu unterscheiden: externes und internes Weisungsrecht*

Gemäß § 146 GVG haben die Beamten der Staatsanwaltschaft den dienstlichen Anweisungen ihres Vorgesetzten nachzukommen. Man unterscheidet dabei zwischen dem *externen Weisungsrecht* der Bundes- und Landesjustizminister gegenüber Bundes- und Staatsanwälten (§ 147 Nr. 1 und Nr. 2) und dem *internen Weisungsrecht* innerhalb der Behördenhierarchie[38] (§ 147 Nr. 3).

50

### d) Ablehnung eines Staatsanwalts wegen Befangenheit

*Befangenheit des StA*

Problematisch ist, was der Beschuldigte unternehmen kann, wenn er den Staatsanwalt für befangen hält.

51

*Bsp.: Gegen B läuft ein Strafverfahren wegen Raubes mit Todesfolge (§§ 249, 251 StGB). Noch im Vorverfahren erfährt er, daß der mit dem Fall betraute Staatsanwaltschaft ein Onkel des Tatopfers ist. Dem A wird unwohl in seiner Haut. Was kann er tun?*

Für eine Ablehnung eines Staatsanwalts wegen Befangenheit durch den Beschuldigten finden sich im Gesetz keine Regelungen. Die §§ 22 ff. gelten nach h.M. nicht entsprechend. Dem Beschuldigten bleibt nur die Möglichkeit, gemäß § 145 GVG die Ersetzung des als befangen wahrgenommenen Staatsanwalts bei dessen Dienstvorgesetzten zu beantragen. Dessen Entscheidung kann jedoch nicht gerichtlich überprüft werden.[39]

36 KLEINKNECHT/MEYER-GOßNER, vor § 141 GVG, Rn. 5 ff.
37 vgl. unten, Rn. 68 ff.
38 vgl. dazu BEULKE, 84
39 BGH StV 1989, 373; FEZER, Rn. 31

Während der Hauptverhandlung haben sowohl die Beteiligten als auch das Gericht keine Möglichkeit, die Ablösung eines ausgeschlossenen oder befangenen Staatsanwalts zu erzwingen. Das Urteil kann aber mit der Revision angefochten werden, wenn nicht auszuschließen ist, daß das Urteil auf der Mitwirkung des befangenen Staatsanwalts beruht, § 337.[40]

### 3. Stellung der Polizei

#### a) Die Polizei als Ermittlungsbehörde

*Polizei wird aufgrund Ersuchens der StA oder eigener Wahrnehmung tätig*

Da der Staatsanwaltschaft oft die Mittel und vor allem die Zeit fehlen, die notwendigen Ermittlungen selbst durchzuführen, bedient sie sich in der Mehrzahl der Fälle der Behörden und Beamten des Polizeidienstes. Die Polizei ist keine Justizbehörde, sondern von der Staatsanwaltschaft organisatorisch unabhängig. Im Vorverfahren kann sie auf zweierlei Weise tätig werden.                52

Gemäß § 161 muß sie auf Ersuchen oder im Auftrag der Staatsanwaltschaft Ermittlungen vornehmen.

Daneben ist sie verpflichtet, von sich aus tätig zu werden, wenn sie aufgrund eigener Wahrnehmung oder einer Strafanzeige (§ 158 I) von einer Straftat Kenntnis erhält, § 163 I. Sie hat dabei das "Recht und die Pflicht des ersten Zugriffs", muß also alle keinen Aufschub duldenden Anordnungen treffen, um eine Verdunkelung der Sache zu verhindern. Nach § 163 II hat sie anschließend die Pflicht, den Vorgang unverzüglich an die Staatsanwaltschaft weiterzuleiten.

> **hemmer-Methode:** In der Praxis wird die Aufgabenverteilung zwischen Staatsanwaltschaft und Polizei durch RiStBV Nr. 3 I und II geregelt. Demnach soll nur in bedeutsamen oder in rechtlich oder tatsächlich schwierigen Fällen die Staatsanwaltschaft den Sachverhalt vom ersten Zugriff an selbst aufklären. Aber auch in anderen Fällen soll die Staatsanwaltschaft mindestens Umfang und Richtung der Ermittlungen bestimmen.

#### b) Weisungsrecht der Staatsanwaltschaft gegenüber der Polizei

*Hilfsbeamte der StA sind zur Ausführung staatsanwaltschaftlicher Aufträge persönlich verpflichtet*

Die Staatsanwaltschaft hat ein *Weisungsrecht* gegenüber der Polizei. Es wird jedoch unterschieden zwischen den Polizeibeamten, die Hilfsbeamte der Staatsanwaltschaft sind, und den übrigen Polizeibeamten. Welche Gruppen von Beamten zu den Hilfsbeamten der Staatsanwaltschaft gehören, bestimmt sich gemäß § 152 II GVG nach Landesrecht.[41]                53

Hilfsbeamte der Staatsanwaltschaft sind zur Ausführung der Aufträge der Staatsanwaltschaft unmittelbar persönlich verpflichtet, § 152 GVG. Die übrigen Beamten sind dagegen nur als Vertreter ihrer Behörde zur Folgeleistung verpflichtet. Sie können also, wenn es sich nicht um einen Eilfall handelt, das Ersuchen erst an ihre Behörde weitergeben.

#### c) Besondere Eingriffsbefugnisse der Hilfsbeamten der Staatsanwaltschaft

*Besondere Befugnisse für Hilfsbeamte der StA*

Bestimmte Zwangsrechte, die sonst Richter und Staatsanwaltschaft vorbehalten sind, stehen auch den Hilfsbeamten zu Gebote, nicht aber den sonstigen Polizisten.                54

---

40    KLEINKNECHT/MEYER-GOßNER, vor § 22, Rn. 6 f.

41    z.B. in Bayern "Verordnung über Hilfsbeamte der Staatsanwaltschaft", ZIEGLER/TREMEL Nr.755

*Bsp.: Hauptwachtmeister P in München wird Zeuge, wie R mit seinem Wagen mit überhöhter Geschwindigkeit und quietschenden Reifen den Gartenzaun seines Nachbarn überrollt. P möchte die Entnahme einer Blutprobe von R anordnen.*

Die Maßnahme könnte sich auf § 81a I und II stützen. Voraussetzung dafür ist zum einen, daß P Hilfsbeamter der Staatsanwaltschaft ist. Nach § 1 der Bayerischen Verordnung über Hilfsbeamte der Staatsanwaltschaft (Ziegler/Tremel Nr. 755) ist dies der Fall. Ferner müßte "durch Verzögerung der Untersuchungserfolg gefährdet" sein, das heißt Gefahr im Verzug bestehen. Dies ist eine Frage des Einzelfalls, hier aber zu bejahen, da andernfalls der Nachweis von Fahruntüchtigkeit wegen Alkoholkonsums nicht mehr oder nur noch eingeschränkt erbracht werden könnte.[42]

Weitere derartige Zwangsmittel sind unter bestimmten Voraussetzungen Durchsuchungen (§ 105 I), körperliche Untersuchungen von Zeugen (§ 81c V), Beschlagnahmen (§§ 98 I, 111e I S.2, 111f I, 111n I), Einsatz technischer Mittel i.S.d. § 100c I Nr. 2 (§ 100d), Einrichtungen von Kontrollstellen (§ 111 II) sowie Schleppnetzfahndungen (§ 163d II S.1).

---

**hemmer-Methode:** Auf keinen Fall sollten Sie die Querverbindung zum Polizei- und Sicherheitsrecht aus den Augen verlieren. Die Polizei hat insoweit eine Doppelfunktion. Sie wird zum einen präventiv tätig zur vorbeugenden Abwehr von Gefahren für die öffentliche Sicherheit und Ordnung. Dieser Bereich ist in den Polizeigesetzen der Länder geregelt. Im Rahmen der StPO und des GVG interessiert jedoch nur die repressive Tätigkeit der Polizei zur Aufklärung bereits begangener Straftaten.
Daher kann für die Strafverfolgung nicht auf die Befugnisse aus dem präventiven Bereich, insbesondere nicht auf die polizeirechtliche Generalklausel, zurückgegriffen werden.

---

### 4. Ermittlungsrichter

*bestimmte Anordnungen können nur vom Ermittlungsrichter auf Antrag der StA getroffen werden*

Unter Umständen ist bereits im Ermittlungsverfahren die Zuziehung eines sog. Ermittlungsrichters erforderlich, § 162. Es handelt sich um Fälle, in denen Anordnungen getroffen werden müssen, die nur von einem Richter kommen können. Allerdings ist ein Antrag der Staatsanwaltschaft notwendig. Zuständig als Ermittlungsrichter ist der Richter am Amtsgericht, in dessen Bezirk die Handlung vorzunehmen ist, vgl. § 162 I S.1.

**a)** Im Vorverfahren kann es notwendig sein, Zeugen oder Sachverständige zu vereidigen, § 65. Die Staatsanwaltschaft muß sich dazu an den Ermittlungsrichter wenden, §§ 161a I S.3, 162 I S.1.

**b)** Viele Zwangsmaßnahmen können gleichfalls nur vom Ermittlungsrichter verhängt werden, z.B. die Anordnung der U-Haft (§ 114), die einstweilige Unterbringung (§ 126a II), körperliche Durchsuchungen (§§ 81a, 81c) oder die vorläufige Entziehung der Fahrerlaubnis (§ 111a).

**c)** Häufig beantragt die Staatsanwaltschaft zur Beweissicherung die richterliche Vernehmung der Zeugen, Sachverständigen oder des Beschuldigten. Richterliche Vernehmungsprotokolle können nämlich in der späteren Hauptverhandlung in stärkerem Maße als Beweismittel verwertet werden, vgl. §§ 251, 254.

55

---

42   KLEINKNECHT/MEYER-GOßNER, § 81a, Rn. 31

> **hemmer-Methode:** Wichtig wird die Vernehmung durch den Ermittlungsrichter insbesondere in dem Fall, in dem ein Zeugnisverweigerungsberechtigter Zeuge in der Hauptverhandlung von seinem Recht Gebrauch macht. Dann kann entgegen § 252 nach der Rspr. der Richter als Verhörsperson über die Aussage vernommen werden, vgl. Rn. 328

**d)** Nach § 165 kann der Ermittlungsrichter bei Gefahr im Verzug auch ohne Antrag des Staatsanwalts Ermittlungen anstellen, wenn dieser nicht erreichbar ist (sog. "Notstaatsanwalt").

### 5. Verteidiger (§§ 137 - 149)

#### a) Stellung des Verteidigers

*Verteidiger ist Beistand des Beschuldigten*

**aa)** Der Beschuldigte *kann* sich in jeder Lage des Verfahrens des Beistands eines Verteidigers bedienen, § 137 I S.1 ("Wahlverteidiger"). Er ist in erster Linie Beistand des Beschuldigten und hat die Aufgabe, diesen zu schützen. Auf diese Weise soll ein Stück Waffengleichheit zwischen dem Beschuldigten und den staatlichen Strafverfolgungsbehörden hergestellt werden.[43]

56

> **hemmer-Methode:** Die folgende Darstellung der Rolle des Verteidigers hat natürlich nicht nur für das Vorverfahren Gültigkeit. Der entscheidende Schwerpunkt der Verteidigung des Beschuldigten liegt in der Hauptverhandlung. Dennoch ist der Beistand eines Verteidigers z.B. bei der staatsanwaltschaftlichen Vernehmung oder beim Termin vor dem Haftrichter nicht geringzuschätzen.

**bb)** Umstritten ist dagegen die Stellung des Verteidigers als Organ der Rechtspflege.[44]

*str., ob Organ der Rechtspflege*

Herrschend in Lit. und Rspr. ist die sog. *Organtheorie.*[45] Danach kommen dem Verteidiger als Organ der Rechtspflege in gewissem Umfang auch öffentliche Funktionen zu. Er handelt sozusagen auch im Interesse aller Bürger.

57

*a.A.: Ausschließlicher Vertreter der Interessen seines Mandanten*

Nach anderer Ansicht ist der Verteidiger *ausschließlich Vertreter der Interessen seines Mandanten.*[46] Eine zusätzliche Unterstellung unter öffentliche Ziele würde zu einer Beeinträchtigung des Beschuldigten führen. Diese Ansicht ist abzulehnen. Eine zentrale Pflicht des Strafverteidigers ist die Wahrheitspflicht. Diese läßt sich aber nur erklären, wenn man den Verteidiger auch als Sachwalter öffentlicher Interessen ansieht.

58

*Bsp.:* V ist Verteidiger des wegen Diebstahls (§ 242 StGB) verhafteten D. Er rät ihm wider besseres Wissen, dem Staatsanwalt gegenüber zu behaupten, er habe das von ihm entwendete Fahrrad nach einer kurzen Spritztour wieder zurückbringen wollen. Dann könne er nur wegen § 248b StGB bestraft werden.

Dieses Verhalten des V ist nach h.M. unzulässig. Der Verteidiger darf nicht im Interesse des Beschuldigten hemmungslos lügen oder diesen dazu anhalten. Nach der Rspr. und h.L. ist er vielmehr ein selbständiges Organ der Rechtspflege und als solches der Wahrheit verpflichtet.[47] Handelt er dem zuwider, macht er sich unter Umständen einer Strafvereitelung (§ 258 StGB) schuldig.

---

43    BVerfG NStZ 1983, 273

44    zum Streitstand s. BEULKE, Rn. 150 f.

45    BGHSt 9, 20; 12, 367; GÖSSEL, ZStW 94 (1982), 5 ff.; ROXIN, § 19, Rn. 5

46    OSTENDORF, NJW 1978, 1349

47    BGHSt 12, 367

Aus demselben Grund ist es dem Verteidiger auch verboten, Beweismittel oder Spuren zu beseitigen oder zu verfälschen.

> **hemmer-Methode:** Verdeutlichen Sie sich die Unterschiede der Rechtsstellung des Strafverteidigers im Vergleich zur Stellung des Rechtsanwalts im Zivilprozeß! Insbesondere gibt es keine dem § 85 II ZPO entsprechende Norm in der StPO. Eine Verschuldenszurechnung z.B. bei einer schuldhaften Fristversäumung durch den Verteidiger auf den Beschuldigten ist deshalb nicht möglich. Etwas anderes gilt aber dann, wenn sich Privat- oder Nebenkläger eines Rechtsanwalts bedienen.[48]

59

### b) Notwendige Verteidigung

*notwendige Verteidigung gemäß § 140 I, II*

**aa)** In bestimmten, besonders schwerwiegenden Fällen *muß* dem Beschuldigten gemäß § 140 I und II ein Verteidiger zur Seite stehen (sog. *notwendige Verteidigung*). § 140 I ordnet in den Nr. 1 - 8 Fallgruppen an, in denen der Beistand eines Verteidigers unablässig ist.

60

> *Bsp.:* R ist wegen Raubes (§ 249 StGB) angeklagt. Da es sich nach § 12 I StGB um ein Verbrechen handelt, ist wegen § 140 I Nr. 2 die Mitwirkung eines Verteidigers notwendig.[49]

§ 140 II ist ein Auffangtatbestand für sonstige Angelegenheiten, in denen zum Schutz des Beschuldigten ein Verteidiger erforderlich ist. In den Fällen, in denen ein LG oder OLG erstinstanzlich zuständig ist, sowie in denen, die ein Verbrechen zum Gegenstand haben, muß gemäß § 140 I Nr. 1 und 2 ohnehin ein Verteidiger mitwirken. Daher bleiben für § 140 II ohnehin nur die Fälle vor dem Amtsgericht übrig, bei denen dem Beschuldigten ein Vergehen zur Last gelegt wird.[50]

Dabei beurteilt sich die *Schwere der Tat* nach dem zu erwartenden Strafmaß. Bei einer zu erwartenden Freiheitsstrafe von einem Jahr sollte ein Verteidiger bestellt werden.[51]

*Schwierigkeiten der Sach- oder Rechtslage* sind v.a. dann gegeben, wenn Akteneinsicht durch den Verteidiger notwendig ist, widersprechende Gerichtsentscheidungen vorliegen oder das Verfahren besonders umfangreich ist.[52]

*Mangelnde Fähigkeit, sich selbst zu verteidigen,* liegt z.B. bei einem ausländischen Beschuldigten ohne genügende Kenntnisse der deutschen Sprache vor.[53]

> **hemmer-Methode:** Bei den in § 140 II genannten Fallgruppen handelt es sich um unbestimmte Rechtsbegriffe. Die hier aufgezählten Beispiele sind keineswegs abschließend. Vielmehr hat die Rspr. in der Vergangenheit zu diesem Thema eine Vielzahl von Einzelfällen entschieden, deren vollständige Aufzählung jedoch an dieser Stelle zu weit gehen würde.

---

48 KLEINKNECHT/MEYER-GOßNER, § 44, Rn.18,19 m.w.N.

49 Für Referendare: Denken Sie daran, einen entsprechenden Antrag in den Entwurf der Klageschrift im Rahmen der Erstellung einer staatsanwaltschaftlichen Abschlußverfügung aufzunehmen!

50 ROXIN, PdW, S. 33

51 KLEINKNECHT/MEYER-GOßNER, § 140, Rn. 23; Bay NStZ 1990, 142; KG StV 1982, 412

52 KLEINKNECHT/MEYER-GOßNER, § 140, Rn. 26

53 OLG Celle und Karlsruhe NStZ 1987, 521

Pflichtverteidiger

**bb)** Falls der Beschuldigte trotzdem keinen Verteidiger beauftragt, wird ihm in diesen Fällen durch das Gericht ein *Pflichtverteidiger* bestellt, § 141 I. Das geschieht spätestens im Zwischenverfahren bei der Aufforderung zur Erklärung über die Anklageschrift, §§ 141 I, 201, kann aber auch bereits im Vorverfahren erfolgen, § 141 III S.1. Zuständig für die Bestellung ist gemäß § 141 IV der Vorsitzende des Gerichts, das für das Hauptverfahren zuständig ist.

61

### c) Rechte des Verteidigers

Kontaktrecht

**aa)** Ein wichtiges Recht des Verteidigers ist das sog. *Kontaktrecht*, § 148 I. Verteidiger und Beschuldigter müssen uneingeschränkt und ohne staatliche Beobachtung miteinander in Kontakt treten können. Nur so kann dem besonderen Vertrauensverhältnis zwischen ihnen Rechnung getragen werden. Dieses "Grundrecht" der Strafverteidigung[54] gilt sowohl, wenn sich der Beschuldigte auf freiem Fuß befindet, als auch, wenn er inhaftiert ist.

62

> **hemmer-Methode:** Beachten Sie, daß sich aus § 148 I unter Umständen auch Beschlagnahmeverbote ergeben können, die über § 97 I hinausgehen. So steht § 148 I der Beschlagnahme der Mandantenpost und sonstiger Schriftstücke, die vom Verteidiger herrühren und sich in der Hand des Beschuldigten befinden, grundsätzlich im Wege. Ausnahmen bestehen nur, wenn gewichtige Gründe dafür vorliegen, daß sich der Verteidiger an der dem Beschuldigten vorgeworfenen Tat beteiligt hat.

Einschränkungen des Kontaktrechts enthalten §§ 148 II und 148a.

Anwesenheitsrecht

**bb)** Der Verteidiger hat ferner ein *Anwesenheitsrecht* bei jeder Vernehmung des Beschuldigten durch den Richter (§ 168c I) und durch den Staatsanwalt (§§ 163a III S.2, 168c I).

63

Akteneinsichtsrecht

**cc)** Gemäß § 147 I steht dem Verteidiger ein *Recht auf Akteneinsicht* zu. Dieses gilt bereits während des Ermittlungsverfahrens, kann in diesem Stadium aber nach § 147 II versagt werden, wenn sonst der Ermittlungszweck gefährdet ist. Das ist z.B. der Fall, wenn sich in den Akten Hinweise auf Verfolgungsmaßnahmen befinden, mit denen der Beschuldigte überrascht werden soll (Antrag auf Haftbefehl usw.)[55].

64

eigenen Ermittlungen

**dd)** Der Verteidiger hat im Interesse einer objektiven Wahrheitsfindung selbstverständlich auch das Recht, eigene Ermittlungen bezüglich des Sachverhalts anzustellen.[56]

65

> *Bsp.:* Der Strafverteidiger Dr. F ist von der Unschuld seines Mandanten überzeugt. Er beauftragt daher den befreundeten Privatdetektiv M, den Fall zu untersuchen.

### d) Ausschluß des Verteidigers

Ausschluß bei Mißbrauch der Rechtsstellung

Gemäß §§ 138a ff. kann ein Verteidiger in jeder Lage des Verfahrens ausgeschlossen werden, wenn er seine Stellung mißbraucht. Die Ausschließungsgründe in den §§ 138a und 138b sind abschließend geregelt. Das Verfahren der Ausschließung sowie die Zuständigkeit finden sich in den §§ 138c und 138d.

66

---

54    BEULKE, Rn. 153

55    vgl. ROXIN, PdW, S. 44 f.

56    BGHSt 10, 393

### III. Durchführung der Ermittlungen

 **1. Vernehmung des Beschuldigten**

*Beschuldigtenvernehmung,*
*§§ 133-136a*

Die Vernehmung des Beschuldigten ist grundsätzlich in den §§ 133 - 67
136a geregelt. Diese Vorschriften gelten gemäß § 163a III S.2 auch
für die Vernehmung durch die Staatsanwaltschaft im Vorverfahren.

Für die Vernehmung durch Beamte des Polizeidienstes ist
§ 163a IV S.2 einschlägig. Zum zeitlichen Ablauf der Vernehmung
und den Belehrungspflichten vgl. § 136 (lesen!). Insbesondere die
Belehrungspflicht des § 136 I S.2 sowie des § 136a stellen in vielen
Varianten auftretende Klausurprobleme dar.[57]

*"Hörfalle"*

*Bsp.:* Staatsanwalt R hegt den Verdacht, daß M einen schweren Raub 68
begangen hat. Da die Ermittlungen jedoch seit längerer Zeit nicht vor-
wärtskommen, veranlaßt er M's Cousin D, bei M anzurufen und nachzu-
fragen, ob M bei seinem letzten Coup fette Beute gemacht habe. Der
arglose M berichtet von einem wertvollen Bild des Künstlers Marcel
Duchamp, das er aus der Wohnung des Apothekers A entwendet habe.
R hört diese Erzählung an einem zweiten Telefon mit. Kann die Aussage
in der Hauptverhandlung gegen M verwendet werden?

Der Bericht des M könnte in Form des Zeugenbeweises durch Aussage
von R oder D in die Hauptverhandlung eingebracht werden.

Fraglich ist aber, ob dem ein Beweisverwertungsverbot entgegensteht.
Ein solches könnte sich aus Verstößen gegen einzelne Vorschriften der
StPO oder gegen ungeschriebene Grundsätze des Strafverfahrens er-
geben.

> **hemmer-Methode: Die Entscheidung des Großen Senats (BGH NJW
> 1996, 2940) zur Zulässigkeit einer sog. „Hörfalle" war von allen Seiten
> mit Spannung erwartet worden und zählt schon jetzt zu den wichtig-
> sten Entscheidungen des BGH im Bereich des Strafverfahrensrechts.
> Für Examenskandidaten ist die Kenntnis dieser Entscheidung ein ab-
> solutes Muß.**

**a) Verstoß gegen die §§ 100a ff. StPO**

Das Fernmeldegeheimnis, welches in §§ 100a ff. StPO durch strafprozessuale Schutzvorkehrungen gesichert wird, ist nicht verletzt, da
das Mithören eines Gesprächs über einen Zweithörer nicht auf einem
Eingriff in den vom Netzbetreiber zu gewährleistenden und zu ver-
antwortenden Übermittlungsvorgang beruht, sondern die Gelegenheit hierzu durch eigene Entschließung des Fernsprechteilnehmers
geschaffen wird. Der Grundrechtsschutz des Art. 10 GG endet aber
am Endgerät des Fernsprechteilnehmers.

**b) Verstoß gegen §§ 163a, 136 I StPO**

§ 136 StPO ist nicht unmittelbar anwendbar. Die Vorschrift bezieht
sich auf Vernehmungen. Zum Begriff der Vernehmung im Sinne der
StPO gehört, daß der Vernehmende der Auskunftsperson (also dem
Beschuldigten, dem Zeugen oder dem Sachverständigen) in amtlicher Funktion gegenübertritt und in dieser Eigenschaft von ihr Auskunft (eine "Aussage") verlangt.

Problematisch ist aber, ob die §§ 163a, 136 I StPO auf die hier in
Rede stehende Fallgestaltung entsprechend anzuwenden sind.

---

57    vgl. bereits oben, Rn. 2 sowie unten, Rn. 380 ff.

Nach Ansicht des 5. Senats des BGH (NStZ 1995, 410, 411) ist dies der Fall: Andernfalls würde man das Schweigerecht des Beschuldigten entscheidend aushöhlen. Eine solche "Hörfalle" unterscheide sich wesentlich von einem schlichten Privatgespräch, da die V-Person mit gezielten Informationen ausgestattet werden kann, die das gezielte Aushorchen der Verhörsperson ermöglichen und fördern. Nach Ansicht des Großen Senats ist eine solche entsprechende Anwendung abzulehnen:

Durch die Belehrung soll gegenüber dem Beschuldigten eindeutig klargestellt werden, daß es ihm freisteht, nicht auszusagen, obwohl ihn ein Richter, Staatsanwalt oder Polizeibeamter in amtlicher Eigenschaft befragt. Das Belehrungsgebot will sicherstellen, daß der Beschuldigte vor der irrtümlichen Annahme einer Aussagepflicht bewahrt wird, zu der er möglicherweise eben durch die Konfrontation mit dem amtlichen Auskunftsverlangen veranlaßt werden könnte.

Dieser Sinn der Regelung wird nicht verletzt, wenn eine Privatperson, sei es auch auf Veranlassung der Ermittlungsbehörden, den Tatverdächtigen in ein Gespräch zu ziehen und von ihm Äußerungen zu erlangen sucht, durch die er sich gegebenenfalls belastet. Es liegt auf der Hand, daß sich der Beschuldigte in dieser Situation nicht durch die Autorität des Befragenden zu einer Äußerung veranlaßt sehen kann. Er weiß, daß er sich - wie auch sonst gegenüber beliebigen Dritten - nicht zu äußern braucht.

### c) Verstoß gegen §§ 163a IV, 136a I StPO

In der Veranlassung einer Privatperson zu einem das Ermittlungsinteresse nicht aufdeckenden Gespräch mit dem Tatverdächtigen liegt auch kein Verstoß gegen die - unmittelbar oder entsprechend angewandte - Regelung der §§ 163a IV, 136a I StPO; ebenso 5. Senat in NStZ 1995, 410 ,411.

Eine solche Maßnahme stellt keine verbotene Täuschung im Sinne dieser Vorschriften dar. Der Begriff der Täuschung ist nach allgemeiner Ansicht zu weit gefaßt und muß einschränkend ausgelegt werden[58]. Dabei ist der Bezug zur Freiheit der Willensentschließung und Willensbetätigung sowie zu den anderen in der Vorschrift aufgeführten verbotenen Mitteln zu berücksichtigen. Mit der Beeinträchtigung der Willensentschließung und -betätigung durch Mißhandlung, durch Ermüdung, durch körperlichen Eingriff, durch Verabreichung von Mitteln oder durch Quälerei läßt sich eine Befragung des Beschuldigten, die das Ermittlungsinteresse nicht aufdeckt, nicht gleichstellen.

### d) Allgemeines Verbot verdeckter Befragungen

Teilweise wird argumentiert, ein heimliches Vorgehen der Polizei verstoße gegen den allgemeinen Grundsatz der offenen Vernehmung.

Der Große Senat lehnt dies ab: Die Ausgestaltung der Vernehmung als eines "offenen" Vorgangs durch die StPO ist nicht Ausdruck eines dem Gesetz als allgemeines Prinzip zugrunde liegenden Grundsatzes, nach dem Ermittlungen im allgemeinen und speziell Befragungen des Beschuldigten nicht heimlich, das heißt ohne Aufdeckung der Ermittlungsabsicht, erfolgen dürften.

---

[58] vgl. etwa Kleinknecht/Meyer-Goßner

Die sich insoweit ergebenden Schranken - etwa in §§ 100a ff. StPO oder §§ 110a ff. StPO - bestätigen nur die nach der StPO prinzipielle Zulässigkeit auch heimlicher Ermittlungsmaßnahmen, die auf die Feststellung von Handlungen abzielen, durch die sich der Tatverdächtige selbst belastet.

### e) Verstoß gegen "nemo tenetur-Grundsatz"

Die sog. "Hörfalle" verstößt auch nicht gegen den Grundsatz, daß niemand gezwungen werden darf, sich selbst zu belasten ("nemo tenetur se ipsum accusare").

Nach der Kernaussage des Prinzips darf im Strafverfahren niemand gezwungen werden, sich selbst (durch eine Aussage) einer Straftat zu bezichtigen und damit zu seiner Überführung beizutragen[59]. Der Beschuldigte braucht sich zur Anklage nicht zu äußern.

Ein Verstoß gegen den nemo-tenetur-Grundatz ist im vorliegenden Fall aber nicht gegeben. Insbesondere kann von einem Zwang des Beschuldigten, gegen sich auszusagen, keine Rede sein. Der Tatverdächtige, der in einem Gespräch mit einem von den Ermittlungsbehörden eingeschalteten Helfer zu Fragen des Untersuchungsgegenstands Stellung nimmt, fühlt sich nicht zu einer Äußerung verpflichtet. Über die Freiwilligkeit seines Tuns kann er nicht im Zweifel sein.

Gegenstand des Schutzes des nemo-tenetur-Grundsatzes ist die Freiheit von Zwang zur Aussage oder zur Mitwirkung am Strafverfahren. Die Freiheit von Irrtum fällt nicht in den Anwendungsbereich dieses Grundsatzes.

### f) Recht auf informationelle Selbstbestimmung

Es liegt ebenfalls kein Verstoß gegen das Recht auf informationelle Selbstbestimmung vor, denn unter den heutigen Verhältnissen muß grundsätzlich jedermann damit rechnen, daß sein Telefongespräch mittels eines Zweithörers oder auf andere Weise Dritten unmittelbar zugänglich ist (vgl. bereits BGH St 39, 335, 343).

### g) Sonstige rechtsstaatliche Grenzen

Dem Einsatz von Privatpersonen zur Aufklärung von Straftaten sind jedoch rechtsstaatliche Grenzen gesetzt.

Bei Sachverhalten, die ihren Schwerpunkt nicht in einem Zwang, aber in der Heimlichkeit der Ausforschung des Beschuldigten haben, kann das in Frage stehende Vorgehen der Ermittlungsbehörden einem Verstoß gegen den nemo-tenetur-Grundsatz nahekommen und damit auch das allgemeine Persönlichkeitsrecht, das Rechtsstaatsprinzip und den aus ihm hervorgehenden Grundsatz des fairen Verfahrens berühren.

Das führt zwar nicht, wie eine diesen Grundsatz verletzende Maßnahme, von vornherein zur Unzulässigkeit des Vorgehens der Ermittlungsbehörden. Statt dessen ist eine Abwägung mit der ebenfalls im Verfassungsrang stehenden, mit dem notwendigen Schutz des Gemeinwesens und seiner Bürger begründeten Pflicht des Rechtsstaates zur effektiven Strafverfolgung[60] vorzunehmen.

---

[59]    Kleinknecht/Meyer-Goßner Einl. 29a.

[60]    vgl. BVerfGE 44, 353, 374.

Bei dieser Abwägung sind nach Ansicht des Großen Senats vor allem Art und Gewicht der Beteiligung der Ermittlungsbehörden zu der Schwere der Straftat in Relation zu setzen.

Die gebotene Abwägung führt nach Ansicht des Großen Senats dazu, daß der Einsatz einer Hörfalle jedenfalls dann zulässig ist und zu keinem Beweisverwertungsverbot führt, wenn es sich bei der den Gegenstand der Verfolgung bildenden Tat um eine Straftat von erheblicher Bedeutung handelt und der Einsatz anderer Ermittlungsmethoden erheblich weniger erfolgversprechend oder wesentlich erschwert wäre. Für die Beantwortung der Frage, wann eine Straftat von erheblicher Bedeutung vorliegt, können die Kataloge in §§ 98a, 100a, 110a StPO herangezogen werden. Allerdings soll die Aufzählung nicht abschließend sein.

Im vorliegenden Fall hat M einen schweren Raub verwirklicht, der in dem Katalog des § 100a StPO enthalten ist.

Es bestehen auch keine Anhaltspunkte, daß M auf andere Weise hätte überführt werden können. In Abwägung mit der Schwere des begangenen Deliktes muß das heimliche Aushören des M daher hier als zulässig betrachtet werden, so daß bzgl. der Vernehmung des Zeugen kein Beweisverwertungsverbot bestand.

*andere Ermittlungsmethode*

Die Ermittlungen im Vorverfahren beschränken sich natürlich nicht auf die Vernehmung der Zeugen und Sachverständigen oder des Beschuldigten. Der Staatsanwalt und vor allem die Polizei bedienen sich weiterer vielfältiger Ermittlungsmethoden, die dem Bereich der Zwangsmittel zuzurechnen sind.

Allen diesen Zwangsmitteln ist gemeinsam, daß sie nur zulässig sind, wenn ein gewisser Gefahrengrad vorliegt oder der Verdacht einer Straftat besteht.

Zur Anordnung befugt ist in der Regel der Richter, unter Umständen aber auch die Staatsanwaltschaft und ihre Hilfsbeamten. Einzelheiten ergeben sich aus den einzelnen Vorschriften. Adressaten der Maßnahmen sind entweder nur die einer Straftat verdächtigen Personen (z.B. in § 163b) oder jedermann (vgl. z.B. § 111).

## 2. Identitätsfeststellung, §§ 163b, 163c

*Identitätsfeststellung bei Verdächtigen und Unverdächtigen*

Nach § 163b I können Staatsanwaltschaft und Polizei die zur Feststellung der Identität eines Verdächtigen erforderlichen Maßnahmen treffen. Dabei ist zu unterscheiden, ob sich die Maßnahme gegen einen Verdächtigen (§ 163b I) oder gegen einen Unverdächtigen (§ 163b II) richtet. Verdächtige Personen können auch festgehalten werden, §§ 163b I S.2, 163c. Die Anforderungen an die Zulässigkeit der Maßnahme, die § 163b I (lesen!) aufstellt, sind zu beachten. In Einzelfällen kann dies bis zur Freiheitsentziehung gehen, deren Umfang aber durch § 163c stark beschränkt wird.

§ 163b II läßt derartige Maßnahmen auch gegen unverdächtige Personen zu, die z.B. als Zeugen in Frage kommen. Allerdings sind die strengeren Anforderungen dieses Absatzes zu beachten. Auch hier gilt § 163c.

### 3. Einrichtung von Kontrollstellen, § 111

*Kontrollstellen nur bei Verdacht bestimmter Straftaten*

71

Besteht der Verdacht der in § 111 I S.1 aufgeführten Straftaten, können an öffentlich zugänglichen Orten (Plätzen, Straßen etc.) Kontrollstellen eingerichtet werden, wenn Tatsachen die Annahme rechtfertigen, daß dies zur Ergreifung des Täters oder zur Sicherstellung von Beweismitteln führen wird. Jedermann, der die Kontrollstelle passiert, ist verpflichtet, seine Identität feststellen und sich sowie seine Sachen durchsuchen zu lassen.

### 4. Schleppnetzfahndung, § 163d

*§ 163d berechtigt nur zur Verwertung polizeilich gewonnener Daten*

72

§ 163d ermächtigt den Richter, bei Gefahr im Verzug auch die Staatsanwaltschaft und ihre Hilfsbeamten (§ 163d II, vgl. auch Rn. 54), zu einer sog. Schleppnetzfahndung. Die bei einer grenzpolizeilichen Kontrolle oder durch eine Kontrollstelle i.S.d. § 111 gewonnenen Daten über Personen dürfen, soweit sie den Suchkriterien entsprechen, gespeichert und anschließend in einem computergesteuerten Verfahren in Abgleich mit bisherigen Daten der Strafverfolgungsbehörden gebracht werden. Dadurch sollen Verdächtige aus der Menge der Unverdächtigen herausgefunden werden. § 163d ist notwendige Rechtsgrundlage für den Eingriff in das Grundrecht auf informationelle Selbstbestimmung.[61]

### 5. Polizeiliche Beobachtung, § 163e

*zu unterscheiden: Maßnahmen gegen den Beschuldigten und gegen Dritte*

73

Diese Maßnahme dient dazu, die Bewegungen einer Person von einem Ort zum anderen zu beobachten. Die betreffende Person wird zur Beobachtung ausgeschrieben und kann danach bei polizeilichen Kontrollen, welche die Feststellung der Personalien zulassen (nach §§ 111, 163b, Grenzkontrollstellen), registriert werden. Auch hier ist zwischen Maßnahmen gegen den Beschuldigten (§ 163e I S.2) und gegen Dritte (§ 163e I S.3) zu differenzieren. Die Zuständigkeit für die Anordnung richtet sich nach § 163e IV.

### 6. Unterbringung des Beschuldigten zur Beobachtung, § 81

*Zuständig für die Unterbringung ist das Gericht*

74

Zur Vorbereitung eines Gutachtens über den psychischen Zustand des Beschuldigten kann nach Anhörung eines Sachverständigen und des Verteidigers angeordnet werden, daß der Beschuldigte zur *Beobachtung in ein öffentliches psychiatrisches Krankenhaus* gebracht wird, § 81. Zuständig für eine solche Anordnung ist das Gericht, das auch für die Eröffnung des Hauptverfahrens zuständig wäre, § 81 III.

Zu Besonderheiten des Rechtsschutzes vgl. § 81 IV. Zweck der Maßnahme ist es, Aufschluß über die Schuld- und Verhandlungsfähigkeit des Beschuldigten zu erhalten.

### 7. Körperliche Untersuchung; Blutprobe, § 81a

*auch unmittelbarer Zwang von § 81a gedeckt*

75

Gemäß § 81a darf die *körperliche Untersuchung des Beschuldigten* angeordnet werden. Voraussetzung ist, daß der körperliche Eingriff für das Strafverfahren von Bedeutung ist und von einem approbierten Arzt nach den Regeln der ärztlichen Kunst vorgenommen wird. Auf die Einwilligung des Betroffenen kommt es bei Vorliegen der Voraussetzungen nicht an. Es darf auch unmittelbarer Zwang angewandt werden. Hauptanwendungsfall ist die Blutprobenentnahme zur Untersuchung des Blutalkoholgehalts.

*Hauptfall: Alk am Steuer*

---

> **hemmer-Methode: Beachten Sie an dieser Stelle nochmals, daß der Beschuldigte nicht zu aktivem Tun, z.B. Blasen in einen Alkoholtest, Finger-Probe, Gehen auf gerader Linie, gezwungen werden kann.**

Die Anordnung kann vom Richter und bei Verzögerungsgefahr von der Staatsanwaltschaft getroffen werden, § 81a II. Bei Anordnungen durch die Polizei kommt es darauf an, daß es sich um Hilfsbeamte der Staatsanwaltschaft handelt.[62]

*regelmäßig kein Verwertungsverbot*

Zu beachten ist aber, daß ein Verstoß gegen § 81a regelmäßig kein Verwertungsverbot nach sich zieht.[63]

> *Bsp.: Die Blutprobe wird nicht von einem approbierten Arzt, sondern von einer Krankenschwester entnommen.*

Dies folgt daraus, daß Schutzzweck der Norm lediglich die Wahrung der Gesundheit des Beschuldigten ist. Zweck der Norm ist es dagegen nicht, die Verläßlichkeit des Beweiswertes einer entnommenen Blutprobe zu sichern.

Ein Verwertungsverbot wird allerdings dann angenommen, wenn sich das Verhalten der Polizei als Verletzung des "fair trial"- Grundsatzes darstellt. Dies ist der Fall, wenn die Polizei beispielsweise darüber täuscht, daß die Blutentnahme nicht von einem Arzt durchgeführt wird.                                                                          76

> **hemmer-Methode: § 81a ist also u.a. Ermächtigungsgrundlage für den klassischen Fall der nächtlichen Alkoholkontrolle und Blutentnahme durch die Polizei. Zum besseren Verständnis sollte man sich klarmachen, daß es sich bei § 81a (aber auch bei §§ 81b und 81 c) um gesetzliche Schranken des allgemeinen Persönlichkeitsrechts (Art. 1 2 I GG) bzw. des Grundrechts auf körperliche Unversehrtheit (Art. 2 II S.1 GG) handelt. Die Vorschriften sind deshalb in Zweifelsfällen eher einschränkend auszulegen. Das BVerfG fordert aus diesem Grund auch eine verfassungskonforme Auslegung der Norm in der Weise, daß der Verhältnismäßigkeitsgrundsatz besonders zu beachten ist.[64]**

*"genetischer Fingerabdruck"*

Früher problematisch war die Frage, ob auch eine *Genomanalyse* (sog. "genetischer Fingerabdruck") unter § 81a fällt. Darunter versteht man die Analyse des Aufbaus der DNS der menschlichen Zellen beim Verdächtigen, wodurch sich nachweisen läßt, ob z.B. bestimmte Hautreste oder Sperma von ihm stammen. Durch StVÄG vom 17.03.1997 wurde nunmehr § 81e eingefügt, der molekulargenetische Untersuchungen unter den dort genannten Voraussetzungen grundsätzlich gestattet.                                                        77

### 8. Lichtbilder und Fingerabdrücke, § 81b

*§ 81b*

Zu nennen ist außerdem § 81b, wonach die Staatsanwaltschaft und ihre Hilfsbeamten gegen den Willen des Beschuldigten *Lichtbilder und Fingerabdrücke* anfertigen sowie Messungen und ähnliche Maßnahmen an ihm vornehmen dürfen.[65]                                              78

---

62   dazu s. oben, Rn. 54

63   KLEINKNECHT/MEYER-GOßNER, § 81a Rn. 32

64   BVerfGE 16, 194; 17, 108

65   Bei § 81b 2.Alt handelt es sich um eine Befugnisnorm für präventiv-polizeiliches Handeln. Vgl. dazu HEMMER/ WÜST Polizeirecht, Rn. 45

## 9. Untersuchung anderer Personen, § 81c

*§ 81c ⇨ engere Vor. als § 81a*

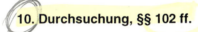

**79**

Gemäß § 81c darf auch eine *Untersuchung dritter Personen* ohne ihre Einwilligung erfolgen. Allerdings sind dafür folgende einschränkenden Voraussetzungen zu beachten:

**a)** Der Betroffene muß als Zeuge in Betracht kommen (*Zeugengrundsatz*). Ausreichend dafür ist es jedoch bereits, wenn von ihm nur die Aussage, daß er nichts gesehen hat, erwartet werden kann.

**b)** Erforderlich ist weiterhin, daß die Untersuchung zur Auffindung von Spuren oder Tatfolgen am Körper des Beschuldigten durchgeführt wird (*Spurengrundsatz*). Spuren sind Veränderungen am Körper, die Rückschlüsse auf den Täter oder die Tatausführung zulassen (z.B. Spermienreste, Blutreste, Wunden).[66]

Tatfolgen sind dagegen durch die Tat eingetretene Veränderungen am Körper, die solche Rückschlüsse nicht zulassen (z.B. Hautabschürfungen, Zahnlücke).[67]

Zusätzliche Einschränkungen für Untersuchungen zur Feststellung der Abstammung und für die Entnahme von Blutproben enthält § 81c II. Zu beachten ist § 81d bei der Untersuchung von Frauen.

*keine Rüge durch den Angeklagten*

**80**

Zu beachten ist, daß die Verletzung von § 81c I und II vom Angeklagten in einer Revision nicht gerügt werden kann, da die Norm ausschließlich dem Schutz des Betroffenen dient (sog. "Rechtskreistheorie", vgl. Rn. 373).[68]

## 10. Durchsuchung, §§ 102 ff.

### a) Durchsuchung beim Verdächtigen, § 102

*zu unterscheiden: Ergreifungsdurchsuchung und Ermittlungsdurchsuchung*

**81**

Die Durchsuchung beim Verdächtigen kann sich auf die Wohnung und andere Räume, auf ihm gehörende Sachen sowie auf seine Person erstrecken. Es genügt die Vermutung, daß der zu Ergreifende selbst sich in den zu durchsuchenden Räumen befindet (*Ergreifungsdurchsuchung*), oder daß die Durchsuchung zur Auffindung von Beweismitteln führen wird (*Ermittlungsdurchsuchung*).

> **hemmer-Methode:** Bei der Untersuchung der Person des Verdächtigen nach § 102 sollte man die Abgrenzung zu § 81a im Auge behalten. § 102 deckt die Suche in oder unter der Kleidung, auf der Körperoberfläche und in natürlichen Körperöffnungen. Die körperliche Untersuchung nach § 81a unterscheidet sich von der körperlichen Durchsuchung nach § 102 durch den Zweck, der mit ihr verfolgt wird. § 81a dient der Augenscheinnahme des Körpers, um sich von dessen Beschaffenheit zu unterrichten. § 102 dient hingegen der Auffindung von Gegenständen. Praktische Bedeutung hat diese Abgrenzung jedoch kaum.
> Beachten Sie aber, daß sowohl die Durch- als auch die Untersuchung in natürlichen Körperöffnungen nicht von einem Arzt durchgeführt werden muß, so daß hier auch ein Polizist handeln kann[69]!

---

66　KLEINKNECHT/MEYER-GOßNER, § 81c, Rn. 12
67　KLEINKNECHT/MEYER-GOßNER, § 81c, Rn. 13
68　KLEINKNECHT/MEYER-GOßNER, § 81c, Rn. 32
69　KLEINKNECHT/MEYER-GOßNER, § 102, Rn. 9

### b) Durchsuchung bei anderen Personen, § 103

*konkrete Tatsachen erforderlich*

Für die Durchsuchung unverdächtiger Personen stellt § 103 strengere Voraussetzungen auf. Gemäß § 103 I S.1 ist sie nur zur Ergreifung eines Beschuldigten oder zur Auffindung bestimmter Spuren oder Beweismittel zulässig.

82

Im Gegensatz zu § 102 müssen hier konkrete Tatsachen vorliegen, auf die sich die Annahme stützt. Da § 103 ausdrücklich nur die Durchsuchung von Räumen zuläßt, könnte fraglich sein, ob die Vorschrift auch die Durchsuchung der Person zuläßt. Die h.M. bejaht dies aufgrund eines argumentum a maiore ad minus zu § 81c. Wenn schon die körperliche Untersuchung eines Unverdächtigen gestattet ist, muß auch eine normale Leibesvisitation nach § 103 möglich sein.[70]

### c) Verfahren

*zuständig ist grds. der Richter*

Zuständig für die Anordnung der Durchsuchung (sog. *Durchsuchungsbefehl*) ist gemäß § 105 I S.1 grundsätzlich der Richter. Bei Gefahr im Verzuge kann die Anordnung auch durch die Staatsanwaltschaft sowie ihre Hilfsbeamten erfolgen.

83

Für Gebäudedurchsuchungen nach § 103 I S.2 sind die Hilfsbeamten der Staatsanwaltschaft jedoch nicht zuständig. Der Durchsuchungsbefehl bedarf keiner bestimmten Form.

Der richterliche Durchsuchungsbeschluß soll die rechtliche Grundlage für die konkrete Maßnahme schaffen und muß Rahmen, Grenzen und Ziel der Durchsuchung definieren. Der Richter soll dabei die geplante Maßnahme in ihrer konkreten, gegenwärtigen Voraussetzung beurteilen. Daraus schließt das BVerfG[71], daß der Vollzug eines Durchsuchungsbefehls nur innerhalb des Zeitraums von 6 Monaten erfolgen darf. Danach verliert er seine rechtfertigende Kraft. Der Richter muß erneut über die Erteilung eines Durchsuchungsbefehls entscheiden[72].

### 11. Steckbrief, §§ 131, 457

*Haft- oder Unterbringungsbefehl erforderlich*

Zu nennen ist ferner der Einsatz von Steckbriefen zur Suche nach einer Person. Im Vorverfahren ist dabei der *Steckbrief nach § 131* von Bedeutung, der die öffentliche Aufforderung zur Fahndung nach einem flüchtigen Beschuldigten beinhaltet. Zuständig für den Erlaß sind die Staatsanwaltschaft oder der Richter aufgrund eines erlassenen Haft- oder Unterbringungsbefehls (§ 131 I).

84

Davon zu unterscheiden ist der *Steckbrief nach § 457 III*. Diesen erläßt die Vollstreckungsbehörde (§ 451) zur Fahndung nach einem bereits Verurteilten, der sich dem Antritt der Strafe durch Flucht entzogen hat.

### 12. Sicherstellung, Beschlagnahme, §§ 94 ff., 111b ff.

*zu unterscheiden: Sicherstellung und Beschlagnahme*

Für die Sicherstellung von Gegenständen sind in der StPO zwei unterschiedliche Verfahren vorgesehen. §§ 94 ff. befassen sich mit der Sicherstellung von Beweismitteln und Führerscheinen. §§ 111b ff. regeln dagegen die Sicherstellung von Gegenständen zum Zwecke der Einziehung oder des Verfalls.

85

---

70  BEULKE, Rn. 257 m.w.N.

71  BVerfG NJW 1997, 2165.

72  vgl. zur Beschwerde gegen eine bereits vollzogene Wohnungsdurchsuchung BVerfG NJW 1997, 2163.

## a) Sicherstellung von Beweismitteln, §§ 94 ff.

*Sicherstellung soll Verlust von Beweismitteln verhindern*

"*Beweismittel*:"

Durch diese Maßnahme soll das Strafverfahren gesichert werden, indem ein Verlust von Beweismitteln verhindert wird. **86**

Unter "Beweismitteln" versteht man alle beweglichen und unbeweglichen Sachen, die mittelbar oder unmittelbar für die Tat oder die Umstände ihrer Begehung Beweis erbringen können.[73]

Hinsichtlich des Verfahrens ist zu unterscheiden:

*freiwillige Herausgabe § 94 I*

**aa)** Befindet sich der Gegenstand im Gewahrsam einer Person, die freiwillig zur Herausgabe bereit ist, reicht für die Sicherstellung der bloße Realakt der Ingewahrsamnahme, § 94 I. Dieser kann von allen Strafverfolgungsbeamten vorgenommen werden. **87**

*förmliche Beschlagnahme notwendig, wenn Gewahrsamsinhaber Gegenstand nicht freiwillig herausgibt*

**bb)** Gibt der Gewahrsamsinhaber den Gegenstand nicht freiwillig heraus, ist eine förmliche Beschlagnahme notwendig, § 94 II. Diese besteht darin, daß der Gegenstand nach ausdrücklicher Anordnung in amtliche Verwahrung genommen oder sonst sichergestellt wird. Sonstige Arten der Sicherstellung sind z.B. der Erlaß von Betretungsverboten, die Absperrung oder die Versiegelung. Zuständig ist gemäß § 98 I der Richter, bei Gefahr im Verzug auch der Staatsanwalt.

*Beschlagnahme bei Dritten begründet aktive Mitwirkungspflicht, § 95 II*

**cc)** Eine weitere Möglichkeit ist ein Vorgehen nach § 95. Danach ist jeder Dritte, der einen Gegenstand in Gewahrsam hat, der als Beweismittel im Verfahren von Bedeutung sein kann, verpflichtet, diesen auf Verlangen herauszugeben, § 95 I. Es erfolgt eine formlose Sicherstellung. Weigert sich der Betroffene, den Gegenstand herauszugeben, kann er unter Anwendung der Zwangsmittel des § 70 dazu gezwungen werden, wobei eine förmliche Beschlagnahme nötig ist, § 95 II.[74] Der Unterschied zu § 94 ist, daß hier eine aktive Mitwirkungspflicht des Gewahrsamsinhabers begründet wird, während bei der Beschlagnahme nach § 94 II nur die Pflicht besteht, die Wegnahme zu dulden. **88**

> **hemmer-Methode:** Die Abgrenzung zwischen § 94 II und § 95 ist nicht leicht zu verstehen. Sinn des § 95 ist es, den Strafverfolgungsbehörden mit der Vorschrift des § 95 II ein Instrument an die Hand zu geben, um vom Gewahrsamsinhaber ein aktives Mitwirken erzwingen zu können. Dies ist z.B. der Fall, wenn zwar feststeht, daß jemand einen Gegenstand in Gewahrsam hat, dieser aber bei einer Durchsuchung nicht gefunden werden konnte und auch sonst sein Verbleib unbekannt ist.[75] § 95 ist daher unanwendbar, wenn der Gewahrsamsinhaber zu einer Mitwirkung nicht verpflichtet werden kann, wie z.B. Personen, die ein Zeugnisverweigerungsrecht haben (§ 95 II S.2), oder der Beschuldigte selbst.

**dd)** Zu beachten sind die Beschlagnahmeverbote.

*Beschlagnahmeverbot bei Sperrerklärung*

Zu nennen ist die sog. *Sperrerklärung* gemäß § 96 S.1. Danach darf die Vorlegung oder Auslieferung von Akten oder anderen in amtlicher Verwahrung befindlichen Schriftstücken nicht gefordert werden, wenn die oberste Dienstbehörde erklärt, daß das Bekanntwerden des Inhalts dem Wohl des Bundes oder eines deutschen Landes Nachteil bereiten würde. **89**

---

73   OLG Düsseldorf JMBl NJW 1979, 266

74   KLEINKNECHT/MEYER-GOßNER, § 95, Rn. 1

75   LG Bonn NStZ 1983, 327

*Beschlagnahmeverbot als Folge der Zeugnisverweigerungsrechte*

Daneben stellt § 97 Beschlagnahmeverbote für weitere in § 97 I genannte Gegenstände auf (lesen!). Das Beschlagnahmeverbot folgt dabei den *Zeugnisverweigerungsrechten* der §§ 52, 53 und 53a, um zu verhindern, daß durch Beschlagnahme von Aufzeichnungen oder sonstigen Gegenständen das Zeugnisverweigerungsrecht umgangen wird.

**90**

Das Beschlagnahmeverbot gilt aber nicht gegenüber einer Person, die einer Teilnahme oder einer Begünstigung, Strafvereitelung oder Hehlerei verdächtig ist oder wenn die fraglichen Gegenstände Deliktsgegenstände sind (§ 97 II S.3).

> *Bsp.: Gegen Bauunternehmer Dr. S läuft ein Ermittlungsverfahren wegen mehrfachen Betrugs. Bei einer Hausdurchsuchung findet die Polizei den Schlüssel zu einem Schließfach der Ehefrau des S am Flughafen. In dem Schließfach werden mehrere Briefe von S an seine Frau gefunden, die unter anderem auch mit den fraglichen Straftaten in Zusammenhang stehen. Darf der Richter die Beschlagnahme der Briefe anordnen?*

Die Anordnung könnte auf §§ 94 II, 98 I gestützt werden.

Dem könnte jedoch das Beschlagnahmeverbot des § 97 I Nr. 1 entgegenstehen.

(1) Die E ist als Ehefrau des S gemäß § 52 I Nr. 2 zur Verweigerung des Zeugnisses berechtigt.

(2) Ferner muß es sich um ein Verfahren gegen einen Beschuldigten handeln, der nicht der Zeugnisverweigerungsberechtigte selbst ist. Auch diese Voraussetzung ist gegeben.

(3) Gemäß § 97 II S.1 muß der Zeugnisverweigerungsberechtigte Gewahrsam an dem Gegenstand haben. Das könnte problematisch sein, da sich die Briefe in einem Schließfach befinden. Gewahrsam bedeutet das tatsächliche Herrschaftsverhältnis, die Verfügungsmacht über das Beweismittel.[76] Gewahrsam besteht jedoch nach h.M. auch an Gegenständen in einem Schließfach, selbst wenn dieses nur zusammen mit einem Dritten geöffnet werden kann.

(4) Die Voraussetzungen der Beschlagnahmefreiheit nach § 97 liegen somit vor. Eine Beschlagnahmeanordnung wäre rechtswidrig.

*Beschlagnahmeverbot aus der Verfassung*

Weitere Beschlagnahmeverbote können sich direkt *aus der Verfassung* ergeben. In Frage kommen Verstöße gegen den Grundsatz der Verhältnismäßigkeit, gegen die Menschenwürde aus Art. 1 und 2 GG (z.B. bei Beschlagnahme von intimen Tagebuchaufzeichnungen) und gegen die Pressefreiheit aus Art. 5 I S.2 GG. Diese Fälle sind jedoch restriktiv zu handhaben.[77]

**91**

---

**hemmer-Methode: Auch aus dem Kontaktrecht des Verteidigers, § 148 I, können sich über § 97 hinausgehende Beschlagnahmeverbote ergeben. Vergleichen Sie dazu nochmal Rn. 62.**

---

### b) Beschlagnahme von Postsendungen

*Besondere Voraussetzungen für Beschlagnahme von Post*

Für die Beschlagnahme von Postsendungen und Telegrammen stellt § 99 besondere Voraussetzungen auf. Die Zuständigkeit des Richters und bei Gefahr im Verzuge der Staatsanwaltschaft ergibt sich aus § 100.

**92**

---

76      RGSt 50, 241

77      vgl. BEULKE, Rn. 249 m.w.N.

> **hemmer-Methode: Beachten Sie aber, daß § 99 nur die Beschlagnahme der Briefe meint, die den Bereich der Post noch nicht verlassen haben. Die Beschlagnahme von Post beim Beschuldigten richtet sich nach den allgemeinen Vorschriften.**

### c) Beschlagnahme von Führerscheinen

*§ 94 III meint nur den Führerschein als Dokument*

Die Beschlagnahme von Führerscheinen richtet sich gemäß § 94 III ebenfalls nach den §§ 94 ff. Zu beachten ist aber, daß es hierbei nur um den Führerschein als Dokument geht.

*Bsp.: Der stark nach schottischem Whisky riechende S wird von der Polizei gestoppt. Da sich S als volltrunken erweist, beschlagnahmt P, der Hilfsbeamter der Staatsanwaltschaft ist, den Führerschein des S, um den S an der Weiterfahrt zu hindern. S wehrt sich heftig.*

Die Beschlagnahme kann sich nur auf § 94 III i.V.m. II stützen. Fraglich ist, ob auch P eine solche anordnen kann. Dafür müßte gemäß § 98 I S.1 aber Gefahr im Verzuge vorliegen. Dies ist zum einen dann zu bejahen, wenn wegen des Zeitverlusts bis zu einer richterlichen Beschlagnahme der Verlust des Beweismittels oder die Vereitelung einer späteren Einziehung zu befürchten wäre. Darüber gibt der Sachverhalt keine Auskünfte.

Es genügt aber bereits, wenn ohne die Abnahme des Führerscheins die Gefahr besteht, daß S weitere Trunkenheitsfahrten unternimmt oder sonst Verkehrsvorschriften in schwerwiegender Weise verletzt.[78] Dieser Fall liegt hier vor.

*keine Auswirkungen auf Fahrerlaubnis*

Eine Beschlagnahme nach § 94 III wirkt sich nicht auf die Fahrerlaubnis als öffentlich-rechtliche Berechtigung aus.

*Entziehung der Fahrerlaubnis erfolgt durch Richter*

Diese kann vorläufig nur nach § 111a durch den Richter entzogen werden, was dann zugleich als Anordnung oder Bestätigung der Beschlagnahme wirkt (§ 111a III). Die endgültige Entziehung der Fahrerlaubnis geschieht gemäß § 69 III S.2 StGB.

> **hemmer-Methode: Beachten Sie für ausländische Führerscheine die Sondervorschrift des § 111a VI S.2.**

### d) Sicherstellung von Verfalls- und Einziehungsgegenständen, §§ 111b ff.

*Verfallsgegenstände*

Die Sicherstellung von Gegenständen, die dem Verfall (§§ 73, 73a StGB) oder der Einziehung (§ 74 StGB) unterliegen, richtet sich nach §§ 111b ff.

### 13. Aufzeichnung und Überwachung des Fernmeldeverkehrs, §§ 100a ff.

*§ 100a bedeutet Eingriff in Fernmeldefreiheit gem. Art. 10 GG*

**a)** Die Vorschrift des § 100a gibt den Behörden eine Rechtsgrundlage für massive Eingriffe in die Fernmeldefreiheit nach Art. 10 GG, indem sie eine Überwachung und Aufzeichnung des Fernmeldeverkehrs zuläßt.

Die Maßnahmen können sich nicht nur gegen den Verdächtigen richten, sondern unter den Voraussetzungen des § 100a S.2 auch gegen Dritte. Die Vorschrift ist daher streng zu handhaben.

93

94

95

96

---

78    BGHSt 22, 385

*Subsidiaritätsgrundsatz*

§ 100a S.1 a.E. enthält den sog. *Subsidiaritätsgrundsatz,* wonach die Überwachung des Fernmeldeverkehrs nur als ultima ratio in Betracht kommt, wenn andere Ermittlungsmaßnahmen aussichtslos sind oder den Erfolg wesentlich erschweren.

*nur bei Katalogstraftaten*

Ferner enthält § 100a S.1 einen *abschließenden Katalog von Strafta-*     **97**
*ten.* Nur bei einem Verdacht der Begehung einer dieser Katalogtaten ist eine Überwachung zulässig. In diesem Zusammenhang stellt sich auch das Problem der sog. *Zufallsfunde.* Erhält die Strafverfolgungsbehörde aufgrund der Telefonüberwachung personenbezogene Informationen über den Beschuldigten oder einen Dritten, die auf eine ganz andere Straftat hindeuten als die, wegen der gerade ermittelt wird, dürfen diese Informationen nur verwendet werden, wenn es sich ebenfalls um eine Katalogstraftat nach § 100a S.1 handelt, § 100b V.

**b)** Die Zuständigkeit für die Anordnung folgt aus § 100b I.

*Verstoß begründet Beweisverwertungsverbot*

**c)** Bei *Rechtswidrigkeit* der Überwachung des Fernmeldeverkehrs     **98**
tritt - zumindest bei einem Verstoß gegen materielle Voraussetzungen - ein Beweisverwertungsverbot ein.

Die so gewonnenen Erkenntnisse dürfen, auch wenn sie die Schuld des Beschuldigten eindeutig bestätigen, in der späteren Hauptverhandlung also nicht verwendet werden. Diese Konsequenz folgt letztlich daraus, daß es sich um einen schweren Eingriff in Art. 10 GG handelt.[79]

*auch Internet, Mailbox u. Handy-Standortbest.*

> **hemmer-Methode:** § 100a StPO läßt die Überwachung des Fernmelde-verkehrs nicht nur in den herkömmlichen Formen des Telefonierens und Fernschreibens, sondern jeglicher Art der Datenübermittlung zu. Deshalb kann nach § 100a auch die Informationsübermittlung von und zu einer im Internet angeschlossenen Mailbox überwacht und nach Ansicht des BGH[80] auch heimlich auf die in der Mailbox gespeicherten Datenbestände zugegriffen werden[81]. Auch die Standortbestimmung einer mit einem Handy telefonierenden Person aufgrund der techn. Möglichkeiten der Mobilnetzbetreiber läßt sich über § 100a rechtfertigen.

### 14. Einsatz technischer Mittel, §§ 100c, 100d

*Herstellung von Lichtbildern und Bildaufzeichnungen*

**a)** Zu den Möglichkeiten dieser Vorschriften gehört zum einen die     **99**
Herstellung von Lichtbildern und Bildaufzeichnungen, § 100c I Nr. 1 a). Wenn sich diese Maßnahmen nicht gegen den Beschuldigten, sondern gegen Dritte richten, sind die Voraussetzungen des § 100c II S.2 zu beachten.

*Peilsender, Nachtsichtgeräte*

**b)** Sonstige technische Mittel wie z.B. Nachtsichtgeräte, Bewegungsmelder oder Peilsender können nach § 100c I Nr. 1 b) zum Einsatz kommen. Falls sich hier die Maßnahme gegen einen anderen als den Beschuldigten richtet, stellt § 100c II S.2, 3 noch zusätzliche Voraussetzungen auf.

*"kleiner Lauschangriff"*

**c)** § 100c I Nr. 2 regelt den sogenannten "kleinen Lauschangriff". Darunter versteht man den Einsatz technischer Mittel zur Abhörung und Aufzeichnung des nichtöffentlich gesprochenen Wortes.

---

79    BGHSt 26, 298; BGH MDR 1983, 590

80    BGH NJW 1997, 1934

81    kritisch dazu Palm/Roy NJW 1997, 1904

Voraussetzungen für § 100c I Nr. 2 sind die Einhaltung der Subsidiaritätsklausel und der Verdacht einer Katalogtat nach § 100a I. Richtet sich der Lauschangriff gegen Dritte, ist wiederum § 100c II S.3 zu berücksichtigen.

*„großer Lauschangriff"*

**d)** § 100c Nr. 3 wurde 1998 neu eingefügt. Er regelt nun den „großen Lauschangriff", also das Abhören und Aufzeichnen des nichtöffentlich gesprochenen Wortes in einer Wohnung. Um den großen Lauschangriff in der StPO einführen zu können, mußte zunächst Art. 13 III GG geändert werden, da dieser in seiner alten Fassung nur die Wohnraumüberwachung zum Zwecke der Gefahrensabwehr, nicht aber zur Strafverfolgung zuließ.

Nunmehr darf das nichtöffentlich gesprochene Wort in einer Wohnung abgehört werden, wenn bestimmte Tatsachen den Verdacht begründen, daß der Beschuldigte eine der in § 100c I Nr. 3a-f StPO genannten Katalogtaten begangen hat.

*Def. Wohnung:*

Der Begriff der Wohnung ist dabei i.S.d. Art. 13 GG zu verstehen, d.h. er umfaßt alle Räume, die der allgemeinen Zugänglichkeit entzogen und zur Stätte privaten Lebens und Wirkens gemacht sind. Dazu gehören auch Arbeits-, Betriebs- und Geschäftsräume.

Weitere Voraussetzung des § 100c I Nr. 3 ist, daß die Erforschung des Sachverhalts oder die Ermittlung des Aufenthaltsortes des Täters auf andere Weise unverhältnismäßig erschwert oder aussichtslos wäre.

Angeordnet werden darf die Maßnahme grds. nur in der Wohnung des Beschuldigten, bei anderen Personen nur unter den Voraussetzungen einer weiteren engen Verhältnismäßigkeitskontrolle, § 100c II 4, 5 StPO.

> **hemmer-Methode:** Zu beachten ist insbesondere der stark umstrittene § 100d III 1. Danach dürfen Gespräch mit den in § 53 I genannten Berufsgruppen (Geistliche, Verteidiger, Ärzte etc.) nicht abgehört werden, sofern sie das spezifische berufsbedingte Vertrauensverhältnis tangieren.

**e)** Zuständigkeit und Verfahren für den Einsatz technischer Mittel nach § 100c bestimmen sich nach § 100d. Zu beachten ist dabei insbesondere die Zuständigkeit für die Anordnung des „großen Lauschangriffs". Zuständig ist hier die Staatsschutzkammer des Landgerichts (§ 74a GVG); selbst bei Gefahr im Verzug liegt die Anordnungsbefugnis noch beim Kammervorsitzenden (und nicht wie bei anderen Zwangsmaßnahmen bei der Staatsanwaltschaft oder der Polizei).

Nach § 100d IV ist die Anordnung eines „großen Lauschangriffs" auf höchstens 4 Wochen zu befristen. Abs. V regelt ein Verwertungsverbot. Außerdem können nach Abs. VI Maßnahmen nach § 100c I Nr. 3 auch nach ihrer Erledigung gerichtlich noch überprüft werden.

### 15. Rasterfahndung, §§ 98a, 98b

*Rasterfahndung*

**100**

Rasterfahndung bedeutet den automatischen Abgleich der Daten über eine Person, die für ganz andere Zwecke bei anderen Behörden gespeichert sind, mit den Daten, die der Strafverfolgungsbehörde vorliegen. Das ganze dient dem Zweck, die Personen festzustellen, die ein vorgegebenes "Verdächtigenprofil" erfüllen.

*„Verdächtigenprofil"*

*Katalogstraftat gem. § 98a I S.1 erforderlich*

Die Rasterfahndung ist nur unter bestimmten Voraussetzungen zulässig. Zum einen muß eine Straftat aus dem Katalog des § 98a I S.1 vorliegen. Bzgl. der Begehung einer solchen Tat muß ein Anfangsverdacht i.S.d. § 152 II bestehen ("tatsächliche Anhaltspunkte"). Ferner ist die Subsidiaritätsklausel des § 98a I S.2 zu beachten.

Die Zuständigkeit für die Anordnung sowie die Regeln über die Rückgabe und Löschung von Daten sind in § 98b normiert.

### 16. Datenabgleich, § 98c

*§ 98c, keine besonderen Voraussetzungen für Datenabgleich mit anderen Strafverfolgungsbehörden*

Von den Maßnahmen nach §§ 98a und 98b ist der Datenabgleich gemäß § 98c zu unterscheiden. Nach dieser Vorschrift ist die Strafverfolgungsbehörde befugt, personenbezogene Daten aus einem Strafverfahren mit anderen von den Strafverfolgungsbehörden (durch präventives oder repressives Handeln) gewonnenen Daten maschinell abzugleichen. Hierbei bestehen keine besonderen Verfahrensvoraussetzungen.

*101*

### 17. Einsatz Verdeckter Ermittler, §§ 110a ff.

*Verdeckte Ermittler sind Beamte des Polizeidienstes*

Als besondere Fahndungsmethode der Strafverfolgungsbehörden ist noch der Einsatz Verdeckter Ermittler nach §§ 110a ff. zu erwähnen. Verdeckte Ermittler sind Beamte des Polizeidienstes, die unter einer ihnen verliehenen, auf Dauer angelegten, veränderten Identität (Legende) ermitteln. Dabei enthält § 110a III sogar die Ermächtigung zur Herstellung, Veränderung und zum Gebrauchmachen der für die Aufrechterhaltung der veränderten Identität erforderlichen Urkunden (z.B. Führerschein, Personalausweis, Paß).

*102*

> **hemmer-Methode:** Beachten Sie den Unterschied zwischen Verdeckten Ermittlern und sog. V-Leuten (Vertrauenspersonen). Während es sich bei ersteren um Beamte des Polizeidienstes handelt, sind V-Leute Personen, die die Polizei bei der Aufklärung von Straftaten auf längere Zeit unter geheimgehaltener Identität unterstützen, den Strafverfolgungsbehörden aber nicht angehören.

Allerdings müssen die in § 110a I alternativ aufgeführten *Einsatzvoraussetzungen* vorliegen:

*103*

*besondere Einsatzvoraussetzungen*

- Es müssen entweder tatsächliche Anhaltspunkte für eine der in § 110a I S.1 aufgeführten Katalogtaten gegeben sein. Der Straftatenkatalog entspricht im wesentlichen dem des § 98a I S.1.

- Oder der Einsatz des Verdeckten Ermittlers dient der Aufklärung eines Verbrechens, sofern aufgrund bestimmter Tatsachen die Gefahr einer Wiederholung besteht und die Aufklärung auf andere Weise aussichtslos oder wesentlich erschwert ist, § 110a I S.2, 3.

- Schließlich enthält § 110a I S.4 eine Generalklausel, nach der der Einsatz Verdeckter Ermittler bei besonderer Bedeutung der Tat und Aussichtslosigkeit anderer Maßnahmen zulässig ist. Schwierig ist dabei die Bestimmung des Merkmals "besondere Bedeutung", das der "erheblichen Bedeutung" in § 98a I S.1 entspricht. Ob dieses Merkmal erfüllt ist, ergibt sich vielfach erst im Laufe der Ermittlungen. Bagatelldelikte scheiden jedenfalls aus.[82]

---

## 17. Rechtsschutz gegen Zwangsmittel

*verschiedene Rechtsschutzmöglichkeiten*

Der Rechtsschutz gegen die oben aufgeführten Maßnahmen im Ermittlungsverfahren kann sich unter Umständen schwierig gestalten.                                                      **104**

Dies gilt insbesondere, wenn sich eine Maßnahme durch Zeitablauf bereits erledigt hat. Es kommen verschiedene Rechtsschutzmöglichkeiten in Betracht.

> **hemmer-Methode:** Die Frage nach dem Rechtsschutz gegen einzelne Zwangsmaßnahmen der Ermittlungsbehörden ist die Ausnahme. In dieser Konstellation kann die Auswirkung eines Verfahrensfehlers auf die Hauptverhandlung nicht geprüft werden!

*Beschwerde gem. § 304 I bei richterlicher Anordnung*

**a)** Gegen die noch nicht erledigte richterliche Anordnung einer Zwangsmaßnahme kann der Betroffene *Beschwerde gemäß § 304 I einlegen*.[83] Beispiele dafür sind die Anordnung der Unterbringung nach § 81, die Anordnung einer Hausdurchsuchung nach §§ 102, 105 I oder die richterliche Anordnung einer Beschlagnahme nach §§ 94, 98 I. Problematisch ist dies für den Rechtsschutzsuchenden insoweit, als die Beschwerde nach § 304 I keinen Suspensiveffekt hat. Allerdings können der Richter, dessen Entscheidung angefochten wird (iudex a quo), oder das Beschwerdegericht (iudex ad quem) gemäß § 307 II die Aussetzung der Vollziehung anordnen.      **105**

> **hemmer-Methode:** Für bereits vollzogene richterliche Anordnungen gab es bislang noch keine Rechtsschutzmöglichkeit. Das BVerfG hat diese Ansicht in einen neueren Entscheidung[84] für den Fall der Wohnungsdurchsuchung aufgegeben. Art. 19 IV GG beinhaltet die Garantie lückenlosen Rechtsschutzes und gebe einen Anspruch auf wirksame gerichtl. Kontrolle. Deshalb ist nach Ansicht des BVerfG ein Rechtsschutzinteresse auch in Fällen tiefgreifender Grundrechtseingriffe gegeben, in denen die direkte Belastung durch den angegriffenen Hoheitsakt sich nach dem typischen Verfahrensablauf auf eine Zeitspanne beschränkt, in welcher der Betroffene die gerichtliche Entscheidung in der von der Prozeßordnung geforderten Instanz kaum erlangen kann.

*§ 98 II*

**b)** Die Möglichkeit der Beschwerde scheidet aber aus, wenn eine Maßnahme *durch die Staatsanwaltschaft oder ihre Hilfsbeamten* angeordnet wird.                  **106**

*richterliche Entscheidung bei Beschlagnahme durch StA*

**aa)** Eine ausdrückliche Regelung im Gesetz findet sich für die Anordnung einer Beschlagnahme in § 98 II S.2. Der Betroffene kann dagegen einen *Antrag auf richterliche Entscheidung* stellen. Welches Gericht dafür zuständig ist, ergibt sich aus § 98 II S.3 - 6.

*str. ob analog f. andere Befugnisse*

§8 II analog !

**bb)** Fraglich ist allerdings, was bei anderen Maßnahmen wie z.B. Blutprobenentnahme, Durchsuchung oder sonstigen Eingriffen gilt. § 98 II S.2 ist unmittelbar nur auf die Beschlagnahme anwendbar. Nach allgemeiner Meinung darf der Adressat solcher Maßnahmen wegen Art. 19 IV GG aber nicht rechtsschutzlos gestellt werden. Aus diesem Grund ist *§ 98 II S.2 analog anzuwenden*; es ist also ein Antrag auf richterliche Entscheidung statthaft.[85]

*Problem: Erledigung durch Vollzug*

**cc)** Ein weiteres Problem ergibt sich, wenn sich eine Maßnahme der Staatsanwaltschaft oder ihrer Hilfsbeamten bereits durch Vollzug erledigt hat.                       **107**

---

83  dazu genauer unten, Rn. 521

84  BVerfG MJW 1997, 2163.

85  KLEINKNECHT/MEYER-GOßNER, § 98, Rn. 23

*Bsp.: Gegen M wird wegen Mordes ermittelt. Um die Mordwaffe zu finden, wird auf Anordnung der Staatsanwaltschaft Ms Wohnung durchsucht (§§ 102, 105 I S.2). M hält die Maßnahme für rechtswidrig.*

Von der Rspr. ist die Anfechtung erledigter strafprozessualer Eingriffe lange Zeit generell abgelehnt worden.[86] Mittlerweile ist nur noch umstritten, wie der Betroffene eine nachträgliche gerichtliche Prüfung der Rechtmäßigkeit erreichen kann.

*h.M.: § 98 II S.2 analog*
*a.A.: §§ 23 EGGVG analog*

Eine Ansicht will sich dazu auf §§ 23 und 28 I S.4 EGGVG analog stützen und wendet die Regeln des dort vorgesehenen Fortsetzungsfeststellungsverfahrens vor dem OLG an.[87]

Die h.M. jedoch will auch für den Fall der Erledigung den § 98 II S.2 (doppelt) analog anwenden.[88] §§ 23 ff. EGGVG passen nicht, da sie nur für Justizverwaltungsakte gelten. Außerdem sei es sachgerechter, den Richter mit der Überprüfung zu betrauen, der normalerweise ohnehin für den Erlaß der Anordnung zuständig gewesen wäre.

*Voraussetzung:*
*Berechtigtes Interesse*

Voraussetzung für die Zulässigkeit des Antrags auf richterliche Entscheidung ist allerdings ein *berechtigtes Interesse* des Betroffenen an der nachträglichen Feststellung der Rechtswidrigkeit. Dieses ist grundsätzlich in zwei Fällen zu bejahen. Zum einen besteht ein berechtigtes Interesse bei einer fortbestehenden Diskriminierungswirkung der rechtswidrigen Maßnahme, zum anderen beim Vorliegen einer (hinreichend konkreten) Wiederholungsgefahr.[89]   **108**

Nicht ausreichend ist dagegen die Absicht des Betroffenen, Schadensersatz- oder Entschädigungsansprüche gegen die Behörde geltend zu machen, da das Zivilgericht im Rahmen seiner umfassenden Prüfungskompetenz auch die Rechtmäßigkeit der strafprozessualen Maßnahme mitüberprüft.[90]

> **hemmer-Methode:** Im Grunde handelt es sich hier um eine altbekannte Fallkonstellation. Wie im Verwaltungsprozeßrecht gilt auch im Strafverfahrensrecht der Grundsatz, daß ein Rechtsschutzbedürfnis nur besteht, solange eine Maßnahme noch direkt auf den Betroffenen einwirkt. Hat sich die Maßnahme dagegen erledigt, ist eine nachträgliche Überprüfung nur gerechtfertigt, wenn der Betroffene darlegt, daß ihm auch nach Erledigung noch Nachteile entstehen oder entstehen können (Stichwort "Fortsetzungsfeststellungsklage").

### IV. Untersuchungshaft, § 112 I

*Zweck: Gewährleistung effektiver*
*Strafrechtspflege*

Das Zwangsmittel der Untersuchungshaft kann bereits in einem sehr frühen Verfahrensstadium zur Anwendung kommen. Es dient dazu, eine effektive Strafrechtspflege zu gewährleisten, indem die Anwesenheit des Beschuldigten, die ordnungsgemäße Tatsachenermittlung und die Vollstreckung gesichert werden.   **109**

Dies kollidiert natürlich in starkem Maße mit den Grundrechten des betroffenen Bürgers, weshalb vor allem der Verhältnismäßigkeitsgrundsatz aufs strengste beachtet werden muß.[91]

---

86   OLG Hamm NJW 1965, OLG Hamburg NJW 1972, 1586
87   Kleinknecht/Meyer-Goßner, § 98, Rn. 23 m.w.N.
88   BGHSt 28, 57; 37, 79;
89   BGHSt 36, 30; 35, 363
90   Rudolphi in SK/StPO, § 98, Rn. 37
91   Beulke, Rn. 208

### 1. Formelle Voraussetzungen der Anordnung der Untersuchungshaft

*zuständig: Nur der Richter, Art. 104 II S.1 GG*

**a)** Zuständig für den Erlaß des Haftbefehls, der gemäß § 114 I schriftlich zu ergehen hat, ist grundsätzlich nur der Richter (vgl. Art. 104 II S.1 GG). Zuständiger Richter ist *vor Erhebung der öffentlichen Klage* nach § 170 I (also im Ermittlungsverfahren) der Richter bei dem AG, in dessen Bezirk ein Gerichtsstand begründet ist oder der Beschuldigte sich aufhält, § 125 I. Erforderlich ist grundsätzlich ein Antrag der Staatsanwaltschaft, außer bei Gefahr im Verzug (wenn z.B. später eine Verhaftung nicht mehr möglich wäre). *Nach Erhebung der öffentlichen Klage* ist das Gericht zuständig, das mit der Sache befaßt ist, § 125 II.

**110**

*inhaltliche Anforderungen § 114*

**b)** Welche inhaltlichen Anforderungen an den Haftbefehl zu stellen sind, ist in § 114 geregelt.

**111**

*Vollstreckung des Haftbefehls durch die StA*

*Formalien §§ 114a,b*

**c)** Die Vollstreckung des Haftbefehls erfolgt durch die Staatsanwaltschaft (§ 36 II), die sich in der Regel wiederum der Polizei bedient (§ 161). Der Beschuldigte ist zu ergreifen, wobei die Formalien der §§ 114a und 114b beachtet werden müssen. Danach ist er gemäß § 115 unverzüglich dem zuständigen Richter vorzuführen. Dies muß spätestens am Tag nach der Ergreifung geschehen (§ 115 II, Art. 104 III GG). Zuständig ist der Richter, der den Haftbefehl erlassen hat, § 126 I.

**112**

### 2. Materielle Voraussetzungen des Haftbefehls

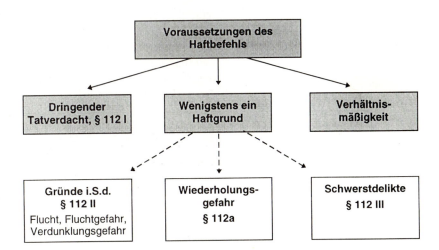

*Voraussetzung: Dringender Tatverdacht*

Nach § 112 I S.1 sind Voraussetzung für einen rechtmäßigen Haftbefehl gegen den Beschuldigten ein dringender Tatverdacht und das Vorliegen eines der in § 112 II aufgeführten Haftgründe.

**113**

**a)** *Dringender* Tatverdacht setzt eine hohe Wahrscheinlichkeit voraus, daß der Beschuldigte wirklich der Täter ist.

Dies ist mehr als der "hinreichende" Verdacht in § 203. Der dringende Tatverdacht darf nur aus bestimmten Tatsachen nach dem jeweiligen Ermittlungsstand, nicht aber aus bloßen Vermutungen hergeleitet werden.[92]

---

92  KLEINKNECHT/MEYER-GOßNER, § 112, Rn. 8 f.

*Haftgrund*

**b)** Haftgründe i.S.d. § 112 II sind:

**aa)** *Flucht*, § 112 II Nr. 1. Der Haftgrund der Flucht besteht, wenn der Beschuldigte flüchtig ist oder sich verborgen hält.

**bb)** *Fluchtgefahr*, § 112 II Nr. 2. Dabei kommt es darauf an, daß bestimmte Tatsachen vorliegen, die eine solche Gefahr nachvollziehbar als gegeben erscheinen lassen.

**cc)** *Verdunklungsgefahr*, § 112 II Nr. 3. Es müssen bestimmte Tatsachen für den Verdacht vorliegen, der Beschuldigte werde in unzulässiger Weise auf Beweismittel, Zeugen oder Sachverständige einwirken oder andere zu solchem Verhalten veranlassen.

**dd)** Gemäß *§ 112 III* kann Untersuchungshaft auch ohne das Vorliegen eines Haftgrundes angeordnet werden, wenn der Beschuldigte einer der aufgeführten Straftaten dringend verdächtig ist.

Die Vorschrift ist allerdings verfassungsrechtlich bedenklich, weil eine Untersuchungshaft dem Wortlaut nach angeordnet werden darf, wenn der Beschuldigte einer der genannten Taten dringend verdächtig ist, aber die Strafverfolgung oder -vollstreckung gar nicht gefährdet sind. § 112 III ist daher *verfassungskonform auszulegen*.[93] Danach ist § 112 III nur erfüllt, wenn zusätzlich zu der Tat i.S.d. § 112 III noch eine Flucht- oder Verdunklungsgefahr hinzutritt, wobei aber nicht so hohe Anforderungen zu stellen sind wie bei § 112 II.

**ee)** Ein Haftgrund besteht auch bei einer *Wiederholungsgefahr* bezüglich bestimmter in § 112a I genannter Delikte. § 112a tritt jedoch zurück, wenn die Voraussetzungen des § 112 erfüllt sind, § 112a II.

**c)** Aufgrund des erheblichen Grundrechtseingriffs muß der anordnende Richter nach § 112 I S.2 das *Verhältnismäßigkeitsprinzip* beachten. Die Unverhältnismäßigkeit bildet dabei, wenn sie positiv feststeht, einen Haftausschließungsgrund. In die Abwägung einzubeziehen sind die Schwere des Eingriffs in die Lebenssphäre des Beschuldigten, wobei auch sein Gesundheitszustand zu berücksichtigen ist, auf der einen Seite und die Bedeutung der Strafsache sowie die Rechtsfolgenerwartung auf der anderen Seite.[94] Eine Ausprägung des Verhältnismäßigkeitsgrundsatzes findet sich auch in § 113.

> **hemmer-Methode:** Vergegenwärtigen Sie sich immer, daß es sich bei der **Untersuchungshaft um einen der schwersten Grundrechtseingriffe** handelt, die die StPO kennt! Wichtig ist daher eine genaue Einhaltung der in den §§ 112 ff. geregelten Voraussetzungen. Insbesondere das Verhältnismäßigkeitsprinzip dient sozusagen als letztes Korrektiv zum Schutz der betroffenen Grundrechte.

### 3. Rechtsschutz des Betroffenen

*Haftprüfung*

**a)** Dem Betroffenen steht als Rechtsbehelf der *Antrag auf Haftprüfung* zur Verfügung, § 117 I. Darunter versteht man die gerichtliche Überprüfung, ob der Haftbefehl nach § 120 aufzuheben oder sein Vollzug nach § 116 auszusetzen ist. Gemäß § 126 entscheidet hierüber der Richter, der auch den Haftbefehl erlassen hat (Haftrichter). Dieser Rechtsbehelf hat also keinen Devolutiveffekt.

*114*

Eine *Haftprüfung von Amts wegen* durch das OLG findet nach einer Haftdauer von sechs Monaten (§ 121) statt. Eine Haftprüfung von Amts wegen ist außerdem in § 207 IV und § 268b vorgesehen.

---

93    BVerfGE 19, 342

94    KLEINKNECHT/MEYER-GOßNER, § 112, Rn. 11

*Haftbeschwerde*

**b)** Daneben besteht auch die Möglichkeit der *Haftbeschwerde*, die sich nach den allgemeinen Regeln über die Beschwerde gemäß §§ 304 ff. richtet. Die Beschwerde hat Devolutiveffekt. Zu beachten ist zudem die Subsidiaritätsklausel des § 117 II, wonach die Beschwerde nur zulässig ist, solange kein Antrag auf Haftprüfung gestellt worden ist (Vorrang der Haftprüfung[95]).    **115**

> **hemmer-Methode: Achtung Fortgeschrittene! Die Abgrenzung von Haftprüfung und Haftbeschwerde gewinnt vor allem im 2. Staatsexamen Relevanz. Dabei spielen Devolutiveffekt und Subsidiaritätsprinzip eine wichtige Rolle. Ausführlich insbesondere zur Möglichkeit der Umdeutung des einen Antrags in den anderen Kleinknecht/Meyer-Goßner, § 117, Rn. 8 ff.**

### V. Einstweilige Unterbringung, § 126a

*§ 126a dient Vorwegnahme der Unterbringung gemäß §§ 63, 64 StGB*

Besonderheiten gelten, wenn jemand eine Tat im Zustand der Schuldunfähigkeit begangen hat (der Geisteskranke G zündet ein fremdes Auto an). Dann kommt nämlich kein Schuldspruch in einem gewöhnlichen Urteil in Betracht. Folglich scheidet auch ein Haftbefehl nach § 112 aus. Es ist vielmehr ein Sicherungsverfahren nach §§ 413 ff. durchzuführen mit dem Ziel einer sichernden Maßregel (z.B. Unterbringung in einer psychiatrischen Anstalt, § 63 StGB). Die einstweilige Unterbringung i.S.d. § 126a dient der Sicherung dieses Verfahrens.    **116**

Zuständig für den Erlaß des Unterbringungsbefehls ist nach § 126a I das Gericht. Gemäß § 126a II gelten die Vorschriften über die Untersuchungshaft entsprechend.

### VI. Vorläufige Festnahme, § 127

*§ 127*

Zu unterscheiden ist zwischen den beiden Tatbeständen des § 127. Bei beiden sind die §§ 128, 129 zu berücksichtigen, wonach der Festgenommene unverzüglich dem Richter vorzuführen ist.    **117**

### 1. Festnahme nach § 127 I

*"Jedermanns-Paragraph"*

§ 127 I enthält den sog. "Jedermanns-Paragraphen", nach dem jedermann bei Vorliegen der Voraussetzungen zu einer Festnahme befugt ist. Dazu folgendes:    **118**

> *Bsp.: Der rechtschaffene Bürger S kommt zufällig am Tatort eines gerade beendeten Raubüberfalls vorbei und sieht den F, der allerdings nichts mit der Sache zu tun hat, eilig davonlaufen. Da er ihn für den Täter hält, nimmt er ihn fest.*

S könnte sich auf § 127 I berufen.

*"auf frischer Tat betroffen"*

**a)** Voraussetzung ist zum einen, daß der Täter "auf frischer Tat betroffen oder verfolgt" wird. Dies ist der Fall, wenn der Täter bei Begehung einer rechtswidrigen Tat (keine Ordnungswidrigkeit!) oder unmittelbar danach am Tatort oder in dessen unmittelbarer Nähe gestellt wird. Verfolgung auf frischer Tat findet statt, wenn sich der Täter bereits vom Tatort entfernt hat und mit seiner Verfolgung aufgrund konkreter, auf ihn hinweisender Anhaltspunkte unverzüglich begonnen wird.[96]    **119**

---

95    vertiefend KLEINKNECHT/MEYER-GOßNER, § 117, Rn. 14

96    BEULKE, Rn. 235

Es ist allerdings umstritten, ob § 127 I nur die Festnahme einer Person deckt, die die Tat auch wirklich begangen hat,[97] oder ob Rechtfertigung schon gegeben ist, wenn die erkennbaren objektiven Gegebenheiten einen dringenden Tatverdacht nahelegen.[98]

> **hemmer-Methode:** Es mögen vielleicht die besseren (rechtsstaatlichen) Gründe dafür sprechen, § 127 I nur auf den tatsächlichen Täter anzuwenden. Dennoch fährt man sicherer, wenn man sich der Meinung des BGH anschließt, da dies auch dem Vorgehen von Praktikern entspricht. Der Ansicht des BGH liegen auch Praktikabilitätserwägungen zugrunde, weil ansonsten das Festnahmerecht mit erheblichen Unsicherheiten belastet wäre.

Nach dem BayObLG ist ausreichend, wenn die Zusammenschau aller erkennbaren äußeren Umstände im Tatzeitpunkt nach der Lebenserfahrung im Urteil des Festnehmenden ohne vernünftige Zweifel den Schluß auf eine rechtswidrige Tat zulassen.

Danach ist zumindest diese Voraussetzung bei S erfüllt.

*Fluchtverdacht*

**b)** Notwendig ist weiterhin das Vorliegen eines Fluchtverdachts oder die Unmöglichkeit der Identitätsfeststellung.                                                   **120**

Für Fluchtverdacht genügt es, wenn nach den objektiv erkennbaren Umständen unter Berücksichtigung der allgemeinen Erfahrungen vernünftigerweise die Annahme gerechtfertigt ist, der Betroffene werde sich durch Flucht entziehen, wenn er nicht alsbald festgenommen wird.[99]

Eine Festnahme zur Identitätsfeststellung darf erfolgen, wenn der Betroffene nicht ohne Vernehmung oder Nachforschung identifiziert werden kann, weil er Angaben zur Person verweigert oder sich nicht ausweisen kann und eine Feststellung an Ort und Stelle nicht möglich ist.[100] Wenn der Name des Betroffenen bekannt ist, ist in der Regel die Festnahme unzulässig.[101]

Im Beispielsfall ist Fluchtverdacht zu bejahen, wenn S aufgrund der Umstände bei notwendiger Sorgfalt den Eindruck gewinnen mußte, daß F fliehen wollte.

**c)** Von § 127 I gedeckt sind in erster Linie nur Freiheitsberaubung und Nötigung. Daneben darf der Festnehmende aber auch in gewissem Umfang physische Gewalt einsetzen, um den Verdächtigen festzuhalten. Auf keinen Fall ermächtigt § 127 I aber zum Schußwaffengebrauch zum Zwecke der Festnahme.[102]

### 2. Festnahme nach § 127 II

*Ermächtigungsgrundlage für Polizei und StA*

Eine selbständige Ermächtigungsgrundlage zur Festnahme enthält      **121**
§ 127 II für Staatsanwaltschaft und Polizei bei Gefahr im Verzug. Hierzu müssen die Voraussetzungen eines Haftbefehls gemäß §§ 112 ff. vorliegen, d.h. dringender Tatverdacht und ein Haftgrund.

---

97   so KG VRS 45, 35; OLG Hamm NJW 1977, 590

98   so BGH NJW 1981, 745; BayObLG MDR 1986, 956

99   BGH VRS 38, 115; 40, 104

100  RG 27, 198

101  OLG Köln VRS 75, 104

102  vgl. BEULKE, Rn. 237

### 3. Rechtsschutz des Betroffenen

*Rechtsschutz*

Eine Überprüfung der Rechtmäßigkeit einer vorläufigen Festnahme **122**
i.S.d. § 127 I durch Privatpersonen erfolgt nur nach § 128. Bei Maßnahmen von Polizei und Staatsanwaltschaft kommt zusätzlich ein
Verfahren nach §§ 23, 28 I S.4 EGGVG in Betracht. Für den Rechtsschutz gegen eine beendete vorläufige Festnahme gilt § 98 II S.2
entsprechend.[103]

> **hemmer-Methode: Das Problem des Rechtsschutzes gegen eine be-
> reits erledigte Maßnahme im Strafverfahren stellte sich bereits oben
> bei den sonstigen Zwangsmitteln. Die dort dargelegten Prinzipien gel-
> ten auch bei der vorläufigen Festnahme, insofern kann auf oben ver-
> wiesen werden.**

## VII. Abschluß des Vorverfahrens

### 1. Überblick

*Ende des Vorverfahrens: Anklage
oder Einstellung*

Das Vorverfahren endet mit einer Abschlußverfügung der Staatsan- **123**
waltschaft. Grds. kann es auf zwei verschiedene Weisen beendet
werden: Entweder erhebt die Staatsanwaltschaft Anklage beim zuständigen Gericht gemäß § 170 I oder sie stellt das Verfahren ein.

Im letzteren Fall ist zwischen einer Einstellung nach § 170 II StGB
und nach §§ 153 ff. zu unterscheiden.

### 2. Einstellung gemäß § 170 II

*§ 170 II, wenn kein durchsetzbarer
Strafanspruch gegen Beschuldigten
besteht*

Eine Einstellung gemäß § 170 II kommt immer dann in Betracht, **124**
wenn sich nach den durchgeführten Ermittlungen ergibt, daß nach
dem derzeitigen Sachstand ein durchsetzbarer Strafanspruch des
Staates gegen den Beschuldigten nicht besteht. Dies ist grundsätzlich in drei verschiedenen Konstellationen denkbar:

### a) Fehlen einer Prozeßvoraussetzung

*Einstellung bei Vorliegen eines Ver-
fahrenshindernisses*

Nach § 170 II kommt zunächst eine *Einstellung aus prozessualen* **125**
*Gründen* in Betracht. Bei Vorliegen eines Verfahrenshindernisses
stellt die Staatsanwaltschaft das Ermittlungsverfahren ein.

Ein solches liegt vor, wenn eine sog. Prozeßvoraussetzung, also eine Bedingung, ohne die kein Urteil in der Sache ergehen darf, fehlt.[104]

Verfahrenshindernisse können z.B. die Strafverfolgungsverjährung
(§§ 78 ff. StGB) oder die anderweitige Rechtshängigkeit sein. Die
Ablehnung des öffentlichen Interesses gemäß § 376 im Falle der
Ermittlungen bezüglich eines Privatklagedelikts bewirkt ebenfalls das
Fehlen einer Prozeßvoraussetzung. Die Staatsanwaltschaft verweist
den Antragsteller in diesem Fall auf den Privatklageweg, vgl. Nr. 87,
89 der Richtlinien für das Straf- und das Bußgeldverfahren (RiStBV).

Zu beachten ist, daß bei nur vorübergehenden Verfahrenshindernissen auch eine vorläufige Einstellung nach § 205 analog möglich ist.

---

103    siehe oben, Rn. 106; zum ganzen vgl. KLEINKNECHT/MEYER-GOßNER, § 127, Rn. 23
104    zu den Prozeßvoraussetzungen vgl., Rn. 173 ff.

### b) Einstellung aus tatsächlichen Gründen

*kein ausreichender Tatverdacht*

Daneben gibt es die *Einstellung aufgrund tatsächlicher Gründe*, § 170 II. Diese ist dann vorzunehmen, wenn keine zur Begründung eines hinreichenden Tatverdachts ausreichenden Tatsachen ermittelt worden sind.     **126**

Der "hinreichende Tatverdacht" i.S.d. § 170 I ist ein unbestimmter Rechtsbegriff, der eine eigene Prognoseentscheidung der Staatsanwaltschaft erfordert.

*„hinreichender Tatverdacht"*

Hinreichender Tatverdacht ist zu bejahen, wenn nach dem gesamten Akteninhalt bei vorläufiger Tatbewertung die Verurteilung des Beschuldigten mit Wahrscheinlichkeit zu erwarten ist.[105] Der Grundsatz "in dubio pro reo" gilt dabei nicht.

### c) Einstellung aus materiellrechtlichen Gründen

*das Verhalten des Beschuldigten erfüllt keinen Straftatbestand*

Eine Einstellung des Verfahrens kommt schließlich dann in Betracht, wenn der ermittelte Sachverhalt keinen strafrechtlich relevanten Tatbestand erfüllt.     **127**

Dabei ist sehr umstritten, ob eine Bindung des Staatsanwalts an die höchstrichterliche Rspr. besteht. Nach h.M. ist dies zu bejahen.[106] Hält die Staatsanwaltschaft entgegen der Auffassung der Rspr. ein Verhalten für strafbar, ist sie an der Anklage nicht gehindert.

Hält sie es im Gegensatz dazu jedoch für straflos, muß sie gleichwohl Anklage erheben. Dies folgt aus dem Legalitätsprinzip und aus der ihr obliegenden Pflicht, auf eine einheitliche Rspr. zu achten.[107]

> **hemmer-Methode: Pauschales Lernen vermeiden!** Die Frage, ob die Staatsanwaltschaft an die höchstrichterliche Rechtsprechung gebunden ist, hat vor allem bei der Frage praktische Bedeutung, ob die Staatsanwaltschaft nach § 170 II einstellen kann oder nicht! Beachten Sie dabei, daß die Staatsanwaltschaft grds. eine eigene Behörde ist, die eine eigene Prognose der Strafbarkeit trifft. Erfolgt jedoch gar keine Anklage, so hat das Gericht auch nicht die Möglichkeit, selbst nach §§ 207 II bzw. 265 StPO zu entscheiden: Die Anklageschrift ist Voraussetzung für das weitere Verfahren.[108] Also erst durch sie wird die Anhängigkeit der Strafsache begründet!
> Eine Bindung der Staatsanwaltschaft ist deshalb *nur* in den Fällen gerechtfertigt, in denen die Ansicht der Staatsanwaltschaft zugunsten des Täters von der höchstrichterlichen Rechtsprechung abweicht: Hier muß das Gericht die Möglichkeit haben, eine Sachentscheidung zu treffen, also muß auch eine Anklage erfolgen. Darüber hinaus ist eine Bindung allerdings nicht gerechtfertigt; dies wäre ein Verstoß gegen den Grundsatz der Gewaltenteilung!

*Benachrichtigung des Beschuldigten*

Bei einer Einstellung nach § 170 II ist der Beschuldigte gemäß § 170 II S.2 von der Einstellung zu benachrichtigen. Diese Benachrichtigung erfolgt formlos (Nr. 91 I RiStBV). Der Antragsteller ist gemäß § 171 über die Einstellung zu verbescheiden. Die Einstellungsverfügung ist ausreichend zu begründen (Nr. 89 II RiStBV).     **128**

---

105    BGHSt 23, 304

106    BGHSt 15, 155; LR-Rieß, § 170, Rn. 23

107    sehr str.: KLEINKNECHT/MEYER-GOßNER, vor § 141 GVG, Rn. 11

108    KLEINKNECHT/MEYER-GOßNER, § 199 GVG, Rn. 1

Ist er zugleich der durch die Straftat Verletzte, ist er zudem über die Möglichkeit des Klageerzwingungsverfahrens zu belehren.[109] Die Belehrung erfolgt aber nur, wenn tatsächlich ein Klageerzwingungsverfahren möglich ist, also z. B. nicht den Fällen des § 172 II S.3.

> **hemmer-Methode: Beachten Sie, daß der Antragsbegriff i.S.d. § 171 der gleiche ist wie in § 158 I S.1 2.Alt.**
> **Er hat nichts mit dem Strafantrag gemäß §§ 77 ff. StGB zu tun!**

### 3. Einstellung aus Opportunitätsgründen

*Einstellung nach § 153 möglich, auch wenn Voraussetzungen des § 170 I vorliegen*

Auch wenn die oben genannten Voraussetzungen einer Einstellung gemäß § 170 II nicht vorliegen, ist eine Erhebung der öffentlichen Klage nicht immer geboten. Die Staatsanwaltschaft hat nach den §§ 153 ff. die Möglichkeit, das Verfahren aus Gründen des Opportunitätsprinzips einzustellen.

**129**

#### a) Einstellung nach § 153

*für § 153 I ist grundsätzlich die Zustimmung des Gerichts erforderlich*

**aa)** Die Einstellung kann nach § 153 I durch die Staatsanwaltschaft erfolgen, allerdings ist grundsätzlich die Zustimmung des Gerichts erforderlich, § 153 I S.1, 2.

**130**

Voraussetzung ist zum einen, daß es sich bei der Tat, wegen der ermittelt wird, um ein *Vergehen* i.S.d. § 12 II StGB handelt.

Ferner ist erforderlich, daß die *Schuld des Täters als gering* anzusehen wäre. Wann dies gegeben ist, kann nicht nach einem absoluten Maß, sondern nur nach dem Einzelfall bestimmt werden. Die Schuld muß bei einem Vergleich mit gleichartigen Vergehen deutlich unter dem Durchschnitt liegen. Es muß eine Strafe im unteren Bereich des in Frage kommenden Strafrahmens angemessen sein.[110] Die Schuld wird nicht vollständig ermittelt, sondern es wird eine Prognose aufgestellt. Die Sache muß also nicht weiter aufgeklärt werden, als es für diese Prognose notwendig ist.[111]

*kein öffentliches Interesse an Verfolgung*

An der Verfolgung darf (von Anfang an) *kein öffentliches Interesse* bestehen. Ein solches kann z.B. aus general- oder spezialpräventiven Gründen, wegen des Interesses der Allgemeinheit an der Straftat oder zur Verhinderung weiteren Schadens für den Verletzten zu bejahen sein.

Der Entscheidung der Staatsanwaltschaft kommt *keine Rechtskraft* zu, das Verfahren kann also jederzeit (z.B. wenn neue Beweismittel gefunden werden) wieder aufgenommen werden.

*Einstellung durch das Gericht*

**bb)** Zu beachten ist, daß nach Erhebung der öffentlichen Klage (§ 170 I) gemäß § 153 II unter den Voraussetzungen von § 153 I eine Einstellung durch das Gericht erfolgen kann. Lediglich die Verfahrensherrschaft geht durch Klageerhebung auf das Gericht über.

**131**

> **hemmer-Methode: Denken in Zusammenhängen! Die Einstellung führt dann zu einem beschränkten Strafklageverbrauch in dieser Sache!**

---

109    Für Referendare: An dieser Stelle lauern bei der Abschlußverfügung wichtige Probleme. So muß hier der Verletztenbegriff des § 171 beherrscht werden. Im übrigen ist diese Stelle auch ein Einfallstor für das Thema "prozessuale Tat". Verfolgt die Staatsanwaltschaft lediglich ein Delikt nicht weiter, das keine eigenständige prozessuale Tat darstellt, so ergeht nur ein Aktenvermerk und keine Mitteilung.

110    RIEß NStZ 1981, 8

111    KLEINKNECHT/MEYER-GOßNER, § 153, Rn. 3

## b) Einstellung nach § 153a

*§ 153a auch bei mittlerer Schuld des Täters, wenn festgestellt*

**aa)** § 153a I gibt der Staatsanwaltschaft bei Vergehen die Möglichkeit, mit Zustimmung des zuständigen Gerichts vorläufig von der Erhebung der öffentlichen Klage abzusehen. Im Unterschied zu § 153 I ist dies auch bei mittlerer (nicht nur bei "geringer") Schuld des Täters möglich. Allerdings muß das Bestehen der Schuld bei § 153a positiv festgestellt werden. Voraussetzung ist, daß das eigentlich bestehende öffentliche Interesse an der Strafverfolgung dadurch aufgehoben wird, daß dem Beschuldigten eine der in § 153a I S.1 Nr. 1 - 4 aufgeführten Pflichten auferlegt wird.

**132**

> *Bsp.: D, der dem O eine Sache im Wert von ca. 100 DM gestohlen hat, wird gemäß § 153a I S.1 Nr. 1 auferlegt, O den durch den Diebstahl nach der Adäquanztheorie entstandenen Schaden zu ersetzen.[112] Dafür erhebt die Staatsanwaltschaft keine Anklage gegen ihn.*

Die Vorschrift ist rechtspolitisch allerdings bedenklich. Auf der einen Seite führt sie zu einer Entlastung der Strafrechtspflege. Andererseits kann § 153a aber dazu führen, daß sich Begüterte leichter als Mittellose von der Strafe freikaufen können.[113]

*nach Klageerhebung: Zuständigkeit beim Gericht*

**bb)** Wie bei § 153 geht auch hier nach Erhebung der öffentlichen Klage die Verfahrensherrschaft und die Zuständigkeit für die vorläufige Einstellung auf das Gericht über, § 153a II.

## c) Einstellung nach §§ 154, 154a wegen unwesentlicher Nebendelikte

*Einzustellende Tat fällt neben Haupttat nicht mehr ins Gewicht*

Diese Vorschriften greifen ein, wenn der Täter mehrere Delikte begangen hat. Wiederum als Ausnahme vom Legalitätsprinzip kann die Staatsanwaltschaft hier auf die Verfolgung einzelner Taten oder von Teilen einer Tat verzichten, wenn diese gegenüber einer gleichfalls begangenen Haupttat nicht mehr ins Gewicht fallen.

**133**

*für mehrere prozessuale Taten gilt § 154*

**aa)** Dabei gilt § 154 für den Fall, daß es sich um mehrere selbständige Taten im prozessualen Sinn (§ 264) handelt.[114]

**134**

> *Bsp.: M stiehlt in einem Laden eine geringwertige Sache. Eine Stunde später begeht er mitten auf der Straße einen Mord. Hier kann das Verfahren wegen des weniger schwerwiegenden § 242 StGB gemäß § 154 eingestellt werden.*

*bei einer prozessualen Tat gilt § 154a*

**bb)** Wenn die begangenen Delikte eine einheitliche Tat im strafprozessualen Sinne bilden, ist die Einstellung bezüglich des nicht beträchtlich ins Gewicht fallenden Teils der Tat nach § 154a möglich.

**135**

> *Bsp.: Der Lustmörder L bricht in das Haus der O ein, um diese dann zu vergewaltigen (§ 177 StGB). Das Verfahren hinsichtlich des wesentlich weniger schwerwiegenden § 123 StGB kann nach § 154a eingestellt werden.*

> **hemmer-Methode:** Beachten Sie, daß der Begriff der Einstellung im Falle des § 154a nicht völlig korrekt ist. § 154a ermöglicht nur eine Verfolgungsbeschränkung und ist keine echte Einstellungsnorm. Die prozessuale Tat wird weiterverfolgt. Es ergeht kein Einstellungsverfügung und grds. keine Mitteilungen. Die Beschränkung geschieht in der Abschlußverfügung des Staatsanwaltes durch einen Vermerk, § 154a I 3.

---

112 KLEINKNECHT/MEYER-GOßNER, § 153a, Rn. 16

113 ROXIN, PdW, S. 123

114 zum strafprozessualen Tatbegriff s. unten, Rn. 167

### d) Einstellung nach §§ 153c, 154b

*Einstellung bei Auslandsbeziehung*

Schließlich sind zu nennen die Fälle, in denen Auslandsbeziehung vorliegt, §§ 153c, 154b. Hier besteht ein nur geringes Interesse an der Strafverfolgung, da die Tat im Ausland begangen worden ist (§ 153c) oder zumindest dort geahndet werden kann (§ 154b).

**136**

### e) Sonstige Einstellungsmöglichkeiten

*weitere Einstellungsmöglichkeiten*

Abgesehen von den genannten bestehen noch weitere Einstellungsmöglichkeiten nach §§ 153b, 153d, 153e, 154c, 154d StPO, 31a, 37 BtMG.

**137**

### f) Kronzeugenregelung

*Ausnahme vom Legalitätsprinzip*

Der Kronzeuge ist eine Rechtsfigur aus dem englischen Strafverfahren. Einem Zeugen, der selbst der dem Angeklagten vorgeworfenen Straftat verdächtig oder überführt ist, wird Straffreiheit gewährt, wenn er als Hauptbelastungszeuge aussagt.

**138**

Dies ist in Deutschland wegen der grundsätzlichen Geltung des Legalitätsprinzips nicht möglich. Ausnahmen gibt es nur in zwei Fällen bei der Bekämpfung der organisierten Kriminalität. Das ist zum einen die Regelung des § 1 BtMG. Zum anderen gilt im Rahmen der Terrorismusbekämpfung Art. 4 KronzG (abgedruckt im Schönfelder bei § 129a StGB).

> **hemmer-Methode:** Man sollte sich zum besseren Verständnis der Systematik den grundlegenden Unterschied zwischen einer Einstellung nach den §§ 153 ff. und nach § 170 II klarmachen. Beide Fallgruppen schließen sich logisch aus. Bei den §§ 153 ff. liegt nach dem Stand der Ermittlungen eine Straftat vor; dennoch wird von einem Strafverfahren abgesehen. Bei § 170 II dagegen wird eingestellt, weil mit einer Verurteilung nicht zu rechnen ist. Aus diesem Grunde ist die Einstellung nach § 170 II vorrangig!

### 4. Klageerzwingungsverfahren

*Zweck des Klageerzwingungsverfahrens: Schutz des Verletzten und Durchsetzung des Legalitätsprinzips*

Mit dem Klageerzwingungsverfahren (§§ 172 ff.) kann der Antragsteller, wenn er zugleich Verletzter ist, gegen eine Einstellung des Verfahrens durch die Staatsanwaltschaft vorgehen. Dieser Weg dient sowohl der Durchsetzung des Legalitätsprinzips als auch dem Schutz des Verletzten. Zu beachten ist, daß das Klageerzwingungsverfahren nur im Falle einer Einstellung nach §§ 170 II in Betracht kommt (nicht also bei den §§ 153 ff., vgl. § 172 II S.3).

**139**

> *Bsp.:* T, eine flüchtige Bekannte des B, erzählt diesem unzutreffenderweise, sie habe eine Geldstrafe zu bezahlen und müsse "in den Knast", wenn er ihr nicht helfe. Nachdem B ihr 5000 DM übergeben hat, verschwinden T und das Geld spurlos. B stellt bei der Polizei Strafantrag wegen Betrugs. Vom ermittelnden Staatsanwalt erhält B einen Bescheid gemäß § 171, in dem dieser ihm die Einstellung des Verfahrens aus prozessualen Gründen (§ 170 II) mitteilt. Gegen diese Entscheidung legt B fristgerecht Beschwerde nach § 172 I ein, die aber abgewiesen wird. Was kann B tun?

> B könnte ein Klageerzwingungsverfahren durchführen.

> a) Dieses müßte zulässig sein.

> aa) Betrug ist kein Privatklagedelikt (vgl. § 374), so daß § 172 II S.3, 1.Alt. nicht entgegensteht.

*Einstellung nach § 170 II*

bb) Das Verfahren ist gemäß § 170 II und nicht nach den §§ 153 ff. eingestellt worden, § 172 II S.3.

cc) B müßte "Verletzter" i.S.d. § 172 sein. Der Begriff des Verletzten in § 172 ist weiter als der in § 77 StGB, da zur Sicherung des Legalitätsprinzips ein möglichst umfassender Rechtsschutz gewährleistet werden soll. Verletzter ist daher, wer durch die behauptete Tat - ihre tatsächliche Begehung vorausgesetzt - unmittelbar in einem Rechtsgut verletzt ist.[115] Nicht verletzt ist dagegen ein Antragsteller, der durch die Tat lediglich wie jeder andere Staatsbürger betroffen ist. Da hier die Tat unmittelbar gegen B's Vermögen gerichtet gewesen ist, ist er unproblematisch Verletzter.

*Verletzter nur wer unmittelbar in einem Rechtsgut verletzt ist.*

dd) B muß Antragsteller i.S.d. § 172 sein. Dabei muß es sich um einen förmlichen Strafantrag gemäß § 158 I S.1 2.Alt. handeln. Ein solcher liegt vor, weil ein erkennbarer Wille, die Strafverfolgung zu veranlassen, gegeben ist.

*Antragsteller*

ee) Laut Sachverhalt hat B gemäß § 172 I die vorrangige Beschwerde beim vorgesetzten Beamten der Staatsanwaltschaft eingelegt und die Zwei-Wochen-Frist des § 172 I S.1 eingehalten. Ohne diese ist ein Klageerzwingungsverfahren nicht zulässig. Die Staatsanwaltschaft kann die Beschwerde durch Aufhebung ihres Bescheids nach § 171 gegenstandslos machen (Nr. 105 II RiStBV). Schafft sie keine Abhilfe, legt sie die Beschwerde dem Generalstaatsanwalt zur Entscheidung vor.[116] Die Beschwerde des B wurde jedoch ablehnend beschieden.

*Zwei-Wochen-Frist*

ff) Dagegen kann B gemäß § 172 II S.1 binnen eines Monats gerichtliche Entscheidung beantragen, wofür gemäß § 172 III Anwaltszwang besteht. Zuständig für die Entscheidung ist das OLG (Strafsenat), § 172 IV. In dem Antrag müssen Sachverhalt und bisheriges Verfahren so vollständig wiedergegeben werden, daß ein Einblick in die Akte nicht mehr notwendig ist. Das OLG beschließt entweder, den Antrag zu verwerfen (§ 174), oder ordnet die Erhebung der Anklage gemäß § 175 an. In letzterem Fall ist die Staatsanwaltschaft verpflichtet, gemäß § 170 Anklage zu erheben.

*falls Staatsanwaltschaft Klage ablehnt, Beantragung einer gerichtl. Entscheidung binnen 1 Monats*

b) Für die Begründetheit des Klageerzwingungsverfahrens kommt es hier darauf an, ob prozessuale Gründe (Verfahrenshindernisse), die eine Einstellung rechtfertigen würden, vorliegen oder nicht. Dies ist jeweils Frage des Einzelfalls.

## 5. Anklage oder Strafbefehl

*Anklage bei hinreichendem Tatverdacht*

Ist hinreichender Tatverdacht hingegen zu bejahen, muß die Staatsanwaltschaft öffentliche Klage erheben. Dies erfolgt entweder durch Einreichung einer Anklageschrift nach § 170 I oder durch einen Antrag auf Erlaß eines Strafbefehls gem. § 407 I S.4.[117]

141

115   KLEINKNECHT/MEYER-GOßNER, § 172, Rn. 9, 10

116   KLEINKNECHT/MEYER-GOßNER, § 172, Rn. 13

117   zum Strafbefehlsverfahren s. unten, Rn. 433 ff.

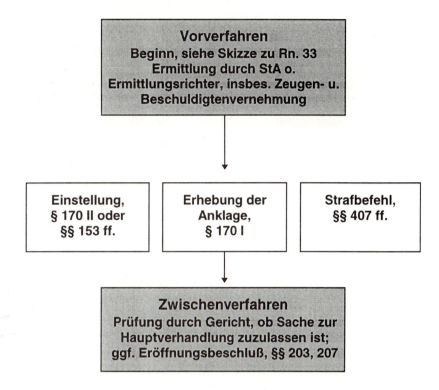

**B. Zwischenverfahren, §§ 199 - 212b**

**Vorverfahren**
Beginn, siehe Skizze zu Rn. 33
Ermittlung durch StA o.
Ermittlungsrichter, insbes. Zeugen- u.
Beschuldigtenvernehmung

**Einstellung,**
**§ 170 II oder**
**§§ 153 ff.**

**Erhebung der**
**Anklage,**
**§ 170 I**

**Strafbefehl,**
**§§ 407 ff.**

**Zwischenverfahren**
Prüfung durch Gericht, ob Sache zur
Hauptverhandlung zuzulassen ist;
ggf. Eröffnungsbeschluß, §§ 203, 207

**I. Einleitung des Zwischenverfahrens**

**1. Gang des Verfahrens**

*Einleitung des Zwischenverfahrens*
*durch Erhebung öffentlicher Klage*

Das Zwischenverfahren wird eingeleitet durch die Staatsanwalt-      **142**
schaft, die in der Form des § 170 I öffentliche Klage beim zuständigen Gericht erhebt. Die Anklageschrift muß den inhaltlichen Anforderungen der §§ 199 II, 200 genügen. Der Beschuldigte wird von da an
als "Angeschuldigter" bezeichnet (§ 157). Mit Klageerhebung geht
die Verfahrensherrschaft auf das Gericht über. Zudem wird durch die
Klage der Untersuchungsgegenstand festgelegt mit der Konsequenz,
daß sich die Untersuchung nur auf die in der Anklage bezeichnete
Tat i.S.d. § 264 und die durch die Klage beschuldigten Personen erstreckt.[118]

> **hemmer-Methode: Die Klageschrift der Staatsanwaltschaft hat somit**
> **die Funktion, den Gegenstand der Anklage genau zu begrenzen**
> **(Umgrenzungsfunktion). Verstöße gegen diesen Grundsatz machen**
> **die Klageschrift nach h.M. nichtig.**

*Zweck: Überprüfung durch Gericht*

Sinn des Zwischenverfahrens ist, daß das für die Hauptverhandlung      **143**
zuständige Gericht (§ 199 I, Ausnahmen s. §§ 209, 209a) nachprüft,
ob wirklich hinreichende Verdachtsgründe vorliegen, die eine
Durchführung des Hauptverfahrens rechtfertigen (§ 203). Bevor das
Gericht eine Entscheidung trifft, sind die Verfahrensschritte der
§§ 201, 202 zu beachten.

**2. Zuständigkeiten der ersten Instanz**

---

118   ROXIN, PdW, S.137

**Erstinstanzliche Zuständigkeiten**

**Amtsgericht**

| Amtsrichter | Schöffengericht | erweitertes Schöffengericht |
|---|---|---|
| 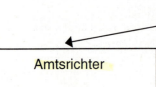 |  |  |
| § 25 | §§ 28, 29 GVG | § 29 II GVG |
| Vergehen, wenn nicht mehr als 2 Jahre Strafe zu erwarten ist<br><br>Privatklagen | Vergehen und Verbrechen, aber nicht, wenn:<br><br>• Fall des § 74 II GVG<br>• Fall des § 120 GVG<br>• mehr als 4 Jahre Strafe zu erwarten ist<br>• Anklage durch StA beim LG | Auf Antrag des StA Vergehen und Verbrechen, aber nicht, wenn:<br>• Fall des § 74 II GVG<br>• Fall des § 120 GVG<br>• mehr als 4 Jahre Strafe zu erwarten ist<br>• Anklage durch StA beim LG |

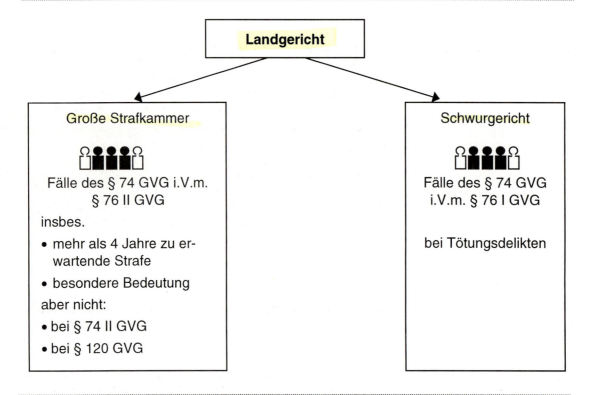

**Landgericht**

Große Strafkammer

Fälle des § 74 GVG i.V.m. § 76 II GVG

insbes.

• mehr als 4 Jahre zu erwartende Strafe
• besondere Bedeutung

aber nicht:

• bei § 74 II GVG
• bei § 120 GVG

Schwurgericht

Fälle des § 74 GVG i.V.m. § 76 I GVG

bei Tötungsdelikten

**Oberlandesgericht**

§ 120 GVG, also bei Staatsschutzsachen und Völkermord

*sachliche und örtliche Zuständigkeit*

Zu unterscheiden ist zwischen der sachlichen und der örtlichen Zuständigkeit. Daneben gibt es noch die funktionale Zuständigkeit, die z.B. die Zuständigkeitsverteilung zwischen den Spruchkörpern gleicher Strafgewalt oder die Aufgabenverteilung innerhalb der Spruchkörper regelt.

**144**

> **hemmer-Methode: Die Frage der Zuständigkeiten sollte man sich anhand intensiven Gesetzesstudiums gut einprägen. Vor allem für das Erste Staatsexamen werden hier keine detaillierten Spezialkenntnisse erwartet, so daß man oft mit einfacher Gesetzessubsumtion ans Ziel kommt. Um so ärgerlicher ist es, wenn sich Flüchtigkeits- oder Leichtsinnsfehler einschleichen.**

### a) Sachliche Zuständigkeit

*sachlich ⇨ GVG*

Die sachliche Zuständigkeit der Gerichte im Strafprozeß bestimmt sich nach dem GVG.

**145**

### aa) Amtsgericht

*bei bis zu 2 Jahren zu erw. Strafmaß entscheidet der Amtsrichter*

Das *Amtsgericht* ist in erster Instanz zuständig in den Fällen des § 24 I Nr. 1 - 3 GVG. Grds. entscheidet hier gemäß § 25 GVG der Strafrichter, wenn es sich um ein Vergehen handelt, daß im Wege der Privatklage verfolgt wird, oder wenn für ein Vergehen eine höhere Strafe als eine Freiheitsstrafe von zwei Jahren nicht zu erwarten ist.

**146**

*von 2-4 Jahren Schöffengericht*

In allen übrigen Fällen ist nach § 28 GVG ein Schöffengericht zuständig, dessen Besetzung § 29 I und II GVG vorschreiben. Die Fälle, die dem Schöffengericht zugewiesen sind, sind Fälle mittlerer Kriminalität, für die nach § 24 I GVG das AG zuständig ist, die aber nicht gemäß § 25 GVG an den Strafrichter gehen. Es handelt sich also um Fälle, in denen die zu erwartende Strafe zwischen zwei und vier Jahren Freiheitsstrafe beträgt.

Zu beachten ist, daß nach § 29 II GVG auf Antrag der Staatsanwaltschaft hin ein sog. erweitertes Schöffengericht zuständig sein kann. Das ist der Fall, wenn Staatsanwaltschaft und Gericht wegen des Umfangs der Sache die Zuziehung eines zweiten Berufsrichters für notwendig erachten.

### bb) Landgericht

*erstinstanzliche Zuständigkeit des LG, § 74 I GVG*

Die Zuständigkeit des *Landgerichts* in erster Instanz bestimmt sich nach § 74 I GVG. Das LG ist danach zuständig für alle Verbrechen, für die weder AG noch OLG zuständig sind, also solche, bei denen eine höhere Freiheitsstrafe als vier Jahre zu erwarten ist, §§ 74 I S.1, 24 Nr. 2 GVG (und nicht § 120 GVG). Ferner ist es zuständig für alle sonstigen Straftaten, bei denen die zu erwartende Freiheitsstrafe ebenfalls vier Jahre übersteigt, § 74 I S.2, Fall 1 GVG.

**147**

Daneben ist das LG noch zuständig für alle Verbrechen und Vergehen, bei denen die Staatsanwaltschaft wegen der besonderen Bedeutung des Falles Anklage beim LG erhebt, obwohl eigentlich das AG zuständig wäre, §§ 24 I Nr. 3, 74 I S.2, Fall 4 GVG. Die besondere Bedeutung des Falles kann sich ergeben aus wirtschaftlichen oder politischen Gründen, aber auch aus dem kriminalistischen Gewicht des Falles.[119]

---

119   vgl. BEULKE, Rn. 42

### bb) Außerordentliche Gerichtsstände

*Gerichtsstand des Zusammenhangs und der gerichtlichen Bestimmung*

**(1)** Zu nennen ist der *Gerichtsstand des Zusammenhangs*. Für zusammenhängende Strafsachen (§ 3)[125], für die einzeln verschiedene Gerichte örtlich zuständig wären, ist der Gerichtsstand jedes Gericht, das für eine der Strafsachen zuständig wäre, § 13 I. Sind die einzelnen Strafsachen bereits bei mehreren verschiedenen Gerichten anhängig, so gilt § 13 II.

**156**

**(2)** Daneben gibt es den sog. *Gerichtsstand der gerichtlichen Bestimmung*. Dieser regelt sich nach den §§ 13a - 15. In den Fällen fehlender örtlicher Zuständigkeit, von Kompetenzkonflikten und Verhinderung bestimmt eine höhere Instanz, welches Gericht zuständig sein soll.

## II. Entscheidung des Gerichts

*Entscheidung*

Das Gericht hat mehrere Entscheidungsmöglichkeiten zur Auswahl.

**157**

### 1. Ablehnung der Eröffnung des Hauptverfahrens, § 204 I

*keine Eröffnung bei Fehlen einer Prozeßvoraussetzung*

Das Gericht beschließt, das Hauptverfahren nicht zu eröffnen, wenn es der Ansicht ist, daß entweder Prozeßvoraussetzungen[126] fehlen, die dem Angeschuldigten vorgeworfene Tat keinen Straftatbestand erfüllt oder aus tatsächlichen Gründen eine Verurteilung unwahrscheinlich erscheint, vgl. § 204 I.

**158**

Die Staatsanwaltschaft kann hiergegen sofortige Beschwerde gemäß § 210 II S. 1 einlegen. Ist der Beschluß nicht mehr anfechtbar, kann die Klage nur unter den Voraussetzungen des § 211 wieder aufgenommen werden. Ansonsten tritt ein beschränkter Strafklageverbrauch ein.

### 2. Einstellung des Verfahrens aus Opportunitätsgründen

*Einstellung*

In bestimmten Fällen kommt eine Einstellung aus Opportunitätsgründen in Betracht (z.B. §§ 153 II, 153a II). Erforderlich ist jeweils die Zustimmung der Staatsanwaltschaft.

**159**

### 3. Vorläufige Einstellung, § 205

*vorläufige Einstellung*

Eine vorläufige Einstellung ist möglich, wenn der Hauptverhandlung eine längere Abwesenheit des Angeschuldigten oder andere in seiner Person liegende Gründe entgegenstehen, § 205 S.1. § 205 findet aber auch analoge Anwendung bei allen anderen nur vorübergehenden Prozeßhindernissen.

**160**

### 4. Eröffnung des Hauptverfahrens durch "Eröffnungsbeschluß", §§ 203, 207

### a) Eröffnungsbeschluß

*Eröffnung des Hauptverfahrens bei hinreichendem Tatverdacht*

Die Eröffnung des Hauptverfahrens wird durch das Gericht beschlossen, wenn nach den Ergebnissen des bisherigen Verfahrens der Angeschuldigte *"hinreichend verdächtig erscheint"*, § 203. Dies ist zu bejahen, wenn bei vorläufiger Tatbewertung eine spätere Verurteilung wahrscheinlich ist.[127]

---

125    s. oben, Rn. 150

126    s. unten, Rn. 170 ff.

127    KLEINKNECHT/MEYER-GOßNER, § 203, Rn. 2

**161**

Gemäß § 207 I läßt das Gericht in dem Eröffnungsbeschluß die Anklage zur Hauptverhandlung zu und bezeichnet das Gericht, vor dem die Hauptverhandlung stattfinden soll. Dabei ist es an die Anträge der Staatsanwaltschaft nicht gebunden, § 206.

## b) Änderung der Anklage nach § 207 II

*Änderung der Anklage nur i.R.d. prozessualen Tat möglich*

**162**

Gemäß § 207 II kann im Eröffnungsbeschluß die von der Staatsanwaltschaft erhobene Klage geändert werden. Auf keinen Fall zulässig ist jedoch die Einbeziehung eines weiteren Angeklagten oder einer neuen Tat i.S.d. § 264, die nicht Gegenstand der Anklage ist[128] (Akkusationsprinzip, § 151, vgl. Rn. 13 ff.).

**aa)** Nach § 207 II Nr. 1, 2 und 4 ist eine teilweise Beschränkung der Strafverfolgung möglich. Unter dem Begriff "Tat" ist jeweils Tat i.S.d. § 264 zu verstehen.

**bb)** Das Gericht kann die Tat auch rechtlich abweichend von der Anklageschrift würdigen, § 207 II Nr. 3.

> Bsp.: A und L schlagen den Taxifahrer T bewußtlos, um mit dessen Taxi davonzufahren. Nach ihrer Rundfahrt stellen sie das Taxi wieder am Taxistand des T ab. Die Staatsanwaltschaft erhebt gemäß § 170 I Anklage u.a. wegen Nötigung (§ 240 StGB). Der Richter ist allerdings der Meinung, es käme nur räuberische Erpressung (§§ 253, 255 StGB) in Frage. Im Eröffnungsbeschluß wird daher die Hauptverhandlung gegen A und L wegen räuberischer Erpressung zugelassen. Geändert wird nur die rechtliche Bewertung. An der Tatsache des Angeklagtseins der Tat im strafprozessualen Sinne (§ 264) ändert sich nichts.

> **hemmer-Methode:** Auch die Vorschrift des § 207 II kann im Ersten Staatsexamen relevant sein, da sich hier materiellrechtliches und verfahrensrechtliches Wissen kombinieren läßt. Als Faustregel sollte man sich dazu merken, daß das Gericht bei einer Änderung der Anklage den Prozeßstoff nie in der Weise erweitern darf, daß dies zur Einbeziehung einer neuen Tat i.S.d. § 264 führen würde.

## c) Rechtshängigkeit

*rechtshängig wird die prozessuale Tat*

**163**

Erst mit der Eröffnung des Hauptverfahrens durch den Eröffnungsbeschluß (§ 207) wird die *Rechtshängigkeit* begründet. Diese begründet ein Verfahrenshindernis für die Verfolgung der Tat in einem anderen Verfahren. Abzustellen ist hierbei auf den strafprozessualen Tatbegriff nach § 264 I.

## aa) Begriff der strafprozessualen Tat i.S.d. § 264 I

*prozessuale Tat i.S.d. § 264: Geschichtlicher Vorgang, der nach der Lebensauffassung eine Einheit bildet*

**164**

Unter der Tat im strafprozessualen Sinne gemäß § 264 I ist nach h.M. der durch die Anklage dem Gericht unterbreitete *"geschichtliche Vorgang"* zu verstehen, soweit er nach der Lebensauffassung eine Einheit bildet.[129] Dabei kommt es nicht nur darauf an, inwieweit das gesamte Verhalten des Täters tatsächlich von der Staatsanwaltschaft in der Anklageschrift angeklagt worden ist.

---

128 KLEINKNECHT/MEYER-GOßNER, § 207, Rn. 2

129 z.B. BGHSt 23, 141

Vielmehr ist das gesamte angeklagte Verhalten des Täters erst dann als einheitlicher Lebensvorgang zu werten, wenn zwischen den einzelnen angeklagten Verhaltensweisen des Angeschuldigten eine innere Verknüpfung von der Qualität besteht, daß die getrennte Aburteilung in verschiedenen erstinstanzlichen Verfahren einen einheitlichen Lebensvorgang unnatürlich aufspalten würde.[130]

*Tat im strafprozessualen Sinn ist selbständig gegenüber §§ 52, 53 StGB*

**165** Im Verhältnis zum materiellen Strafrecht (§§ 52, 53 StGB) kommt dem strafprozessualen Tatbegriff selbständige Bedeutung zu. Liegt nach materiellem Recht Tateinheit (§ 52 StGB) vor, so liegt grds. auch eine einheitliche Tat im Sinne des Strafprozeßrechts vor. Dies gilt insbesondere auch für Dauerstraftaten.[131] Stehen mehrere Handlungen materiellrechtlich in Realkonkurrenz (§ 53 StGB), so werden meist auch mehrere Taten i.S.d. § 264 I vorliegen. Dies ist jedoch nicht zwangsläufig der Fall. Handelt es sich ausnahmsweise trotz Vorliegens von Handlungsmehrheit (§ 53 StGB) um einen einheitlichen historischen Vorgang, so liegt nur eine Tat nach § 264 I vor.

**hemmer-Methode:** Früher galten diese Kriterien auch für Fortsetzungsstraftaten. Diese Rechtsfigur ist nach der neueren Rechtsprechung nur noch sehr eingeschränkt annehmbar, vgl. Hemmer/Wüst, Strafrecht-AT II, Rn. 320 ff. Beachten sollten Sie auch die Ausnahme die die Rechtsprechung bei Organisationsstraftaten annimmt (z.B. § 129 StGB).[132]

*trotz Tatmehrheit gemäß § 53 StGB kann eine prozessuale Tat vorliegen*

**166** *Bsp.:* Der Täter verursacht einen Unfall und begeht anschließend Unfallflucht. Hier liegen zwei selbständige Handlungen (Unfallverursachung und Wegfahren nach dem Unfall) vor, die zeitlich aufeinanderfolgen und jeweils von einem eigenen Tatentschluß getragen werden. Es wäre aber eine unnatürliche Aufspaltung eines einheitlichen Vorganges, wenn diese verschiedenen Handlungen unabhängig voneinander in verschiedenen Verfahren beurteilt würden. Denn zwischen beiden besteht eine innere Verknüpfung.

### bb) Bedeutung des strafprozessualen Tatbegriffs

*Bedeutung für die Rechtshängigkeit*

**167** Der Tatbegriff nach § 264 I ist, wie bereits erwähnt, von Bedeutung für die *Rechtshängigkeit*. Nur soweit der historische Sachverhalt angeklagt ist, tritt Rechtshängigkeit an einem bestimmten Gericht ein.

*Bsp.:* In Bezug auf den obigen Beispielsfall würde das folgendes bedeuten: Die Staatsanwaltschaft erhält Kenntnis von dem Unfall und der anschließenden Flucht des T, erhebt aber nur wegen des Unfalls selbst (§§ 223, 224 StGB) Anklage. Das Gericht erläßt einen Eröffnungsbeschluß mit gleichem Inhalt. Damit tritt Rechtshängigkeit ein. Eine Anklage wegen der gleichfalls erfolgten Unfallflucht (§ 142 StGB) bei einem anderen Gericht kann nun nicht mehr erfolgen, da insofern ein Verfahrenshindernis besteht. Gemäß §§ 155 II, 264 II, 265 ist vielmehr das erste Gericht verpflichtet, auch die Unfallflucht in seine rechtliche Würdigung miteinzubeziehen.

*Umfang der Anklage*

**168** Ferner darf das Gericht gemäß §§ 155 I, 207 II, 264 I nur ermitteln und urteilen, soweit die Tat im strafprozessualen Sinn angeklagt ist (Akkusationsprinzip). Dabei ist auf den in der Anklageschrift bezeichneten historischen Vorgang, nicht aber auf seine rechtliche Bewertung durch die Staatsanwaltschaft abzustellen, vgl. §§ 155 II, 264 II, 265. Wird hinsichtlich dieses historischen Vorgangs lediglich eine andere rechtliche Würdigung als in der Anklage vorgenommen, ist der Angeklagte nach § 265 I darauf hinzuweisen.

---

130 BGHSt 23, 141
131 BGH MDR 1989, 308
132 KLEINKNECHT/MEYER-GOßNER, § 264, Rn. 6

Will dagegen der Staatsanwalt die Anklage in der Hauptverhandlung auf weitere Taten i.S.d. § 264 erstrecken, muß er gemäß § 266 Nachtragsanklage erheben.[133]

> **hemmer-Methode:** Erinnern Sie sich an die Bedeutung der prozessualen Tat bei der Einstellungsverfügung! So kann gemäß § 170 II nur die ganze Tat eingestellt werden. Entscheidend ist der Begriff der prozessualen Tat auch für die Abgrenzung von § 154 und § 154a.

*Rechtskraft*

**169**

Wichtig ist der Begriff der strafprozessualen Tat auch für die *Rechtskraft* eines Urteils. Wird ein Urteil rechtskräftig, kann der angeklagte Sachverhalt nicht erneut Gegenstand eines Strafverfahrens sein, auch wenn von dem urteilenden Gericht nicht alle erfüllten Straftatbestände erkannt worden sind. Hinsichtlich der angeklagten Tat i.S.d. § 264 entsteht *Strafklageverbrauch.*[134]

> **hemmer-Methode:** Beachten Sie zum Strafklageverbrauch Art. 103 III GG ("ne bis in idem"). Der Hinweis hierauf sollte in der Klausur nicht unterbleiben!

## C. Hauptverfahren, §§ 213 - 295

### I. Prozeßvoraussetzungen

**170**

> **hemmer-Methode:** Ein wichtiger Punkt für das weitere Hauptverfahren ist das Vorliegen der Prozeßvoraussetzungen. Bei einem Fehlen darf nämlich ein Urteil in der Sache in der späteren Hauptverhandlung nicht ergehen, und das Verfahren ist zu beenden. Daher sind diese spätestens hier zu prüfen. Wie bereits dargestellt, spielen sie aber auch schon im Vor- und Zwischenverfahren eine Rolle, da bei Erlangung der Kenntnis von ihrem Fehlen das Verfahren einzustellen ist.

### 1. Begriff

*Bedingungen für Erlaß eines Sachurteils*

**171**

Die Prozeß- oder Verfahrensvoraussetzungen sind die Bedingungen, deren Vorliegen erforderlich ist, damit überhaupt ein Sachurteil (also Verurteilung oder Freispruch) ergehen darf. Man unterscheidet zwischen positiven und negativen Prozeßvoraussetzungen. Positive Prozeßvoraussetzungen sind solche, die positiv gegeben sein müssen (z.B. das Eingreifen der deutschen Gerichtsbarkeit); negative dagegen dürfen gerade nicht vorliegen (z.B. keine anderweitige Rechtshängigkeit, keine Immunität von Abgeordneten).

> **hemmer-Methode:** Hierbei handelt es sich einerseits um eine lediglich begriffliche Unterscheidung. Bedeutung erhält die Differenzierung in der Klausur aber dadurch, daß ohne gegenteilige Angaben im Sachverhalt vom Vorliegen der positiven und vom Fehlen der negativen Prozeßvoraussetzungen auszugehen ist.

---

133  Für Referendare: Die Frage, ob ein Hinweis gemäß § 265 oder eine Nachtragsanklage gemäß § 266 in der Hauptverhandlung hätte erfolgen müssen, ist regelmäßig Gegenstand von Revisionsklausuren. Beachten Sie in diesem Zusammenhang § 339, wonach ein entsprechender Verstoß nur die Revision des Angeklagten begründen kann.

134  dazu s. unten, Rn. 423 ff.

*Verfahrensvoraussetzungen sind in jedem Stadium von Amts wegen zu prüfen*

Die Verfahrensvoraussetzungen sind in jedem Stadium des Verfahrens (d.h. Vor-, Zwischen- und Hauptverfahren) von Amts wegen zu prüfen.[135] Bei ihrem Nichtvorliegen ist das Verfahren zu beenden. Bei nur vorübergehenden Verfahrenshindernissen ist das Hauptverfahren entweder nach § 228 zu unterbrechen oder nach § 205 analog vorläufig einzustellen.

172

Ansonsten ist das Verfahren (vor oder außerhalb der Hauptverhandlung) durch Beschluß einzustellen, § 206a. Hat die Hauptverhandlung schon begonnen, erfolgt die Einstellung gemäß § 260 III durch Prozeßurteil.

### 2. Wichtigste Prozeßvoraussetzungen

#### a) Deutsche Gerichtsbarkeit

*Prozeßvoraussetzungen: Deutsche Gerichtsbarkeit*

Notwendig ist das *Eingreifen der deutschen Gerichtsbarkeit*. Gemäß §§ 18 - 20 GVG gilt sie nämlich nicht für sogenannte Exterritoriale, also Repräsentanten fremder Staaten. Auch die Anwendbarkeit des deutschen Strafrechts ist gemäß §§ 3 ff. StGB Voraussetzung.

173

#### b) Rechtsweg, § 13 GVG

*Rechtsweg*

Der *Rechtsweg* zu den ordentlichen Gerichten ist nach § 13 GVG eröffnet, wenn es sich um eine Strafsache handelt.

174

#### c) Zuständigkeit

*sachl. u. örtl. Zuständigkeit*

Gegeben sein müssen auch *die sachliche und die örtliche Zuständigkeit* des erkennenden Gerichts.[136]

175

> **hemmer-Methode: Beachten Sie, daß bei einer Veränderung der sachlichen Zuständigkeit während der Hauptverhandlung das Verfahren nicht nach § 260 III eingestellt werden muß. Im Falle der Zuständigkeit eines höheren Gerichts besteht die Möglichkeit der Verweisung gemäß § 270. Die Zuständigkeit eines Gerichts niederer Ordnung wird dagegen von der Zuständigkeit des höheren Gerichts mitumfaßt, wenn das Verfahren dort eröffnet worden ist (§ 269).**

#### d) Immunität

*Immunität*

Die Durchführung eines Strafverfahrens scheitert an der *Immunität von Abgeordneten*, Art. 46 II, IV GG für Bundestagsabgeordnete und § 152a i.V.m. mit den jeweiligen Bestimmungen der Landesverfassungen für Mitglieder der Länderparlamente. Eine Strafverfolgung muß vom Parlament genehmigt werden.

176

#### e) Strafmündigkeit

*Strafmündigkeit*

Die sog. *Strafmündigkeit* setzt Schuldfähigkeit des Beschuldigten voraus. Kinder unter 14 Jahren sind damit gemäß § 19 StGB nicht strafmündig.

177

---

135    Für Referendare: Beachten Sie, daß ein Rechtsanwalt, auch wenn eine Rüge hier nicht erforderlich ist, die fehlende Prozeßvoraussetzung in seine Revisionsbgründung aufnehmen wird.

136    s. oben, Rn. 146 ff.

### f) Verhandlungsfähigkeit

*Verhandlungsfähigkeit*

Ebenso muß die *Verhandlungsfähigkeit* des Beschuldigten gegeben sein. Darunter versteht man die Fähigkeit, "in oder außerhalb der Verhandlung seine Interessen vernünftig wahrzunehmen, die Verteidigung in verständlicher und verständiger Weise zu führen und Prozeßerklärungen abzugeben und entgegenzunehmen".[137]

**178**

---

**hemmer-Methode:** Hüten Sie sich davor, die strafprozessuale Verhandlungsfähigkeit mit der Prozeßfähigkeit der ZPO zu verwechseln! Während in der ZPO zivilrechtliche Geschäftsfähigkeit erforderlich ist, kommt es beim Strafverfahren auf die natürliche Verstandes- und Einsichtsfähigkeit an. Gerade von Strafrechts-Korrektoren werden derartige Ausrutscher sehr "krumm genommen".

---

Wenn der Angeklagte so schwer erkrankt ist, daß mit sehr hoher Wahrscheinlichkeit zu erwarten ist, daß er vor dem erstinstanzlichen Urteil sterben wird, ist das Verfahren wegen dauernder Verhandlungsunfähigkeit nach § 260 III durch Urteil einzustellen. Beispiel hierfür ist die umstrittene Entscheidung im Fall Erich Honecker.[138]

*nach Tod (-)*

**g)** Voraussetzung ist ferner, daß der *Angeklagte lebt*. Nach seinem Tod darf keine Sachentscheidung mehr ergehen.[139]

**179**

*Verjährung*

**h)** Es darf außerdem *keine Strafverfolgungsverjährung* i.S.d. §§ 78 ff. StGB eingetreten sein.

**180**

*anderweitige Rechtshängigkeit*

**i)** Ein weiteres Verfahrenshindernis ist die *anderweitige Rechtshängigkeit* des Verfahrens bei einem anderen Gericht. Rechtshängigkeit tritt ein mit Erlaß des Eröffnungsbeschlusses (§ 203).[140]

**181**

*entgegenstehende Rechtskraft*

**j)** Es darf *keine entgegenstehende Rechtskraft* bestehen. Über die Tat (i.S.d. § 264)[141] darf noch kein rechtskräftiges Urteil gefällt worden sein (ne bis in idem, Art. 103 III GG). Auch *anderweitiger Strafklageverbrauch* (z.B. §§ 153a I S.4, 211) darf nicht vorliegen.

**182**

*fehlender Strafantrag*

**k)** Bei bestimmten Straftatbeständen müssen unter Umständen ein *Strafantrag* (z.B. § 247 StGB) oder eine *behördliche Ermächtigung* (§ 194 IV StGB) gegeben sein. Liegt kein Strafantrag vor, so ist zu untersuchen, ob er eventuell aufgrund besonderen öffentlichen Interesses an der Strafverfolgung entbehrlich ist.

**183**

*Bsp.: Boxer S ärgert sich über den Boxpromoter K. Als sich beide zufällig auf der Straße begegnen, versetzt S dem K einen Schwinger auf das Nasenbein. Die StA erhebt Anklage wegen gefährlicher Körperverletzung gemäß § 224 StGB. Das Amtsgericht verurteilt den S zu einer Freiheitsstrafe von sechs Monaten, die zur Bewährung ausgesetzt wird. Einen Strafantrag hat K nicht gestellt. Hätte eine Revision des S Aussicht auf Erfolg?*

Eine zulässige Revision wäre dann erfolgreich, wenn das Verfahren aufgrund des Fehlens einer Prozeßvoraussetzung einzustellen wäre. Dies könnte auch außerhalb der Hauptverhandlung durch Beschluß geschehen (§ 206a).

Eine Prozeßvoraussetzung würde dann fehlen, wenn zur Verfolgung der Tat ein Strafantrag des K erforderlich wäre. Dies wäre gem. § 230 I StGB aber nur dann der Fall, wenn die Tat als einfache Körperverletzung gemäß § 223 StGB zu bewerten wäre.

---

137 BGH MDR 1958, 141; BEULKE, Rn. 277

138 KG NStZ 1993, 297

139 OLG Schleswig NJW 1978, 1016

140 BGHSt 29, 341

141 zum strafprozessualen Tatbegriff vgl. Rn. 164

Der Schlag des S stellt weder eine lebensgefährdende Behandlung dar, noch ist die Faust des S als gefährliches Werkzeug i.S.d. § 224 StGB anzusehen,[142] so daß das Amtsgericht rechtsfehlerhaft von einer gefährlichen Körperverletzung ausgegangen ist.

Fraglich ist aber, ob ein Strafantrag dadurch entbehrlich geworden ist, daß die StA das besondere öffentliche Interesse gemäß § 230 I StGB bejaht hat.[143] Dies wird regelmäßig dann der Fall sein, wenn die StA bei einem relativen Antragsdelikt trotz Fehlens eines Strafantrages Anklage erhebt.

Allerdings ist die StA im vorliegenden Fall von einer Strafbarkeit gemäß § 224 StGB ausgegangen, so daß nicht zu vermuten ist, daß sie die im Rahmen des Antragsdeliktes erforderliche Abwägung der Gesamtumstände vorgenommen hat. Eine inzidente Annahme des besonderen öffentlichen Interesses wegen einer einfachen Körperverletzung kann demnach in der Anklage nicht gesehen werden. Somit fehlt es zunächst an einer Prozeßvoraussetzung. Das Verfahren ist einzustellen.

---

**Voraussetzungen für den Strafantrag sind:**

- Antragsberechtigung, § 77 StGB

- Antragsfrist, § 77b StGB

- Form, § 158 II StPO

- Inhalt, Strafverfolgungswille

- keine Rücknahme, § 77d StGB

---

**hemmer-Methode:** Der Strafantrag als Prozeßvoraussetzung ist eine Möglichkeit für den Klausurersteller, ein zusätzliches Problem einzubauen. Beachten Sie hierbei insbesondere die Probleme bei Strafanträgen von Minderjährigen[144] sowie die Antragsfrist gemäß § 77b StGB.

---

*wirksamer Eröffnungsbeschluß*

**I) Es muß ein wirksamer *Eröffnungsbeschluß (§ 203)* vorliegen.** Fehlt dieser oder ist er aufgrund schwerer Mängel unwirksam, folgt daraus ein Prozeßhindernis. Beispiele für schwere Mängel, die zur Unwirksamkeit führen, sind ein Eröffnungsbeschluß, dem keine Anklage zugrundeliegt, oder einander in der Sache widersprechende Beschlüsse sowohl nach § 203 als auch nach § 204. Leichte Fehler ändern dagegen nichts an der Wirksamkeit des Eröffnungsbeschlusses.[145]

*Bsp.: Im Strafverfahren gegen den Sittlichkeitsverbrecher S wird von der Staatsanwaltschaft nach § 170 I Anklage wegen mehrerer Delikte nach § 182 I StGB erhoben. Das Gericht eröffnet die Hauptverhandlung ohne vorhergehenden Eröffnungsbeschluß. Dessen Fehlen wird erst in der Hauptverhandlung bemerkt. Das Gericht möchte nun den Eröffnungsbeschluß in der Hauptverhandlung nachholen, während die Verteidigung Einstellung des Verfahrens beantragt.*

Das Verfahren wäre gemäß § 260 III durch Urteil einzustellen, wenn in dem Fehlen des Eröffnungsbeschlusses ein Prozeßhindernis läge. Dies wäre der Fall, wenn eine Nachholung des Eröffnungsbeschlusses durch das Gericht nach Beginn der Hauptverhandlung nicht mehr möglich wäre. Diese Frage ist heftig umstritten.

*184*

---

142    DREHER/TRÖNDLE § 223a, Rn. 2

143    Anhaltspunkte für die Annahme des besonderen öffentlichen Interesses zeigt Nr. 234 RiStBV

144    DREHER/TRÖNDLE § 77, Rn.11 ff

145    BEULKE, Rn. 284

Nach einer Mindermeinung im Schrifttum[146] scheidet
des Eröffnungsbeschlusses in der Hauptverhandlu.
würde eine vom Gesetz ausdrücklich vorgesehene rec
cherung aufgegeben.

Danach wäre das Verfahren gemäß § 260 III einzustellen. Allerding.
die Staatsanwaltschaft erneut Klage erheben, da es sich um ein ber.
bares Prozeßhindernis handelt, so daß kein Strafklageverbrauch eintritt.

Folgt man dem BGH und der h.L., ist der Eröffnungsbeschluß noch während der Hauptverhandlung nachholbar.[147] Nach dem BGH werden Sinn
und Zweck des Eröffnungsbeschlusses, nämlich die Kontrolle der
Staatsanwaltschaft, durch eine Nachholung in der Hauptverhandlung
nicht beeinträchtigt. Auch werden keine schutzwürdigen Belange des
Beschuldigten verletzt.

*wirksame Anklage*

**m)** Weitere Prozeßvoraussetzung ist das Vorliegen einer *wirksamen Anklage*, die den Anforderungen des § 200 entspricht.[148] Dazu muß auf jeden Fall erkennbar sein, auf welchen konkreten Sachverhalt sich die Anklage bezieht und welchen Umfang die Rechtskraft einer entsprechenden Verurteilung hätte (Umgrenzungsfunktion).[149]  **185**

*Tatprovokation str.*

**n)** Sehr umstritten ist die Frage, ob die *Tatprovokation durch einen polizeilichen Lockspitzel (agent provocateur)* ein Verfahrenshindernis sein kann.  **186**

*Bsp.:* Der ehrgeizige Lockspitzel L ist von der Polizei in die Diebes- und Hehlerszene eingeschleust worden. Nur um schnell einen Erfolg zu er-zielen, überredet er den nicht vorbestraften D mit allerlei Versprechun-gen, einen "Bruch zu machen". Dabei wird D von der Polizei verhaftet.

Ein Strafverfahren gegen D wäre nur dann erfolgreich, wenn der Staat seinen Strafanspruch durch das Handeln des L nicht verwirkt hätte.

Eine Ansicht in der Lit. geht davon aus, daß ein Verfahrenshindernis vor-liegt, wenn der agent provocateur bisher unbescholtene Menschen durch nachhaltiges Drängen überhaupt erst auf den Weg des Verbrechens geführt hat. Begründet wird dies mit dem Rechtsgedanken des § 136a (unzulässige Beeinflussung) und dem Argument des "venire contra factum proprium".[150]

Demgegenüber vertritt der BGH die Meinung, daß die rechtsstaatswidri-ge Provokation immer nur zu einem "wesentlichen Strafmilderungsgrund" führt.[151] Dafür spricht, daß die rechtsstaatswidrige Einwirkung überhaupt erst aufgrund schwieriger Wertungen nach durchgeführter Hauptver-handlung festgestellt werden kann. Außerdem ist für den Willen des Ge-setzgebers, hier ein Verfahrenshindernis zu konstruieren, nichts ersicht-lich. Der staatliche Strafanspruch darf nicht zur Disposition des Lockspit-zels gestellt werden. Somit besteht kein Verfahrenshindernis.

## II. Vorbereitung der Hauptverhandlung, §§ 213 ff.

*Terminbestimmung erfolgt durch den Vorsitzenden*

Wie bereits dargestellt, zerfällt das Hauptverfahren in die Vorberei-tung der Hauptverhandlung und die Hauptverhandlung. In der Vorbe-reitung erfolgen die Terminbestimmung durch den Vorsitzenden (§ 213), die Ladungen (§ 214 I S.1), die Herbeischaffung der Be-weismittel (§ 214 IV S.1, 2) und die Zustellung des Eröffnungsbe-schlusses an den Angeklagten (§ 215 S.1).  **187**

---

146   MEYER-GROßNER, JR 1981, 215; FEZER, I 9, Rn. 169

147   BGHSt 29, 224; KLEINKNECHT/MEYER-GOßNER, § 203, Rn. 3

148   zum Inhalt der Anklageschrift vgl. Nr. 110 ff. RiStBV

149   BGH GA 1980, 180 f.; BEULKE, Rn. 285

150   GÖSSEL, NStZ 1984, 420; LÜDERSSEN, Jura 1985, 113

151   BGHSt 32, 345; BGHSt 33, 356

Außerdem ist den Prozeßbeteiligten bei erstinstanzlichen Verfahren vor dem LG oder OLG bzw. dem BayObLG die *Besetzung des Gerichts* schriftlich mitzuteilen (§ 222a). Diese können gemäß § 222b dagegen Einwendungen vorbringen.

*eventuell kommissarische Vernehmung*

Ausnahmsweise können bereits jetzt sog. *kommissarische Vernehmungen* von Zeugen oder Sachverständigen durchgeführt werden. Es handelt sich dabei um Personen, die wegen Krankheit oder sonstiger Hindernisse nicht an der Hauptverhandlung teilnehmen können (§ 223 I), oder die so weit entfernt wohnen, daß ihnen die Anreise nicht zumutbar ist (§ 223 II). Die Vernehmung wird von einem *beauftragten* (vgl. § 361 ZPO) oder *ersuchten* (vgl. § 362 ZPO) Richter vorgenommen, § 223 I. Der beauftragte Richter ist ein Mitglied des erkennenden Gerichts, wohingegen der ersuchte Richter ein Amtsrichter eines anderen Amtsgerichtsbezirks ist, der im Rahmen eines Rechtshilfeersuchens (§ 157 GVG) die Vernehmung in seinem Bezirk vornimmt.

**188**

### III. Formaler Ablauf der Hauptverhandlung

*wichtigster Teil des Hauptverfahrens ist die Hauptverhandlung*

Der zweite und wichtigste Teil des Hauptverfahrens ist die Hauptverhandlung, die an dem festgesetzten Termin vor dem erkennenden Gericht durchgeführt wird.

**189**

> **hemmer-Methode: Der Ablauf der Hauptverhandlung ist ausführlichst im Gesetz in den §§ 243, 244, 258 und 260 beschrieben. Es ist daher auf keinen Fall erforderlich, die einzelnen Verfahrensschritte auswendig zu lernen. Wichtiger ist - soweit dies in dem jeweiligen Bundesland zulässig ist - eine sorgfältige Kommentierung der einschlägigen Vorschriften, insbesondere des § 243.**

Der äußere Ablauf der Hauptverhandlung zerfällt in folgende Abschnitte:

### 1. Aufruf zur Sache

*Aufruf zur Sache*

Die Hauptverhandlung wird durch den Vorsitzenden (§ 238 I) mit dem *Aufruf zur Sache* eröffnet, § 243 I S.1. Daran schließen sich gemäß § 243 I S.2 die Präsenzfeststellung und die gemeinsame Belehrung der Zeugen (§§ 57, 72) an. Diese verlassen daraufhin den Sitzungssaal. Allerdings kann auch die Belehrung jeweils einzeln in der Beweisaufnahme erfolgen.

**190**

> **hemmer-Methode: Gerade die gemeinsame Belehrung der Zeugen birgt in der Praxis Gefahren! Kommt nämlich ein Zeuge zu spät (also erst nach der gemeinsamen Belehrung), so muß dieser dann noch einmal individuell belehrt werden; jedenfalls in der Klausur wird dies häufig unterlassen, um die Folgeprobleme zu eröffnen, vgl. z.B. Rn. 374.**

### 2. Vernehmung zur Person

*Vernehmung des Angeklagten zur Person*

Danach *vernimmt* der Vorsitzende *den Angeklagten zur Person*, § 243 II S.2. Diese Befragung dient lediglich zur Feststellung der Identität und des Vorliegens von Prozeßvoraussetzungen, die den Angeklagten betreffen. Jede darüber hinausgehende Ermittlung der persönlichen Verhältnisse (z.B. Vorleben, berufliche Ausbildung, Werdegang, familiäre Verhältnisse) gehört in die Vernehmung zur Sache gem. § 243 IV S.2[152] und erfordert somit die vorherige Belehrung gem. § 243 IV S.1.

**191**

---

## 3. Verlesung des Anklagesatzes

*Verlesung des Anklagesatzes durch StA*

Nunmehr erfolgt die *Verlesung des Anklagesatzes* durch den Staatsanwalt, § 243 III S.1. Falls die Anklage im Eröffnungsbeschluß nach § 207 II und III geändert worden ist, verliest er sie in der geänderten Form, §§ 243 III S.2 - 4.

**192**

## 4. Vernehmung des Angeklagten

*Vernehmung zur Sache*

Erst danach folgt die *Vernehmung des Angeklagten zur Sache* durch den Vorsitzenden, § 243 IV S.2. Vorher ist der Angeklagte aber gemäß § 243 IV S.1 auf sein Schweigerecht hinzuweisen. Die Vernehmung darf zwingend erst nach der Verlesung des Anklagesatzes erfolgen.

**193**

> Bsp.: Der zerstreute Vorsitzende V übersieht in der Hauptverhandlung, daß der Staatsanwalt den Anklagesatz noch nicht verlesen hat, und vernimmt den Angeklagten A nach Belehrung sofort zur Sache. Dieser wird verurteilt. A legt daraufhin Revision ein.

Fraglich ist, ob ein Revisionsgrund nach § 337 vorliegt. Der Verstoß gegen die Vorschrift des § 243 III S.1 stellt die Verletzung eines Gesetzes dar. Das Urteil müßte auch auf dieser Gesetzesverletzung beruhen. Eine solche Mitursächlichkeit des Verfahrensfehlers wird sich nicht ausschließen lassen. Der Anklagesatz dient der Gewißheit der Prozeßbeteiligten, auf welche Tat sie ihr Angriffs- und Verteidigungsvorbringen einzurichten haben.

Dies gilt besonders in bezug auf die Schöffen, die ja weder Anklage noch Eröffnungsbeschluß kennen. Daher ist laut BGH eine Revision begründet. Etwas anderes gilt nur dann, wenn keine Laienrichter mitwirken oder es sich um einen in tatsächlicher und rechtlicher Hinsicht einfachen Sachverhalt handelt, bei dem die Zwecke des Anklagesatzes durch dessen Nichtverlesung nicht gefährdet werden. In diesen Fällen hätte die Revision keinen Erfolg.[153]

## 5. Beweisaufnahme

*Beweisaufnahme durch Vorsitzenden*

Als nächster Schritt findet die *Beweisaufnahme* (§§ 244 - 257) statt, die gemäß § 238 I durch den Vorsitzenden erfolgt.

**194**

> **hemmer-Methode:** Dieser Verfahrensabschnitt der Hauptverhandlung ist besonders examensrelevant, da sich gerade an der Frage, ob Beweismittel rechtmäßig gewonnen worden sind und dementsprechend in der Verhandlung gegen den Angeklagten verwendet werden können, viele Streitigkeiten entzünden. Für den Klausurersteller besteht die Möglichkeit, über diesen "Einstieg" vor allem auch Probleme aus dem Ermittlungsverfahren abzufragen. Dem Beweisrecht ist daher weiter unten (vgl. Rn. 234 ff.) noch verstärkte Aufmerksamkeit zu widmen.

## 6. Schlußplädoyers

*Schlußplädoyers und letztes Wort*

Ist diese abgeschlossen, kommt es zu den *Schlußplädoyers* von Anklage und Verteidigung, § 258 I. Der Staatsanwalt beginnt mit seinem Vortrag und stellt dann seinen Antrag. Daran schließt sich das Plädoyer des Verteidigers an, woraufhin der Staatsanwalt ein Erwiderungsrecht hat (§ 258 II, 1. Hs.). In jedem Fall hat aber der Angeklagte das letzte Wort (§ 258 II, 2. Hs., III).

**195**

---

153    BGHSt 8, 283; BGH NStZ 1984, 521

Ein Hinweis des Angeklagten auf das letzte Wort ist erforderlich, wenn er es nicht von selbst in Anspruch nimmt.[154] Wird dem Angeklagten das letzte Wort nicht erteilt oder wird er unzulässig beschränkt, kann hierauf eine Revision nach § 337 gestützt werden.[155]

## 7. Beratung und Abstimmung

*geheime Beratung und Abstimmung*

Anschließend zieht sich das Gericht zu *Beratung und Abstimmung* zurück. Diese sind gemäß §§ 43, 45 DRiG geheim. Außer den zur Entscheidung berufenen Richtern dürfen nur die zur juristischen Ausbildung bei demselben Gericht beschäftigten Personen teilnehmen, sofern der Vorsitzende dies gestattet, § 193 GVG.

**196**

Darunter fallen jedoch nicht die Jurastudenten, die bei Gericht ein Praktikum ableisten[156].

## 8. Urteilsverkündung

*Abschluß des Hauptverfahrens durch Urteilsverkündung*

Auf die Beratung folgt die *Urteilsverkündung* gemäß § 260 I, wodurch die Hauptverhandlung abgeschlossen wird. Dazu verliest der Vorsitzende die Urteilsformel und eröffnet die Urteilsgründe (§ 268 II). Die Urteilsverkündung erfolgt grundsätzlich im Anschluß an die Beratung, kann jedoch auch spätestens bis zum elften Tag danach stattfinden (§ 268 III).

**197**

## IV. Berufsrichter und ehrenamtliche Richter

*zur Urteilsfindung berufen*

Zur Urteilsfindung berufen sind grundsätzlich Berufsrichter und ehrenamtliche Richter.

**198**

## 1. Berufsrichter

*hauptberufliche Richter mit einer entsprechenden Ausbildung*

Berufsrichter sind auf Lebenszeit berufene hauptberufliche Richter mit einer entsprechenden juristischen Ausbildung. Für sie gilt der Grundsatz der sachlichen Unabhängigkeit, der in Art. 97 I GG, §§ 1 GVG und 25 DRiG seine positivrechtliche Ausprägung gefunden hat. Darunter ist zu verstehen, daß der Richter unabhängig ist von aller Einflußnahme durch Regierung, Parteien, Verwaltung oder die Rechtsauffassung anderer Gerichte. Weiterhin ist der Berufsrichter auch persönlich unabhängig, d.h. er ist grundsätzlich unabsetzbar und unversetzbar, Art. 97 II GG.

**199**

## 2. Laienrichter

*ehrenamtliche Richter = Schöffen*

Neben den Berufsrichtern sind in der Mehrzahl der Strafverfahren ehrenamtliche Richter (sog. Schöffen) zur Entscheidung berufen, die in der Regel nicht über eine juristische Ausbildung verfügen. Lediglich im erstinstanzlichen Verfahren vor dem Strafrichter nach §§ 24, 25 GVG entscheidet ein Berufsrichter ohne die Mitwirkung von Schöffen. Die Schöffen nehmen in der Hauptverhandlung die gleichen Aufgaben wahr wie die Berufsrichter, d.h. sie nehmen an der Beratung teil und entscheiden über die Schuld- und Straffrage, §§ 30, 77 GVG. Ihre Bedeutung besteht darin, daß über sie die Bevölkerung an der Strafrechtspflege beteiligt ist, wodurch das Vertrauen der Öffentlichkeit in die Strafjustiz gestärkt werden soll. Außerdem soll so eine gewisse Lebensnähe der Entscheidung sichergestellt werden.[157]

**200**

---

154   BGHSt 18, 84; 22, 278

155   BGHSt 3, 368

156   BGH NJW 1995, 2645

157   ROXIN, PdW, S.162 f.

Die Voraussetzung sowie das Verfahren der Berufung von Laienrichtern ist in den §§ 31 - 57, 77 GVG normiert. Auch für sie gilt der Grundsatz der sachlichen Unabhängigkeit.

Eine gewisse persönliche Unabhängigkeit ergibt sich aus § 44 III DRiG, wonach sie nicht willkürlich abberufen werden dürfen.

> **hemmer-Methode: Klausurbedeutung hat in Bezug auf die Schöffen vor allem die Frage nach deren Stellung im Prozeß. Daneben können auch ihre Befugnisse und Pflichten relevant werden.**

### 3. Ausschluß und Ablehnung von Richtern

#### a) Ausschluß eines Richters kraft Gesetzes

*Mitwirkung eines auszuschließenden Richters begründet Revision*

Die StPO hält in den §§ 22 und 23 mehrere gesetzliche Ausschlußgründe bereit, bei deren Vorliegen ein Richter (Berufsrichter oder Schöffe) nicht am Verfahren mitwirken darf. Wirkt er dennoch mit, so ist ein absoluter Revisionsgrund gemäß § 338 Nr. 2 gegeben.    **201**

> **hemmer-Methode: In der Klausur wird in der Regel das Vorliegen eines Revisionsgrundes nach § 338 Nr. 2 der "Aufhänger" für die Ausschlußfälle sein. Oft stellt sich nämlich erst nach dem Urteil heraus, daß ein Ausschlußgrund vorgelegen hat.**

Folgende Fallgruppen sind zu unterscheiden:

*Richter ist selbst durch die Tat verletzt*

**aa)** Nach § 22 Nr. 1 ist ein Richter vom Verfahren ausgeschlossen, wenn er selbst durch die Straftat verletzt ist.    **202**

*Bsp.: B ist angeklagt, der Y-GmbH durch einen Betrug einen Vermögensschaden zugefügt zu haben. Später stellt sich heraus, daß der Schöffe S als Prokurist der Y-GmbH an deren Gewinn beteiligt ist. B möchte Revision gegen das Urteil einlegen.*

Damit eine Revision Erfolg hätte, müßte ein Revisionsgrund nach § 338 Nr. 2 vorliegen. S könnte nach § 22 Nr. 1 als Richter ausgeschlossen sein. Problematisch ist der Begriff des Verletzten im Sinne der Vorschrift. Der BGH fordert hierzu eine unmittelbare Verletzung des Richters durch die Straftat, da ansonsten das Strafverfahren mit erheblichen Unsicherheiten belastet würde. Daraus ergibt sich, daß bei Vermögensdelikten gegen eine juristische Person nur diese selbst unmittelbar verletzt ist. S dagegen ist nur mittelbar betroffen und fällt deshalb nicht unter § 22 Nr. 1. Dasselbe gilt auch für die Gesellschafter einer juristischen Person.[158] Die Revision hätte keinen Erfolg.

*unmittelbare Verletzung von Gesellschaftern einer Personengesellschaft*

Anders verhält es sich dagegen bei einer Personengesellschaft (z.B. OHG oder KG). Wird gegenüber einer solchen ein Vermögensdelikt begangen, so sind auch deren Gesellschafter unmittelbar verletzt, da das Gesamthandsvermögen zum persönlichen Vermögen der Gesellschafter gehört. Hier ist das Unmittelbarkeitserfordernis also erfüllt.    **203**

Die Berechtigung des durch die Rspr. aufgestellten Kriteriums der unmittelbaren Rechtsverletzung ist nicht unbestritten. Hauptkritikpunkt ist, daß der Anschein der Befangenheit und Parteilichkeit des Richters auch dann entstehen kann, wenn er durch die fragliche Straftat einen nur mittelbaren Schaden erlitten hat.[159]

---

158   BGHSt 1, 298
159   Schorn, GA 1963, 259; Roxin, PdW, S.166

> **hemmer-Methode: Die Kenntnis dieses Streites ist nicht unbedingt erforderlich, da seine praktische Relevanz eher gering ist. Selbst wenn man einen Ausschluß nach § 22 Nr. 1 verneint, kann immer noch eine Ablehnung wegen Besorgnis der Befangenheit nach § 24 I erfolgen.**[160]

*Ausschluß wegen besonderer Beziehung zum Beschuldigten oder Verletzten*

**bb)** Ein Richter ist ferner ausgeschlossen, wenn er Ehegatte, Vormund oder Betreuer des Beschuldigten oder des Verletzten ist (§ 22 Nr. 2) oder wenn er mit dem Beschuldigten oder Verletzten verwandt oder verschwägert ist (§ 22 Nr. 3). Zu beachten ist, daß für den Verletztenbegriff nach der Rspr. dasselbe Unmittelbarkeitserfordernis gilt wie für § 22 Nr. 1.

**204**

*Ausschluß wegen Beteiligung an vorherigem Verfahren*

**cc)** Ein weiterer Ausschlußgrund besteht, wenn der Richter bereits vorher mit der Sache befaßt gewesen ist. Dabei ist nach Ansicht des BGH der Begriff der "Sache" in §§ 22 Nrn. 4 und 5 weit zu fassen und nicht unbedingt auf dasselbe Verfahren und dieselbe Person zu beschränken. Es ist ausreichend, wenn die frühere Tätigkeit des Richters aufgrund ihres sachlichen Zusammenhangs mit dem gegenwärtigen Verfahrensgegenstand den Anschein einer möglichen Parteilichkeit aufkommen lassen kann.[161]

**205**

> *Bsp.: A ist wegen Anstiftung zum Mord angeklagt. Der zuständige Richter R ist früher als Staatsanwalt tätig und in dieser Eigenschaft mit den Ermittlungen gegen den von A angestifteten Täter T befaßt gewesen. In diesem Fall ist der notwendige sachliche Zusammenhang zu bejahen. R ist daher gemäß § 22 Nr. 4 vom Verfahren ausgeschlossen.*

Unter "Sache" versteht man grundsätzlich das Verfahren, vom Beginn der Ermittlungen über die Hauptverhandlung bis zum Wiederaufnahmeverfahren, das die strafrechtliche Verfolgung einer bestimmten Straftat zum Gegenstand hat.[162] Ausgeschlossen ist ein Richter auch nach § 23 I und II, wenn er bereits in einem früheren, die gleiche Sache betreffenden Verfahren mitgewirkt hat. Hauptfall ist hierbei die Mitwirkung in niedrigerer Instanz (§ 23 I).

### b) Ablehnung eines Richters

*Ablehnung erfolgt wegen Vorliegen eines Ausschlußgrundes oder Besorgnis der Befangenheit*

Die Ablehnung eines Richters kann erfolgen, wenn ein gesetzlicher Ausschlußgrund nach §§ 22, 23 vorliegt (§ 24 I, 1. Alt.) oder die Besorgnis der Befangenheit besteht (§ 24 I, 2. Alt.). Gemäß § 24 III S.1 steht das Ablehnungsrecht der Staatsanwaltschaft, dem Privatkläger oder dem Beschuldigten zu. Wirkt bei dem Urteil ein Richter mit, der abgelehnt worden ist, oder wird das Ablehnungsgesuch vom Gericht zu Unrecht verworfen, so liegt darin ein Revisionsgrund nach § 338 Nr. 3.

**206**

> **hemmer-Methode: Verdeutlichen Sie sich den Unterschied zu den §§ 22, 23! Während dort der Richter automatisch kraft Gesetzes ausgeschlossen ist, bedarf es in den Fällen, in denen die Besorgnis der Befangenheit besteht, der Durchführung eines besonderen Verfahrens, um einen Richter auszuschließen. Die Ablehnung nach § 24 I, 1. Alt. dient hingegen der verfahrensmäßigen Sicherung der gesetzlichen Ausschlußgründe der §§ 22, 23 zugunsten des Angeklagten.**

---

160   Roxin, PdW, S.166

161   BGHSt 9, 193

162   BGHSt 9, 193; 28, 262

### aa) Besorgnis der Befangenheit

*Mißtrauen gegen die Unparteilichkeit eines Richters*
*(Legaldef. § 24 II)*

Von näherem Interesse ist der Begriff der Befangenheit, der in § 24 II legaldefiniert ist. Ob ein "Mißtrauen gegen die Unparteilichkeit eines Richters" vorliegt, bestimmt sich aus der Sicht des Angeklagten. **207**

Dennoch kann es nicht vollständig auf dessen subjektive Vorstellung ankommen, da es dem Angeklagten sonst möglich wäre, jeden Richter nach Belieben aus dem Verfahren zu "katapultieren".

Man stellt deshalb darauf ab, ob ein objektiver Beobachter in der Rolle des Angeklagten bei verständiger Würdigung der Umstände den Verdacht haben könnte, daß der Richter voreingenommen ist.[163]

Beispiele sind persönliche Beziehungen (z.B. familiärer Art) des Richters zu Zeugen, zum Verletzten oder zum Beschuldigten. Ebenso sind Ablehnungsgründe (wechselseitig ausgetragene) Spannungen zwischen Richter und Beschuldigtem.

*Problem: Mitwirken des Richters an Vorentscheidungen außerhalb des § 23*

Umstritten ist, ob die nicht von § 23 erfaßten Fälle der Mitwirkung des Richters an Vorentscheidungen ein Ablehnungsgrund nach § 24 II sein können. Zu denken ist hier vor allem an die Mitwirkung in einem früheren Zivil- oder Strafverfahren, in dem dieselben Vorgänge wie in dem gegenwärtigen Verfahren eine Rolle gespielt haben oder das sonst mit ihm in Zusammenhang steht. **208**

Nach einer Ansicht in der Literatur liegt ein Ablehnungsgrund vor, da die §§ 22, 23 nur gesteigerte Ablehnungsgründe seien, deren Verneinung noch keine Entscheidung über eine Ablehnung nach § 24 I, 2. Alt. beinhalte. Außerdem müsse ein vernünftiger Angeklagter Zweifel an der Objektivität des Richters hegen.[164]

Die Rspr. verneint aber für derartige Fälle einen Ablehnungsgrund. Ein verständiger Angeklagter könne und müsse davon ausgehen, daß der Richter sich nicht von der früheren Entscheidung beeinflussen lasse, sondern seine Pflichten in dem Verfahren gewissenhaft erfülle.[165]

Insbesondere sei es auch unschädlich, daß der erkennende Richter zuvor als Ermittlungsrichter nach §§ 162, 169 tätig gewesen sei.[166]

> **hemmer-Methode:** Vor allem im Zweiten Staatsexamen sollten Sie sich wertkonservativ entscheiden und der Meinung der Rspr. folgen. So befinden Sie sich auf jeden Fall auf der sicheren Seite.

### bb) Verfahren der Ablehnung

*im Ablehnungsgesuch muß Ablehnungsgrund glaubhaft gemacht werden*

Das Ablehnungsverfahren ist in den §§ 25 ff. geregelt. Gemäß § 26 I ist beim Gericht ein Ablehnungsgesuch einzureichen, in dem der Ablehnungsgrund glaubhaft zu machen ist, § 26 II. **209**

Eine Anfechtung des das Ablehnungsgesuch verwerfenden Beschlusses des Gerichts ist nach § 28 II S.1 durch sofortige Beschwerde möglich. Allerdings kann die Entscheidung, wenn sie einen erkennenden Richter betrifft, nur zusammen mit dem Urteil angefochten werden, § 28 II S.2.

---

163   BGHSt 1, 34; BEULKE, Rn. 27
164   BEULKE, Rn. 74; SK/StPO-RUDOLPHI, § 23, Rn. 1
165   BGHSt 21, 334; NStZ 1983, 135
166   KLEINKNECHT/MEYER-GOßNER, § 23, Rn.2

## V. Verhandlungsleitung durch den Vorsitzenden

### 1. Sachleitung

*Verfahrensleitung obliegt dem Vorsitzenden*

**a)** Gemäß § 238 I obliegen die Leitung der Verhandlung, die Vernehmung des Angeklagten sowie die Beweisaufnahme grundsätzlich dem Vorsitzenden. Als Rechtsschutz gegen Anordnungen des Vorsitzenden, die die Verfahrensleitung betreffen, haben die Verfahrensbeteiligten die Möglichkeit, die Entscheidung des Gerichts zu beantragen, § 238 II (sog. "Zwischenrechtsbehelf").

*210*

*zu unterscheiden: Sachleitung und formelle Verhandlungsleitung*

Jedoch unterscheidet man zwischen der Sachleitung und der formellen Verhandlungsleitung. Da § 238 II nur von der Sachleitung spricht, folgt im Umkehrschluß daraus, daß gegen die formelle Verhandlungsleitung kein Rechtsbehelf gegeben ist. Aus diesem Grunde ist die Sachleitung von der formellen Verhandlungsleitung abzugrenzen.

*211*

Früher war man der Ansicht, daß zur *formellen Verhandlungsleitung* alle Anordnungen gehören, die die äußere Gestaltung der Verhandlung (z.B. Eröffnung und Schließung der Sitzung, Unterbrechungen usw.) betreffen. Derartige Maßnahmen seien unangreifbar. Die *Sachleitung* sollte dagegen alle Anordnungen betreffen, bei denen es denkbar war, daß das Urteil auf ihnen beruht (z.B. die Vernehmung des Angeklagten, die Beweisaufnahme). Nur gegen letztere sollte ein Rechtsbehelf zulässig sein.

Diese Unterscheidung ist jedoch mittlerweile überwiegend aufgegeben worden.[167] Eine eindeutige Abgrenzung nach obigen Gesichtspunkten läßt sich nicht vornehmen, da schließlich auch die äußere Gestaltung theoretisch das Urteil beeinflussen kann. Die Anrufung des Gerichts nach § 238 II setzt demnach nicht eine bestimmte Art von Anordnungen oder Maßnahmen des Vorsitzenden voraus. Entscheidend ist nur noch, daß der betroffene Prozeßbeteiligte schlüssig dartut, durch die Maßnahme in bezug auf das zu erwartende Urteil beschwert zu sein.[168]

> **hemmer-Methode:** Letztlich entscheidend ist es, die hinter dieser Problematik stehende Wertung zu erkennen. Es handelt sich dabei um ein Prinzip, das im Verwaltungsrecht längst anerkannt ist, nämlich daß sich die Verletzung von Vorschriften, die den bloßen äußeren Rahmen betreffen, genauso auf die Urteilsfindung auswirken kann wie die Beschneidung materieller Rechtspositionen.

*Bsp.:* Während der Verhandlung ordnet der Vorsitzende an, daß die Zeugenaussagen nicht mitgeschrieben werden sollen. Der Angeklagte A beanstandet dies während der Verhandlung nicht, legt aber dann Revision ein mit der Begründung, dadurch in seiner Verteidigung behindert worden zu sein. Wird die Revision Erfolg haben?[169]

*Verwirkung der Revision*

Die Revision könnte sich auf § 338 Nr. 8 stützen, da ohne eine Mitschrift die Zeugenaussagen wesentlich schwerer ausgewertet werden können. A könnte aber die Revision verwirkt haben, da er es versäumt hat, noch während der Verhandlung eine Entscheidung des Gerichts nach § 238 II über die Anordnung des Vorsitzenden herbeizuführen. Da es sich um eine Sachleitungsanordnung handelt, wäre eine Entscheidung nach § 238 II möglich gewesen.

---

167   KMR-PAULUS, § 238, Rn. 4 ff.; KLEINKNECHT/MEYER-GOßNER, § 238, Rn. 12 m.w.N.

168   KLEINKNECHT/MEYER-GOßNER, § 238, Rn. 13

169   Bsb. nach ROXIN, PdW, S. 185

Nach ständiger Rspr. ist eine solche Sachleitungsanordnung nicht mehr mit der Revision angreifbar, wenn A es in der Hauptverhandlung unterlassen hat, nach § 238 II vorzugehen. Insofern tritt Verwirkung ein.[170] Dies gilt zumindest in den Fällen, in denen der Angeklagte die Anordnung des Vorsitzenden absichtlich unbeanstandet läßt, um sie später mit der Revision angreifen zu können.

*die Beschwerde ist gegen einen Beschluß gemäß § 238 II nicht statthaft*

**b)** Zu beachten ist, daß der Beschluß des Gerichts nach § 238 II nicht mit der Beschwerde anfechtbar ist, § 305.

**212**

### 2. Fragerechte

*grundsätzliches Fragerecht aus § 240*

Der vorsitzende Richter hat grundsätzlich sowohl den beisitzenden Berufsrichtern (§ 240 I) als auch dem Staatsanwalt, dem Angeklagten, dem Verteidiger und den Schöffen (§ 240 II S.1) zu gestatten, Fragen an den Angeklagten, an Zeugen und an Sachverständige zu stellen. Unzulässig ist dagegen die Befragung eines Angeklagten durch einen Mitangeklagten, § 240 II S.2.

**213**

*Einschränkung gemäß § 241 II bei ungeeigneten Fragen*

Ausnahmsweise kann aber der Vorsitzende eine Frage unter den Voraussetzungen des § 241 II zurückweisen, sofern sie nicht von einem beisitzenden Berufsrichter stammt.

*Ungeeignet* i.S.d. § 241 II ist eine Frage, die in tatsächlicher Hinsicht nichts zur Wahrheitsfindung beitragen kann oder aus rechtlichen Gründen nicht gestellt werden darf. Dies sind z.B. Fragen nach dem Wohnort eines Zeugen in den Fällen des § 68 II, III, entehrende oder den Privatbereich betreffende Fragen nach § 68a, aber auch Fang- oder Suggestivfragen. Ferner fällt darunter die Wiederholung von Fragen, die bereits beantwortet worden sind.[171]

*Nicht zur Sache gehörende Fragen* sind solche, die verfahrensfremden Zielen dienen. Das ist z.B. der Fall, wenn sie einzig und allein dem Zweck dienen, "Aufsehen zu erregen, für irgendeine Einrichtung, einen geschäftlichen Betrieb oder eine Partei zu werben oder dritten Personen Unannehmlichkeiten zu bereiten und sie vor der Öffentlichkeit bloßzustellen".[172] Unerheblich ist aber, ob die Frage nach Meinung des Gerichts für die Entscheidung ohne Bedeutung ist. Ein Urteil hierüber soll sich das Gericht nämlich erst bilden, nachdem es die Antwort gehört hat.[173]

*im Zweifel Entscheidung des Gerichts*

Bei Zweifeln über die Zulässigkeit einer Frage entscheidet gemäß § 242 das Gericht. Eine solche Entscheidung des Gerichts kann vom Vorsitzenden, von den Mitgliedern des Gerichts, von den Prozeßbeteiligten, aber auch von dem befragten Angeklagten, Zeugen oder Sachverständigen herbeigeführt werden.

**214**

> **hemmer-Methode:** Insbesondere die Rechtsbehelfe sollte man im Auge behalten. Gerade diese eignen sich in Klausuren des Ersten Staatsexamens hervorragend als Einstieg in die einschlägigen StPO-Probleme. Dabei wird in Bereichen wie dem Fragerecht selten Spezialwissen erwartet, vielmehr wird die Fähigkeit des Bearbeiters getestet, sich mit entsprechender Subsumtionsmethode in unbekannten Gesetzen zurechtzufinden.

---

170 BGHSt 1, 322; 3, 368; NStZ 1993, 346

171 BGHSt 2, 284; 13, 252; 21, 334; NStZ 1981, 71

172 BGHSt 2, 284

173 BGHSt 2, 284

### 3. Erklärungsrecht der Verfahrensbeteiligten

*Erklärungsrecht*

Nach § 257 haben die Verfahrensbeteiligten außerdem das Recht, nach jeder Vernehmung eines (Mit-)Angeklagten und nach jeder Beweiserhebung dazu eine Erklärung abzugeben. Zu diesem Zwecke sind sie vom Vorsitzenden zu befragen. Der Angeklagte ist gemäß § 257 I zu befragen, wodurch eine umfassende Verteidigung zu jedem Punkt gewährleistet werden soll. Dasselbe Recht steht gemäß § 257 II dem Staatsanwalt und dem Verteidiger zu, wobei aber darauf zu achten ist, daß die Schlußplädoyers nicht vorweggenommen werden, § 257 III.

**215**

*§ 257 ist reine Ordnungsvorschrift*

Fraglich ist, ob auf die Verletzung des § 257 eine Revision gestützt werden kann. Von Rspr. und h.M. wird dies verneint. § 257 sei eine reine Ordnungsvorschrift. Außerdem könnten versäumte Erklärungen in den Abschlußerklärungen von Staatsanwalt und Verteidiger bzw. dem letzten Wort des Angeklagten nachgeholt werden.[174]

### 4. Hinweispflicht des Gerichts gemäß § 265

*bei Änderung des rechtlichen Gesichtspunkts Hinweis nach § 265*

Der Vorsitzende muß durch seine Verhandlungsleitung dem Angeklagten jede mögliche Gelegenheit zur Verteidigung verschaffen. Deshalb ist der Angeklagte nach § 265 I auf jede Veränderung des rechtlichen Gesichtspunktes, die zu einer Verurteilung nach einem anderen als in der Anklage aufgeführten Strafgesetz führen würde, besonders hinzuweisen, damit er seine Verteidigung neu darauf einstellen kann. Dabei ist die Änderung einer Rechtsauffassung, ohne daß es auf eine Sachverhaltsänderung ankommt, ausreichend.

**216**

> *Bsp.: Der Täter soll aufgrund einer anderen rechtlichen Würdigung wegen Vollendung statt wegen Versuchs bestraft werden.*

Über den Wortlaut von § 265 I hinaus gilt die Hinweispflicht auch bei Änderungen der Tatsachengrundlage. Das ist der Fall, wenn ein bestimmtes Tatbestandsmerkmal nunmehr auf ein anderes Element des bereits bekannten Sachverhalts gestützt werden soll (z.B. eine Begünstigungshandlung nach § 257 StGB wird nicht mehr im Verstecken der Beute, sondern in deren Verarbeitung gesehen[175]).

> **hemmer-Methode:** Auch hier ist wieder die Abgrenzung zur Einführung einer *neuen* Tat i.S.d. § 264 vorzunehmen. Liegt eine solche vor, so muß gemäß § 266 eine Nachtragsanklage erhoben werden.

Ebenso besteht eine Hinweispflicht des Vorsitzenden, wenn neue Strafschärfungsgründe zutage treten, § 265 II.

### 5. Unterbrechung und Aussetzung der Hauptverhandlung

*Grundsätzlich gilt Konzentrationsmaxime*

*„Konzentrationsmaxime"*

Grundsätzlich gilt in der Hauptverhandlung die *Konzentrationsmaxime*, d.h. die Verhandlung soll so wenig wie möglich unterbrochen und in überschaubarer Zeit durchgeführt werden. Jedoch gibt es hiervon Ausnahmen, wobei zwischen Unterbrechung (§§ 228 I, 2. Alt., 229 I) und Aussetzung (§§ 228 I, 1. Alt., 229 IV) unterschieden werden muß.

**217**

*Unterbrechung regelmäßig nur 10 Tage*

**a)** Gemäß § 229 I darf eine *Unterbrechung* des Verfahrens höchstens zehn Tage dauern, danach ist die Verhandlung fortzusetzen. Allerdings gilt für umfangreichere Verfahren gemäß § 229 II unter bestimmten Umständen eine längere Unterbrechungsfrist von 30 Tagen.

---

174　BGH MDR 1967, 175; VRS 34, 344

175　BGHSt 11, 88

*Aussetzung länger als 10 Tage*
*⇨ Verhandlung muß gem. § 229 IV*
*neu beginnen*

**b)** Von einer *Aussetzung* der Hauptverhandlung spricht man dann, wenn die Unterbrechungsfrist von zehn bzw. 30 Tagen überschritten wird, § 228 I, 1. Alt. Der Unterschied zur Unterbrechung besteht darin, daß alles, was vorher verhandelt worden ist, als nicht mehr existent gilt. Die Verhandlung muß vielmehr gemäß § 229 IV völlig von vorne beginnen. Ob eine Unterbrechung oder eine Aussetzung vorliegt, bestimmt sich somit allein nach der Dauer. Auf die Bezeichnung durch das Gericht kommt es nicht an.[176]

**218**

Besonders zu erwähnen sind hier die Vorschriften der § 265 III und IV. Danach muß das Gericht die Verhandlung aussetzen, wenn neue Umstände hervortreten, welche die Anwendung eines schwereren (als in der Anklage angeführten) Strafgesetzes zulassen (§ 265 III), und der Angeklagte die Richtigkeit dieser Umstände bestreitet. Zum anderen muß auch dann ausgesetzt werden, wenn sich die Sachlage ändert (§ 265 IV), d.h. wenn neue Handlungen oder Tatsachen zum Gegenstand des Urteils gemacht werden sollen, oder wenn sich die Verfahrenslage ändert (z.B. durch Nachschieben bisher zurückgehaltener Beweismittel seitens der Verfolgungsbehörden in der Hauptverhandlung). Sowohl bei § 265 III als auch bei § 265 IV ist erforderlich, daß der Angeklagte behauptet, aufgrund der Veränderungen auf die Verteidigung nicht genügend vorbereitet zu sein. Beide Regelungen entspringen also der gerichtlichen Fürsorgepflicht für den Angeklagten im Interesse eines *fairen Strafverfahrens* (fair trial).

**219**

> **hemmer-Methode: Prägen Sie sich unbedingt die begriffliche Unterscheidung zwischen Unterbrechung und Aussetzung ein! Gerade von Praktikern wird nichts so übel genommen wie Ungenauigkeiten und Verwechslungen im Bereich der Terminologie.**

### VI. Anwesenheit der Verfahrensbeteiligten

### 1. Anwesenheitspflicht des Richters

*Anwesenheitspflicht gilt für alle zur Urteilsfindung berufenen Personen*

Gemäß § 226 müssen die zur Urteilsfindung berufenen Personen (also Berufsrichter und Schöffen) während der gesamten Hauptverhandlung ununterbrochen anwesend sein. Der Richter darf nicht während der Verhandlung durch einen neu hinzukommenden ersetzt werden.

**220**

> **hemmer-Methode: Lernen Sie mit Verständnis für Sinn und Zweck einer Regelung! Bei der Anwesenheitspflicht des Richters handelt es sich um eine spezielle Ausprägung des Mündlichkeits- und Unmittelbarkeitsprinzips, da der Richter den Stoff der Verhandlung, der allein Grundlage seiner Entscheidung sein kann, nur durch seine ständige persönliche Anwesenheit in der Verhandlung erfassen kann, vgl. § 261. Auch hier handelt es sich also wieder um eine positivrechtliche Ausprägung eines allgemeinen Rechtsprinzips.**

"Ergänzungsrichter"

Bei umfangreichen und lange andauernden Verfahren muß sich das Gericht unter Umständen dagegen sichern, daß einer der beteiligten Richter während der Hauptverhandlung ausfällt (z.B. wegen Krankheit) und diese vollständig wiederholt werden muß. Zu diesem Zweck kann der Vorsitzende anordnen, daß ein oder mehrere *Ergänzungsrichter* (bzw. -schöffen) nach § 192 II und III GVG hinzugezogen werden. Hierbei handelt es sich um Richter, die der Verhandlung von Anfang an beiwohnen und im Falle der Verhinderung eines Richters für diesen eintreten.

---

176   RGSt 58, 357; BEULKE, Rn. 381

Ist ein Richter während der Hauptverhandlung abwesend, so liegt ein absoluter Revisionsgrund i.S.d. § 338 Nr. 1 vor.

**221**

> *Bsp.: Nach der Verlesung des Anklagesatzes und der Belehrung über das Schweigerecht fordert der Richter den Angeklagten A auf, über seine persönlichen Verhältnisse zu berichten. A schildert daraufhin eine halbe Stunde lang seine Kindheits- und Jugendgeschichte, bis ihn das Schnarchen des Richters übertönt, der die ganze Zeit geschlafen hat. Nachdem der Richter von der Protokollführerin aufgeweckt worden ist, wird die Verhandlung fortgesetzt. Nach seiner Verurteilung möchte A Revision einlegen.*

Als Revisionsgrund kommt § 338 Nr. 1 in Betracht. Dazu müßte ein Verstoß gegen die zahlenmäßig richtige Besetzung des Gerichts gegeben sein. Der Richter ist zwar körperlich anwesend gewesen, jedoch wird der Schlafende einem Abwesenden gleichgestellt, so daß das Gericht nicht vollständig besetzt gewesen ist.

Nach der Rspr. gilt aber nicht jedes Schlafen als Abwesenheit, sondern nur dann, wenn der Richter so vom Schlaf übermannt wird, daß er wesentliche Vorgänge während einer ins Gewicht fallenden Zeitspanne nicht mehr verfolgen kann. Ein nur kurzes Einnicken infolge von Übermüdung ist somit keine unvorschriftsmäßige Besetzung des Gerichts.[177] Im vorliegenden Fall ist jedoch § 338 Nr. 1 auch nach dieser Ansicht zu bejahen.

> **hemmer-Methode: Beachten Sie, daß beim Fehlen eines Richters oder Schöffen nach der Rechtsprechung nicht § 338 Nr. 5, sondern § 338 Nr. 1 einschlägig ist.**

### 2. Anwesenheit des Angeklagten

#### a) Grundsätzliches

*Anwesenheit des Angeklagten grds. erforderlich*

Die Anwesenheit des Angeklagten ist grundsätzlich während der gesamten Dauer der Hauptverhandlung erforderlich, also vom Aufruf der Sache bis zur Verkündung des Urteils, vgl. §§ 230 I, 231 I S.1. Zweck dieser Vorschriften ist, daß sich das Gericht ein Bild von der Person des Angeklagten und seinem Verhalten während der gesamten Verhandlung machen kann.[178] Die Anwesenheit des Angeklagten kann durch Vorführungsanordnung, Haftbefehl oder andere geeignete Maßnahmen erzwungen werden, §§ 230 II, 231 I.

**222**

Ergeht trotz Abwesenheit des Angeklagten ein Urteil, so ist dieses nach § 338 Nr. 5 revisibel.

#### b) Ausnahmen

*Ausnahmen, wenn ...*

Dennoch gibt es Ausnahmen von der Anwesenheitspflicht des Angeklagten:

**223**

So kann gemäß § 231 II die Hauptverhandlung ohne den Angeklagten fortgeführt werden, wenn dieser sich nach seiner Vernehmung entfernt und das Gericht seine fernere Anwesenheit nicht für erforderlich hält.

Die Hauptverhandlung kann ganz ohne den Angeklagten stattfinden, wenn dieser sich selbst vorsätzlich und schuldhaft verhandlungsunfähig gemacht hat, § 231a.

177   BGH NStZ 1982, 41
178   BGHSt 26, 84

Nach § 231b kann der Angeklagte bei ordnungswidrigem Benehmen zeitweilig von der Verhandlung ausgeschlossen werden.

Findet die Hauptverhandlung gegen mehrere Angeklagte statt, können einzelne Angeklagte den Antrag stellen, bezüglich einzelner sie nicht betreffender Teile der Verhandlung von der Anwesenheitspflicht entbunden zu werden, § 231c.

Die Hauptverhandlung kann gemäß § 232 vollständig ohne den Angeklagten durchgeführt werden, wenn nur Geldstrafe, Verwarnung mit Strafvorbehalt, Fahrverbot oder maßregelähnliche Sanktionen gegen das Eigentum (§§ 73 ff. StGB) zu erwarten sind. Der Angeklagte muß in der Ladung darauf hingewiesen werden, daß auch ohne ihn verhandelt werden kann.

Auch kann der Angeklagte unter den Voraussetzungen des § 233 auf seinen Antrag hin von der Verpflichtung zum Erscheinen in der Hauptverhandlung entbunden werden. Der klausurrelevanteste Fall ist jedoch § 247.

*vorübergehende Abwesenheit*

*§ 247*

Das Gericht kann nach § 247 S.1 anordnen, daß der Angeklagte vorübergehend das Sitzungszimmer zu verlassen hat, wenn zu befürchten ist, daß ein Mitangeklagter oder ein Zeuge bei seiner Vernehmung in Gegenwart des Angeklagten nicht die Wahrheit sagen wird.

**224**

Außerdem kann der Angeklagte während einer solchen Vernehmung aus dem Sitzungssaal entfernt werden, wenn ansonsten ein Nachteil für das Wohl oder die Gesundheit des Zeugen zu befürchten ist, § 247 S.2.

> **hemmer-Methode:** Beachten Sie, daß der Angeklagte nur während der Vernehmung (Belehrung, Vernehmung zur Person u. Sache, Vorhalt von Urkunden) abwesend sein kann; spätestens ab der Verhandlung über die Beeidigung ist der Angeklagte wieder zuzulassen. Sobald der Angeklagte wieder anwesend ist, ist er über den wesentlichen Inhalt der Aussage zu unterrichten, § 247 S.4.
> Sinn dieser Regelung ist, daß der Angeklagte so gestellt werden soll, als sei er während der Zeugenvernehmung dabeigewesen.

Zusätzlich kann die Entfernung des Angeklagten auch angeordnet werden, wenn Nachteile für seine eigene Gesundheit zu befürchten sind, § 247 S.3.

*Ausnahmen bei besonderen Verfahren (z.B. Revisionsverfahren)*

Die Anwesenheit des Angeklagten ist ferner nicht erforderlich im Berufungs- oder Revisionsverfahren (§§ 329, 350), im Privatklageverfahren (§ 387), beim Einspruch gegen einen Strafbefehl (§ 412) und im Jugendgerichtsverfahren unter den Voraussetzungen des § 51 JGG.

**225**

### 3. Anwesenheit der übrigen Verfahrensbeteiligten

*Anwesenheit des Staatsanwalts*

Nach § 226 ist auch die ständige Anwesenheit eines *Staatsanwalts* während der Verhandlung erforderlich. Jedoch kommt es hier nur darauf an, daß die Staatsanwaltschaft als Behörde vertreten wird. Es ist daher nicht notwendig, daß immer derselbe Staatsanwalt zugegen ist.

**226**

*Urkundsbeamter*

Anwesend sein muß nach § 226 ferner ein *Urkundsbeamter der Geschäftsstelle* als Protokollführer. Auch hier muß es sich nicht immer um denselben Beamten handeln.

*Verteidiger*

Der *Verteidiger* ist in § 226 nicht aufgeführt, weswegen seine Anwesenheit grundsätzlich nicht erforderlich ist. Eine Ausnahme besteht für den Fall der notwendigen Verteidigung (§ 140).

*Revisionsgrund nach § 338 Nr. 5*

Fehlt einer dieser Verfahrensbeteiligten während der Hauptverhandlung, obwohl seine Anwesenheit erforderlich ist, so liegt ein absoluter Revisionsgrund nach § 338 Nr. 5 vor.                                                    **227**

## VII. Öffentlichkeit der Hauptverhandlung

### 1. Öffentlichkeitsgrundsatz

*Öffentlichkeit, § 169 S.1 GVG*

Das Prinzip der Öffentlichkeit der Hauptverhandlung ist vom Gesetzgeber in § 169 S.1 GVG geregelt worden. Öffentlichkeit bedeutet, daß jedermann das Recht hat, im Rahmen der tatsächlichen Gegebenheiten der Verhandlung im Gerichtssaal beizuwohnen. Aus der Natur der Sache folgt die Begrenzung der Öffentlichkeit auf die räumlichen Möglichkeiten. Bei einem übergroßen Publikumsandrang ist laut Rspr. eine unparteiische Auswahl der Zuhörer zulässig.[179]                                                            **228**

Der Öffentlichkeitsgrundsatz erfordert auch, daß Ort und Zeit der Hauptverhandlung bekanntgegeben werden, damit jeder Bürger sich informieren kann. Dagegen sind das staatsanwaltliche Ermittlungsverfahren und das Zwischenverfahren nicht öffentlich.

Der Öffentlichkeitsgrundsatz soll das Vertrauen der Allgemeinheit in die Rechtspflege fördern und gleichzeitig eine Art Kontrolle derselben ermöglichen.

> *Bsp.: Während der Hauptverhandlung gegen einen Waffenschieber fällt die Außentür des Gerichtsgebäudes zufällig ins Schloß, ohne daß dies vom Gericht bemerkt werden kann. Einige Zuhörer sind schon anwesend, der Rest kann jedoch der Verhandlung nicht beiwohnen. Ist der Öffentlichkeitsgrundsatz verletzt?*

Nach dem BGH ist der Öffentlichkeitsgrundsatz nicht verletzt. Dieser Fall sei genauso zu behandeln wie die Fälle, in denen die objektiven Umstände die Anwesenheit von Zuhörern gar nicht oder nur in begrenztem Umfang erlauben.[180]

An dieser Ansicht bestehen jedoch begründete Zweifel. Schließlich handelt es sich hier gerade nicht um einen Fall von objektiver Unmöglichkeit.[181]

*Ausnahmen*

Von dem Grundsatz der Öffentlichkeit bestehen allerdings Ausnahmen:                                                              **229**

*§§ 171a/b, 172*

**a)** Der allgemeine Ausschluß der Öffentlichkeit ist unter den Voraussetzungen der §§ 171a u. b, 172 GVG zulässig. Dies ist der Fall, wenn es um die Unterbringung des Beschuldigten in einem psychiatrischen Krankenhaus oder in einer Erziehungsanstalt geht (§ 171a GVG) oder die Privatsphäre geschützt werden soll (§ 171b GVG). In Betracht kommt auch einer der Tatbestände des § 172 Nr. 1 - 4 GVG.

**b)** Im jugendgerichtlichen Verfahren ist die Öffentlichkeit gemäß § 48 I JGG immer zwingend ausgeschlossen.

---

179    ROXIN, § 45 B I; RGSt 54, 226
180    BGHSt 21, 72
181    ROXIN, PdW, S. 227

c) Daneben ist auch der Ausschluß einzelner Personen nach den §§ 175 und 177 GVG möglich.

> **hemmer-Methode:** Zu beachten sind immer auch die Regelungen in anderen Gesetzen als der StPO. Wichtig ist insbesondere das GVG. Dies gilt nicht nur für Strafverfahren, so daß sich hier die gleichen Probleme stellen wie in anderen Verfahrensarten.

### 2. Verbot des § 169 S.2 GVG

*Verbot von Ton- und Filmaufnahmen*

Gemäß § 169 S.2 GVG sind Ton- und Fernseh-Rundfunkaufnahmen sowie Ton- und Filmaufnahmen von Gerichtsverhandlungen zum Zwecke der öffentlichen Vorführung oder Veröffentlichung ihres Inhalts unzulässig. Der Angeklagte soll nicht durch die Herstellung einer Massenöffentlichkeit zum bloßen Schauobjekt werden, da dies seine Personenwürde (Art. 1 I, 2 I GG) verletzen würde. Außerdem besteht die Befürchtung, daß das Gericht in der Objektivität seiner Entscheidung beeinträchtigt wird, wenn die Verhandlung zu einem Hörfunk- oder Fernsehspektakel wird.[182]

**230**

> **hemmer-Methode:** Vergegenwärtigen Sie sich immer die einer Norm zugrundeliegenden Wertentscheidungen. Wenn Sie im Strafprozeßrecht mit der Menschenwürde des Angeklagten und dem allgemeinen Persönlichkeitsrecht argumentieren, liegen Sie nur selten daneben.

Ohne Probleme zulässig sind dagegen Ton- und Filmaufnahmen für justizinterne Belange und für Zwecke der Verteidigung, sofern sie gegen Mißbrauch jeglicher Art und Fälschung gesichert werden. Die Zustimmung der Beteiligten ist nicht erforderlich, jedoch ist strittig, ob von den Beteiligten verlangt werden kann, gezielt in ein Mikrophon zu sprechen. Wegen der Gefahr der Verletzung der Persönlichkeit wird dies vom BGH abgelehnt.[183]

### 3. Verbot der unzulässigen Erweiterung der Öffentlichkeit

*Verbot unzulässiger Erweiterung vom Wortlaut des § 169 GVG nicht umfaßt*

§ 169 S.2 GVG erwähnt seinem Wortlaut nach aber nur Ton- und Filmaufnahmen. Die Übertragung einer Verhandlung z.B. durch Fernsehkameras oder Hörfunk, ohne daß gleichzeitig eine Aufnahme erfolgt, wird vom Wortlaut nicht umfaßt. Daher ist fraglich, ob sich aus § 169 GVG auch das Verbot einer unzulässigen Erweiterung der Öffentlichkeit ergibt und ob sich hieraus ein Revisionsgrund nach § 338 Nr. 6 ableiten läßt.

**231**

> *Bsp.:* Zu der Hauptverhandlung gegen den Zuhälter Z sind so viele von dessen Freunden erschienen, daß nicht alle Anwesenden im Gerichtssaal Platz finden. Der zuständige Richter läßt kurzerhand die Verhandlung durch Lautsprecher auf den Gang übertragen. Nach seiner Verurteilung möchte der Z gegen das Urteil Revision einlegen und stützt sich dabei auf § 338 Nr. 6.

Es könnte der Revisionsgrund des § 338 Nr. 6 oder der des § 337 vorliegen. Dazu müßte es sich bei der Übertragung auf den Gang überhaupt um einen Verstoß gegen § 169 GVG handeln. Ob diese Fälle der sog. erweiterten Öffentlichkeit gegen § 169 GVG verstoßen, ist fraglich.

---

182    Roxin, PdW, S. 219

183    BGHSt 10, 202

Aus § 169 GVG ergibt sich richtigerweise auch das Verbot der unzulässigen Erweiterung der Öffentlichkeit. Eine solche hat durch die Lautspre-
cherübertragung stattgefunden. Über den Wortlaut des § 169 S.2 GVG
hinaus ist die Herstellung einer Massenöffentlichkeit deshalb verboten,
weil damit die Möglichkeit der Beeinflussung der Urteilsfindung und der
Beeinträchtigung des Persönlichkeitsrechts der Angeklagten nicht auszuschließen ist. Der Angeklagte wird zum bloßen Schauobjekt degra-
diert.[184]

Jedoch ist strittig, ob die Revision auf § 338 Nr. 6 oder auf § 337 gestützt
werden kann.

In Betracht kommt zunächst § 338 Nr. 6. Nach h.M. umfaßt dieser jedoch
nur die Fälle der unzulässigen Einschränkung der Öffentlichkeit.[185]

Ein Verstoß gegen § 169 GVG durch unzulässige Öffentlichkeitserweite-
rung ist aber nach § 337 revisibel.[186] Voraussetzung ist aber, daß das
Urteil auf dem Verfahrensverstoß beruht. Dies kann hier nicht abschließend beantwortet werden, sondern richtet sich stets nach den Umständen des Einzelfalls.

> **hemmer-Methode:** Auch hier befindet man sich wieder in der bekann-
> ten Wertungsschiene, nämlich Persönlichkeitsrecht des Angeklagten
> und Unabhängigkeit der Entscheidung des Gerichts.

Eine weitere unzulässige Erweiterung der Öffentlichkeit kann z.B.
auch darin bestehen, daß in einem Jugendgerichtsverfahren entgegen § 48 JGG die Öffentlichkeit zur Verhandlung zugelassen wird.

## VIII. Mündlichkeit der Hauptverhandlung

### 1. Grundsätzliches

*Grundlage des Strafurteils sind die in mündlicher Verhandlung vorgebrachten Gegenstände*

Das *Prinzip der Mündlichkeit* der Hauptverhandlung bedeutet, daß     **232**
zur Grundlage des Strafurteils nur diejenigen Gegenstände gemacht
werden dürfen, die in mündlicher Verhandlung vorgebracht und erör-
tert worden sind. Daher sind im Vorverfahren gemachte Aussagen
von Zeugen, Sachverständigen oder vom Beklagten sowie der gesamte Akteninhalt nur dann zu berücksichtigen, wenn sie in der Verhandlung vor dem Gericht mündlich vorgetragen bzw. verlesen werden. Das Prinzip der Mündlichkeit ist seinem Zweck nach eine notwendige Ergänzung des Öffentlichkeitsgrundsatzes. Die Anwesenheit der Öffentlichkeit in der Hauptverhandlung wäre wenig effektiv,
wenn auf Schriftsätze und vorher gemachte Aussagen verwiesen
werden könnte.

*§ 261*

Gesetzlichen Niederschlag findet der Mündlichkeitsgrundsatz vor allem in § 261. Der Richter hat nach seiner aus dem Inbegriff der
(mündlichen) Verhandlung geschöpften Überzeugung zu entscheiden. Ebenso ist nach § 264 I Gegenstand der Urteilsfindung nur die
Tat, wie sie sich nach dem Ergebnis der Verhandlung darstellt.

> **hemmer-Methode:** Versuchen Sie immer auch Querverbindungen her-
> zustellen! Der Grundsatz der Mündlichkeit ist eng verwandt mit dem
> ebenfalls aus § 261 folgenden Prinzip der Unmittelbarkeit. Nach letzte-
> rem müssen Beweismittel dem Gericht in der Hauptverhandlung un-
> mittelbar zugänglich gemacht werden und dürfen nicht durch Surroga-
> te ersetzt werden, vgl. auch § 250. Auch dieses Prinzip, auf das im
> Rahmen des Beweisrechts noch näher einzugehen ist, dient unter an-
> derem der Gewährleistung der Kontrolle durch die Öffentlichkeit.

---

184   KLEINKNECHT/MEYER-GOßNER, § 169 GVG, Rn. 5; ROXIN, JZ 1968, 803

185   BGH JZ 1970, 34; BGHSt 10, 202; 23, 176

186   BGH a.a.O.

## 2. Besonderheiten

*Schöffen*

Besonderheiten gelten insbesondere für die Laienrichter (Schöffen). **233**

> *Bsp.: Schöffe S hilft während der Verhandlung dem armamputierten Richter beim Umblättern der Gerichtsakten. Dabei kann S den Inhalt der Akten lesen und macht davon auch eifrig Gebrauch, um festzustellen, ob die Aussagen des Angeklagten und der Zeugen mit den Ermittlungsergebnissen aus dem Vorverfahren übereinstimmen. Der Angeklagte A will deswegen nach dem Urteil Revision einlegen.*

Ein Revisionsgrund könnte sich aus § 337 ergeben, wenn in der Verhandlung gegen die Grundsätze der Mündlichkeit und Unmittelbarkeit verstoßen worden ist. Dies ist hier der Fall. Aus § 261 läßt sich nämlich auch ableiten, daß sich die Schöffen ihre Überzeugung allein aufgrund des in der Hauptverhandlung mündlich Vorgetragenen bilden müssen. Im Unterschied zu den Berufsrichtern dürfen sie keine Einsicht in die Gerichtsakten haben, da sonst ein Verstoß gegen § 261 vorliegt.[187] Die Berufsrichter dagegen müssen sämtliche Akten zur Vorbereitung der Hauptverhandlung eingehend gelesen haben. Der Unterschied zu den Schöffen erklärt sich daraus, daß man bei Berufsrichtern annimmt, daß sie aufgrund ihrer juristischen Vorbildung befähigt sind, sich nicht durch den Akteninhalt beeinflussen zu lassen.

Ein Revisionsgrund nach § 337 ist daher zu bejahen, da nicht auszuschließen ist, daß das Urteil auf der Kenntnis des Akteninhalts durch den S beruht.

## IX. Beweisaufnahme in der Hauptverhandlung

### 1. Strengbeweis- und Freibeweisverfahren

*Strengbeweis und Freibeweis*

Innerhalb des Beweisrechts ist zwischen zwei Arten der Beweiserhebung zu unterscheiden, nämlich dem sog. Strengbeweis und dem Freibeweis. **234**

### a) Strengbeweis

*Strengbeweis: numerus clausus der Beweismittel*

Das Strengbeweisverfahren ist geregelt in den §§ 244 - 256 und ist gekennzeichnet durch den sogenannten numerus clausus der zugelassenen Beweismittel. Das bedeutet, daß nur die in der StPO vorgesehenen Beweismittel verwendet werden dürfen, nämlich Zeugenbeweis (§§ 48 ff.), Sachverständigenbeweis (§§ 72 ff.), Urkundenbeweis (§§ 249 ff.) und Augenscheinsbeweis (§§ 86 ff.).[188] Das Verfahren ist beherrscht von den Grundsätzen der Mündlichkeit und der Unmittelbarkeit. **235**

> **hemmer-Methode: Zum Sonderfall von Einlassungen des Angeklagten und Mitbeschuldigten lesen Sie unten Rn. 278.**

*gilt für Schuld- und Rechtsfolgenfrage*

Das Strengbeweisverfahren ist ein förmliches Beweisverfahren zur Sachverhaltsaufklärung innerhalb der Hauptverhandlung und bezieht sich nur auf die *Sachentscheidung (Schuld- und Rechtsfolgenfrage)*. Für diese ist es jedoch zwingend vorgeschrieben. Wenn es z.B. um das Vorliegen der Tatbestandsmerkmale eines Strafgesetzes, der Voraussetzungen eines Rechtfertigungsgrundes oder der Voraussetzungen von Strafausschließungs- bzw. Strafaufhebungsgründen geht, dürfen nur die in der StPO vorgesehenen Beweismittel herangezogen werden. Die Tatsache, die bewiesen werden soll, muß dabei zur vollen Überzeugung des Gerichts feststehen. **236**

---

187   RGSt 69, 120; BGHSt 13, 73

188   zu den Beweismitteln s. unten, Rn. 278 ff.

## b) Freibeweis *(in StPO nicht geregelt)*

*Freibeweis: Keine Bindung an gesetzliche Beweismittel*

Zu unterscheiden ist davon das sog. Freibeweisverfahren. Dieses zeichnet sich dadurch aus, daß es keine Bindung an die gesetzlichen Beweismittel gibt. Verwendet werden können alle Beweismittel, die nicht verboten sind, wobei auch die Art der Verwertung frei ist. Das Gericht kann alle ihm zugänglichen Erkenntnisquellen benutzen (z.B. die Einholung schriftlicher und telefonischer Auskünfte, den gesamten Akteninhalt usw.).

**237**

Im Gegensatz zum Strengbeweis genügt hier ein geringerer Grad an Überzeugung seitens des Gerichts, wobei die zu beweisende Tatsache dem Gericht im Sinne einer "Wahrscheinlichmachung" glaubhaft zu machen ist. Der Richter ist dabei an sein pflichtgemäßes Ermessen gebunden.[189]

Zu beachten ist jedoch, daß es sich beim Freibeweisverfahren nicht um ein Verfahren nach Gutdünken handelt. Vielmehr gelten auch hier der Grundsatz des rechtlichen Gehörs, die Beweisverbote zum Schutz bestimmter Personen, die Zeugnisverweigerungsrechte nach §§ 52 ff., die Vereidigungsverbote nach § 60 und die Aussagefreiheit des Angeklagten nach § 136 I. Keine Anwendung finden dagegen die Grundsätze der Mündlichkeit, Unmittelbarkeit und Öffentlichkeit.[190]

*gilt für die Klärung prozessualer Fragen*

Das Freibeweisverfahren gilt in der Hauptverhandlung für die Klärung *prozessualer Fragen*. Dies sind zum einen Tatsachen, die rein prozessuale Bedeutung haben (z.B. die tatsächlichen Voraussetzungen der Beweisverwertungsverbote, der Eidesverbote nach § 60 sowie der Ablehnung eines Beweisantrags). Zum anderen gilt der Freibeweis auch für die Feststellung von Prozeßvoraussetzungen.

*auch für Tatsachen, die außerhalb des Urteils von Bedeutung sind*

Das Freibeweisverfahren findet außerdem Anwendung auf den Nachweis von Tatsachen, die für *andere Entscheidungen des Gerichts als Urteile* relevant sind (z.B. Beschlüsse).

**238**

*Bsp.:* Der Ladendieb L wird nach seiner Festnahme von Polizeimeister P verhört. Dieser möchte rechtzeitig Feierabend machen und schlägt dem L daher, um die Sache etwas zu beschleunigen, ein blaues Auge. Daraufhin legt L ein komplettes Geständnis ab. In der späteren Gerichtsverhandlung behauptet P, L sei leider die Treppe heruntergefallen, als er das Polizeigebäude nach dem Verhör verlassen habe.

L war unmittelbar nach dem Verhör zu einem Arzt gegangen, der die frische Verletzung attestiert hatte, einen Sturz über die Treppe jedoch nicht gänzlich ausschließen konnte. Der vorsitzende Richter hat keine Lust, die Hauptverhandlung zu vertagen, und ruft daher den Arzt an, um sich dessen Attest bestätigen zu lassen. Kann das Geständnis des L aus Sicht des erkennenden Gerichts verwertet werden?

Das Geständnis ist unter Verstoß gegen § 136a I S.1 i.V.m. § 163a IV S.2 gewonnen worden. Aus § 136a III ergibt sich ein absolutes Verbot, die Aussage des L vor Gericht zu verwerten. Zur Erweislichkeit des § 136a I S.1 bedarf es aber des Nachweises, daß die Mißhandlung von P tatsächlich vorgenommen wurde. Aus der Aussage des Arztes könnten sich Anhaltspunkte für eine Mißhandlung ergeben.

aa) Fraglich ist allerdings, ob die telefonische Nachfrage des Richters bei dem Arzt ein zulässiges Beweismittel ist. Eine Nachfrage per Telefon bei Zeugen oder Sachverständigen ist in der StPO (insbesondere §§ 244 ff.) nicht vorgesehen. Allerdings gelten diese Vorschriften nur für das Strengbeweisverfahren. Dieses wird in der Hauptverhandlung nur dann angewandt, wenn es um Fragen der Schuld oder des Strafmaßes geht.

---

189 BEULKE, Rn. 180; BGHSt 16, 164
190 KLEINKNECHT/MEYER-GOßNER, § 244, Rn. 9 m.w.N.

Hier könnte aber das Freibeweisverfahren Anwendung finden. Dieses gilt für die Beweiserhebung außerhalb der Hauptverhandlung und für die Beweiserhebung in der Hauptverhandlung, soweit es lediglich um Verfahrenshindernisse oder sonstige prozeßerhebliche Tatsachen geht. Zu letzteren gehören z.B. auch die tatsächlichen Voraussetzungen eines Beweisverfahrens oder Beweisverwertungsverbotes. Verwendet werden können dabei alle nicht verbotenen Beweismittel, somit auch der Telefonanruf beim Arzt des L. Das Beweismittel ist also zulässig.

bb) Problematisch ist aber, daß die Aussage des Arztes letztlich keinen Aufschluß bringt, da dieser einen Sturz von der Treppe nicht vollends ausschließen kann. Ob in einem solchen Fall der Grundsatz "in dubio pro reo" anzuwenden ist, ist umstritten.

Ganz unstreitig gilt der Grundsatz in bezug auf die Schuld- und Straffrage.

Streit herrscht jedoch, wenn es um Prozeßvoraussetzungen oder das Vorliegen sonstiger prozessual erheblicher Tatsachen geht.

Nach einer Auffassung folgt die grundsätzliche Anwendbarkeit von "in dubio pro reo" aus dem Rechtsstaatsprinzip. Danach genügt es hier, wenn L den Verstoß gegen § 136a I glaubhaft macht. Da konkrete Anhaltspunkte hierfür vorliegen, darf das Geständnis nicht verwertet werden.[191]

Die Rspr. und die herrschende Meinung differenzieren jedoch. Der Grundsatz soll gelten bei Prozeßvoraussetzungen (z.B. Fragen der Verjährung, des Strafklageverbrauchs und der Verhandlungsfähigkeit des Angeklagten), nicht aber bezüglich Verfahrensfehlern und rechtlichen Zweifeln.

Bei allen sonstigen Verfahrensfehlern findet der in-dubio-pro-reo-Satz somit keine Anwendung.[192] Daher ist der Grundsatz auch nicht auf die Behauptung des Angeklagten, sein Geständnis sei erpreßt worden, anwendbar, wenn sich dies nicht mit Sicherheit nachweisen läßt. Da es sich um einen sonstigen Verfahrensfehler handelt, muß dieser nachgewiesen werden. Zweifel gehen daher zu Lasten des Angeklagten.[193]

Da L eine Mißhandlung durch P nicht nachweisen kann, kann das Geständnis (über die Zeugenaussage des P) vor Gericht verwertet werden.

## 2. Allgemeine Grundsätze der Beweisaufnahme

hemmer-Methode: Vergegenwärtigen Sie sich noch einmal, daß die nun folgenden Ausführungen zu den §§ 244 ff. nur das Strengbeweisverfahren in der Hauptverhandlung betreffen. Für die Klärung prozessualer Fragen gilt dagegen das Freibeweisverfahren, für das sich in der StPO keine Regelung findet.

*Beweisaufnahme dient nur Ermittlung der Umstände, die für die Entscheidung des Gerichts von Bedeutung sind*

a) Ziel der Beweisaufnahme in der Hauptverhandlung ist die Ermittlung der Umstände, die für die Entscheidung des Gerichts von Bedeutung sind (§ 244 II). Der Richter entscheidet dabei nach seiner aus dem Inbegriff der Verhandlung gewonnenen Überzeugung (§ 261). Die Beweisaufnahme kann sich auf äußere (z.B. Verletzungshandlung) oder innere Tatsachen (z.B. Vorsatz) erstrecken. **239**

b) Nicht bewiesen werden müssen Tatsachen, die *offenkundig* sind. Darunter versteht man Tatsachen, die entweder allgemeinkundig oder gerichtskundig sind. **240**

191 LR-Hanack, § 137, Rn. 69
192 BGHSt 16, 164
193 BGHSt 16, 164; Kleinknecht/Meyer-Goßner, § 136a, Rn. 32

*Allgemeinkundig* sind dabei Tatsachen und Erfahrungssätze, von **241**
denen verständige und erfahrene Menschen regelmäßig ohne weiteres Kenntnis haben oder über die sie sich aus allgemein zugänglichen zuverlässigen Quellen unschwer unterrichten können.[194] Dazu
können zählen z.B. Naturvorgänge, physikalische Daten oder ge-
schichtlich erwiesene Vorgänge. Quellen der Allgemeinkundigkeit,
die das Gericht ohne weiteres benutzen darf, sind vor allem Zeitun-
gen, Hörfunk oder Fernsehen.[195]

*Gerichtskundig* sind Tatsachen und Erfahrungssätze, die der Richter
im Zusammenhang mit seiner amtlichen Tätigkeit zuverlässig in Erfahrung gebracht hat.[196] Dabei kommt es nicht darauf an, ob er diese
Kenntnisse in dem anhängigen oder in einem anderen Verfahren
gewonnen hat.

*zu unterscheiden:*

**c)** Zu unterscheiden ist zwischen Haupttatsachen, Indiztatsachen **242**
und Hilfstatsachen.

*Haupt-, Hilfs- und Indiztatsachen*

*Haupttatsachen* sind solche, die sich direkt unter eine materiellrechtliche Vorschrift subsumieren lassen, also z.B. die Wegnahme beim
Raub.

Zu den *Indiztatsachen* gehören Tatsachen, aus denen sich ein
Schluß auf Haupttatsachen ziehen läßt. Darunter fällt beispielsweise
die Beobachtung, daß der Räuber R mit der Beute in der Hand den
Tatort verlassen hat.

*Hilfstatsachen* beziehen sich dagegen auf die Beweiskraft anderer
Beweismittel, z.B. die Glaubwürdigkeit eines Zeugen.[197]

### 3. Grundlagen der Beweisaufnahme

#### a) Grundsatz der Beweisaufnahme von Amts wegen, § 244 II

*§ 244 II: positivrechtliche Ausprä-*
*gung des Untersuchungsgrundsat-*
*zes*

**aa)** In der Hauptverhandlung gilt der bereits dargestellte *Untersu-* **243**
*chungsgrundsatz (Inquisitionsmaxime)*[198]. Dieser findet seine positivrechtliche Ausprägung in § 244 II. Danach muß das Gericht von
Amts wegen die Beweisaufnahme auf alle Tatsachen erstrecken, die
für die Erforschung der materiellen Wahrheit und die Urteilsfindung
von Bedeutung sind. Der Richter muß sich um die bestmöglichen
Beweise bemühen und darf sich nicht einfach auf das verlassen, was
ihm von Staatsanwaltschaft und Verteidigung vorgelegt wird. Er muß
von sich aus alle den Angeklagten belastenden und entlastenden
Umstände ermitteln.

*Bsp.:* Der Angeklagte A gibt, da er die Nase voll hat, den ihm vorgeworfe- **244**
nen Diebstahl einfach zu. Der Vorsitzende darf nun nicht einfach die von
der Verteidigung benannten Entlastungszeugen wegschicken und den A
verurteilen. Vielmehr müssen auch diese aufgerufen werden, um den wahren Sachverhalt mit allen zu Gebote stehenden Mitteln zu erforschen.

**hemmer-Methode:** Auch hierin zeigt sich wieder der Unterschied zum
Zivilprozeß. Während es dort nur um die Schlichtung von Streitigkeiten zwischen Privatpersonen geht, hat das Strafverfahren einen mas-
siven staatlichen Eingriff in die Grundrechte des einzelnen zum Gegenstand. Daher sind an die Erforschung des wahren Sachverhalts ex-
trem hohe Anforderungen zu stellen.

---

194   BVerfGE 10, 177; BVerwG NVwZ 1983, 99

195   KLEINKNECHT/MEYER-GOßNER, § 244, Rn. 51

196   BVerfGE 10, 177; BGHSt 6, 292

197   vgl. BEULKE, Rn. 405

198   s. oben, Rn. 16 ff.

*Problem: Grenze der Aufklärungspflicht*

**bb)** Fraglich ist dagegen, wo die *Grenze der richterlichen Aufklärungspflicht* liegt. Die Aufklärungspflicht geht nach der Rspr. auf jeden Fall so weit, wie Umstände, die dem Gericht positiv bekannt sind oder vernünftigerweise hätten bekannt sein müssen, den Gebrauch bestimmter weiterer Beweismittel notwendig erscheinen lassen oder ihn zumindest nahelegen.[199] Dies soll auch dann noch der Fall sein, wenn nur die entfernteste Möglichkeit einer Änderung der durch die bisherige Beweisaufnahme ermittelten Ergebnisse besteht.[200] Sind hingegen keinerlei Anhaltspunkte dafür vorhanden, daß ein bestimmtes Beweismittel dazu geeignet ist, zur weiteren Aufklärung des Sachverhalts beizutragen oder Zweifel zu beheben, so ist das Gericht nicht nach § 244 II zur Beweisaufnahme verpflichtet.[201]

**245**

> **hemmer-Methode:** Das Gericht ist also nicht verpflichtet, ein Beweismittel zuzulassen, wenn keine positiven Anhaltspunkte dafür bestehen, daß dieses zur weiteren Aufklärung des Sachverhalts geeignet ist.

### b) Beweisanträge in der Hauptverhandlung

#### aa) Begriff des Beweisantrags

*Verfahrensbeteiligte haben Beweisantragsrecht*

Zusätzlich zur Aufklärungspflicht des Gerichts nach § 244 II besteht ein Recht der übrigen Verfahrensbeteiligten zur Stellung von Beweisanträgen. Zur Antragstellung berechtigt sind der Staatsanwalt, der Nebenkläger, der Privatkläger sowie der Angeklagte und sein Verteidiger. Das Gericht ist aufgrund seiner allgemeinen Aufklärungspflicht zur Entgegennahme und ordnungsgemäßen Verbescheidung des Antrags verpflichtet, wobei es die Regelungen der §§ 244 III - VI, 245, 246 zu beachten hat. Ein Verstoß führt in der Regel zu einem Revisionsgrund nach § 337.

**246**

*Beweisanträge können auch nach Beendigung der Beweisaufnahme gestellt werden*

In der Hauptverhandlung dürfen Beweisanträge i.S.d. §§ 244, 245 uneingeschränkt bis zum Beginn der Urteilsverkündung gestellt werden, und zwar auch noch nach Abschluß der Beweisaufnahme (s. § 258 I). Gemäß § 246 I kann ein Beweisantrag nicht mit der Begründung zurückgewiesen werden, er sei zu spät gestellt worden. Allerdings sind in einem solchen Fall die § 246 II - IV zu beachten.

**247**

> **hemmer-Methode:** Das Recht zur Stellung von Beweisanträgen folgt unmittelbar aus dem Anspruch auf rechtliches Gehör nach Art. 103 I GG. Dies ist einer der Gründe für die strenge Regelung der Ablehnungsvoraussetzungen in der StPO.

*keine gesetzliche Definition des Beweisantrags*

Eine gesetzliche Definition des Beweisantrags existiert nicht, weswegen auf den von der Rspr. entwickelten Begriff zurückzugreifen ist. Danach ist ein Beweisantrag das ernsthafte Verlangen eines Prozeßbeteiligten, daß über eine bestimmte Tatsachenbehauptung durch ein bestimmt bezeichnetes und nach der StPO zulässiges Beweismittel Beweis erhoben wird.[202] Der notwendige Inhalt eines Beweisantrags besteht somit aus zwei Elementen:

**248**

---

199  BGH StV 1981, 164

200  BGHSt 23, 176; 30, 131; BGH StV 1993, 194; BEULKE, Rn. 406

201  Für Referendare: An dieser Stelle setzt in der Revision die sogenannte Aufklärungsrüge an. Sie ist zumeist der letzte Rettungsanker, falls keine anderen Verfahrensverstöße erkennbar sind. In der Klausur problematisch ist hierbei insbesondere die Begründung einer solchen Rüge gemäß § 344 II S.2.

202  BGHSt 1, 29; 6, 128; NStZ 1981, 361

bestimmte Beweistatsache

**(1)** Der Antrag muß eine *bestimmte Beweistatsache* bezeichnen. Der Antragsteller muß eine (zu beweisende) Tatsache vorbringen, die seiner Meinung nach feststeht und nicht nur möglicherweise gegeben ist. Dabei darf es sich nicht um bloße Wertungen oder aus der Luft gegriffene Behauptungen handeln.[203] Außerdem muß die Tatsache hinreichend bestimmt behauptet werden, das heißt, es darf z.B. nicht offenbleiben, an welchem Tag sich die Beweistatsache ereignet hat.[204]

**249**

> *Bsp.:* Der Verteidiger V beantragt in der Verhandlung, Beweis darüber zu erheben, daß einer der Zeugen die anderen Zeugen vor der Vernehmung beeinflußt hat. Auf die Frage des Richters, welche Zeugen beeinflußt worden sein sollen, bleibt er jedoch eine Antwort schuldig. In diesem Fall ist die Beweistatsache nicht hinreichend bestimmt, weswegen kein Beweisantrag, sondern nur ein Beweisermittlungsantrag (dazu s.u.) vorliegt. Dieser braucht nicht durch Gerichtsbeschluß beschieden zu werden.

bestimmtes Beweismittel

**(2)** Außerdem muß in dem Antrag für die zu beweisende Tatsache ein *bestimmtes Beweismittel* angegeben werden. Dabei muß es sich um ein solches des Strengbeweises, also Zeugen-, Sachverständigen-, Urkunden- oder Augenscheinsbeweis handeln. Der Antragsteller darf es nicht dem Gericht überlassen, das entsprechende Beweismittel erst zu suchen.

**250**

Allerdings reicht es, wenn er die Tatsachen vorträgt, die es dem Gericht ermöglichen, das Beweismittel zu identifizieren und zu ermitteln.[205]

> *Bsp.:* Bei einem Antrag auf Zeugenbeweis ist es für einen Beweisantrag nicht zwingend erforderlich, daß Name und ladungsfähige Anschrift des Zeugen benannt werden. Es genügt, wenn die betreffende Person aufgrund der Angaben festgestellt werden kann.

Hinzu kommt, daß die in dem Antrag bezeichneten Beweismittel neu sein müssen. Handelt es sich lediglich um einen Antrag auf Wiederholung einer bereits erfolgten Beweisaufnahme, so liegt nur ein sog. Beweisermittlungsantrag vor.[206]

### bb) Abgrenzung zum Beweisermittlungsantrag

Beweisermittlungsantrag nur an § 244 II zu prüfen

Vom Beweisantrag unterscheidet man den sog. *Beweisermittlungsantrag.* Letzterer beinhaltet das einfache Begehren des Antragstellers an das Gericht, in bestimmter Weise ermittelnd tätig zu werden. Jedoch fehlen dem Antrag eine oder mehrere der für einen Beweisantrag notwendigen Voraussetzungen. Daraus folgt, daß das Gericht bei einem Beweisermittlungsantrag nicht an die Ablehnungsgründe der §§ 244 III - VI, 245 II S.2, S.3 gebunden ist, sondern lediglich im Rahmen seiner Aufklärungspflicht nach § 244 II entscheidet, ob Beweis erhoben wird oder nicht.[207]

**251**

Daneben existiert auch der Begriff der sog. *Beweisanregung,* die sich vom Beweisermittlungsantrag nur dadurch unterscheidet, daß das Begehren auf Beweiserhebung weniger stark ausgeprägt ist. Dem Gericht wird eine Beweiserhebung lediglich nahegelegt.[208]

**252**

---

203  BGHSt 37, 162; BGH JR 1988, 387

204  OLG Köln VRS 64, 279

205  BGH MDR 1960, 329; 1971, 547

206  BGHStV 1991, 2; BEULKE, Rn. 437

207  BEULKE, Rn. 435

208  BEULKE, Rn. 435

> **hemmer-Methode:** Beachten Sie die Bedeutung der Abgrenzung zwischen Beweis- und Beweisermittlungsantrag für die Revision! Während bei der Ablehnung eines Beweisantrages die Revision bereits dann begründet ist (§ 337), wenn die unten genannten Ablehnungsgründe nicht eingreifen, kann bei Ablehnung eines Beweisermittlungsantrags lediglich ein Verstoß gegen die allgemeine Aufklärungspflicht des Gerichts gemäß § 244 II gerügt werden.

### cc) Ablehnung von Beweisanträgen

*Ablehnung durch Beschluß*

Die Ablehnung von Beweisanträgen durch das Gericht muß durch förmlichen Gerichtsbeschluß erfolgen, § 244 VI. Dies gilt sowohl für Beweisanträge i.S.d. § 244 als auch für solche nach § 245 II.   **253**

### dd) Systematik der Ablehnungsgründe

*Ablehnung setzt Ablehnungsgrund voraus*

Liegt tatsächlich ein Beweisantrag vor, so kann das Gericht nicht nach freiem Ermessen über dessen Ablehnung entscheiden. Vielmehr darf eine Ablehnung nur erfolgen, wenn die Voraussetzungen der §§ 244 III - VI, 245 II S.2, S.3 vorliegen. Was die Systematik der Ablehnungsgründe betrifft, so unterscheidet man zwischen präsenten und nicht präsenten Beweismitteln.   **254**

*präsente Beweismittel*

*Präsente Beweismittel* sind die vorgeladenen und in der Hauptverhandlung auch erschienenen Zeugen und Sachverständige sowie alle sonstigen Beweismittel, die bereits herbeigeschafft worden sind. Hinsichtlich ihrer Ablehnung gilt allein § 245.   **255**

*nicht präsente Beweismittel*

*Nicht präsente Beweismittel* sind dagegen die, die erst herbeigeholt werden müssen. Die Behandlung diesbezüglicher Beweisanträge ist geregelt in § 244 III - VI. Als nicht präsent gelten auch Zeugen und Sachverständige, die ohne Ladung von Verfahrensbeteiligten mit in die Verhandlung gebracht worden sind.   **256**

### ee) Ablehnungsgründe bei nicht präsenten Beweismitteln

#### (1) Ablehnung eines Beweisantrags nach § 244 III   **257**

*Unzulässigkeit des Beweises*

**(a)** Ein Beweisantrag ist (zwingend) gemäß § 244 III S.1 abzulehnen, wenn die Erhebung des Beweises *unzulässig* ist.   **258**

> **hemmer-Methode:** Hier ist begriffliche Genauigkeit geboten! Die Unzulässigkeit der Beweiserhebung ist zu unterscheiden von der Unzulässigkeit des Beweisantrags (z.B. bei Anträgen nichtberechtigter Antragsteller). Der zwingende Ablehnungsgrund des § 244 III S.1 gilt nur für nicht zulässige Beweiserhebungen. Unzulässige Beweisanträge können allenfalls als Beweisermittlungsanträge aufgefaßt werden.[209] Das Gericht entscheidet dann nur im Rahmen seiner allgemeinen Aufklärungspflicht, ob Beweis erhoben wird oder nicht.

Unzulässig ist die Beweiserhebung vor allem, wenn das bezeichnete Beweismittel unter ein Beweismittel- oder Beweisverwertungsverbot fällt.   **259**

*Bsp. für Unzulässigkeit*

> *Bsp.:* Die Beweiserhebung ist z.B. unzulässig, wenn sie mit Beweismitteln erfolgen soll, die in der StPO nicht zugelassen sind. Ferner ist sie unzulässig über Themen, die nicht Gegenstand einer Beweisaufnahme sein können (z.B. die Wahrnehmungen der erkennenden Richter oder sonstiger Verfahrensbeteiligter in der laufenden Verhandlung). Unzulässig ist die Beweiserhebung auch, wenn der Beweis durch verbotene Methoden (z.B. §§ 136a, 69 III) erlangt worden ist.

---

209   KLEINKNECHT/MEYER-GOßNER, § 244, Rn. 48 f.

*Weitere Bsp.:*

Unzulässigkeit der Beweiserhebung liegt z.B. auch dann vor, wenn es sich um in der StPO nicht zugelassene Beweismittel (Mitangeklagte, Privatkläger, erfolgreich abgelehnte Sachverständige) oder um Themen, die nicht Gegenstand einer Beweisaufnahme sein können, handelt.                                    **260**

*Beweiserhebung offenkundig überflüssig*

**(b)** Nach § 244 III S.2 darf eine Ablehnung des Beweisantrags erfolgen, wenn die Beweiserhebung wegen *Offenkundigkeit* überflüssig ist. Offenkundigkeit heißt, daß die fragliche Tatsache entweder allgemein- oder gerichtskundig ist.[210] Im Gegensatz zu § 244 III S.1 ist die Ablehnung hier jedoch nicht zwingend.                                    **261**

*Bedeutungslosigkeit des Beweises*

**(c)** Eine Ablehnung kann auch wegen *Bedeutungslosigkeit* der zum Beweis gestellten Tatsache für die Entscheidung erfolgen. Das ist zu bejahen, wenn die Tatsache keinen Zusammenhang mit der abzuurteilenden Tat aufweist oder sie trotz eines solchen Zusammenhangs nicht geeignet ist, die Entscheidung irgendwie zu beeinflussen.[211]                                    **262**

> **hemmer-Methode: Wichtig in diesem Zusammenhang ist das Verbot der Beweisantizipation! Darunter versteht man das Verbot der Vorwegnahme der Beweiswürdigung.**
> **Eine Beweisprüfung darf deshalb nicht mit dem Argument abgelehnt werden, daß *das Gegenteil* bereits bewiesen sei.[212] Anders aber, wenn der neue Beweis letztendlich nur das bereits gefundene Ergebnis bestätigen würde.**

*Tatsache bereits erweisen*

**(d)** Ein weiterer Ablehnungsgrund aus § 244 III S.2 ergibt sich, wenn die *Tatsache schon erwiesen* ist. Das ist dann der Fall, wenn das Gericht von der Richtigkeit der Tatsache aufgrund des bisherigen Ergebnisses der Beweisaufnahme schon so überzeugt ist, daß es für das Urteil keine weitere Beweisaufnahme mehr zu benötigen glaubt.[213] Notwendig ist aber, daß die Tatsache positiv erwiesen ist. Es reicht auf keinen Fall aus, daß das Gegenteil der Beweistatsache, also ihr Nichtvorliegen schon erwiesen ist. Dies ergibt sich zwingend aus dem Verbot der Beweisantizipation, wonach niemals eine Vorwegnahme der Beweiswürdigung stattfinden darf.[214] Das Gericht muß immer das Für und Wider einer zum Beweis gestellten Tatsache einander gegenüberstellen.                                    **263**

> **hemmer-Methode: Sinn dieses Ablehnungsgrundes ist also unter anderem die Prozeßökonomie. Es soll nicht noch einmal Beweis über eine Tatsache erhoben werden müssen, von deren Vorliegen das Gericht ohnehin schon überzeugt ist.**

*völlige Ungeeignetheit des Beweismittels*

**(e)** Ein Beweisantrag kann wegen *völliger Ungeeignetheit des Beweismittels* abgelehnt werden. Voraussetzung ist, daß der Richter im Freibeweisverfahren feststellen kann, daß sich mit dem beantragten Beweismittel das in Aussicht gestellte Ergebnis nach sicherer Lebenserfahrung nicht erzielen läßt.[215]                                    **264**

*Bsp.: Als Zeuge ungeeignet ist, wer wegen einer geistigen Behinderung oder Volltrunkenheit zur fraglichen Zeit die erforderliche Wahrnehmung nicht machen konnte. Als Sachverständiger ist ungeeignet, wem die notwendige Sachkunde völlig fehlt (der Schreiner S kann nicht zu medizinischen Fragen gehört werden).*                                    **265**

---

210    dazu vgl. oben, Rn. 245

211    BGH NJW 1953, 35; 1961, 2069; MDR 1967, 815

212    KLEINKNECHT/MEYER-GOßNER, § 244, Rn. 56 sowie 46

213    KLEINKNECHT/MEYER-GOßNER, § 244, Rn. 57

214    BEULKE, Rn. 443

215    BGH StV 1990, 98; BGHSt 14, 339

*Unerreichbarkeit des Beweismittels*

**(f)** Eine Zurückweisung kann erfolgen, wenn das Beweismittel *unerreichbar* ist. Dies ist der Fall, wenn alle der Bedeutung des Beweismittels entsprechenden Bemühungen des Gerichts, es herbeizuschaffen, erfolglos geblieben sind und auch keine Aussicht besteht, daß eine Heranziehung in absehbarer Zeit möglich sein wird.

**266**

> **hemmer-Methode: Erforderlich ist hier also eine Güterabwägung. Einander gegenübergestellt werden auf der einen Seite die Bedeutung der Sache und die Wichtigkeit des Beweismittels für die Wahrheitsfindung und auf der anderen Seite das Interesse an einem zügigen Verfahren.**

*Bsp.: Unerreichbarkeit kann gegeben sein bei Zeugen im Ausland, oder wenn Polizei oder Nachrichtendienste Namen und Adresse ihrer V-Leute nicht preisgeben.*

**267**

*Verschleppungsabsicht*

**(g)** Ein Beweisantrag kann außerdem zurückgewiesen werden, wenn er mit *Verschleppungsabsicht* gestellt wird. Dazu müssen drei Voraussetzungen[216] erfüllt sein:

**268**

- Aus der Beweisaufnahme kann nach der Überzeugung des Gerichts nichts Sachdienliches erbracht werden.

- Durch die Vornahme würde das Verfahren erheblich verzögert werden.

- Der Antragsteller weiß dies und bezweckt ausschließlich die Verzögerung des Verfahrens.

Das Gericht muß nach Art eines Indizienbeweises aufgrund äußerer Umstände die Verschleppungsabsicht des Antragstellers sicher nachweisen können.

**269**

*Wahrunterstellung*

**(h)** Schließlich kann auf die Beweisaufnahme verzichtet werden, wenn eine erhebliche Tatsache, die den Angeklagten entlasten soll, *so behandelt werden kann, als wäre sie wahr.* Da nur entlastende Tatsachen in Frage kommen, muß der Beweisantrag zugunsten des Angeklagten gestellt sein. Da der Richter eine umfassende Aufklärungspflicht hat, ist eine Wahrunterstellung nur statthaft, wenn eine weitere Klärung des Sachverhalts nicht mehr möglich ist.[217]

**270**

*zusätzl. Ablehnungsgründe*

**(2)** Ablehnungsgründe bei Anträgen auf Sachverständigenbeweis (§ 244 IV)

**271**

> **hemmer-Methode: Beachten Sie die Systematik des § 244 III - VI! Die Ablehnungsgründe des § 244 III gelten für alle nicht präsenten Beweismittel, wohingegen in § 244 IV und V zusätzliche Ablehnungsgründe für Sachverständigenbeweis, Augenscheinseinnahme und Zeugenbeweis geschaffen worden sind.**

*eigene Sachkunde*

**(a)** Ein Beweisantrag auf (erstmalige) Vernehmung eines Sachverständigen kann gemäß § 244 IV S.1 abgelehnt werden, wenn das Gericht selbst die erforderliche Sachkunde besitzt.

**272**

*Tatsache bereits erwiesen*

**(b)** Nach § 244 IV S.2 kann der Antrag auf Vernehmung eines weiteren Sachverständigen abgelehnt werden, wenn durch das frühere Sachverständigengutachten das Gegenteil der behaupteten Tatsache bereits erwiesen ist. Hierbei handelt es sich um einen gesetzlich ausdrücklich geregelten Fall der sonst unzulässigen Beweisantizipation. Zu beachten sind jedoch die Ausnahmen des § 244 IV S.2, 2. HS.

**273**

---

216    BGHSt 29, 149; BGH StV 1990, 391; BEULKE, Rn. 446

217    vgl. BEULKE, Rn. 447 m.w.N.

**(3)** Ablehnung von Anträgen auf Augenscheinsbeweis und bei Auslandszeugen (§ 244 V)    274

*Augenschein und Auslandszeuge*

Einen Beweisantrag auf Augenscheinseinnahme sowie auf Vernehmung eines Zeugen, dessen Ladung im Ausland zu bewirken wäre, kann das Gericht nach pflichtgemäßem Ermessen ablehnen, § 244 V S.1 und 2. Maßgebendes Kriterium ist dabei allein die gerichtliche Aufklärungspflicht. Kann z.B. die Beweisaufnahme durch Besichtigung von Fotografien der Örtlichkeit genügen, so bedarf es keiner Augenscheinseinnahme vor Ort.[218]    275

### ff) Ablehnung von Beweisanträgen bei präsenten Beweismitteln

*Ablehnung bei präsenten Beweismitteln*

Gemäß § 245 I ist die Beweisaufnahme auch ohne Beweisantrag zwingend auf alle erschienenen Zeugen und Sachverständigen zu erstrecken, die vom Gericht vorgeladen worden sind, ferner auf alle sonstigen Beweismittel, die vom Gericht oder der Staatsanwaltschaft herbeigeschafft worden sind.    276

Ein diesbezüglicher Beweisantrag ist aber nur möglich, wenn die Beweiserhebung nicht *unzulässig* ist, § 245 I S.1 a.E.

Der Begriff der Unzulässigkeit ist derselbe wie in § 244 III S.1.[219] Zu beachten ist aber § 245 I S.2, wonach von der Beweiserhebung abgesehen werden *kann*, wenn Staatsanwaltschaft, Verteidigung und Angeklagter einverstanden sind.

*Besonderheit bei Ladung durch StA oder Angeklagten*

Für die von der Staatsanwaltschaft oder vom Angeklagten geladenen Zeugen und Sachverständigen (vgl. §§ 220 I, 214 III) sowie für alle sonstigen vom Angeklagten herbeigeschafften Beweismittel gilt dagegen § 245 II. Danach ist das Gericht zur Beweisaufnahme nur verpflichtet, wenn ein entsprechender Beweisantrag gestellt wird (§ 245 II S.1). Eine Ablehnung dieses Antrags darf nur nach § 245 II S.2 und 3 erfolgen.    277

### 4. Arten der Beweismittel

*abschließende Aufzählung*

In der StPO sind die für das Strengbeweisverfahren zulässigen Beweismittel abschließend aufgezählt. Man spricht vom sog. numerus clausus der Beweismittel. Zulässige Beweismittel sind der Zeugenbeweis (§§ 48 ff.), der Sachverständigenbeweis (§§ 72 ff.), der Urkundenbeweis (§§ 249 ff.) und der Augenscheinsbeweis (§§ 86 ff.).    278

> **hemmer-Methode:** Ebenfalls Mittel des Beweisführung sind die Aussagen der Beschuldigten und Mitbeschuldigten.[220] Diese sind Inhalt der Hauptverhandlung und damit natürlich auch Gegenstand der Urteilsfindung.[221] Allerdings gehören diese Aussagen nicht zur Beweisaufnahme im prozeßtechnischen Sinne (vgl. Wortlaut § 244 I "Beweismittel").

### a) Zeugen, §§ 48 ff.

### aa) Begriff

*Zeuge*

Zeuge ist, wer vor dem Richter seine Wahrnehmungen über Tatsachen in bezug auf eine nicht gegen ihn selbst gerichtete Straftat durch Aussage kundgeben soll. Er darf nicht durch eine andere Verfahrensrolle von dieser Position ausgeschlossen sein.[222]    279

---

218  KLEINKNECHT/MEYER-GOßNER, § 244, Rn. 78

219  s. oben, Rn. 255

220  KLEINKNECHT/MEYER-GOßNER, Einl., Rn. 49

221  KLEINKNECHT/MEYER-GOßNER, § 261, Rn. 6

222  RGSt 52, 289

*str.: Mitbeschuldigter als Zeuge*

**(1)** Letzteres ist natürlich beim *Beschuldigten* und beim *Mitbeschuldigten* der Fall. Umstritten ist jedoch, ob ein Mitbeschuldigter hinsichtlich der Tat Zeuge sein kann, wenn das Verfahren gegen ihn von dem Verfahren gegen den anderen Beschuldigten abgetrennt worden ist oder von Anfang an in einem getrennten Verfahren gegen ihn vorgegangen wird.

*280*

*e.A.: materielle Gesichtspunkte*

Nach einer Ansicht soll dies unter *materiellrechtlichen Gesichtspunkten* zu beurteilen sein. Bereits die Stellung als Verdächtiger einer Tat im strafprozessualen Sinne schließe eine Vernehmung des Mitbeschuldigten als Zeuge aus. Auf seine formale Stellung im Verfahren könne es dabei nicht ankommen. Selbst bei einer Trennung der Verfahren könne er daher kein Zeuge sein.[223]

*281*

*Rspr.: Rein formale Betrachtungsweise*

Nach der Rspr. soll jedoch eine *rein formale Betrachtungsweise* maßgebend sein. Es kommt also allein darauf an, ob die Verfahren miteinander verbunden sind oder nicht. Handelt es sich um getrennte Verfahren, kann der Mitbeschuldigte ohne weiteres in dem anderen Verfahren als Zeuge vernommen werden (sog. "informeller Mitbeschuldigtenbegriff").[224] Dies soll auch bei einer vorübergehenden Trennung gelten, jedoch nur dann, wenn der frühere Mitbeschuldigte zu Umständen befragt wird, die in keinerlei Zusammenhang mit der ihm selbst vorgeworfenen Tat stehen.[225]

*282*

> **hemmer-Methode:** Von diesem Streit sollten Sie zumindest einmal gehört haben, da es sich um ein Standardproblem handelt. Es gilt, Problembewußtsein zu schaffen und Verständnis zu entwickeln. Dennoch sollte man sich vor allem im Zweiten Staatsexamen konsequent für die Ansicht der Rspr. entscheiden (Arg. § 60 Nr. 2); denn nur auf diese kommt es dem Praktiker an.

*Verteidiger als Zeuge*

**(2)** Zeuge in derselben Sache kann ferner der *Verteidiger* sein.[226] Gemäß § 138a kann er deswegen auch nicht vom Verfahren ausgeschlossen werden.

*283*

*Richter als Zeuge*

**(3)** Der *Richter* kann in derselben Sache grundsätzlich als Zeuge vernommen werden. Sobald dies erfolgt, ist er jedoch nach § 22 Nr. 5 kraft Gesetzes von dem Verfahren ausgeschlossen.

*284*

*Staatsanwalt als Zeuge*

**(4)** Staatsanwälte können, obwohl sie an der Sitzung teilnehmen, auch als Zeugen vernommen werden.[227] Ob und inwieweit sie danach als befangen anzusehen sind, ergibt sich aus dem Gegenstand der Zeugenaussage. Das Problem hieran ist, daß der Staatsanwalt in seinem Schlußplädoyer die in der Verhandlung gemachten Zeugenaussagen würdigen muß.

*285*

Fraglich ist aber, ob er zu genügender Objektivität hinsichtlich seiner eigenen Aussage fähig ist.

> **hemmer-Methode:** Denken Sie jedoch daran, daß es bei Befangenheit eines Staatsanwalts trotz analoger Anwendung der §§ 22 ff. keine verfahrenstechnischen Möglichkeiten gibt, ihn während des laufenden Verfahrens auszuschließen und durch einen anderen Staatsanwalt zu ersetzen.[228] Vielmehr muß mangels gesetzlicher Regelung auf den Umweg über das Revisionsrecht, insbesondere § 337, zurückgegriffen werden.

---

223   von GERLACH JR 1969, 149; DÜNNEBIER JR 1975, 1; LR-WENDISCH, § 2, Rn. 55

224   BGHSt 10, 8; 27, 139; BGH StV 1984, 361

225   BGHSt 10, 8; 38, 96

226   BGH NJW 1953, 1600

227   OLG Celle NStZ 1984, 136

228   s. oben, Rn. 51

> **Während der Zeugenaussage muß sich der aussagende Staatsanwalt von einem Kollegen vertreten lassen, da sonst in Abwesenheit der Staatsanwaltschaft verhandelt wird, was einen absoluten Revisionsgrund nach § 338 Nr. 5 darstellt.**

*nicht grds. ausgeschlossen*

Der Rspr. zufolge ist der als Zeuge vernommene Staatsanwalt nicht pauschal ausgeschlossen. Dies soll nur dann eintreten, wenn seine staatsanwaltliche Tätigkeit in unlösbarem Zusammenhang mit seiner Zeugenaussage steht. In einem solchen Fall kann der Staatsanwalt weiter an der Verhandlung teilnehmen, wenn durch Zuziehung eines zweiten Staatsanwalts dafür gesorgt ist, daß er seine eigene Zeugenaussage im Schlußvortrag nicht selbst würdigen muß.

**286**

Einer solchen Zuziehung eines weiteren Staatsanwalts bedarf es jedoch nicht, wenn der Staatsanwalt nur zu rein technischen Vorgängen oder unbedeutenden Nebenfragen ausgesagt hat.[229]

**(5)** Ohne Probleme Zeugen sein können der *Nebenkläger* (§ 397 I S.1) und der *Sachverständige* (§ 74 I S.2).

**287**

*Privatkläger niemals Zeuge*

**(6)** Niemals als Zeuge vernommen werden kann der *Privatkläger*.[230]

### bb) Ladung der Zeugen

*Ladung*

Gemäß § 48 muß der Zeuge zur Verhandlung ordnungsgemäß geladen werden.

**288**

Eine bestimmte *Form* ist für die Ladung nur in § 38 vorgesehen, wenn sie durch den Angeklagten (§§ 220 I, 323 I S.1, 386 II), den Privatkläger (§ 386 II), den Nebenkläger (§ 397 I), den Beschuldigten im Sicherungsverfahren (§ 414 I), die Verfalls- und Einziehungsbeteiligten (§§ 433 I, 440 III, 442 I) sowie durch juristische Personen und Personenvereinigungen (§§ 444 II S.2, III S.1)[231] erfolgt. In diesem Falle wird der Gerichtsvollzieher mit der Ladung beauftragt.

Gericht und Staatsanwaltschaft (§ 161a I S.2) dagegen können eine Ladung schriftlich, mündlich, telegrafisch, durch Fernschreiber und sogar telefonisch vornehmen.

*Inhaltlich* muß die Ladung die Aufforderung an den Zeugen enthalten, zu einem bestimmten Zeitpunkt an einem bestimmten Ort zur Vernehmung zu erscheinen. Dabei muß die Ladung erkennen lassen, daß der Geladene als Zeuge vernommen werden soll, vgl. Nr. 64 RiStBV.

### cc) Pflichten des Zeugen

*Zeugenpflichten*

Den Zeugen treffen in (und auch außerhalb) der Hauptverhandlung grundsätzlich drei Pflichten.

**289**

*Pflicht zu Erscheinen*

**(1)** Er ist verpflichtet, auf eine ordnungsgemäße Ladung hin vor dem Richter (§§ 48 - 51) oder vor dem Staatsanwalt (§ 161a I S.1) *zu erscheinen*. Kommt er dieser Pflicht nicht nach, können Ordnungs- oder sogar Zwangsmaßnahmen angewandt werden.

**290**

---

229   BGHSt 14, 265; 21, 85

230   KLEINKNECHT/MEYER-GOßNER, § 384, Rn. 3

231   KLEINKNECHT/MEYER-GOßNER, § 38, Rn. 1

> **hemmer-Methode:** Der Zeuge ist also nur verpflichtet, vor dem Richter oder dem Staatsanwalt zu erscheinen. Wird er dagegen von der Polizei geladen, besteht diese Pflicht nicht. Will die Polizei die Anwesenheit des Zeugen mit Zwangsmitteln herbeiführen, muß sie ihn durch den Ermittlungsrichter oder den Staatsanwalt laden lassen. Dieses Problem ist eine beliebte Frage im Mündlichen!

*Aussagepflicht*

**(2)** Außerdem ist er verpflichtet, zum Gegenstand der Vernehmung *auszusagen* (§§ 52 - 56). Besonders zu erwähnen ist dabei die Wahrheitspflicht des Zeugen (vgl. §§ 57 S. 1, 66c I). Er darf also nicht vorsätzlich die Unwahrheit aussagen. Ihren strafrechtlichen Niederschlag findet diese Pflicht in einer eventuellen Strafbarkeit nach den §§ 153 ff. StGB.

291

Sowohl die Erscheinens- als auch die Aussagepflicht des Zeugen sind staatsbürgerliche Pflichten, die die StPO nicht begründet, sondern bereits voraussetzt (insbesondere in § 51 I S.1).[232]

> **hemmer-Methode:** Anders als der Beschuldigte hat der Zeuge also kein Recht zu schweigen. Vielmehr trifft ihn die grundsätzliche staatsbürgerliche Pflicht, an der Wahrheitsfindung mitzuwirken. Ausnahmen bestehen nur, wenn er sich auf ein Zeugnisverweigerungsrecht oder Auskunftsverweigerungsrecht berufen kann.

*Eidespflicht*

**(3)** Als letztes trifft den Zeugen auch immer die Pflicht, seine Aussage zu *beeiden*, § 59. Jedoch bestehen auch hiervon Ausnahmen. In den Fällen des § 60 Nrn. 1 und 2 ist eine Vereidigung verboten. In den Fällen des § 61 Nrn. 1 - 5 kann das Gericht nach seinem pflichtgemäßen Ermessen von der Vereidigung absehen.

292

Falls es sich bei den Zeugen um Angehörige des Beschuldigten i.S.d. § 52 I handelt, haben sie nach § 63 ein Eidesverweigerungsrecht, über das sie auch zu belehren sind.

> **hemmer-Methode:** Dies sind also die berühmten drei Pflichten des Zeugen. Die Faustregel heißt: Der Zeuge muß "kommen, reden und schwören". Wenngleich dies im Sinne des Gesetzes eigentlich die Regel darstellt, so wird in der Praxis jedoch regelmäßig im gegenseitigen Einvernehmen auf die Vereidigung verzichtet, § 61 Nr. 5. Die Nichtvereidigung ist dann aber zu protokollieren, § 64.

### dd) Formaler Ablauf der Zeugenvernehmung[233]

*Belehrungspflicht nach § 57*

**(1)** Vor der eigentlichen Vernehmung sind die Zeugen nach § 57 über die dort aufgeführten Punkte zu belehren. Ein Unterbleiben der Belehrung führt jedoch nicht zu einem Verwertungsverbot bezüglich der Aussage, da § 57 nicht dem Schutz des Angeklagten dient.

293

**(2)** Gemäß § 58 I sind die Zeugen jeweils einzeln und in Abwesenheit der später zu hörenden Zeugen zu vernehmen.

**(3)** Zu Beginn der Vernehmung werden die Zeugen nach § 68 zur Person befragt.

**(4)** Erst daran schließt sich die eigentliche Vernehmung zur Sache (§ 69) an. Dazu wird der Zeuge zunächst aufgefordert, die ihm bekannten Tatsachen im Zusammenhang darzustellen, § 69 I. Anschließend werden dann, falls dies zur weiteren Aufklärung erforderlich sein sollte, Fragen gestellt, § 69 II.

---

232   LR-DAHS, vor § 48 Rn. 6

233   vgl. BEULKE, Rn. 196

*Vereidigung*

**(5)** Nach seiner Vernehmung ist jeder Zeuge zu vereidigen (§ 59). Die Vereidigung wird vom Vorsitzenden (entgegen dem Wortlaut, vgl. § 61) im Rahmen seiner Sachleitungsbefugnis nach § 238 angeordnet. Zu beachten ist, daß grundsätzlich nach jeder Vernehmung eine Vereidigung des Zeugen zu erfolgen hat und nur in den Ausnahmefällen der §§ 60 - 62 davon abgesehen werden kann bzw. muß.

**(6)** Jeder Zeuge hat das Recht, bei seiner Vernehmung einen Rechtsanwalt als Beistand heranzuziehen.[234] Dies folgt aus dem Grundsatz des "fair trial".

*294*

### ee) Zeugnisverweigerungsrechte

| Übersicht zu Zeugnis- und Aussageverweigerungsrechten: | | | | |
|---|---|---|---|---|
| Vorschrift: | Wer? | Warum? | Belehrung: | Fehlerfolge: |
| § 52 | Ehegatte Verlobter Verwandte Verschwägerte | typisierte Konfliktsituation bzgl. sozialer Verbundenheit | § 52 III S.1 | Revision (+) |
| § 53 § 53a | Berufsgeheimnisträger | Vertrauensverhältnis, Strafbarkeit nach § 203 StGB | im Gesetz nicht vorgesehen, nur bei offensichtlicher Unkenntnis | Revision grds. (-), aber falls Belehrung erfolgt, muß sie richtig sein, sonst § 337 |
| § 54 | zur Verschwiegenheit verpflichtete Personen | staatliches Interesse | wie bei § 53 | Revision (-) |
| § 55 | jeder Zeuge | keine Verpflichtung zur Selbstbelastung | § 55 II selbständig neben § 52 III S.1 | Revision (-) |

**Zu beachten ist:**
Im Falle der Falschaussage besteht stets die Gefahr der Strafbarkeit nach §§ 153 ff. BGB.
Erfolgt jedoch eine Aussage, so besteht die Gefahr der Beeinträchtigung der Interessen der jeweiligen Vorschriften der StPO!

*Zeugnisverweigerungsrecht: Schützt vor Gewissenskonflikt*

In bestimmten vom Gesetz geregelten Fällen hat der Zeuge das Recht, trotz der grundsätzlich bestehenden Aussagepflicht die Aussage zu verweigern. Grund für diese Ausnahmen ist, daß den Zeugen in bestimmten Situationen unzumutbare Gewissenskonflikte oder rechtliche Konflikte erspart werden sollen. Erfaßt sind von der Vorschrift Fälle, in denen *regelmäßig* ein solcher Interessenkonflikt ent- bzw. bestehen kann. Ob dieser im Einzelfall *tatsächlich* besteht, ist jedoch gleichgültig.[235]

*295*

Zu beachten ist auch die an § 52 anknüpfende Vorschrift des § 63, die den zeugnisverweigerungsberechtigten Personen bei dennoch erfolgter Aussage ein Eidesverweigerungsrecht gibt, über das sie zu belehren sind.

> **hemmer-Methode:** Behalten Sie diesen Schutzzweck bei der Frage, ob im Einzelfall ein Zeugnisverweigerungsrecht besteht, im Auge! Gerade in schwierigen Abgrenzungsfällen (z.B. Wirksamkeit des Verlöbnisses) muß dieser Schutzzweck für die eigene Argumentation herangezogen werden.

---

234  BVerfGE 38, 105

235  KLEINKNECHT/MEYER-GOßNER, § 52, Rn. 1

*Zeugnisverweigerungsrecht der Angehörigen*

**(1)** Zeugnisverweigerungsberechtigt sind vor allem *nahe Angehörige des Beschuldigten*, § 52 I. Dies sind Verlobte, Ehegatten, Verwandte (§ 1589 BGB) und Verschwägerte (§ 1590 BGB). Diese Personen können ihren Verzicht auf das Verweigerungsrecht zu jeder Zeit widerrufen, sogar noch während der Vernehmung, § 52 III S.2. Gemäß § 52 III S.1 sind sie über ihr Zeugnisverweigerungsrecht zu belehren. Unterbleibt die Belehrung, darf die Aussage nicht verwertet werden (str.), es sei denn, daß der Zeuge sein Verweigerungsrecht kannte und erwiesenermaßen auch bei einer Belehrung davon keinen Gebrauch gemacht hätte.[236]

**296**

> **hemmer-Methode:** Beachten Sie, daß das Zeugnisverweigerungsrecht bei mehreren Beschuldigten auch dann gilt, wenn das Verfahren gegen den Angehörigen abgetrennt wird!
> Ausreichend ist, daß zu irgendeinem Zeitpunkt zumindest ein Ermittlungsverfahren gegen die Beschuldigten zusammenhängend betrieben worden ist.[237] Das Zeugnisverweigerungsrecht erlischt jedoch, wenn das Verfahren gegen den Angehörigen rechtskräftig abgeschlossen wird oder dieser verstirbt[238].

**(a)** § 52 I Nr. 1

*Nr. 1: Verlöbnis*

Nach § 52 I Nr. 1 haben Verlobte ein Zeugnisverweigerungsrecht. Verlöbnis ist ein gegenseitiges und von beiden Seiten ernst gemeintes Eheversprechen, das nicht notwendigerweise öffentlich sein muß.[239] Im Hinblick auf Zweifel gilt jedoch nicht der Grundsatz des *in dubio pro reo*, da dieser nur für Fragen der Schuld gilt.[240]

Problematisch ist die Frage nach der zivilrechtlichen Wirksamkeit der Verlobung:

*Bsp.: Gegen B läuft ein Strafverfahren wegen Betrugs (§ 263 StGB) und Urkundenfälschung (§ 267 StGB). B ist verheiratet und betreibt gerade die Scheidung von seiner Ehefrau. Als Zeugin wird Z geladen, die mit B seit drei Wochen verlobt ist. Z will sich auf das Zeugnisverweigerungsrecht nach § 52 I Nr. 1 berufen.*

Ob in diesem Fall § 52 I Nr. 1 eingreift, ist strittig.

Nach der Rspr. ist dies zu verneinen, da ein Verlöbnis mit einem Verheirateten grundsätzlich sittenwidrig und damit nichtig ist.[241]

Nach anderer Ansicht soll es auf die zivilrechtliche Wirksamkeit des Verlöbnisses nicht ankommen. Entscheidend ist vielmehr die Konfliktsituation des Zeugen, die im vorliegenden Fall genauso gegeben ist. Ein Zeugnisverweigerungsrecht soll daher anzuerkennen sein.[242]

Das Zeugnisverweigerungsrecht braucht nicht schon z.Z. der Tat bestanden zu haben. Vielmehr reicht es aus, daß es z.Z. der Aussage besteht.[243]

---

236  BGH NStZ 1990, 549

237  KLEINKNECHT/MEYER-GOßNER, § 52, Rn. 11

238  BGH NStZ 1992, 192; 1992, 291

239  BGH NJW 1972, 1334

240  vgl. unten, Rn. 399 ff.

241  BGH NStZ 1983, 564; BayObLG JR 1984, 125

242  BEULKE, Rn. 191

243  KLEINKNECHT/MEYER-GOßNER, § 52, Rn. 4

Mit der neueren Rechtsprechung[250] erlischt jedoch das ZVR, wenn das Verfahren gegen den Angehörigen entweder rechtskräftig abgeschlossen ist (Verurteilung o. Freispruch), oder aber auch dann, wenn der Angehörige verstorben ist, weil in diesen Fällen die durch § 52 typisierte Konfliktsituation nicht mehr denkbar ist.

---

**hemmer-Methode: Hierbei handelt es sich um eine examenstypische Fallkonstellation, denn Sie müssen hier zeigen, daß Sie nicht nur pauschal gelernt, sondern den Schutzzweck der Norm auch wirklich verstanden haben. Maßgeblich ist also, daß Sie diese Wertung in der Klausur auch richtig zur Geltung bringen.**

---

*begrenztes Zeugnisverweigerungs-recht nach § 53*

**(2)** Ein begrenztes Zeugnisverweigerungsrecht haben nach *§§ 53, 53a* die Angehörigen bestimmter Berufsgruppen und ihre Helfer. Die dort genannten Personen können im Einzelfall das Zeugnis verweigern, wenn es sich um Tatsachen handelt, die ihnen bei der Ausübung (nicht nur bei Gelegenheit[251]) ihres Berufes anvertraut oder bekanntgegeben worden sind.

**301**

*Bsp.: Ein Arzt erlangt aufgrund einer Untersuchung des Bankräubers B Kenntnis von dessen Geisteskrankheit. Kein Zeugnisverweigerungsrecht nach § 53 I Nr. 3 hat er jedoch, wenn er bei der Behandlung durch Zufall von seinem Patienten erfährt, daß dessen Freund F ein seit langem gesuchter Serienmörder ist.*

*Geheimnisschutz*

Grund für diese Regelung ist, daß bei den aufgezählten Berufsgruppen ein Geheimnisschutz für die Berufsausübung unumgänglich ist. Zu berücksichtigen ist aber, daß Anwälte und Ärzte (§ 53 I Nr. 2 - 3b) von ihrer Schweigepflicht entbunden werden können (vgl. § 53 II) mit der Folge, daß das Zeugnisverweigerungsrecht erlischt und der Zeuge zur Aussage verpflichtet ist. Zur Entbindung berechtigt ist jeder, zu dessen Gunsten die Schweigepflicht besteht. Sie erfolgt durch ausdrückliche oder schlüssige Erklärung vor Gericht (Prozeßhandlung).[252]

**302**

*keine Belehrungspflicht*

Eine Pflicht zur Belehrung über das Zeugnisverweigerungsrecht ist in §§ 53 und 53a nicht vorgesehen. Das beruht darauf, daß der Gesetzgeber den betroffenen Berufsgruppen ausreichende Rechtskenntnis bezüglich ihres Berufs unterstellt.

---

**hemmer-Methode: Das Zeugnisverweigerungsrecht des § 53 findet seine materiellrechtliche Entsprechung in § 203 StGB. Danach machen sich die in § 53 genannten Personen sogar strafbar, wenn sie Berufsgeheimnisse kundtun.**

---

*Verweigerungspflicht, jedoch kein Verwertungsverbot*

Wegen der Parallele zu § 203 StGB trifft die in § 53 genannten Berufsgruppen nicht nur ein Recht, sondern sogar eine Pflicht, das Zeugnis zu verweigern, wenn keine Befreiung nach § 53 II vorliegt.

**303**

Umstritten ist daher die Verwertbarkeit der Aussage, wenn der Zeuge ein Geheimnis rechtswidrig, also ohne nach § 53 II befreit zu sein, offenbart hat.

Nach der Rspr. ist eine unter Verletzung des Berufsgeheimnisses zustandegekommene Aussage uneingeschränkt verwertbar.[253]

---

250    BGH JR 93, 213

251    BGHSt 38, 7

252    vgl. KLEINKNECHT/MEYER-GOßNER, § 53, Rn. 45 f.

253    BGHSt 9, 59; 18, 157

*Bundespräsident*

**(3)** Ein begrenztes Zeugnisverweigerungsrecht hat nach § 54 III fer- **304**
ner der *Bundespräsident*. Dieser trifft dabei eine Ermessensentscheidung, die nicht überprüft werden kann.

### ff) Notwendigkeit einer Aussagegenehmigung

*Aussagegenehmigung*

Eine Sonderregelung trifft § 54 I für Richter, Beamte und andere **305**
Personen des öffentlichen Dienstes, soweit sich ihre Aussage auf
Umstände bezieht, auf die sich ihre Pflicht zur Amtsverschwiegenheit
erstreckt. Die Voraussetzungen einer in der Regel von der Dienstbehörde zu erteilenden Genehmigung sind in beamtenrechtlichen Regelungen enthalten, z.B. §§ 62 I BBG, 39 III S.1, 14 SoldG.

> **hemmer-Methode:** Man sollte aber wissen, daß § 54 I nur ein sog. Be-
> weiserhebungsverbot schafft.
> Sagt die betreffende Person trotz verweigerter Aussagegenehmigung
> aus, ist die Aussage nach h.M. dennoch verwertbar[254].
> Die Vorschrift beabsichtigt nicht den Schutz des Beschuldigten
> (Rechtskreistheorie, vgl. auch unten Rn. 373)! Weiterer Grund dafür
> ist, daß nun der Zweck des Beweiserhebungsverbots hinfällig gewor-
> den ist. Die von § 54 beabsichtigte Geheimhaltung kann nicht mehr
> erreicht werden.

### gg) Auskunftsverweigerungsrecht

*Auskunftsverweigerungsrecht: Für
einzelne Fragen*

Gemäß § 55 I besteht für alle Zeugen ein Auskunftsverweigerungs- **306**
recht in bezug auf einzelne Fragen, durch deren Beantwortung sie
entweder sich selbst oder ihre Angehörigen der Gefahr aussetzen
würden, wegen einer Straftat oder Ordnungswidrigkeit verfolgt zu
werden. § 55 ist eine Ausprägung des allgemeinen strafverfahrens-
rechtlichen Grundsatzes, daß niemand gezwungen ist, sich selbst zu
belasten.

> **hemmer-Methode:** Machen Sie sich also den Unterschied zwischen **307**
> dem Auskunftsverweigerungsrecht und dem Zeugnisverweigerungs-
> recht klar! Das Zeugnisverweigerungsrecht begründet das umfassen-
> de Recht des Zeugen, überhaupt nicht auszusagen. Das Auskunfts-
> verweigerungsrecht hingegen besteht nur hinsichtlich einzelner Fra-
> gen, durch deren Beantwortung der Zeuge sich oder seine Angehöri-
> gen belasten würde.

*str.: Verwertungsverbot bei fehlender
Belehrung*

Über dieses Auskunftsverweigerungsrecht ist der Zeuge gemäß **308**
§ 55 II zu belehren. Unterbleibt die Belehrung und sagt der Zeuge
deshalb aus, ist umstritten, ob die Aussage dennoch gegen den Angeklagten verwertet werden kann. Nach der Rechtsprechung des
BGH ist kein Verwertungsverbot anzunehmen, da diese Vorschrift
nicht den Schutz des Angeklagten bezweckt.[255]

> **hemmer-Methode:** Bei diesem Problemkreis handelt es sich um einen
> Klassiker, der anhand der vom BGH entwickelten "Rechtskreistheorie"
> entschieden werden muß; ausführlich zu diesem Problem unten Rn.
> 373 ff., 378.

---

254   BEULKE, Rn. 190

255   KLEINKNECHT/MEYER-GOßNER, § 55, Rn. 17

## b) Sachverständigenbeweis, §§ 72 ff.

### aa) Begriff

*"Gehilfe des erkennenden Gerichts"*

Der Sachverständige wird vielfach als "Gehilfe des erkennenden Gerichts"[256] charakterisiert. Er zeichnet sich aus durch seine *besondere, dem Richter fehlende Sachkunde*. Der Sachverständige wird vom Gericht bestellt, um aufgrund seiner besonderen Kenntnisse über Tatsachen oder Erfahrungssätze Auskunft zu geben oder einen bestimmten Sachverhalt zu beurteilen. Darüber fertigt der Sachverständige dann ein Gutachten an.

309

> Bsp.: Ein Professor für klinische Psychiatrie wird vom Gericht beauftragt, ein Gutachten über den Geisteszustand des Angeklagten anzufertigen. Ein Ballistiker erstellt ein Gutachten über die Tatwaffe in einem Mordprozeß.

*Bestellung liegt im Ermessen des Gerichts*

Die Frage, ob überhaupt ein Sachverständiger bestellt wird, liegt im pflichtgemäßen Ermessen des Gerichts.[257] Das Gericht muß einschätzen, ob es selbst über die erforderliche Sachkunde verfügt oder nicht. Dasselbe gilt für die Frage, wer als Sachverständiger herangezogen wird.[258]

310

> hemmer-Methode: Bestellt ein Gericht trotz fehlender eigener Sachkunde keinen Sachverständigen, so bleibt dies natürlich nicht folgenlos. In einem solchen Fall kann jedenfalls die sog. Aufklärungsrüge (Verletzung von § 244 II) erhoben werden (vgl. Fußnote zu Rn. 245).

*Abgrenzung: Sachverständiger - Zeuge*

Abzugrenzen ist der Sachverständige vom *Zeugen*. Von diesem unterscheidet er sich vor allem durch seine besondere Sachkunde. Außerdem wird der Sachverständige im Gegensatz zum Zeugen vom Gericht beauftragt, § 73.

311

*sachverständiger Zeuge*

Ein weiteres Abgrenzungsproblem stellt sich in bezug auf den sog. *sachverständigen Zeugen* (vgl. § 85). In diesem vereinigen sich Merkmale von Sachverständigem und Zeugen, da er sowohl über besondere Kenntnisse verfügt, als auch über die Wahrnehmung vergangener Tatsachen vernommen wird. Das Unterscheidungskriterium ist hier, daß der Sachverständige vom Gericht beauftragt wird, § 73.

312

Der sachverständige Zeuge hingegen ist nichts anderes als ein gewöhnlicher Zeuge, der über eine wahrgenommene Tatsache aufgrund besonderer Sachkunde berichtet. Ein Sachverständiger kann daher ausgewechselt werden, was bei einem sachverständigen Zeugen nicht der Fall ist.[259]

> Bsp.: A ist Arzt. Er ist als erster am Tatort, an dem X den Y erstochen hat. In der Hauptverhandlung gegen X wird A über seine medizinischen Beobachtungen am Tatort befragt.

> A ist hier als Arzt einerseits Sachverständiger im Hinblick auf die Verletzungen des Y. A wird im vorliegenden Fall jedoch nicht als Sachverständiger, sondern über seine Wahrnehmungen als Zeuge des weiteren Tatverlaufs vernommen.

---

256 BGHSt 9, 292
257 vgl. BGHSt 23, 176
258 BGH NStZ 1990, 400
259 vgl. ROXIN, PdW, S.330 f.; BEULKE, Rn. 197

> **hemmer-Methode:** Dieses Problem wird vor allem im Rahmen der Revision relevant! Oft wird der Sachverständige in der Klausur vor Gericht Wahrnehmungen schildern, die über seinen gerichtlichen Auftrag hinaus gehen. Insoweit ist er sachverständiger Zeuge. Problematisch ist dann aber, daß die Verfahrensvorschriften über die Zeugenvernehmung regelmäßig nicht eingehalten worden sind. Diese sind nun dahingehend zu untersuchen, ob eine Revision auf ihre Verletzung gestützt werden kann. Dies gilt regelmäßig für eine fehlende Vereidigung des sachverständigen Zeugen gemäß § 59.

*Anwesenheitsrecht des Sachverständigen, § 80 II*

Für den Sachverständigen gelten grundsätzlich die gleichen Vorschriften wie für den Zeugen, soweit das Gesetz keine Abweichungen vorsieht, § 72. Ein wesentlicher Unterschied ist, daß der Sachverständige während der gesamten Hauptverhandlung an der Sitzung teilnehmen darf. Dies ergibt sich aus § 80 II. **313**

### bb) Ablehnung des Sachverständigen

*Befangenheit des Sachverständigen*

Gemäß § 74 I S.1 kann der Sachverständige aus denselben Gründen wie ein Richter wegen Befangenheit abgelehnt werden (§§ 22 Nr. 1 - 4, 24 analog). Der Unterschied ist, daß die gesetzlichen Ausschlußgründe des § 22 beim Sachverständigen zu Ablehnungsgründen werden. Das bedeutet, daß ein Sachverständiger, auf den einer der genannten Befangenheitsgründe zutrifft, nicht wie ein Richter automatisch kraft Gesetzes vom Verfahren ausgeschlossen ist. Vielmehr muß durch die dazu berechtigten Personen (§ 74 II S.1) ein Ablehnungsantrag gestellt werden, über den das Gericht dann durch Beschluß entscheidet. **314**

> *Bsp.: In einem Verfahren wird der BKA-Beamte B als Sachverständiger für Fragen herangezogen, die den Staatsschutz betreffen. B ist normalerweise als Hilfsbeamter der Staatsanwaltschaft mit der Aufklärung politischer Straftaten befaßt. Mit dem vorliegenden Fall hat er jedoch nichts zu tun.*
>
> Da B nicht mit der Verfolgung des betreffenden Falles befaßt gewesen ist, kann sich ein Ablehnungsantrag nicht ohne weiteres auf §§ 74 I i.V.m. 22 Nr. 4 stützen. Dennoch soll nach der Rspr. hier Befangenheit zu bejahen sein.[260]
>
> Wenn ein Sachverständiger in Fällen ähnlicher Art, wie sie Gegenstand des Verfahrens sind, verfolgend tätig wird, kann dies auch bei vernünftig denkenden Beschuldigten durchaus zu der Besorgnis führen, daß der Sachverständige der Angelegenheit nicht ganz unvoreingenommen gegenüber steht.

### cc) Pflichten des Sachverständigen

*Wahrheitspflicht*

Bei der Erstellung seines Gutachtens treffen den Sachverständigen über § 72 grundsätzlich dieselben Pflichten wie den Zeugen. Er muß vor Gericht erscheinen und unterliegt in seinem Gutachten der gleichen Wahrheitspflicht wie der Zeuge. **315**

*Gutachtenpflicht*

Eine Pflicht des Sachverständigen, der Ernennung durch das Gericht Folge zu leisten besteht nur in den Ausnahmefällen gemäß § 75 I und II. Nach § 76 hat der Sachverständige zudem ein dem Zeugnisverweigerungsrecht korrespondierendes Gutachtenverweigerungsrecht.

---

260   BGHSt 18, 214

### dd) Auswertung des Gutachtens

*Richter muß sich selbst sachkundig machen*

Bei der Auswertung des Sachverständigengutachtens durch das Gericht gilt ebenfalls der Grundsatz der freien richterlichen Beweiswürdigung, § 261. Jedoch darf das Gericht nicht einfach die Erkenntnisse und Schlußfolgerungen des Sachverständigen übernehmen, sondern muß sich selbst kundig machen und dann selbständig über das Resultat befinden.[261]

**316**

### c) Urkundenbeweis, §§ 249 ff.

### aa) Urkundenbegriff und Arten von Urkunden

*proz. Urkundenbegriff*

Unter Urkunde im Sinne der StPO versteht man jedes Schriftstück, das einen verlesbaren Gedankeninhalt aufweist.[262]

**317**

> **hemmer-Methode:** Vergegenwärtigen Sie sich die Unterschiede zwischen dem Urkundenbegriff des § 267 StGB und dem des Strafverfahrensrechts: Die Urkunde im Sinne des Strafrechts ist eine verkörperte Gedankenerklärung, die zum Beweis geeignet und bestimmt ist und den Aussteller erkennen läßt.
> Der materiellrechtliche Urkundenbegriff ist zum einen weiter als der der StPO, da unter § 267 StGB auch die sog. Beweiszeichen (z.B. Preisauszeichnung bei Waren) fallen. Da diese keinen verlesbaren Gedankeninhalt haben, sind sie nicht Urkunden im strafprozessualen Sinn. Andererseits müssen Urkunden im Sinne der StPO im Gegensatz zu § 267 StGB schriftlich sein. Urkunden i.S.d. StPO müssen aber nicht zum Beweis bestimmt sein und nicht ihren Aussteller erkennen lassen.

*zu unterscheiden: Konstitutivurkunden; Berichtsurkunden*

Man unterscheidet zwei Arten von Urkunden. Zu nennen sind zum einen die sog. *Konstitutivurkunden*. Das sind Urkunden, die durch ihren gedanklichen Inhalt selbst einen Straftatbestand erfüllen, wie z.B. ein Brief mit beleidigendem Inhalt oder ein pornographisches Heft. Zum anderen gibt es die sog. *Berichtsurkunden*, die lediglich Mitteilungen über eine Straftat enthalten. Darunter fallen z.B. Vertragsniederschriften oder Briefe einer Person, worin diese über den Tathergang berichtet.[263]

**318**

### bb) Einführung des Urkundenbeweises in den Prozeß; Zulässigkeit des Urkundenbeweises

*Verlesung*

Der Urkundenbeweis wird gemäß § 249 I S.1 dadurch geführt, daß die Urkunde in der Verhandlung verlesen wird. Dies folgt aus dem Mündlichkeitsprinzip. Eine Ausnahme von der grundsätzlichen Verlesungspflicht enthält § 249 II. Weiterhin finden sich in den §§ 250 ff. Einschränkungen der Zulässigkeit des Urkundenbeweises.

**319**

Unter Umständen kann die Verwertung von Urkunden auch aus verfassungsrechtlichen Gründen unzulässig sein. Bekanntes Beispiel sind die Fälle, in denen ein persönliches Tagebuch als Urkundenbeweis vor Gericht verwertet werden soll. Hier ist das Persönlichkeitsrecht des Verfassers gegen das öffentliche Interesse an der Strafverfolgung abzuwägen.[264]

---

261    BGHSt 7, 238; 12, 311

262    SK-SCHLÜCHTER, § 249, Rn. 9; BEULKE, Rn. 203

263    ROXIN, PdW, S.347

264    vgl. unten, Rn. 372

### d) Augenscheinsbeweis, §§ 86 ff.

*Augenschein: Jede sinnliche Wahrnehmung*

Augenschein ist jede sinnliche Wahrnehmung durch Sehen, Hören, Riechen, Schmecken oder Fühlen.[265] Der Augenschein wird also nicht allein durch die Augen (z.B. Besichtigung des Tatorts) gewonnen. Dem Augenscheinsbeweis unterliegen daher Sachen, Menschen oder Vorgänge, die mit den Sinnen wahrgenommen werden können. So fallen darunter auch Tonband-, Film- und Videoaufnahmen.

**320**

> **hemmer-Methode: Klammern Sie sich also nicht zu sehr an den Wortlaut "Augenschein". Auch Geschmackssinn und Tastsinn ermöglichen einen Augenscheinsbeweis!**
> **Zweifelhaft kann aber unter Umständen die Abgrenzung des Augenscheinsbeweises zum Urkundenbeweis sein, wenn Gegenstand der Augenscheinseinnahme ein Schriftstück ist. Unterscheidungskriterium ist, ob Gegenstand der Beweisaufnahme der gedankliche Inhalt der Urkunde sein soll oder deren körperliche Beschaffenheit (z.B. die Frage, ob in dem Text radiert wurde). Im ersteren Fall liegt ein Urkundenbeweis vor, im zweiten eine Augenscheinseinnahme.[266]**

*Augenscheinsgehilfe*

Die Augenscheinseinnahme muß nicht notwendig durch einen Richter erfolgen. Vielmehr kann sich das Gericht auch nichtrichterlicher Personen als sog. Augenscheinsgehilfen bedienen. Dies tut es insbesondere, wenn der Augenschein an einer nur schwer zugänglichen Stelle einzunehmen ist.[267] Es handelt sich dabei um eine Ausnahme vom Grundsatz der Unmittelbarkeit der Beweisaufnahme.

**321**

### 5. Grundsatz der Unmittelbarkeit der Beweisaufnahme

### a) Allgemeines

*Unmittelbarkeit*

Der Grundsatz der Unmittelbarkeit der Beweisaufnahme beinhaltet zwei Komponenten.[268]

**322**

*formelle*

Erstens muß die Beweisaufnahme *vor dem erkennenden Gericht* selbst erfolgen (formelle Unmittelbarkeit). Es genügt also nicht, wenn ein Beweis im Vorverfahren durch die Staatsanwaltschaft oder die Polizei aufgenommen wird. Das Beweismittel muß in irgendeiner Weise auch in die Verhandlung eingeführt werden.

*materielle*

Zweitens gilt die Regel vom *Vorrang des originären Beweismittels* (materielle Unmittelbarkeit). Die Beweismittel dürfen nicht durch Surrogate ersetzt werden. Eine besondere gesetzliche Ausprägung findet dieses letztere Prinzip in den § 250 S.1 für den Beweis einer Tatsache aufgrund der Wahrnehmung einer Person. In diesem Fall muß der Zeuge unmittelbar in der Verhandlung vernommen werden. Die Vernehmung darf nicht durch Verlesung eines Protokolls über eine frühere Vernehmung oder durch Verlesung einer schriftlichen Erklärung ersetzt werden, § 250 S.2 (*Vorrang des Personalbeweises vor dem Urkundenbeweis*).

---

265 BGHSt 18, 51; KLEINKNECHT/MEYER-GOßNER, § 86, Rn. 1

266 KLEINKNECHT/MEYER-GOßNER, § 86, Rn. 13

267 KLEINKNECHT/MEYER-GOßNER, § 86, Rn. 4; BEULKE, Rn. 204

268 SCHLÜCHTER, Kernwissen Strafprozeßrecht, S. 13ff

> **hemmer-Methode:** Machen Sie sich gleich an dieser Stelle folgendes klar: § 250 S. 2 verbietet nur die Verlesung des Vernehmungsprotokolls.
> Nicht ausgeschlossen ist jedoch die Vernehmung der seinerzeitigen Verhörsperson als sogenannter "Zeuge vom Hörensagen". Die §§ 250 ff. beinhalten kein allgemeines Prinzip, daß immer das tatnächste Beweismittel vorrangig ist.

### b) Ausnahmen vom Grundsatz der persönlichen Vernehmung

*Ausnahmen*

Ausnahmen von diesem Grundsatz des § 250 finden sich aber in den §§ 251 ff.                                                                    **323**

> **hemmer-Methode:** Diese Ausnahmen vom Grundsatz der persönlichen Vernehmung sind notwendig im Interesse der Wahrheitsfindung. Ansonsten würde die Tatsachenfeststellung in den aufgezählten Fällen unmöglich gemacht oder zu sehr erschwert.[269]

### aa) Verlesung von Protokollen nach § 251

*Verlesung von Protokollen gem. § 251*

§ 251 bestimmt, unter welchen Voraussetzungen ausnahmsweise Protokolle über eine vor der Verhandlung erfolgte Vernehmung von Zeugen, Sachverständigen oder Mitbeschuldigten in der Verhandlung verlesen werden dürfen. § 251 gilt also nicht für den Angeklagten. Für diesen findet sich eine abschließende Regelung in § 254. In jedem Fall ist für die Zulässigkeit der Protokollverlesung erforderlich, daß bei der früheren Vernehmung der Vernommene ordnungsgemäß über sein Zeugnis- und Aussageverweigerungsrecht belehrt worden ist.[270]                                        **324**

*richterliche Vernehmungsprotokolle*

Für *richterliche Vernehmungsprotokolle* ist dies in § 251 I Nrn. 1 - 4 abschließend geregelt. Für derartige Vernehmungen im Vorfeld einer Verhandlung ist der Ermittlungsrichter (§ 162) zuständig.                        **325**

> **hemmer-Methode:** Rufen Sie sich noch einmal die Funktion des Ermittlungsrichters im Vorverfahren ins Gedächtnis! Dieser kann bereits dort Handlungen vornehmen, die nur einem Richter zustehen. An § 251 I zeigt sich der Vorteil, den ein richterliches Vernehmungsprotokoll unter Umständen für die Staatsanwaltschaft haben kann. Die Voraussetzungen des § 251 I für eine Verlesung des Schriftstücks sind nämlich wesentlich weiter als die des § 251 II.

*nichtrichterliche Vernehmungsprotokolle*

Bei *nichtrichterlichen Vernehmungsprotokollen*, also staatsanwaltschaftlichen oder polizeilichen Ermittlungsprotokollen, gilt dagegen § 251 II. Hat der Angeklagte einen Verteidiger, so kann die Verlesung erfolgen, wenn Staatsanwalt, Verteidiger und Angeklagter einverstanden sind, § 251 II S.1. Ansonsten kann das nichtrichterliche Protokoll nur unter den Voraussetzungen des § 251 II S.2 verlesen werden.                                                                                        **326**

> **hemmer-Methode:** Beachten Sie, daß nur ein ordnungsgemäß errichtetes Protokoll nach Abs. 1 verlesen werden darf. Fehlerhaft zustande gekommene richterliche Protokolle, die nach Abs. 1 nicht verwertet werden können, dürfen jedoch unter den Voraussetzungen des Abs. 2 doch verlesen werden.

---

269    BEULKE, Rn. 411
270    BGHSt 10, 186

### bb) Verbot der Verlesung nach § 252 bei Bestehen eines Zeugnisverweigerungsrechts

*Verbot bei Bestehen eines Zeugnisverweigerungsrechts*

Die Aussage eines vor der Hauptverhandlung vernommenen Zeugen, der erst in der Hauptverhandlung von seinem Recht, das Zeugnis zu verweigern, Gebrauch macht, darf nach § 252 nicht verlesen werden. Umstritten ist aber, ob sich aus § 252 ein allgemeines Verwertungsverbot in bezug auf die Aussage herleiten läßt oder ob nur die Verlesung des Protokolls als solche verboten ist.

**327**

Es geht also um die Frage, ob die Aussage des Zeugen trotz § 252 auf andere Weise als durch Verlesen des Protokolls (z.B. Vernehmung der Verhörsperson als Zeuge) in die Hauptverhandlung eingeführt werden darf.

*Bsp.: Im Ermittlungsverfahren gegen das Ehepaar E war auch der (volljährige) Sohn S des Ehemannes vom Ermittlungsrichter (§ 162) als Zeuge vernommen worden. Der Ermittlungsrichter hatte ihn über sein Zeugnisverweigerungsrecht als Sohn der Beschuldigten (§ 52 I Nr. 3) ordnungsgemäß belehrt. Dennoch hatte sich S dafür entschieden auszusagen, wodurch er seine Eltern schwer belastet hatte. In der Hauptverhandlung aber beruft S sich plötzlich auf sein Zeugnisverweigerungsrecht. Wie kann die seinerzeitige Aussage des S vor dem Ermittlungsrichter doch noch in der Hauptverhandlung verwertet werden?*

**328**

Das Protokoll über die erste Vernehmung des S darf wegen § 252 nicht verlesen werden.

Fraglich ist jedoch, ob der Ermittlungsrichter in der Hauptverhandlung als Zeuge über die damalige Vernehmung des S befragt werden kann.

*§ 250 gilt nicht für "Zeugen vom Hörensagen"*

(1) Dem steht nicht schon der Unmittelbarkeitsgrundsatz des § 250 entgegen. Dieser verbietet nämlich nur die Verlesung von Protokollen über frühere Vernehmungen oder schriftliche Erklärungen von Zeugen, normiert aber keinesfalls ein "Recht auf das tatnächste Beweismittel". Der sog. "Zeuge vom Hörensagen" wird daher von § 250 nicht erfaßt.[271] Der Ermittlungsrichter wäre somit nicht Zeuge hinsichtlich des Gegenstands der Aussage des G, sondern nur hinsichtlich der Tatsache der Aussage selbst. Selbstverständlich ist jedoch mit steigender Zahl der "Zwischenglieder" der Beweiswert der Aussage niedriger anzusetzen.[272]

**329**

(2) Die Vernehmung des Ermittlungsrichters könnte aber gegen § 252 verstoßen.

S ist als Zeuge vor der Hauptverhandlung vernommen worden. Gemäß § 52 I Nr. 3 hat er ein Zeugnisverweigerungsrecht, von dem er erst in der Hauptverhandlung Gebrauch gemacht hat. § 252 könnte daher eingreifen.

> **hemmer-Methode: Beachten Sie, daß § 252 nicht für das Auskunftsverweigerungsrecht des § 55 gilt. § 55 will nur den Zeugen vor sich selbst schützen und bezieht sich nicht auf den Beschuldigten und die Verwertbarkeit von Aussagen in dessen Verfahren.**

*§ 252 bedeutet mehr als Verlesungsverbot*

§ 252 verbietet seinem Wortlaut nach aber nur die Verlesung der Aussage, während hier der Ermittlungsrichter über den Inhalt der Aussage vernommen werden soll. Nach einem Teil der Lit. ergibt sich aus § 252 ein umfassendes Verwertungsverbot. Danach dürften vor der Hauptverhandlung gemachte Aussagen eines Zeugen auch nicht mittelbar durch Vernehmung der Verhörsperson als Zeuge verwertet werden. Würde man § 252 als ein reines Verlesungsverbot auffassen, wäre die Vorschrift überflüssig, da ein solches Verlesungsverbot bereits aus § 250 S.2 folge. Das bedeute, daß die Aussage des S weder als Urkunde noch als Vorhalt noch durch die Vernehmung anderer Beteiligter in den Prozeß einführbar sei.[273]

---

271   KLEINKNECHT/MEYER-GOSSNER, § 250, Rn. 3

272   KLEINKNECHT/MEYER-GOSSNER, § 250, Rn. 5

273   ROXIN § 44 B III 1; GEPPERT Jura 1988, 305

*h.M. beschränktes Verwertungs-
verbot*

Nach Rspr. und h.M. enthält § 252 dagegen nur ein beschränktes Ver- **330**
wertungsverbot. Eine Ausnahme vom Verwertungsverbot bestehe dann,
wenn es sich, wie im Fall, um eine richterliche Vernehmung handele. Da
der richterlichen Vernehmung wegen der neutraleren Stellung des Richters eine andere Qualität beizumessen sei als der polizeilichen oder
staatsanwaltschaftlichen, dürfte der Richter über den Inhalt der Vernehmung als Zeuge vom Hörensagen vernommen werden.

Dabei dürfte ihm zur Stützung seines Gedächtnisses das von ihm aufge-
nommene Protokoll notfalls durch Verlesen vorgehalten werden.[274]

Dafür müßten jedoch kumulativ mehrere Voraussetzungen erfüllt sein.[275]
Der das Zeugnis Verweigernde müsse in der vorangegangenen richterlichen Vernehmung bereits als Zeuge (und nicht etwa als Beschuldigter)
vernommen worden sein. Ferner müsse das Zeugnisverweigerungsrecht
bereits zu dieser Zeit bestanden haben. Der Zeuge müsse bei der Vernehmung gemäß § 52 III ordnungsgemäß belehrt worden sein und
überdies wirksam auf sein Zeugnisverweigerungsrecht verzichtet haben.

> **hemmer-Methode: Anzumerken ist hierzu, daß eine vorsorgliche Dop-
> pelbelehrung über das Zeugnisverweigerungsrecht als Zeuge und das
> Aussageverweigerungsrecht als Beschuldigter durch den Ermitt-
> lungsrichter unzulässig ist. Der Betroffene muß wissen, in welcher
> Funktion er vernommen wird. Außerdem schließt die Stellung als Be-
> schuldigter die Stellung als Zeuge aus.**

Da im vorliegenden Fall alle genannten Voraussetzungen erfüllt sind, ergeben sich nach Rspr. und h.M. aus § 252 keine Bedenken gegen die
Vernehmung des Ermittlungsrichters als Zeuge.

> **hemmer-Methode: Beachten Sie aber, daß auch die Rechtsprechung
> auf keinen Fall die Vorlesung des richterlichen Vernehmungsproto-
> kolls erlaubt, sondern lediglich die Vernehmung des Richters als Ver-
> hörsperson.**

### cc) Verlesung des Protokolls nach § 253

*Verlesung zur Gedächtnisunter-
stützung*

Ein Protokoll über eine frühere Vernehmung eines Zeugen oder **331**
Sachverständigen kann in der Hauptverhandlung auch zur Gedächtnisunterstützung verlesen werden (§ 253 I). Gleiches gilt, um einen
Widerspruch zwischen der Aussage in der Verhandlung und der früheren Aussage zu beheben (§ 253 II). Verlesen werden darf nach
§ 253 jedes Vernehmungsprotokoll, also auch ein nichtrichterliches.

*Inhalt des Protokolls ist Gegenstand
der Hauptverhandlung*

Zu beachten ist, daß hierbei der vorgelesene Inhalt des Protokolls **332**
selbst Gegenstand der Hauptverhandlung wird. Hier liegt nach Auffassung der Rechtsprechung der Unterschied zum allgemeinen Vorhalt. Der formlose allgemeine Vorhalt ist kein Urkundenbeweis, sondern lediglich ein Vernehmungsbehelf. Beweisgrundlage ist daher
nur die Aussage dessen, dem der Vorhalt gemacht wird[276].

> **hemmer-Methode: Auch hier wandelt sich ein Personalbeweis in einen
> Urkundenbeweis.[277] Beachten Sie aber, daß die Verlesung des § 253
> nicht etwa die Aussage des Zeugen ersetzt. Eine Ausnahme zu § 250
> S. 2 kann § 253 diesbezüglich nicht darstellen, da mangels Erinnerung
> ein mündlicher Zeugenbeweis gar nicht möglich ist. § 253 ersetzt
> vielmehr die Vernehmung der Verhörsperson, die die protokollierte er-
> ste Vernehmung durchgeführt hat.[278]**

---

274  BGHSt 22, 219; 27, 231; 32, 25

275  BGHSt 20, 334; 24, 219

276  vgl. Rn. 335 ff.

277  BGHSt 11, 338; BGH NJW 1986, 2063

278  KLEINKNECHT/MEYER-GOßNER, § 253, Rn. 1

### dd) Verlesung des Protokolls über Geständnisse und bei Widersprüchen nach § 254

*Verlesung von Geständnissen*

Erklärungen des Angeklagten, die in einem richterlichen Vernehmungsprotokoll enthalten sind, können nach § 254 I zum Zwecke der Beweisaufnahme über ein Geständnis verlesen werden. Dasselbe ist zulässig, wenn ein Widerspruch mit einer früheren Aussage behoben werden soll, § 254 II. Voraussetzung ist aber, daß es sich um ein richterliches Protokoll handelt. Ein polizeiliches oder staatsanwaltliches Protokoll genügt nicht.

**333**

§ 254 enthält aber kein unbeschränktes Verwertungsverbot. Auch bei nichtrichterlichen Vernehmungen des Angeklagten vor der Hauptverhandlung können daher die Verhörspersonen jederzeit als Zeugen in der Hauptverhandlung vernommen werden. Anders als ein Zeuge kann damit der Angeklagte ein früher abgelegtes Geständnis nicht mehr durch Berufung auf sein Aussageverweigerungsrecht in der Hauptverhandlung "annullieren".[279]

### ee) Verlesung von behördlichen Erklärungen und ärztlichen Gutachten nach § 256

*Verlesung von Erklärungen öffentlicher Behörden*

Eine weitere Ausnahme von § 250 findet sich in § 256. Danach können Erklärungen öffentlicher Behörden sowie gerichtsärztliche Gutachten ohne weiteres in der Hauptverhandlung verlesen werden. Diese Ausnahme gründet sich auf die höhere Autorität von Behörden und Ärzten. Die Verlesung eines ärztlichen Gutachtens über eine Körperverletzung ist nach § 256 I S.1 jedoch nur statthaft, wenn es sich um eine solche i.S.d. §§ 223, 224 oder 229 StGB handelt.[280]

**334**

### ff) Allgemeiner Vorhalt

*Vorhalt*

Problematisch ist, ob ein Protokoll über eine frühere Vernehmung eines Angeklagten oder Zeugen diesem in der Hauptverhandlung zum Zwecke des Vorhalts auszugsweise vorgelesen werden darf.

**335**

> *Bsp.: In der Verhandlung gegen den Killer K wird der Polizeibeamte P, der K unmittelbar nach der Festnahme verhört hat, über die damalige Aussage des K vernommen. Die Aussage des P enthält jedoch gegenüber dem seinerzeitigen Verhör einige Lücken, außerdem erklärt P zu einigen Punkten, sich nicht mehr genau erinnern zu können. Deshalb liest ihm der Vorsitzende zur Gedächtnisunterstützung das Protokoll vor. P erklärt daraufhin, sich nun wieder erinnern zu können und ergänzt seine Aussage. Ist dieses Verfahren zulässig?*

*Zulässigkeit str.*

Die Zulässigkeit eines derartigen Vorhalts ist umstritten.

*Rspr. (+)*

(1) Die Rspr. hält es ganz allgemein für möglich, über die Regelungen der §§ 251 - 254 hinaus einem Vernommenen Protokolle aus den Akten zur Gedächtnisunterstützung und zur Herbeiführung von Stellungnahmen in der Verhandlung vorzulesen. Dadurch werde nicht gegen den Unmittelbarkeitsgrundsatz des § 250 verstoßen, da Beweisgegenstand nicht das Protokoll als Urkunde, sondern nur die Äußerung des Vernommenen auf den Vorhalt hin sei. Nur diese soll für die Urteilsfindung verwandt werden dürfen.

**336**

"Grundlage für die Entscheidung des Gerichts ist nicht der Inhalt der vorgehaltenen Urkunde, sondern allein die durch den Vorhalt herbeigeführte Erklärung des Befragten".[281] Dies würde im vorliegenden Fall auch für P als Zeugen gelten.

---

279 BEULKE, Rn. 416

280 BEULKE, Rn. 417; BGHSt 4, 155; 33, 389

281 BGHSt 3, 199; BGH StV 1990, 485

**hemmer-Methode: Beachten Sie, daß die Möglichkeit des Vorhalts sowohl beim Zeugen als auch beim Angeklagten besteht. Allerdings ist beim Angeklagten eine Verlesung des richterlichen Vernehmungsprotokolls ohnehin unter den Voraussetzungen des § 254 zulässig. Daher wird der Vorhalt hier vor allem bei nichtrichterlichen Protokollen relevant. Bestätigt der Angeklagte die Richtigkeit des vorgehaltenen Protokolls, wird dessen Inhalt Bestandteil seiner Erklärung. Bestreitet er dagegen die Richtigkeit oder schweigt er ganz, darf das Protokoll wegen § 254 nicht als Beweismittel verwertet werden.**

*337*

*a.A. Lit., da Abgrenzung zwischen Vorhalt und Aussage schwierig*

(2) Die Ansicht der Rspr. wird z.T. scharf kritisiert. Diese Kritik stützt sich in erster Linie darauf, daß die Unterscheidung zwischen dem Inhalt der verlesenen Urkunde und der Äußerung des Vernommenen dazu praktisch kaum durchführbar ist. Insbesondere für die juristisch unerfahrenen Schöffen ergeben sich hier Schwierigkeiten.[282]

*338*

### 6. Sonderproblem der Verwertung des Wissens von Ermittlungsgehilfen

#### a) Problematik

*Ermittlungsgehilfen*

Oft bedienen sich die Ermittlungsbehörden zur Aufklärung von Straftaten besonderer Hilfspersonen (sog. Ermittlungsgehilfen), um sich durch diese Informationen zu verschaffen. Dabei gibt es verschiedene Arten von Ermittlungsgehilfen.

*339*

*Informanten*

Als erstes ist die Gruppe der *Informanten* zu nennen. Darunter versteht man Personen, die im Einzelfall bereit sind, gegen Zusicherung der Vertraulichkeit der Strafverfolgungsbehörde Informationen zu geben.[283] Es handelt sich um normale Privatpersonen, die Kenntnisse besitzen, die für die Aufklärung von Straftaten wichtig sind. Informanten gehören nicht den Strafverfolgungsbehörden an.

*340*

*V-Leute*

Die Polizei setzt häufig sog. *V-Leute (Vertrauenspersonen)* ein. Dies sind Privatpersonen, die nicht der Strafverfolgungsbehörde angehören und diese bei der Aufklärung von Straftaten über einen längeren Zeitraum vertraulich unterstützen. Die Identität der V-Leute wird dabei grundsätzlich geheimgehalten,[284] um besser an Informationen heranzukommen und die V-Leute zu schützen.

*341*

*Verdeckte Ermittler*

Weiterhin gibt es die *Verdeckten Ermittler*, für die sich in § 110a II S.1 eine Legaldefinition findet. Es handelt sich um Beamte des Polizeidienstes, die unter einer ihnen verliehenen, auf Dauer angelegten, veränderten Identität (Legende) ermitteln.

*342*

*Bsp.: Der Polizist X wird mit einer neuen Identität und entsprechenden Papieren versehen. Um in der städtischen Drogenszene ermitteln zu können, wird er als Barkeeper in das Lokal des seit langem verdächtigen D eingeschleust.*

Die materiellen Voraussetzungen ihres Einsatzes sind abschließend geregelt in § 110a I. Formelle Voraussetzungen (z.B. Zustimmung des Staatsanwalts) finden sich in §§ 110b und c.

*343*

---

282    vgl. ROXIN § 44 B I 3; ROXIN, PdW, S.244 ff.; BEULKE, Rn. 421

283    Richtlinie der Justiz- und Innenminister über die Inanspruchnahme von Informanten sowie den Einsatz von Vertrauenspersonen und Verdeckten Ermittlern, abgedr. bei KLEINKNECHT/MEYER-GOßNER, Anh. 14, RiStBV Anl. D Teil I Nr.2.1.

284    obige Richtlinie Teil I Nr.2.2.

**hemmer-Methode: Eine gesetzliche Regelung gibt es also nur für Verdeckte Ermittler. Grund dafür ist, daß wegen der Eingliederung der Verdeckten Ermittler in die Behörde ein höherer organisatorischer und rechtlicher Aufwand notwendig ist. Deswegen bedarf es einer eindeutigen Rechtsgrundlage. Informanten und V-Leute werden hingegen einfach nach den normalen Regeln über Zeugen behandelt. Auf sie sind die §§ 110a ff. nicht, auch nicht analog anwendbar.[285]**

344

*Verwertung der Aussage von Ermittlungsgehilfen*

Probleme ergeben sich, wenn die Aussagen von Ermittlungsgehilfen in der Verhandlung als Beweise verwertet werden sollen.

345

Dann kollidiert nämlich der Grundsatz der Unmittelbarkeit (Vorrang des Personalbeweises) mit dem staatlichen Interesse an der Geheimhaltung der Identität des Ermittlungsgehilfen. Um diesem Konflikt Rechnung zu tragen, gibt es die Möglichkeit der behördlichen "Sperrung" eines Ermittlungsgehilfen.

### b) "Sperrung" von Ermittlungsgehilfen in der Hauptverhandlung

*Sperrung von Ermittlungsgehilfen*

**aa)** Die Sperrung des Ermittlungsgehilfen erfolgt durch eine Erklärung der obersten Dienstbehörde.[286] Hinsichtlich der Rechtsgrundlage dafür ist zu unterscheiden zwischen Verdeckten Ermittlern und V-Leuten.

346

*Geheimhaltung bei Gefahr für Leib, Leben oder Freiheit*

Für *Verdeckte Ermittler* gelten die §§ 110b III S.3 i.V.m. 96. Danach darf die Behörde die Identität des Verdeckten Ermittlers insbesondere dann geheimhalten, wenn Anlaß zu der Besorgnis besteht, daß die Offenbarung Leben, Leib oder Freiheit des Verdeckten Ermittlers oder einer anderen Person oder die Möglichkeit einer weiteren Verwendung des Verdeckten Ermittlers gefährden würde.

347

Problematisch ist, daß auf *Informanten und V-Leute* § 110b III S.3 keine Anwendung findet. Nach h.M. soll jedoch trotzdem § 96 analog eingreifen.[287] Nur dessen Voraussetzungen sind entscheidend.

348

*Stufentheorie*

**bb)** Dennoch muß die Sperrung des Ermittlungsgehilfen nicht in allen Fällen vollständig sein. Vielmehr kann die Sperrung je nach Entscheidung der Behörde verschieden weit reichen. Je nachdem bestehen unterschiedliche Wege, die betreffende Aussage in die Verhandlung einzuführen. Von der Rspr. ist im Laufe der Zeit dazu eine sog. "Stufentheorie" entwickelt worden, die verschiedene Stufen der Geheimhaltungsbeschränkungen auflistet.[288]

349

*erste Stufe: partielle Einschränkungen*

Auf der ersten Stufe bestehen nur partielle Einschränkungen bei der Vernehmung des Ermittlungsgehilfen in der Hauptverhandlung. So kann z.B. nach § 68 II der Wohnort des Zeugen geheimgehalten werden. Außerdem besteht gemäß § 68 III die Möglichkeit, die Identität des Zeugen vor Gericht zu verschweigen.

350

**hemmer-Methode: Zum besseren Verständnis sei noch einmal auf die Systematik der Normen hingewiesen. Die Entscheidung der Ermittlungsbehörde zur Sperrung eines Ermittlungsgehilfen hat ihre Rechtsgrundlage in §§ 110b III S.3 und 96. Die zitierten Vorschriften des § 68 II, III betreffen die Entscheidung des Vorsitzenden in der Verhandlung.[289]**

351

---

285    BGH NJW 1995, 2236

286    BEULKE, Rn. 426

287    KLEINKNECHT/MEYER-GOßNER, § 96, Rn. 12 m.w.N.; HILGER NStZ 1992, 524

288    BEULKE, Rn. 426; BGHSt 32, 115; 33, 83; 34, 15; 36, 159

289    KLEINKNECHT/MEYER-GOßNER, § 68, Rn. 11

| | | |
|---|---|---|
| *zweite Stufe: Ermittlungsgehilfe erscheint nicht vor Gericht* | In der zweiten Stufe erscheint der Ermittlungsgehilfe nicht vor Gericht, sondern wird bereits vorher von einem beauftragten oder ersuchten Richter vernommen, §§ 223 f., 251 I Nr. 2. Aufgrund der Sperrerklärung durch die oberste Dienstbehörde ist der Zeuge unerreichbar i.S.d. § 244 III S.2.[290] | *352* |

Damit stehen seinem Erscheinen in der Hauptverhandlung "andere nicht zu beseitigende Hindernisse" i.S.d. § 223 im Wege. Jedoch besteht auch hier gemäß §§ 168c II, 168d I und 224 ein Anwesenheitsrecht des Angeklagten oder seines Verteidigers.

*353*

Zum Schutz des Ermittlungsgehilfen vor einer "Enttarnung" kann wiederum auf § 68 I - III zurückgegriffen werden.

*354*

dritte Stufe

Als letztes besteht die Möglichkeit, eine Vernehmung in der Hauptverhandlung ganz auszuschließen. Da der Ermittlungsgehilfe wegen der Sperrung als Zeuge unerreichbar ist (§ 244 III S.2), darf auf Beweissurrogate zurückgegriffen werden.

*355*

Die Einführung der Aussage eines Ermittlungsgehilfen in die Hauptverhandlung erfolgt dann über die Verlesung polizeilicher Vernehmungsprotokolle (§ 251 II) oder die Vernehmung der polizeilichen Vernehmungsbeamten ("der Kontaktperson") als Zeugen vom Hörensagen.

*Sperrung: Ermessensentscheidung*

**cc)** Der Umfang der Sperrung durch die Behörde ist also je nach Geheimhaltungsbedürfnis unterschiedlich. Die Ermittlungsbehörde hat eine *Ermessensentscheidung* zu treffen und muß dabei immer darauf achten, das justizielle Interesse an der Wahrheitsermittlung geringstmöglich zu beeinträchtigen.

*356*

Soweit dies aus Gründen der Geheimhaltung möglich ist, muß die Behörde ihre Sperrentscheidung begründen, um so dem Gericht eine Überprüfung möglich zu machen.[291] Nach der Rspr. ist zuständig für die Sperrerklärung der jeweilige Innenminister als oberste Dienstbehörde, und nicht der Justizminister.[292]

*Veranlassung zur Selbstüberprüfung*

Unter Umständen kann das Gericht wegen § 244 II verpflichtet sein, die Behörde zu veranlassen, ihre Entscheidung selbst zu überprüfen. Dazu muß zunächst eine Entscheidung der obersten Dienstbehörde herbeigeführt werden. Erhält diese die Weigerung aufrecht, hat das Gericht den formlosen Rechtsbehelf der Gegenvorstellung unter Darlegung der gegen die Sperrung sprechenden Gründe.[293]

*357*

> **hemmer-Methode:** Gem. Art. 97 GG besteht grds. die richterliche Unabhängigkeit auch im Hinblick auf die Prüfung einer Leibes- und Lebensgefahr des V-Mannes. Das Gericht ist deshalb auch zur Gegenvorstellung verpflichtet, wenn die Begründung der Sperrerklärung fehlt oder offensichtlich fehlerhaft ist.[294]
> Ist der Zeuge tatsächlich unerreichbar, kann sein Wissen aber über die Vernehmung durch einen weiteren Beamten (Zeuge vom Hörensagen) in den Prozeß eingeführt werden.

---

290   BGHSt 32, 115

291   BVerfGE 57, 250; BGHSt 32, 115

292   BGH NStZ 1995, 604

293   BGHSt 29, 109; 32, 115; 36, 159; BEULKE, Rn. 428

294   KLEINKNECHT/MEYER-GOßNER, § 96

### c) Verwertung in anderen Verfahren, § 110e

*personenbezogene Informationen*

Eine Sonderregelung hinsichtlich der Verwertung von durch einen Verdeckten Ermittler erlangten personenbezogenen Informationen in anderen Verfahren enthält § 110e. Danach dürfen diese Informationen nur zur Aufklärung einer Katalogtat nach § 110a I verwertet werden.

**358**

## 7. Beweiserhebungs- und Beweisverwertungsverbot

### a) Grundlegendes

*Grenzen der Pflicht zur Wahrheitsfindung*

Wegen der allgemeinen Untersuchungspflicht nach § 244 II und des aus § 261 folgenden Grundsatzes der umfassenden Beweiswürdigung ist das Gericht verpflichtet, alle denkbaren Maßnahmen zur Erforschung der Wahrheit zu ergreifen.

**359**

Diese Pflicht kann natürlich nicht unbeschränkt bestehen. Vielmehr findet sie ihre Grenzen in den Grundrechten von Beschuldigten und Zeugen sowie dem allgemeinen Anspruch auf ein rechtsstaatliches Verfahren (Art. 2 I, 20 III GG). Für eine Reihe von Fällen bestehen daher sog. *Beweisverbote*, die höherwertige Rechtsgüter schützen sollen.

*unterscheiden:*

Man unterscheidet zwischen Beweiserhebungsverboten und Beweisverwertungsverboten.

**360**

*Beweiserhebungsverbote*

*Beweiserhebungsverbote* regeln, wann bestimmte Beweise nicht erhoben werden dürfen. Dies kann bestimmte Beweisthemen, Beweismittel oder Methoden der Beweiserhebung betreffen.

> *Bsp.: Aussage- oder Auskunftsverweigerungsrechte (§§ 52, 53, 54, 55); Untersuchungsverweigerungsrecht nach § 81c III; verbotene Vernehmungsmethoden gemäß § 136a I, II*

*Beweisverwertungsverbote*

Mit dem Vorliegen eines Beweiserhebungsverbots ist aber noch nichts darüber gesagt, ob und in welchem Umfang bei einem Verstoß das so gewonnene Beweismittel in der Gerichtsverhandlung für die Urteilsfindung verwertet werden darf. Dies bestimmt sich danach, ob ein *Beweisverwertungsverbot* vorliegt oder nicht. Beweisverwertungsverbote sind teilweise gesetzlich normiert, können sich aber auch ohne ausdrückliche gesetzliche Anordnung aus rechtsstaatlichen Erwägungen ergeben. Bei Nichtbeachtung eines Beweisverwertungsverbotes liegt regelmäßig ein Revisionsgrund gemäß § 337 vor, da nie ganz auszuschließen ist, daß das Urteil auf dieser Rechtsverletzung beruht.[295]

**361**

> **hemmer-Methode: Bei der Frage, wann ein Beweisverwertungsverbot vorliegt, handelt es sich um eines der zentralen Probleme des Beweisrechts. Bedeutsam wird dies, wenn ein Beweisverwertungsverbot vom Gesetz gerade nicht ausdrücklich angeordnet wird. Auf jeden Fall sollten Sie sich den Unterschied zwischen Beweiserhebungs- und Beweisverwertungsverbot an dieser Stelle klarmachen.**

---

295 JOACHIMSKI, S. 162

### b) Gesetzliche Beweisverwertungsverbote

### aa) Überblick

*gesetzliche Beweisverwertungsver-*
*bote*

Gesetzliche Beweisverwertungsverbote existieren nur in begrenzter Zahl. Darunter fallen § 81c III S.5 (Einwilligungserfordernis des gesetzlichen Vertreters bei körperlicher Untersuchung Minderjähriger), § 100b V (Zufallsfunde bei Telefonüberwachung),[296] § 100d III S.3 (Zufallsfunde bei Telefonüberwachung) und § 110e (Zufallsfunde beim Einsatz von Verdeckten Ermittlern). Besonders wichtig ist auch die Anordnung eines Beweisverwertungsverbotes bei unzulässigen Vernehmungsmethoden nach § 136a III S.2. Zu erwähnen sind außerdem die §§ 51 BZRG, 393 II AO und 4 ff. StUG.

*362*

> **hemmer-Methode: Da es sich um einen recht übersichtlichen Kreis von Vorschriften handelt, empfehlen wir, sich diese gut einzuprägen. In der Klausur erspart dies Zeit und umständliches Suchen im Gesetz.**

### bb) Beweisverwertungsverbot bei verbotenen Vernehmungs-methoden, § 136a III S.2

*verbotene Vernehmungsmethoden*

**(1)** Gemäß § 136a III S.2 dürfen Aussagen des Beschuldigten für die Urteilsfindung nicht verwertet werden, wenn bei der Vernehmung unzulässige Methoden i.S.d. § 136a I und II angewandt worden sind. Über § 163a III S.2 gilt § 136a auch für die *staatsanwaltschaftlichen* Vernehmungen und über § 163a IV S.2 (beim Beschuldigten) bzw. § 163a V (bei Zeugen und Sachverständigen) auch für die *polizeiliche* Vernehmung. Außerdem ist § 136a bei der Vernehmung von Zeugen zu berücksichtigen, § 69 III.

*363*

*Aufzählung nicht erschöpfend*

Jedoch ist die Aufzählung der verbotenen Vernehmungsmethoden in § 136a nicht erschöpfend. Entscheidend ist lediglich, daß durch ein bestimmtes Mittel auf die freie Willensentschließung des Beschuldigten eingewirkt worden ist.[297] So ist es z.B. unzulässig, den Beschuldigten während der Vernehmung an einen Lügendetektor anzuschließen, obwohl dieser in § 136a nicht ausdrücklich aufgeführt wird. Ein Lügendetektor vermittelt nämlich nur unbewußte Reaktionen des Betroffenen, die nicht auf seiner freien Willensentschließung beruhen.[298]

*364*

> **hemmer-Methode: Wichtig in solchen Fällen ist es, daß sie am konkreten Einzelfall arbeiten. Entscheidend ist die Einwirkung auf die freie Willensentschließung, die einer Aussage zugrundeliegen muß. In diesem Zusammenhang läßt sich - wie immer - gut mit dem Rechtsstaatsprinzip und dem Persönlichkeitsrecht des Vernommenen argumentieren.**

*Drohung*

**(2)** Abgrenzungsschwierigkeiten können sich auch bei dem Merkmal *"Drohung"* ergeben.

*365*

> *Bsp.: Der Schwerverbrecher S leugnet bei seiner polizeilichen Vernehmung hartnäckig jede Beteiligung an der ihm vorgeworfenen Tat, obwohl die Beweislage ziemlich eindeutig ist. Daraufhin macht der Vernehmende dem S klar, daß nur ein offenes Geständnis zur Zubilligung mildernder Umstände führen könne. Außerdem könne vor Gericht sein standhaftes Leugnen als Uneinsichtigkeit in die Verwerflichkeit seines Handelns gewertet werden. Daraufhin gesteht S alles. Ist dieses Geständnis verwertbar?*

---

296    dazu s. oben, Rn. 99 ff.

297    ROXIN, PdW, S. 57

298    BGHSt 5, 332

Ein Beweisverwertungsverbot nach § 136a III S.2 liegt vor, wenn es sich bei der Belehrung durch den Vernehmenden um eine Drohung i.S.d. § 136a I S.3 handelt. Das ist aber zu verneinen. Denn nach st. Rspr. beinhalten Belehrungen, die dazu dienen, dem Beschuldigten seine Lage vor Augen zu führen, weder eine Androhung unzulässiger Maßnahmen noch ein Versprechen gesetzlich nicht vorgesehener Vorteile.[299]

*Täuschung*

**(3)** Verboten ist nach § 136a I S.1 auch die *Täuschung* des Beschuldigten. Der Begriff der Täuschung ist jedoch eng auszulegen.[300] Eine Täuschung ist eindeutig gegeben, wenn durch glatte Lügen dem Beschuldigten eine ganz andere Situation vorgespiegelt wird.[301]

*Bsp.: Der Vernehmende gaukelt dem Beschuldigten wahrheitswidrig vor, er sei durch die vorliegenden Beweise bereits vollständig überführt.*

Nicht darunter fallen unbeabsichtigte Irreführungen des Beschuldigten.[302] Ebensowenig ist das bloße (auch listige) Verschweigen von Tatsachen und Beweismitteln eine Täuschung i.S.d. Vorschrift.[303]

> **hemmer-Methode: Merken Sie sich hier den Soundsatz, daß "kriminalistische List" zulässig ist!**

*nicht: Listiges Verschweigen*

**(4)** Wichtig sind auch die Fälle, in denen der Beschuldigte mehrere gleichlautende Geständnisse hintereinander ablegt, aber nur das erste unmittelbar auf eine verbotene Vernehmungsmethode i.S.d. § 136a zurückgeht.

*366*

*Bsp.: Polizeioberinspektor D verhört den Betrüger B. Als dieser vorgibt, sich an nichts mehr erinnern zu können, droht D kurzentschlossen, ihm sämtliche Zähne einzuschlagen, wenn er nicht sofort alles zugebe. Daraufhin legt B ein umfassendes Geständnis ab. Am nächsten Tag wird B vom Ermittlungsrichter vernommen, vor dem er das Geständnis vom Vortag wiederholt, obwohl der Ermittlungsrichter keinerlei Drohung ausspricht. Kann die Aussage verwertet werden?*

*Fortwirkung der verbotenen Vernehmungsmethode*

Das erste Geständnis ist wegen § 136a I S.3, III S.2 selbstverständlich unverwertbar. Fraglich ist aber, ob das zweite Geständnis des B vor Gericht berücksichtigt werden darf, da hier kein unmittelbarer Druck vorgelegen hat.

Nach der Lebenserfahrung strahlt die lähmende Wirkung eines vorangegangenen Druckmittels im allgemeinen auch auf die folgenden Vernehmungen aus. Eine Fortwirkung wird jedoch nur in den Fällen der Drohung und der Quälerei, nicht aber bei bloßer Täuschung angenommen.[304]

Da D im vorliegenden Fall auch bedroht hat, ist bzgl. des zweiten Geständnisses ebenfalls eine Unverwertbarkeit anzunehmen.

> **hemmer-Methode: Unterscheiden Sie die Begriffen der Fortwirkung und der Fernwirkung eines Beweiserhebungsverbotes. Das Problem der Fortwirkung betrifft die Frage, ob der Beschuldigte erneut vernommen werden darf und diese neue Aussage verwertbar ist. Unverwertbarkeit besteht hier grds. nicht; die ist nur in den Fällen anzunehmen, in denen sich die verbotenen Vernehmungsmehtode weiterhin auf die Willensfreiheit auswirkt.**

---

299  BGHSt 1, 387; 14, 189

300  KLEINKNECHT/MEYER-GOßNER, § 136a, Rn. 12 ff.

301  LR-HANACK, § 136a, Rn. 34; ROXIN, PdW, S. 60

302  BGHSt 31, 395; 35, 328

303  BGH StV 1988, 419

304  KLEINKNECHT/MEYER-GOßNER, § 136a, Rn. 30

> **Das Problem der Fernwirkung betrifft die Frage, ob die bei der Aussage bekanntgewordenen Beweismittel zum Anlaß weiterer Ermittlungen genommen werden dürfen. Eine solche Fernwirkung wird i.d. R. verneint[305].**

*§ 136a gilt auch für andere Personen als Polizei und StA*

**(5)** Nach dem Gesetzeswortlaut gilt § 136a nur für Richter, Staatsanwalt und Polizei (i.V.m. §§ 163a III, IV, V). Dennoch muß die Vorschrift auch auf bestimmte andere Personen anwendbar sein. So gilt § 136a auch, wenn die mit der Strafverfolgung betrauten Staatsorgane andere (Privat-)Personen sozusagen als Werkzeuge die verbotenen Vernehmungsmethoden anwenden lassen.[306]

**367**

*Bsp.: Einschleusen einer Privatperson in die Zelle eines in Untersuchungshaft sitzenden Beschuldigten, um diesen durch Täuschung zu einem Geständnis zu veranlassen.*

*Sachverständige*

Ferner gilt § 136a für Sachverständige, die mit der Untersuchung des Beschuldigten beauftragt sind, da diese sozusagen als "Gehilfen des Richters" tätig werden.

**368**

Was aber dem Richter untersagt ist, ist zwangsläufig auch einem Sachverständigen verboten.[307] Der sachverständige Psychiater darf dem Beschuldigten z.B. kein Wahrheitsserum injizieren oder ihn hypnotisieren.

Die so gewonnenen Aussagen sind somit gemäß § 136a III S.2 unverwertbar.

*Private Personen*

**(6)** Problematisch ist, ob eine Äußerung des Beschuldigten oder eines Zeugen, die von einem Privaten mit nach § 136a verbotenen Mitteln bewirkt worden ist, vom Gericht für die Urteilsfindung verwendet werden darf oder ob § 136a III S.2 eingreift.

**369**

*Bsp.: E glaubt, M sei der Mörder seiner Frau. Voller Zorn stürzt er sich auf ihn und schlägt ihn nieder. Dadurch zwingt er M zu einem Geständnis, das er später der Polizei mitteilt.*

*h.M.: § 136a gilt grds. nicht*

Nach h.M. gilt § 136a nur für die Strafverfolgungsorgane und nicht für private Dritte. Damit darf ein auf solche Weise erlangtes Geständnis grundsätzlich verwertet werden.[308]

> **hemmer-Methode: Beachten Sie, daß das eben Gesagte nur für Privatleute gilt, die nicht im Auftrag der Strafverfolgungsorgane tätig werden.[309] Sonst könnte natürlich der Staat durch "beliehene Folterer" den § 136a mühelos umgehen.**

*Ausnahme: Krasser Verstoß gegen die Menschenrechte*

Eine Ausnahme gilt allerdings, wenn die Aussage durch einen besonders krassen Verstoß gegen die Menschenrechte (Folter, Marter, Einkerkerung) erlangt worden ist.[310] Dann ist die Aussage unverwertbar.

---

305  KLEINKNECHT/MEYER-GOßNER, §136a Rn. 30, 31

306  BGHSt 34, 362

307  BGHSt 11, 211

308  OLG Oldenburg NJW 1953, 1237; KOHLHAAS DAR 1971, 67

309  BGHSt 34, 362

310  OLG Celle NJW 1985, 640; KLEINKNECHT NJW 1966, 1537

*Bsp.: E droht dem M, er werde ihm die Augen ausstechen bzw. Nase und Ohren abschneiden, wenn er kein Geständnis ablege.*[311]

### c) Nicht im Gesetz geregelte Beweisverwertungsverbote

*außergesetzliche Verwertungs-verbote*

Die bestehenden gesetzlichen Beweisverwertungsverbote allein sind zum Schutz des Beschuldigten und zur Sicherung eines rechtsstaatlichen Strafverfahrens nicht ausreichend. Nach allgemeiner Meinung existiert noch eine Vielzahl nicht normierter Verwertungsverbote. Jedoch führt nicht jeder Verstoß gegen die gesetzlichen Regeln bei der Beweiserhebung zwangsweise zu einem Beweisverwertungsverbot.

370

Andererseits kann unter Umständen auch die Verwertung ordnungsgemäß gewonnener Beweise verboten sein. Daher ist es notwendig, bestimmte Kriterien für ein ungeschriebenes Beweisverwertungsverbot zu entwickeln. Eine allgemein anerkannte Theorie hierzu hat sich bisher nicht durchsetzen können, obwohl es in Lit. und Rspr. verschiedene Lösungsansätze gibt:

*Schutzzweck der Norm*

Ein Teil der Lehre will die Entscheidung, ob ein Beweisverwertungsverbot besteht, vom *Schutzzweck* der jeweils verletzten Beweiserhebungsnorm abhängig machen.[312]

371

*Abwägung*

Eine andere Ansicht stellt auf eine *Abwägung* des staatlichen Interesses an der Strafverfolgung mit dem Interesse des Bürgers an der Wahrung seiner Grundrechte im Einzelfall ab. Wichtig sind dabei vor allem die Schwere des Delikts und die Bedeutung des Verfahrensverstoßes.[313]

372

*Rechtskreistheorie*

Für den Fall der Verletzung der Belehrungspflicht nach § 55 II ist vom BGH die sog. *Rechtskreistheorie* entwickelt worden.[314] Das Bestehen eines Beweisverwertungsverbots ist danach immer dann anzunehmen, wenn es um den Schutz des Beschwerdeführers (in der Regel also des Beschuldigten) geht. Dessen Rechtskreis muß verletzt sein. Geht es dagegen um den Schutz des Staates oder anderer Personen, besteht für ein Beweisverwertungsverbot kein Bedürfnis. Inwieweit diese Theorie als allgemeiner Maßstab auch über § 55 II hinaus herangezogen werden kann, ist jedoch umstritten.

373

> **hemmer-Methode:** Eine allgemeingültige Regel zur eindeutigen Bestimmung der Voraussetzungen eines nicht normierten Beweisverwertungsverbots existiert also nicht. In der Klausur kommt es vielmehr darauf an, die von der Rspr. entwickelten Fallgruppen zu kennen. Die oben dargestellten Theorien können dann als Argumentationsgrundlage zur Begründung des Beweisverwertungsverbots herangezogen werden. Wichtig sind wiederum die Schlagworte "Grundrechte des Beschuldigten", "Rechtsstaatsprinzip" und "staatliches Interesse an der Strafverfolgung".

*Einzelfälle*

Im folgenden werden die problematischen Fälle und die durch die Rspr. aufgestellten, nicht normierten Beweisverwertungsverbote näher besprochen.

---

311   ROXIN, PdW, S. 64 f.

312   GRÜNWALD JZ 1966, 489; RUDOLPHI MDR 1970, 93; AMELUNG NJW 1991, 2533; KMR-PAULUS, § 244, Rn. 516 ff.

313   BGHSt 38, 214; ROGALL ZStW 91 (1971), 1; ROGALL NStZ 1988, 385

314   BGHSt 11, 213; 38, 214

### aa) Fehlen der Zeugenbelehrung bei Angehörigen i.S.d. § 52

*Fehlen der Belehrung gem. § 52 III S.1*

Gemäß § 52 III S.1 sind die Angehörigen des Beschuldigten i.S.d. § 52 I vor jeder Vernehmung als Zeugen über ihr Zeugnisverweigerungsrecht zu belehren. Dies gilt wegen §§ 161a I S.2 und 163a V auch für Vernehmungen durch Polizei und Staatsanwaltschaft im Vorverfahren. Ist diese Belehrung, egal ob im Vorverfahren oder in der Hauptverhandlung, unterblieben, führt dies nach h.M. zur Unverwertbarkeit der Aussage des Zeugen. Begründet wird dies mit dem Schutzzweck des § 52, der dazu dient, einen inneren Zwiespalt beim Zeugen zu vermeiden und den Familienfrieden zu wahren.[315]

**374**

*kein Verwertungsverbot bei Kenntnis des Zeugnisverweigerungsrechts*

Ausnahmsweise soll aber dann kein Beweisverwertungsverbot bestehen, wenn das Fehlen der Belehrung nicht ursächlich für die Aussage des Angehörigen gewesen ist. Das ist dann gegeben, wenn feststeht, daß der Zeuge seine Rechte gekannt hat und auch nach erfolgter Belehrung ausgesagt hätte.[316]

> **hemmer-Methode: Die Kenntnis dieser Ausnahme ist wichtig! Sinn und Zweck der Regelung ist klar. Die Aussage eines Zeugen soll nicht aufgrund rein formaler Versäumnisse unverwertbar sein, wenn, materiell gesehen, ein innerer Konflikt des Zeugen und damit ein Schutzbedürfnis gar nicht existiert.**

### bb) Aussage eines nach §§ 53, 53a zur Zeugnisverweigerung Berechtigten

*Verwertbarkeit einer Aussage entgegen § 53 str.*

Umstritten ist, ob ein Beweisverwertungsverbot besteht, wenn ein Zeuge, der nach den §§ 53, 53a ein Zeugnisverweigerungsrecht hat, trotz fehlender Befreiung gemäß § 53 II aussagt. Problematisch ist dies deshalb, weil er sich dadurch gleichzeitig wegen Verletzung des Berufsgeheimnisses nach § 203 StGB strafbar macht.

**375**

*Rspr.: Kein Verwertungsverbot*

Die Rspr. steht auf dem Standpunkt, daß selbst eine vom Gericht erkannte Verletzung des Berufsgeheimnisses die strafprozessuale Verwertbarkeit der Aussage nicht berührt.[317] Denn § 53 begründet seinem Wortlaut nach nur ein Zeugnisverweigerungsrecht, wohingegen die Strafbarkeit nach § 203 StGB allein den Risikobereich des Zeugen betreffe. Die Aufklärungspflicht des Gerichts aus § 244 II werde dadurch nicht beschränkt. Es liege danach kein Verstoß gegen § 261 und somit kein Revisionsgrund i.S.d. § 337 vor.

*a.A.: Verwertungsverbot wegen Fürsorgepflicht*

Eine starke Meinung im Schrifttum lehnt dieses Ergebnis jedoch vor allem mit dem Argument der Einheitlichkeit des prozessualen und materiellen Rechts ab. Die Auffassung des BGH läßt sich nach dieser Ansicht nicht mit der Fürsorgepflicht gegenüber jedem Prozeßbeteiligten und der rechtsethischen Funktion staatlicher Strafverfolgungstätigkeit vereinbaren.[318]

### cc) Aussage eines Zeugen trotz Fehlens einer Aussagegenehmigung nach § 54

*fehlende Aussagegenehmigung*

Fraglich ist auch, ob die Aussage einer der in § 54 genannten Personen verwertet werden darf, wenn die erforderliche Aussagegenehmigung nicht vorliegt.

**376**

---

315   BGHSt 11, 213; BGHSt 14, 159

316   RG JW 1934, 2914; BGHSt 38, 214; GRÜNWALD JZ 1966, 495

317   BGHSt 9, 59; 18, 157

318   FEZER JuS 1978, 472; HAFFKE GA 1973, 65

*Bsp.: In einem Strafverfahren sagt der Beamte B über einen Gegenstand aus, der eigentlich seiner Pflicht zur Amtsverschwiegenheit (§ 61 BBG) unterfällt. Eine nach Beamtenrecht notwendige Aussagegenehmigung (§ 62 BBG) liegt nicht vor.*

*nach h.M. kein Verwertungsverbot*

Nach h.M. führt das Fehlen einer Aussagegenehmigung nicht zu einem Beweisverwertungsverbot bezüglich der gemachten Aussage. Der Zweck des § 54 liege nämlich darin, bestimmte Umstände aus Gründen des öffentlichen Interesses geheim zu halten. Sei die Aussage aber erst einmal gemacht, sei dieser Zweck unwiderruflich beeinträchtigt. Dann gäbe es keinen Grund mehr, die Aussage des Zeugen nicht zu verwerten.[319]

**377**

> **hemmer-Methode: Hier zeigt sich ebenfalls wieder das gewohnte Argumentationsmuster. § 54 dient dem Schutz des öffentlichen Interesses, nicht aber dem des Angeklagten. In dessen Rechtskreis wird also durch eine Verwertung der Aussage nicht eingegriffen ("Rechtskreistheorie").**

### dd) Fehlen der Belehrung eines Zeugen über das Auskunftsverweigerungsrecht nach § 55 II

*fehlende Belehrung über Auskunftsverweigerungsrecht*

Nach § 55 I darf jeder Zeuge die Antwort auf eine Frage verweigern, wenn er sich dadurch der Gefahr aussetzen würde, sich selbst zu belasten.

**378**

Darüber ist er nach § 55 II zu belehren, und zwar gemäß §§ 161a I S.2, 163a V auch bei Vernehmungen durch Staatsanwaltschaft und Polizei. Ob aus der Verletzung der Belehrungspflicht ein Beweisverwertungsverbot folgt, ist umstritten.

*BGH: Verstoß gegen § 55 II kein Verwertungsverbot*

Der BGH verneint dies.[320] Grund dafür sei, daß die Regelung des § 55 II nicht den Rechtskreis des Angeklagten betreffe.

Die Norm diene allein dem Schutz des Zeugen vor der Gefahr, sich selbst zu belasten. Die Aussage dürfe daher verwendet werden, und eine eventuelle Verletzung sei kein Revisionsgrund i.S.d. § 337.

*a.A.: Verwertungsverbot*

Diese Begründung wird z.T. heftig kritisiert. Nach der StPO sei nämlich die Zulässigkeit der Revisibilität eines Urteils nach § 337 nicht davon abhängig, daß der Rechtskreis des Angeklagten betroffen sei. Außerdem sei die Aussage eines Zeugen, der sich in der Gefahr befindet, sich gegebenenfalls selbst zu belasten, weit weniger glaubwürdig. Dadurch würde letztlich doch in den Rechtskreis des Angeklagten eingegriffen.[321] Eine Revision nach § 337 müsse daher Erfolg haben.

**379**

> **hemmer-Methode: Stellen Sie in der Klausur die Ansicht der Mindermeinung dar, wenn Ihnen dazu genug Zeit bleibt! Folgen Sie aber in jedem Fall der Meinung der Rspr., um überflüssige Schwierigkeiten zu vermeiden! Es handelt sich um eine so bekannte Fallgruppe, daß die Kenntnis der einschlägigen BGH-Entscheidungen vorausgesetzt wird.**

### ee) Fehlen einer Belehrung des Beschuldigten nach § 136 I S.2

*Unterlassen der Belehrung gem. § 136 I S.2*

Ebenfalls nicht im Gesetz geregelt ist die Folge des Unterlassens einer Belehrung des Beschuldigten über das Aussageverweigerungsrecht gemäß § 136 I S.2.

**380**

---

319  GRÜNWALD, JZ 1966, 498; ROXIN, PdW, S. 284

320  BGHSt 11, 213

321  SCHMIDT, JZ 1958, 596

*Bsp.: Der Serienmörder S wird endlich von der Polizei gefaßt und von*      **381**
*Polizeimeister P vernommen. Dieser redet ihm ohne jede weitere Beleh-*
*rung, die er aus Versehen völlig vergessen hat, eindringlich ins Gewis-*
*sen. S legt ein umfassendes Geständnis ab. Kann das Geständnis in der*
*Hauptverhandlung gegen ihn verwendet werden?*

Ob das Geständnis für die Urteilsfindung berücksichtigt werden kann, ist
aus mehreren Gründen fraglich.

(1) Das Geständnis des S kann, soweit es in einem polizeilichen Vernehmungsprotokoll enthalten ist, wegen § 254 I nicht verlesen werden.
§ 254 verbietet jedoch nicht, den vernehmenden Polizeibeamten P als
Zeugen in der Hauptverhandlung zu hören.

(2) Allerdings hätte P den S bei der Vernehmung gem. §§ 163a IV S.2,
136 I S.2 über sein Aussageverweigerungsrecht belehren müssen, was
hier unterblieben ist. Fraglich ist, wie sich dieser Fehler auswirkt.

(3) Die Konsequenzen von Verfahrensverstößen sind oftmals gesetzlich
nicht geregelt. Es ist dann für jede einzelne Norm aus ihrem Sinn, Zweck
und Zusammenhang heraus zu bestimmen, welche Folgen ihre Verletzung hat.

*früher: Verstoß gegen Ordnungsvor-*     Der BGH hat die Verletzung der hier fraglichen Hinweispflicht entgegen
*schrift*                                der ganz h.M. in der Lit.[322] lange Zeit nur als Verstoß gegen eine Ord-
                                         nungsvorschrift angesehen und - anders als bei § 243 IV S.1 - kein Ver-
                                         wertungsverbot hinsichtlich der gemachten Aussage angeordnet.[323]

                                         Diese Rspr. hat er nun zu Recht aufgegeben.[324] Denn die Abwägung
                                         zwischen dem Gewicht des Verfahrensverstoßes und der Beeinträchti-
                                         gung der Wahrheitsfindung muß hier klar zugunsten des Beschuldigten
                                         ausfallen.

*heute: regelm. Verwertungsverbot*       Das Recht, sich nicht selbst belasten zu müssen, genießt im Rahmen des
                                         Rechtsstaatsprinzips Verfassungsrang. Gerade bei der ersten Verneh-
                                         mung durch Beamte des Polizeidienstes ist die Gefahr besonders groß,
                                         daß der Beschuldigte überrumpelt wird und sich nicht auf die Vernehmung
                                         einstellen kann. Führt also schon die Verletzung des § 243 IV zum Verwer-
                                         tungsverbot, muß dies für die §§ 163a IV S.2, 136 I S.2 erst recht gelten.

> **hemmer-Methode: Von dem grundsätzlichen Verwertungsverbot gibt**      **382**
> **es jedoch verschiedene Ausnahmen:**[325]
> 1. **Der Beschuldigte kannte seine Rechte bei der 1. Vernehmung (von**
>    **der Staatsanwaltschaft zu beweisen).**
> 2. **Der verteidigte Angeklagte rügt nicht bis zu dem in § 257 genann-**
>    **ten Zeitpunkt.**
> 3. **Der nicht-verteidigte Angeklagte wird über sein Widerspruchsrecht**
>    **belehrt und der Angeklagte widerspricht dennoch nicht.**
> 4. **Der Beschuldigte stimmt der Verwertung zu.**
> **Eine weitere (unechte) Ausnahme ist der Fall, daß der Beschuldigte in**
> **einer *erneuten* Vernehmung belehrt wird: Verwertbar ist dann aller-**
> **dings auch nur diese zweite Aussage.**

Das Geständnis kann daher nicht durch die Aussage des Polizisten in
den Prozeß eingeführt werden.

322    Vgl. LR-HANACK, § 136, Rn. 55

323    BGHSt. 22, 170; 31, 395

324    BGH NJW 1992, 1463; BGHSt 38, 214

325    KLEINKNECHT/MEYER-GOßNER, § 136, Rn. 20

> **hemmer-Methode:** Machen Sie sich unbedingt klar, daß die obigen Ausführungen in der Regel nur gelten, wenn die Belehrung nach § 136 I S.2 unbewußt unterblieben ist. Liegt dagegen ein absichtliches Unterlassen der Belehrung vor, so kann dies unter Umständen eine Täuschung i.S.d. § 136a I S.1 sein.[326] Für diesen Fall besteht aber ein gesetzliches Verwertungsverbot gemäß § 136a III S.2.

*Versagung der Konsultation des Verteidigers*

Weiterhin sind noch einige von der Rspr. entschiedene Fälle zu beachten. Danach ist die Verwertung einer Aussage des Beschuldigten unzulässig, wenn eine Belehrung zwar erfolgt ist, ihm aber eine vorherige Konsultation seines Verteidigers versagt worden ist.[327] Dasselbe gilt, wenn der Beschuldigte aufgrund eines psychischen Defekts die Belehrung nicht verstehen konnte.[328]

**383**

### ff) Fehlen der Belehrung des Beschuldigten nach § 243 IV S.1

*Parallelproblem bei Belehrung gem. § 243 IV S.1*

Bei § 243 IV S.1 stellt sich im Grunde das gleiche Problem wie bei § 136 I S.2.

**384**

Die Vorschrift ordnet als Spezialregelung für die Hauptverhandlung an, daß der Angeklagte vor der Vernehmung zur Sache über sein Recht zu schweigen belehrt werden muß.

Allerdings ist es in bezug auf § 243 IV S.1 von Anfang an h.M. gewesen, daß hier ein Fehlen der Belehrung ein Beweisverwertungsverbot hinsichtlich der gemachten Aussage zur Folge hat. Begründet wird dies ebenfalls mit der "Rechtskreistheorie".

Es handelt sich hier nicht um eine bloße Ordnungsvorschrift, sondern um das wichtige Recht des Angeklagten, frei zu entscheiden, ob er zu seiner Verteidigung aussagen will oder nicht. Dies folgt aus dem Grundsatz eines rechtsstaatlichen und fairen Verfahrens.[329]

### gg) Verwehrung der Verteidigerbefragung

*Verstoß gegen Art. 6 IIIc MRK*

Gemäß §§ 136 I S.2, 137 hat der Beschuldigte auch das Recht, vor seiner Vernehmung einen Verteidiger zu befragen. Wird ihm dieses Recht verwehrt bzw. wird er auf dieses gar nicht hingewiesen, so folgt daraus ein Beweisverwertungsverbot. Es handelt sich nämlich um einen Verstoß gegen Art. 6 IIIc MRK sowie gegen das Rechtsstaatsprinzip und die Grundsätze eines fairen Strafverfahrens.[330]

**385**

### hh) Beweisverwertungsverbot aus § 252

*§ 252 beschränktes Verwertungsverbot*

Bereits eingegangen worden ist auf das Problem, ob aus § 252 ein umfassendes Beweisverwertungsverbot folgt oder ob nur die Verlesung des Protokolls der früheren Vernehmung verboten ist, wenn sich ein Zeuge erst in der Hauptverhandlung auf sein Zeugnisverweigerungsrecht aus §§ 52 - 53a beruft.

**386**

Nach Meinung der Rspr. ergibt sich aus § 252 nur ein eingeschränktes Beweisverwertungsverbot. Die Vernehmung der Verhörsperson als Zeuge in der Hauptverhandlung soll grundsätzlich unzulässig sein, außer es handelt sich um eine richterliche Verhörsperson (Ermittlungsrichter).[331]

---

326    LG Stuttgart NStZ 1985, 568

327    BGH NJW 1993, 338

328    BGH NJW 1994, 333

329    BGHSt. 11, 213; 25, 325; BGH NJW 1992, 1463

330    BGHSt. 38, 372; BEULKE, Rn. 469

331    Vgl. ausführlich Rn. 55 ff.

*str. bzgl. Auskunftsverweigerungs-recht*

Strittig ist ferner, ob § 252 auch auf das Auskunftsverweigerungs-recht nach § 55 anwendbar ist. Von der h.M. wird dies abgelehnt, da § 252 nur von einem Zeugnisverweigerungsrecht spreche, nicht von einem Auskunftsverweigerungsrecht.[332]

**387**

> **hemmer-Methode: Auf diese Problematik ist bereits im Zusammen-hang mit dem Unmittelbarkeitsprinzip ausführlich eingegangen wor-den. Wichtig ist, daß Sie sich auch die praktischen Konsequenzen von Verstößen gegen die Rechtsnormen der StPO klar machen. In der Re-gel geht es immer um die Frage nach einem Beweisverwertungsverbot und/oder Revisionsgrund.**

### ii) Verstoß gegen das Beschlagnahmeverbot des § 97 I

*Beschlagnahmeverbot*

Das Beschlagnahmeverbot gemäß § 97 I soll verhindern, daß die Zeugnisverweigerungsrechte der §§ 52 - 53a dadurch umgangen werden, daß die Behörden einfach schriftliche oder sonstige Auf-zeichnungen der verweigerungsberechtigten Personen beschlag-nahmen. Deswegen muß eine trotzdem erfolgte Beschlagnahme auch zu einem Beweisverwertungsverbot führen, da die Regelung sonst wenig effektiv wäre.[333]

**388**

### kk) Telefonüberwachung, §§ 100a ff.

*Verwertungsverbot str. bei Verstoß gegen §§ 100a ff.*

Bereits eingegangen worden ist auf das Zwangsmittel der Überwa-chung des Fernmeldeverkehrs zum Zwecke der Strafverfolgung nach den §§ 100a ff. Problematisch ist, ob auch solche Beweismittel verwertet werden dürfen, die durch eine Überwachung des Fernmel-deverkehrs gewonnen worden sind, wenn bestimmte Vorausetzun-gen der §§ 100a ff. fehlen.

**389**

*Verwertungsverbot (+) bei Verstoß gegen materielle Voraussetzungen*

Im wesentlichen unstreitig ist das Vorliegen eines Beweisverwer-tungsverbotes bei Nichtvorliegen von *materiellen Voraussetzungen* der §§ 100a ff., also z.B. bei Fehlen des Verdachts einer Katalogtat i.S.d. § 100a oder Nichtbeachtung des Subsidiaritätsprinzips.[334] Ebenso ist ein Verwertungsverbot zu bejahen, wenn eine *Anordnung der Maßnahme* durch den Richter oder den Staatsanwalt nach § 100b I fehlt.[335]

*Verwertungsverbot (-) bei sonstigen Verstößen*

Kein Beweisverwertungsverbot besteht dagegen bei allen sonstigen Verstößen gegen *formelle Voraussetzungen* der §§ 100b, 101 (z.B. Verstoß gegen das Schriftformerfordernis des § 100b II).[336]

### ll) Verstoß gegen Voraussetzungen des § 81a bei körperlichen Untersuchungen

*körperliche Untersuchung*

Bei der Frage, ob ein Verstoß gegen die von § 81a aufgestellten Voraussetzungen für eine körperliche Untersuchung ein Beweisver-wertungsverbot nach sich zieht, ist danach zu differenzieren, ob der Verstoß versehentlich oder bewußt erfolgt ist.

**390**

---

332  Vgl. ausführlich Rn. 307 ff.

333  BGHSt. 18, 227

334  BGHSt. 31, 304; 32, 68; 33, 347; BEULKE, Rn. 475

335  BGHSt. 31, 304

336  BEULKE, Rn. 475

*unbewußter Verstoß*
⇨ *Verwertungsverbot (-)*

Bei *unbewußten Verstößen* gegen § 81a ist nach ganz h.M. kein Beweisverwertungsverbot gegeben. Begründet wird dies damit, daß die von § 81a aufgestellten Erfordernisse den Betroffenen vor gesundheitlichen Schäden bewahren sollen. Dieser Schutzzweck kann aber nachträglich durch ein Beweisverwertungsverbot ohnehin nicht mehr erreicht werden.[337]

**391**

> *Bsp.: Anordnung der Blutentnahme durch einen Polizisten, der nicht Hilfsbeamter der Staatsanwaltschaft ist. Blutentnahme durch einen nicht approbierten Arzt.*

*bewußter Verstoß*
⇨ *Verwertungsverbot (+)*

Wird dagegen von der die Maßnahme anordnenden Person *bewußt* gegen § 81a verstoßen, darf das auf diese Weise gewonnene Beweismittel nicht verwertet werden. Ein derartiges Verfahren verstößt nämlich gegen das Rechtsstaatsprinzip und die Grundsätze eines fairen Strafverfahrens.[338]

**392**

### mm) Grundrechtliche Verwertungsverbote bei Verletzung der Intimsphäre

*Verletzung der Intimsphäre*

Ein weiteres Konfliktfeld kann sich daraus ergeben, daß durch Überwachungsmaßnahmen im Rahmen der Strafverfolgung in die Intimsphäre des Beschuldigten eingegriffen wird. In solchen Fällen ist wiederum zwischen dem öffentlichen Interesse an der Strafverfolgung und den Grundrechten des Betroffenen (insbesondere Art. 2 I, 1 I GG) abzuwägen.

**393**

Jedoch existiert laut BVerfG ein *unantastbarer Kern privater Lebensgestaltung*, der jedem Eingriff der öffentlichen Gewalt entzogen sein muß.[339]

> **hemmer-Methode: Im einzelnen ist in diesem Bereich noch vieles ungeklärt, und auch die vorhandene Rspr. eher spärlich. Dennoch sollte man sich, vor allem im Hinblick auf die mündliche Prüfung, mit dieser sehr aktuellen Problematik vertraut machen. Letztlich kommt es darauf an, selbständig zu vertretbaren Ergebnissen zu gelangen.**

### (1) Regelungen der §§ 100c, 100d

*teilweise Regelung in §§ 100c, d*

Erleichtert wird die Abwägung dadurch, daß ein Teil der Materie in den §§ 100c, 100d geregelt ist.[340] So läßt sich festhalten, daß heimliche Tonbandaufnahmen (§ 100c I Nr. 2), Foto- und Filmaufnahmen und sonstige Observationen unter Einschaltung technischer Mittel (§ 100c I Nr. 1) im selben Verfahren uneingeschränkt verwertet werden dürfen, wenn die Voraussetzungen der Ermächtigungsvorschriften erfüllt sind.

**394**

Sind bei Tonbandaufnahmen die Anforderungen des § 100c I Nr. 2 nicht eingehalten, muß anhand einer Abwägung im Einzelfall festgestellt werden, ob ein Beweisverwertungsverbot vorliegt oder nicht. Allerdings ist hier vieles noch ungeklärt.

Bei Foto-, Film- und Videoaufnahmen nach § 100c I Nr. 1 ist in jedem Fall von einem Verwertungsverbot auszugehen, wenn die Eingriffsvoraussetzungen nicht vorliegen. Grund dafür ist, daß die Eingriffsvoraussetzungen bereits im Gesetz weiter gefaßt sind als in § 100c I Nr. 2.

---

337   BGHSt. 24, 125; BEULKE, Rn. 477

338   BGHSt. 24, 125

339   BVerfGE 34, 238

340   Vgl. zum ganzen BEULKE, Rn. 472, 474 m.w.N.

Zusammenfassend läßt sich sagen, daß Erkenntnisse auf jeden Fall dann unverwertbar sind, wenn sie unter völliger Umgehung des § 100c erlangt worden sind.[341] Das ist z.B. dann gegeben, wenn die Anordnung einer derartigen Maßnahme unter bewußter Überschreitung der gesetzlichen Befugnisse getroffen worden ist, wenn im Fall des § 100c I Nr. 2 kein Verdacht einer Katalogtat bestanden hat oder gegen den Subsidiaritätsgrundsatz (§ 100c I Nrn. 1 und 2 jeweils a.E.) verstoßen worden ist.[342]

**(2)** Sonderproblem der Verwertung von Tagebuchaufzeichnungen

*Tagebuchaufzeichnungen: Abwägung im Einzelfall*

Bezüglich der Verwertung von Tagebuchaufzeichnungen in der Hauptverhandlung finden sich keine Regelungen in der StPO. Ob ein Beweisverwertungsverbot besteht, muß deshalb jeweils im Einzelfall festgestellt werden.

395

Auch hier ist das Persönlichkeitsrecht des Tagebuchverfassers gegen das staatliche Interesse an der Strafverfolgung abzuwägen.[343] Aufzeichnungen aus dem Intimbereich unterliegen in der Regel einem Beweisverwertungsverbot. Andererseits muß dafür Sorge getragen werden, daß nicht jedes Schriftstück einfach dadurch der Verwertung entzogen werden kann, daß es als "Tagebuch" bezeichnet wird.

396

> Bsp.: Gegen M läuft ein Verfahren wegen Meineids (§ 154 StGB) in einem früheren Prozeß. Um ihre Anschuldigungen zu beweisen, will die Staatsanwaltschaft das Tagebuch der M über den damaligen Zeitraum als Urkundenbeweis heranziehen. Das Tagebuch war M vorher von dritter Seite entwendet und der Staatsanwaltschaft übergeben worden. Ist dies zulässig?

Die Verwendung intimer Aufzeichnungen des Angeklagten als Beweismittel verstößt nach Meinung des BGH gegen die Würde des Menschen und die freie Entfaltung seiner Persönlichkeit (Art. 1, 2 GG).[344] Niemand soll befürchten müssen, daß seine privaten Aufzeichnungen von Gefühlen, Ansichten und Erlebnissen später einmal unbefugterweise gegen ihn verwendet werden. Dagegen kann auch nicht eingewendet werden, daß jeder, der ein Tagebuch führt, damit rechnen muß, daß es einmal von jemand anders gelesen wird, denn bei intimen Aufzeichnungen ist die Veröffentlichung gerade nicht gewollt.

Allerdings gelten für den Grundsatz der Unverwertbarkeit zwei Einschränkungen. Einmal gilt die Unverwertbarkeit nur für Aufzeichnungen aus der Persönlichkeitssphäre des Angeklagten. Das bedeutet, daß z.B. die Aufzeichnungen über geschäftliche Vorgänge oder die Strichliste eines Serienmörders durchaus verwertet werden dürfen. Auf der anderen Seite sind auch höchstpersönliche Aufzeichnungen ausnahmsweise verwertbar, wenn im Einzelfall das Interesse des Staates an der Verfolgung einer Straftat das persönliche Interesse des Angeklagten am (grundrechtlichen) Schutz des eigenen Geheimbereichs überwiegt. So meint der BGH, daß in Fällen schwerster Kriminalität (z.B. bei einem Mord) das Strafverfolgungsinteresse Vorrang hat.[345] Begründet wird dies damit, daß sich der Staat in solchen Fällen in einer notwehrähnlichen Situation befinde.

---

341  BGHSt. 34, 39

342  KLEINKNECHT/MEYER-GOßNER, § 100c, Rn. 15

343  Vgl. BGHSt. 19, 325; 34, 397

344  BGHSt. 19, 325

345  BGHSt. 19, 325

Diese vom *BGH* aufgestellten Grundsätze gelten nach der Rechtsprechung des *BVerfG* aber nicht in den Fällen, in denen die Aufzeichnungen in den sog. "absoluten Kernbereich" der Grundrechte des Beschuldigten fallen:[346] Hier ist stets von einer Unverwertbarkeit auszugehen, eine Abwägung findet also nicht statt.

> **hemmer-Methode: Führen Sie sich die Stufenprüfung im Hinblick auf die Verwertbarkeit noch einmal vor Augen!**[347]
> - **Stufe 1:**
>   **Völlig verwertbar sind Aufzeichnungen, wenn nur äußere Abläufe beschrieben werden.**
> - **Stufe 2:**
>   **Im Bereich der "normalen Intimsphäre": Abwägung zwischen den staatlichen Interessen an der Strafverfolgung und Art. 1, 2 I GG.**
> - **Stufe 3:**
>   **Absolut geschützter Kernbereich: Hier keine Abwägung notwendig und keine Verwertung möglich.**

Im vorliegenden Fall ist jedoch das Tagebuch als Beweismittel schon deshalb unzulässig, weil es sich hierbei zum einen um höchstpersönliche Aufzeichnungen handelt und zum anderen kein Fall überwiegenden öffentlichen Interesses vorliegt.

### d) Sonderproblem: Fernwirkung von Beweisverwertungsverboten

*Fernwirkung str.*

Stark umstritten ist die Frage, ob Beweisverwertungsverbote auch eine sogenannte Fernwirkung auf andere als die unmittelbar betroffenen Beweismittel haben können.

**397**

Das betrifft die Fälle, in denen aufgrund eines rechtswidrig erlangten und deshalb unverwertbaren Beweismittels weitere Beweismittel aufgefunden werden, die dann vor Gericht verwendet werden sollen.

*Bsp.: Frauenmörder F wird nach seiner Festnahme von Polizist P vernommen. Da dieser einen schlechten Tag hat, prügelt er so lange auf F ein, bis dieser die Tat gesteht und das Versteck der Tatwaffe verrät. Aufgrund dieser Angaben wird eine Keule mit Blutspuren des Opfers und Fingerabdrücken des F gefunden. Nach einer labortechnischen Untersuchung steht fest, daß die Keule die Schuld des F eindeutig beweist. Kann die Keule in der Hauptverhandlung verwertet werden?*

Dies ist fraglich, da die Keule nur aufgrund des Geständnisses des F gefunden worden ist. Dieses ist jedoch unter Verstoß gegen § 136a I S.1 zustande gekommen, weswegen es dem Beweisverwertungsverbot des § 136a III S.2 unterliegt. Hier stellt sich also die Frage, ob das Beweisverwertungsverbot eine Fernwirkung in bezug auf die Keule entfaltet.

*e.A.: "Frucht des vergifteten Baumes"*

Eine Ansicht bejaht dies in Anlehnung an die amerikanische "fruit of the poisonous tree doctrine". Danach sollen auch mittelbar aufgrund eines Verfahrensverstoßes erlangte Beweismittel unverwertbar sein, weil Sinn und Zweck der Beweisverwertungsverbote sonst unterlaufen werden könnten.[348]

*Rspr.: Fernwirkung ausgeschlossen*

Der BGH hat jedoch bisher eine solche Fernwirkung grundsätzlich abgelehnt.[349] Schließlich solle nicht ein einzelner Verfahrensverstoß das gesamte Strafverfahren lahmlegen. Außerdem diene die Fernwirkungslehre im amerikanischen Recht vor allem der Disziplinierung der Polizei. Dies sei im deutschen Strafverfahren nicht notwendig, da das Beamtenrecht selbst genügend Sanktionsmöglichkeiten vorsehe.

---

346  KLEINKNECHT/MEYER-GOßNER, Einl. Rn. 56

347  KLEINKNECHT/MEYER-GOßNER, Einl. Rn. 56

348  ROXIN, § 24 D IV; OTTO, GA 1970, 289

349  BGHSt. 27, 355; 32, 68; 34, 362

## 8. Schluß der Beweisaufnahme

*keine Präklusion nach Schluß der Beweisaufnahme*

Um die Beweisaufnahme abzuschließen, fragt der Vorsitzende die Verfahrensbeteiligten, ob noch weitere Beweisanträge gestellt werden. Ist dies nicht der Fall, schließt er die Beweisaufnahme und prüft, ob alle gestellten Beweisanträge verbeschieden sind. Trotzdem können auch jetzt oder später noch Anträge gestellt werden, es findet keine Präklusion statt.

**398**

## 9. Grundsatz "in dubio pro reo"

*"in dubio pro reo" bei Zweifelsfragen nach Beweisaufnahme*

Gemäß § 261 entscheidet das Gericht über das Ergebnis der Beweisaufnahme nach seiner freien, aus dem Inbegriff der Verhandlung geschöpften Überzeugung.[350]

**399**

Überzeugt soll das Gericht sein, wenn ein nach der Lebenserfahrung ausreichendes Maß an Sicherheit vorliegt, demgegenüber vernünftige Zweifel nicht mehr aufkommen.[351]

Für den Fall, daß solche Zweifel nach Abschluß der Beweisaufnahme aber dennoch bestehen, greift der Grundsatz "in dubio pro reo". Dieser besagt, daß nach Ausschöpfung aller zulässigen Beweismittel bei bestehenden Zweifeln von der für den Angeklagten günstigeren Möglichkeit auszugehen ist. Dieser Grundsatz ist aus der Unschuldsvermutung des Art. 6 II MRK abgeleitet.

> **hemmer-Methode: Der Grundsatz "in dubio pro reo" ist keine Beweisregel, sondern gehört dem sachlichen Strafrecht** KLEINKNECHT/MEYER-GOßNER, **§ 261, an. Er besagt nichts darüber, wie der Tatrichter die Beweise zu würdigen hat, sondern greift erst nach abgeschlossener Beweiswürdigung ein.**[352]

**400**

*allein tatsächliche Zweifel*

Es kommt jedoch für den Zweifelssatz nur auf die Zweifel an, die der Richter tatsächlich gehabt hat, was sich aus den Urteilsgründen ergeben muß. Nicht entscheidend ist hingegen, welche Zweifel der Richter nach Meinung des Angeklagten hätte haben müssen.[353] Aus dem Grundsatz folgt keineswegs, daß das Gericht von der dem Angeklagten günstigsten Fallkonstellation auch dann ausgehen muß, wenn hierfür keine Anhaltspunkte bestehen.[354]

**401**

**a)** Der Zweifelssatz gilt unstreitig in bezug auf die unmittelbar entscheidungserheblichen Tatsachen, die sich auf die *Schuld- und Straffrage* beziehen. Dies können Tatsachen sein, die zum Tatbestand eines Strafgesetzes gehören oder zum Bereich des Allgemeinen Teils des StGB. Darunter fallen aber auch die Voraussetzungen der Straffestsetzung (Strafausschließungs-, Strafaufhebungs- und gesetzliche Strafmilderungsgründe) sowie für eine Maßregel der Besserung und Sicherung.[355]

**402**

---

350　Zu den Einzelheiten s. oben, Rn. 20

351　BGH NStZ 88, 236

352　KLEINKNECHT/MEYER-GOßNER, § 261, Rn. 26

353　Für Referendare: Bei der Rüge einer Verletzung des § 261 im Rahmen der Revision ist äußerste Vorsicht geboten! Das Revisionsgericht darf nicht seine Beweiswürdigung an die Stelle der Beweiswürdigung des Tatrichters setzen.

354　BVerfG NJW 1988, 477; BGHSt 25, 365

355　KLEINKNECHT/MEYER-GOßNER, § 261, Rn. 29

*Bsp.: Bei einer Anklage wegen Diebstahls (§ 242 StGB) bestehen Zweifel darüber, ob der Angeklagte eine Sache weggenommen hat oder ob sie ihm vom Gewahrsamsinhaber freiwillig überlassen worden ist. Ferner gilt "in dubio pro reo" für die Frage des Tatbestandsirrtums nach § 16 StGB und die tatsächlichen Voraussetzungen des Verbotsirrtums nach § 17 StGB. Er gilt auch für die tatsächlichen Grundlagen des entschuldigenden Notstands (§ 35 StGB) oder der Schuldfähigkeit (§§ 20, 21 StGB).*

*str. im Freibeweisverfahren*

**b)** Umstritten ist die Geltung von "in dubio pro reo" für das Vorliegen von *Prozeßvoraussetzungen oder sonstigen verfahrensrechtlich erheblichen Tatsachen*, die im Freibeweisverfahren festgestellt werden.[356] Nach Rspr. und h.M. muß folgendermaßen unterschieden werden:

**403**

Bei der Frage nach dem Vorliegen von Prozeßvoraussetzungen ist auf die Besonderheiten der jeweiligen Prozeßvoraussetzung abzustellen.

*Bsp.: Wenn ungeklärt ist, zu welchem Zeitpunkt die Tat begangen worden ist, ist bei einem Zweifel, ob die Tat verjährt ist, zugunsten des Angeklagten zu entscheiden.[357] Dagegen gilt für das Erfordernis der Verhandlungsfähigkeit der Zweifelssatz nicht schlechthin. Erforderlich ist vielmehr eine hinreichend sichere Prognose.[358]*

**hemmer-Methode:** Für die Differenzierung bezüglich der Besonderheiten der jeweiligen Prozeßvoraussetzung lassen sich keine allgemeinen Kriterien aufstellen. Vielmehr existiert eine umfangreiche Kasuistik, zahlreiche Fragen sind auch noch offen. Für eine Vertiefung sei auf die einschlägigen Kommentare verwiesen.

Bei allen sonstigen Verfahrensfehlern findet der Grundsatz "in dubio pro reo" jedoch keine Anwendung.[359]

*Bsp.: Es bestehen Zweifel, ob vor einer Vernehmung eine Belehrung nach § 136 I S.2 erfolgt ist. Wenn der Angeklagte dies nicht nachweist, kann ein Geständnis vor Gericht gegen ihn verwandt werden.*

### X. Schlußvorträge

*§ 258 I: Schlußvorträge*

Nach dem Schluß der Beweisaufnahme erhalten zuerst der Staatsanwalt und dann der Angeklagte Gelegenheit, bestimmte Ausführungen zu machen und Anträge zu stellen, § 258 I.

**404**

**hemmer-Methode:** Die Rechte der Verteidigung bzw. des Angeklagten auf ihre Schlußvorträge sind **Ausprägungen des Anspruchs auf rechtliches Gehör (Art. 103 I GG).** Beiden muß daher Zeit zu einer ausreichenden Vorbereitung eingeräumt werden. Die Schlußvorträge der Staatsanwaltschaft und des Verteidigers sowie das letzte Wort des Angeklagten gehören zum Inbegriff der Verhandlung (§ 261) und müssen somit bei der Urteilsfindung berücksichtigt werden.

---

356   Zum Streit s. oben, Rn. 26

357   BGHSt. 18, 274

358   BGH MDR 1973, 902

359   BGHSt. 16, 164

## 1. Schlußvortrag des Staatsanwalts

*Plädoyer des StA zwingend*

Das Plädoyer des Staatsanwalts ist obligatorisch, so daß seine Unterlassung die Revision nach § 337 begründen kann. Er muß das Verhandlungsergebnis in tatsächlicher und rechtlicher Hinsicht zusammenfassend würdigen und bestimmte Anträge stellen.[360] Ein darüber hinausgehender Inhalt ist nicht vorgeschrieben. In der Praxis wird üblicherweise folgender Aufbau gewählt:[361]

**405**

- Schilderung des Sachverhalts,

- Beweiswürdigung und rechtliche Würdigung,

- Strafrahmen, objektive und subjektive Strafzumessungsgründe,

- Anträge auf Strafe oder Freispruch, Nebenstrafen, Maßregeln, Kosten, Entschädigung für Strafverfolgungsmaßnahmen, Inhalt eines Bewährungsbeschlusses, Haftbefehl.

## 2. Besondere Verfahrensarten

*Privat-/Nebenklageverfahren*

Im Privatklageverfahren (§§ 374 ff.) hält anstelle des Staatsanwalts der Privatkläger oder dessen Vertreter den Schlußvortrag. Handelt es sich um ein Nebenklageverfahren, so gebührt dem Nebenkläger nach dem Staatsanwalt das Wort.

**406**

## 3. Schlußvortrag des Verteidigers

*kein Zwang bzgl. Schlußrede v. Verteidiger*

Auf das Plädoyer des Staatsanwalts folgt in der Regel das des Verteidigers. Dieser setzt sich mit dem Ergebnis der Beweisaufnahme und den Anträgen der Staatsanwaltschaft auseinander und stellt eigene Anträge.

**407**

Allerdings kann der Verteidiger zu seinem Schlußvortrag nicht gezwungen werden.[362]

## 4. Schlußwort des Angeklagten

*Schlußwort, § 258 III: Auch wenn Verteidiger für Angeklagten spricht*

Gemäß § 258 III ist der Angeklagte selbst dann, wenn sein Verteidiger für ihn gesprochen hat, zu befragen, ob er selbst noch etwas vorbringen möchte. In einem Verfahren gegen Jugendliche steht das Recht des letzten Wortes nach § 67 I JGG auch den Erziehungsberechtigten oder gesetzlichen Vertretern zu. Diese können vor oder nach dem Angeklagten sprechen.

**408**

> **hemmer-Methode:** Häufig tritt der Fall auf, daß der Angeklagte das letzte Wort erhält und *danach* noch einmal in die Beweisaufnahme wiedereingetreten wird. Ein solcher Wiedereintritt setzt keinen besonderen Gerichtsbeschluß voraus. Während Staatsanwalt und Verteidiger hier üblicherweise ihre Rechte kennen, muß der Angeklagte *noch einmal* ausdrücklich darauf hingewiesen werden, daß er das letzte Wort hat.[363]

360 OLG Düsseldorf NJW 1963, 1167

361 JOACHIMSKI, S. 180

362 KLEINKNECHT/MEYER-GOßNER, § 258, Rn. 11

363 KLEINKNECHT/MEYER-GOßNER, § 258, Rn. 27

## XI. Protokoll über die Hauptverhandlung

*Inhalt des Protokolls*

Gemäß § 271 I muß über die Hauptverhandlung ein Protokoll aufgenommen werden, das vom Vorsitzenden und vom Urkundsbeamten der Geschäftsstelle zu unterschreiben ist. In den §§ 272, 273 finden sich Vorschriften über den notwendigen Inhalt des Protokolls.

**409**

*Beweisfunktion*

Eine der wichtigsten Funktionen des Protokolls ist, daß die Einhaltung der für die Hauptverhandlung vorgeschriebenen wesentlichen Verfahrensregeln ausschließlich durch das Protokoll bewiesen werden kann (§ 274 I). Durch andere Beweismittel kann es grundsätzlich weder ergänzt, ersetzt noch widerlegt werden.[364] Gegen den die Einhaltung der Förmlichkeiten betreffenden Inhalt des Protokolls ist gemäß § 274 I S.2 nur der Nachweis der Fälschung statthaft.

> **hemmer-Methode:** Der Zweck dieser Regelung besteht darin, in der Revision die Prüfung von Verfahrensrügen zu vereinfachen. Es handelt sich also um eine gesetzliche Beweisregel, deren Beweiskraft positiv oder negativ sein kann. Die positive Beweiskraft bedeutet, daß die im Protokoll beurkundeten wesentlichen Förmlichkeiten als eingehalten gelten, auch wenn sie nicht stattgefunden haben.[365]
> Die negative Beweiskraft bedeutet, daß das, was im Protokoll nicht beurkundet ist, auch als nicht geschehen gilt.[366]

*Verlust der Beweiskraft*

Jedoch kann das Protokoll unter bestimmten Voraussetzungen seine Beweiskraft ganz oder in einzelnen Teilen verlieren. Dies ist zum einen Fall, wenn die Urkunde äußerliche Fehler wie z.B. Rasuren oder sonstige den Inhalt beeinträchtigende Beschädigungen aufweist.[367]

**410**

*Widersprüche*

Außerdem darf das Protokoll keine offensichtlichen inhaltlichen Lücken oder Widersprüche aufweisen. Problematisch ist dabei aber die Abgrenzung des Schweigens des Protokolls zu einzelnen Verfahrensschritten, das negative Beweiskraft entfaltet, zur Lückenhaftigkeit, die gerade die Beweiskraft des Protokolls insoweit aufhebt.

**411**

Nach h.M. liegt eine Lücke vor, wenn das Fehlen eines zu protokollierenden Vorgangs offensichtlich ist.[368] Diese Offensichtlichkeit ergibt sich meistens aus den Gesetzen der Logik.

Eine solche offensichtliche Lücke liegt vor, wenn ein Vorgang protokolliert wird, aufgrund dessen sich ergibt, daß ein anderer zwangsläufig vorausgegangen sein muß.

> *Bsp.: Im Protokoll ist die Wiederherstellung der Öffentlichkeit der Verhandlung vermerkt. Daraus folgt, daß irgendwann vorher die Öffentlichkeit ausgeschlossen worden sein muß. Damit entfaltet das Protokoll z.B. keine Beweiskraft bezüglich des Zeitpunkts des Ausschlusses.*

*Lücken*

Ein offensichtliche Lücke ist auch dann gegeben, wenn ein Verfahrensvorgang erkennbar unvollständig protokolliert ist.

**412**

> *Bsp.: Im Protokoll ist ein Vereidigungsvermerk eingetragen. Jedoch ist unklar, auf welchen von mehreren Zeugen sich der Vermerk bezieht.*

---

364    BGHSt. 2, 125

365    BGH JR 1961, 508

366    BGHSt. 22, 278; BGH JR 1961, 508

367    RGSt. 22, 243; BGHSt 16, 306

368    RGSt. 63, 408; RANFT, JuS 1994, 785

> hemmer-Methode: Vor allem Rechtsreferendare sollten das Problem der unzulässigen "Protokollrüge" in der Revision kennen. Der Revisionsführer kann sich nicht darauf berufen, ein bestimmter Verfahrensvorgang sei im Protokoll nicht vermerkt oder widersprüchlich dargestellt worden. Denn das Protokoll kann fehlerhaft oder unvollständig sein. Vielmehr muß er dartun, daß sich der im Protokoll nicht vermerkte Verfahrensvorgang auch tatsächlich nicht ereignet hat. Das Protokoll selbst darf dabei nur als Beweismittel angeführt werden. Es kommt deshalb auf den genauen Wortlaut der Rüge an! Richtig ist, zuerst den Verfahrensfehler zu rügen und danach anzufügen "Beweis: Siehe Protokoll Seite 5". Falsch hingegen wäre die Formulierung: "Im Protokoll steht, daß ..."
> Wichtig ist auch die Bedeutung des Protokolls für den Lauf der Rechtsmittelfristen: Diese beginnen nicht vor Fertigstellung des Sitzungsprotokolls zu laufen (insbes. bei Berichtigung problematisch).[369]

## XII. Urteil

*Urteil beendet Hauptverhandlung*

Die Hauptverhandlung wird durch das Urteil beendet. Darunter versteht man die formgebundene und mit besonderen Wirkungen versehene Entscheidung des erkennenden Gerichts, die aufgrund einer Hauptverhandlung ergeht und den Verfahrensabschnitt oder Verfahrensteil abschließt.[370]          **413**

Man unterscheidet zwischen dem *Prozeßurteil*, das ergeht, wenn wegen des Fehlens von Prozeßvoraussetzungen die weitere Fortsetzung des Verfahrens unzulässig ist (z.B. Einstellung gemäß § 260 III), und dem *Sachurteil*. Letzteres entscheidet den Prozeß in materieller Hinsicht, indem es den Angeklagten verurteilt oder freispricht. Das Urteil muß den Eröffnungsbeschluß einschließlich etwaiger Nachtragsanklagen gemäß § 266 vollständig erledigen.          **414**

> hemmer-Methode: Hier wird wieder der Begriff der Tat im strafprozessualen Sinn (§ 264 I) relevant. Gegenstand der Urteilsfindung kann nämlich nur die in der Anklage bezeichnete Tat sein, wie sie sich nach dem Ergebnis der Verhandlung darstellt: "Wo kein Kläger, da kein Richter."(Akkusationsprinzip).          **415**

### 1. Urteilsberatung

*Beratung bei Kollegialgerichten*

Bezüglich der Urteilsfindung bestehen Unterschiede je nachdem, ob es sich um einen einzelnen Strafrichter (§§ 24, 25 GVG) oder um ein Kollegialgericht handelt.          **416**

Der Strafrichter schreibt sein Urteil nach dem Schlußwort des Angeklagten nur kurz und ohne Unterbrechung der Verhandlung nieder. Bei einem Kollegialgericht dagegen muß über das Urteil beraten werden.

*Unterbrechung gemäß § 268 III*

Gemäß § 268 III unterbricht der Vorsitzende die Verhandlung zu diesem Zwecke. Vorschriften zum Verfahren der Beratung enthalten die §§ 192 - 197 GVG. Dem Vorsitzenden obliegt die Leitung der Urteilsberatung, § 194 I GVG. Bei Beratung und Abstimmung dürfen grundsätzlich nur die zur Entscheidung berufenen Richter anwesend sein. Nur diese dürfen an der Abstimmung mitwirken (§ 192 GVG). .          **417**

---

369   KLEINKNECHT/MEYER-GOßNER, § 345, Rn. 5 sowie § 273, Rn. 34; zur Protokollberichtigung § 271, Rn. 22
370   BEULKE, Rn. 488

„Im Namen des Volkes"

Hans, Adolf ?
Fürst. 1
Tiefhausen
geb. 10.10.90
} Angeklagter

} Urteilskopf
(Rubrum)

19.6.99 — Datum Verhandl. tag

Richter, Müller
Beisitzende Richter, Meier
} am Urteil mitwirkende

Weil er böse war, kriegt er
10 Jahre Knast
} Entscheid. über Schuld und Rechtsfolge

} Urteils-
tenor
(§260 IV)

- subsumtionsfähige Tatsachen §267 I S1
- Beweisgründe §267 I S2
- Bezeichnung d. Strafgesetze §267 III S1
- Gründe d. Straffzumessung §267 III S1-3
- warum Bewährung oder nicht
- Begründg d. Nebenentscheidung

} Urteils-
gründe
§267 I-III

Hans        Müller
} Unterschrift
d. Richter
(nur Berufsrichter)

Außerdem kann der Vorsitzende den sonstigen in § 193 GVG genannten Personen (insbesondere den dem Gericht zur Ausbildung zugewiesenen Rechtsreferendaren, nicht aber den jurastudierenden Praktikanten[371]) die Anwesenheit gestatten. Die Zulassung anderer Personen begründet eine Revision wegen Verstoßes gegen § 193 GVG

*Zweidrittelmehrheit*

**418**

Zu jeder für den Angeklagten nachteiligen Entscheidung über die Schuldfrage und die Rechtsfolgen der Tat ist gemäß § 263 I eine Mehrheit von zwei Dritteln erforderlich. Dasselbe gilt auch für die Nebenentscheidungen nach §§ 268a und 268b. Für alle sonstigen Entscheidungen genügt nach § 196 GVG die absolute Mehrheit.

*Bsp.: Gegen A läuft ein Strafverfahren wegen Totschlags vor der Großen Strafkammer als Schwurgericht (§§ 74 II S.1 Nr. 5, 76 I S.1 GVG). Die fünf Richter können sich in der Beratung nicht einigen, ob A wegen Totschlags (§ 212 StGB) oder fahrlässiger Tötung (§ 222 StGB) zu bestrafen ist. Drei stimmen für fahrlässige Tötung, zwei für Totschlag. Wie ist weiter zu verfahren?*

Es handelt sich um eine für den Angeklagten nachteilige Entscheidung über die Schuld- und Rechtsfolgenfrage i.S.d. § 263 I. Die erforderliche Zweidrittelmehrheit liegt nicht vor.

Fraglich ist, wie sich die Richter, die für Totschlag gestimmt haben, verhalten müssen. Da eine Stimmenthaltung gemäß § 195 GVG nicht in Frage kommt, müssen sie sich nun auf den Standpunkt stellen, daß keine vorsätzliche Tat gegeben ist. Sie haben nunmehr zu prüfen, ob wenigstens Fahrlässigkeit vorliegt.[372]

Bei Unstimmigkeiten, die die Höhe der zu verhängenden Strafe betreffen, gilt § 196 III GVG.

### 2. Inhalt des Urteils

*Urteilsurkunde*

**419**

Das schriftliche Urteil, die sog. Urteilsurkunde, besteht aus fünf Teilen. Ihr Aufbau ist an verschiedenen Stellen im Gesetz geregelt.

*Rubrum*

**a)** Oben auf der Urkunde steht der *Urteilskopf (Rubrum)*, welcher mit der Wendung "Im Namen des Volkes" beginnt, § 268 I. Daran schließen sich der Name und die Personalien des Angeklagten (Nrn. 141, 110 II RiStBV) sowie das Datum des Verhandlungstages und die am Urteil mitwirkenden Personen (§ 275 III) an.

*Tenor*

**b)** Darauf folgt der *Urteilstenor* (§ 260 IV) als wichtigster Teil des Urteils. Er enthält in Kurzform die Entscheidung des Gerichts über die Schuld des Angeklagten und die Rechtsfolgen.

Die Fassung des Tenors liegt im einzelnen im Ermessen des Gerichts (§ 260 IV S.5), jedoch muß er den nach § 260 IV vorgeschriebenen Inhalt haben.

Daneben muß der Tenor nach § 464 II auch eine Entscheidung über die Kosten und die notwendigen Auslagen enthalten.[373]

---

[371]    BGH NJW 1995, 2645

372    Vgl. ROXIN, PdW, S. 366 f.

373    Für Referendare: Probleme in der Tenorierung entstehen regelmäßig, wenn die Entscheidung des Gerichts vom Eröffnungsbeschluß abweicht. Nimmt der Eröffnungsbeschluß Tateinheit gemäß § 52 StGB an, so ergeht kein Teilfreispruch, wenn nicht wegen aller Taten verurteilt wird. Dagegen erfolgt nach h.M. ein Teilfreispruch, wenn wegen eines in Tatmehrheit gem. §53 StGB stehenden Delikts nicht verurteilt wird. Dies soll auch dann gelten, wenn die gleiche prozessuale Tat i.S.d. § 264 vorliegt. Dazu KLEINKNECHT/MEYER-GOßNER, § 260, Rn. 9 m.w.N.

*Gründe*

**c)** Den umfangreichsten Teil des Urteils stellen die *Urteilsgründe* dar. Ihr Inhalt bestimmt sich nach § 267 I - III.

**420**

> **hemmer-Methode: An dieser Stelle sollten Sie die Unterschiede zum Urteil im Zivilprozeß im Auge behalten! Anders als der Tatbestand im Zivilurteil ist die Schilderung des vom Gericht zugrunde gelegten Sachverhaltes ein wichtiger Bestandteil der Gründe.**

Sie müssen sechs Elemente enthalten:

*subsumtionserhebliche Tatsachen*

**aa)** Erforderlich ist nach § 267 I S.1, daß die Urteilsgründe alle subsumtionserheblichen Tatsachen enthalten. Darunter fallen gemäß § 267 II auch die Feststellungen über Umstände, welche die Strafbarkeit ausschließen, vermindern oder erhöhen.

**421**

*Beweisgründe*

**bb)** Ferner müssen die Beweisgründe angegeben werden, was man aus § 267 I S.2 folgert.

*Bezeichnung des Strafgesetzes*

**cc)** Gemäß § 267 III S.1 muß das zur Anwendung gebrachte Strafgesetz bezeichnet werden. Dazu gehören sämtliche entscheidungserheblichen Bestimmungen, also auch die des Allgemeinen Teils des StGB.

*Gründe der Strafzumessung*

**dd)** Enthalten sein müssen die Gründe für die Strafzumessung, § 267 III S.1 - 3.

*Bewährung*

**ee)** Außerdem müssen die Urteilsgründe angeben, warum die Strafe zur Bewährung ausgesetzt wird oder nicht, ferner warum eine Verwarnung mit Strafvorbehalt zugebilligt oder ganz von Strafe abgesehen wird.

**ff)** Begründung der Kostenentscheidung.

*Unterschriften*

**d)** Abgeschlossen wird die Urkunde gemäß § 275 II S.1, 3 durch die *Unterschriften* der Berufsrichter, die an dem Urteil mitgewirkt haben. Die Laienrichter müssen nicht unterschreiben.

### 3. Urteilsverkündung

*Verkündung durch Verlesung*

Das Urteil wird gemäß § 268 II S.1 am Schluß der Verhandlung vom Vorsitzenden durch Verlesung der Urteilsformel und der Urteilsgründe verkündet. Es ergeht nach § 268 I "im Namen des Volkes". Danach muß der Angeklagte gemäß § 35a über die ihm zustehenden Rechtsmittel belehrt werden.

**422**

### 4. Wirkung des Urteils, Rechtskraft

#### a) Formelle und materielle Rechtskraft

*Rechtskraft*

Im Strafverfahren wird - wie im Zivilprozeß - zwischen formeller und materieller Rechtskraft unterschieden.

**423**

*formelle*

**aa)** *Formelle Rechtskraft* bedeutet, daß ein Urteil im selben Verfahren nicht mehr angefochten werden kann.

Dies ist der Fall, wenn

- der Instanzenweg erschöpft ist,

- die Rechtsmittelfristen abgelaufen sind oder

- alle Anfechtungsberechtigten wirksam auf Rechtsmittel verzichtet haben.[374]

*materielle*

**bb)** Die *materielle Rechtskraft* setzt die formelle voraus und bezieht sich auf den Inhalt der Entscheidung. Allerdings umfaßt sie nur den Entscheidungstenor, nicht die Gründe.

> **hemmer-Methode:** Maßgeblich für die Rechtskraftwirkung ist wiederum der strafprozessuale Tatbegriff, auf den bereits eingegangen worden ist, vgl. § 264 I. Sperrwirkung und Strafklageverbrauch gelten für die gesamte Tat nach § 264 I, selbst für die Teile der Tat, die dem Gericht zur Zeit des Urteils gar nicht bekannt gewesen sind.

Sie entfaltet folgende Wirkungen:

*Wirkung der Rechtskraft: Verfahrenshindernis*

Die materielle Rechtskraft führt zu einer *Sperrwirkung*. Das heißt, daß nunmehr einem neuen Verfahren wegen derselben Tat im strafprozessualen Sinne (§ 264) ein Verfahrenshindernis entgegensteht. Der Grundsatz "ne bis in idem" hat sogar Verfassungsrang (Art. 103 III GG). Damit führt die Rechtskraft des Urteils zum *Strafklageverbrauch*, also einem subjektiven Recht des Beschuldigten, wegen derselben Tat (§ 264) nicht mehr bestraft zu werden.

**424**

*Problem: Fortgesetzte Handlung, Dauerstraftat*

Problematisch ist dabei, inwieweit der Strafklageverbrauch für fortgesetzte Taten und Dauerstraftaten gilt.

**425**

> *Bsp.:* O begeht kurz hintereinander drei vom Ablauf her ähnliche Diebstähle (§ 242 StGB), die sie von Anfang an auch so geplant hat. Bei dem letzten wird sie jedoch ertappt und rechtskräftig nur wegen dieses letzten Diebstahls verurteilt. Später stellen sich die anderen beiden Straftaten heraus. Kann die Staatsanwaltschaft erneut Anklage erheben oder ist das Ermittlungsverfahren nach § 170 II wegen des Verfahrenshindernisses des Strafklageverbrauchs einzustellen?

Strafklageverbrauch liegt vor, wenn die bereits erfolgte Verurteilung der O auch die anderen beiden Diebstähle erfaßt. Das wäre der Fall, wenn eine Tat i.S.d. § 264 gegeben wäre.

Es könnte sich um eine fortgesetzte Tat handeln. O hat einen Gesamtvorsatz in bezug auf alle drei Diebstähle gehabt, außerdem sind die begangenen Straftaten weitgehend gleichartig und nicht gegen höchstpersönliche Rechtsgüter gerichtet gewesen. Da ferner ein enger zeitlicher Zusammenhang gegeben ist, ist ein Fortsetzungszusammenhang zu bejahen. Nach der h.M. ist eine solche fortgesetzte Tat bisher auch immer als prozessual einheitliche Tat i.S.d. § 264 anzusehen gewesen.

Deswegen sind von der bereits erfolgten Verurteilung der O auch die anderen beiden Diebstähle erfaßt gewesen, und zwar unabhängig davon, ob das Gericht von diesen gewußt hat oder nicht.[375]

Probleme könnten sich bei dieser Fallgruppe jedoch aus der Änderung der Rspr. im Bereich des materiellen Strafrechts zu den §§ 52, 53 StGB ergeben. Der Große Senat für Strafsachen des BGH hat in seinem Beschluß vom 3. Mai 1994[376] ausgeführt, daß die Rechtsprechung zur fortgesetzten Tat jedenfalls für die ihm vorgelegten Fälle des Betrugs (§ 263 StGB) und des sexuellen Mißbrauchs (§§ 173, 174, 176 StGB) nicht aufrecht erhalten werden kann. Auch für die übrigen Straftatbestände soll die Figur des Fortsetzungszusammenhangs in Hinblick auf die Konkurrenzen nicht mehr gelten.

---

374   Joachimski, S. 83

375   BGHSt. 9, 324; BGH MDR 1980, 272; Kleinknecht/Meyer-Goßner, Einl., Rn. 175

376   BGHSt. 40, 138

Es muß davon ausgegangen werden, daß sich diese neue Rechtsprechung zur fortgesetzten Tat auch im Strafprozeßrecht im Bereich des § 264 auswirkt. So ist davon auszugehen, daß die drei Diebstähle keine einheitliche Tat nach § 264 bilden und somit kein Strafklageverbrauch vorliegt. Damit darf keine Einstellung nach § 170 II erfolgen, und die Staatsanwaltschaft kann erneut Anklage erheben.

*ausländische Urteile*

Urteile ausländischer Gerichte führen nicht zu einem Strafklageverbrauch. Diese Wirkung haben nur inländische Entscheidungen, aber auch vor dem 3.10.1990 ergangene Entscheidungen von Gerichten der ehemaligen DDR, da diese nach Art. 18 EV wirksam bleiben.[377]

**426**

*Strafbefehl*

Da der Strafbefehl unter den Voraussetzungen des § 410 III einem rechtskräftigen Urteil gleichsteht, gilt der Strafklageverbrauch auch für ihn.[378]

**427**

*Vollstreckungswirkung*

**cc)** Eine weitere Folge der materiellen Rechtskraft ist die sog. *Vollstreckungswirkung*. Diese besagt, daß die rechtskräftig erkannte Strafe nunmehr vollstreckt werden kann.

**428**

*Teilrechtskraft*

**dd)** Denkbar ist auch, daß ein Urteil nur *Teilrechtskraft* entfaltet, also nicht das ganze Urteil von der Rechtskraft ergriffen wird. Das ist der Fall, wenn das Urteil nur zum Teil angefochten wird.

**429**

Bezieht sich die Anfechtung nur auf eine von mehreren Taten oder wird sie nur von einem von mehreren Mitangeklagten durchgeführt, spricht man von vertikaler Teilrechtskraft.

Von horizontaler Teilrechtskraft ist die Rede, wenn nur ein Teil auf derselben Stufe des Verfahrens betroffen ist.[379]

*Bsp.: Horizontale Teilrechtskraft liegt vor, wenn der Verurteilte Revision einlegt, diese aber nur auf die Höhe des Strafmaßes beschränkt.*

> **hemmer-Methode:** Ergänzend sei hier einiges zur Teilanfechtung von Urteilen angemerkt. Sowohl bei der Berufung (§ 318) als auch bei der Revision (§ 344) kann die Anfechtung auf bestimmte Beschwerdepunkte beschränkt werden.
> Der BGH hat dazu die sog. "Trennbarkeitsformel" entwickelt, wonach Gegenstand einer Teilanfechtung nur ein solcher Teil der Entscheidung sein kann, der losgelöst und getrennt von dem nicht angefochtenen Teil des Urteils eine in sich selbständige Prüfung und Beurteilung zuläßt.[380]
> So kann z.B. jeder Mitangeklagte selbständig Rechtsmittel einlegen; auch kann ein Rechtsmittel auf einzelne Taten im prozessualen Sinne beschränkt werden. Zulässig ist auch eine Beschränkung von Berufung und Revision auf das Strafmaß.

### b) Wesen der Rechtskraft

*materiellrechtliche Rechtskraft-theorie*

Streit herrscht in bezug auf die Rechtsnatur der Rechtskraft.[381] Nach der heute nicht mehr vertretenen *materiellrechtlichen Rechtskraft-theorie* soll durch ein rechtskräftiges Urteil neues materielles Recht geschaffen werden.

**430**

---

377 KLEINKNECHT/MEYER-GOßNER, Einl, Rn. 176
378 BVerfG NStZ 1984, 325
379 JOACHIMSKI, S. 83
380 BGHSt, 10, 100
381 Vgl. BEULKE, Rn. 504

Deswegen soll auch gegenüber einem unschuldig Verurteilten ein materieller Strafanspruch bestehen.[382]

*a.A.: Gestaltungstheorie*

Eine Mindermeinung vertritt heute, daß das Urteil keine materielle Wirkung entfaltet, der Verurteilte aber gleichwohl rechtlich wie ein schuldig Gesprochener zu behandeln sei.[383] Diese Ansicht wird als *Gestaltungstheorie* bezeichnet.

*h.M.: prozeßrechtliche Theorie*

Die h.M. folgt der *prozeßrechtlichen Rechtskrafttheorie*. Danach hat das Urteil rein prozessuale Wirkungen, ohne die materielle Rechtslage zu beeinflussen. Die Vollstreckung eines fehlerhaften Urteils ist danach zwar rechtswidrig, jedoch hat der unschuldig Verurteilte keine Notwehrrechte.[384]

**431**

> **hemmer-Methode: Die praktische Bedeutung dieses Theorienstreits ist allerdings sehr gering. Letztlich hat der unschuldig Verurteilte nach allen Ansichten keine Notwehrrechte, sondern wird auf ordentliche und außerordentliche Rechtsbehelfe verwiesen.**

### c) Nichtige Urteile

*nichtige Urteile entfalten keine Rechtskraft*

Auch ein fehlerhaftes Urteil entfaltet grundsätzlich Rechtskraft. Diese Regelung dient der Herstellung von Rechtssicherheit. Trotzdem gibt es Ausnahmefälle, in denen bei besonders schweren Fehlern das Urteil nichtig ist und dementsprechend auch keine Rechtswirkungen entfaltet.

**432**

> *Bsp.: In einem Urteil wird auf eine gesetzlich nicht vorgesehene Strafe erkannt (20 Hiebe auf die Fußsohlen, Daumenschrauben etc.). Nichtig sind ferner Urteile gegen Strafunmündige oder gegen eine Person, die anstelle des Angeklagten in der Verhandlung erscheint. Außerdem Urteile, die gegen einen bereits Verstorbenen ergehen.[385]*

> **hemmer-Methode: Die Lehre von der Nichtigkeit von Urteilen findet ihre Parallele in dem Unterschied zwischen der Rechtswidrigkeit und der Nichtigkeit von Verwaltungsakten. Auch dort entfaltet ein rechtswidriger Verwaltungsakt im Gegensatz zu einem nichtigen grundsätzlich rechtliche Wirksamkeit.**

---

382  BIRKMEYER, Deutsches Strafprozeßrecht, 1898, S. 680

383  GOLDSCHMIDT, Der Prozeß als Rechtslage, 1925, S. 211

384  ROXIN, § 50 B I 3

385  BEULKE, Rn. 507

## § 3 BESONDERE VERFAHRENSARTEN

### I. Strafbefehlsverfahren, §§ 407 - 412

*Strafbefehl*

Das Strafbefehlsverfahren ist ein besonderes, summarisches Verfahren zur einfacheren Aburteilung von Kleinkriminalität, für die das Amtsgericht zuständig ist. Es ermöglicht eine einseitige Straffestsetzung ohne Hauptverhandlung und Urteil. Das Strafbefehlsverfahren dient somit der Entlastung der Gerichte. Nach dem Abschluß der Ermittlungen im Vorverfahren entscheidet sich der Staatsanwalt bei hinreichendem Tatverdacht, ob er öffentliche Klage erhebt (§ 170 I) oder Antrag auf Erlaß eines Strafbefehls stellt (§ 407 I).

**433**

### 1. Zulässigkeit

*Voraussetzungen*

Das Strafbefehlsverfahren ist an folgende Zulässigkeitsvoraussetzungen gebunden:

**434**

*Vergehen vor dem Amtsgericht*

**a)** Nach § 407 I S.1 muß es sich um ein Verfahren wegen eines *Vergehens* i.S.d. § 12 II StGB handeln, das vor dem Amtsgericht (Strafrichter oder Schöffengericht) abzuurteilen ist.

> Bsp.: Gegen S wird wegen Trunkenheit im Straßenverkehr (§ 316 StGB) ermittelt. Die Staatsanwaltschaft hält den Sachverhalt für eindeutig geklärt und beantragt, dem S durch richterlichen Strafbefehl die Fahrerlaubnis zu entziehen (§ 69 StGB).

> **hemmer-Methode:** Beachten Sie aber folgendes: § 407 I S.1 spricht von Verfahren, die zur Zuständigkeit des Strafrichters oder des Schöffengerichts gehören. Eine Zuständigkeit des Schöffengerichts kann es nach der Änderung des § 25 GVG aber nicht mehr geben, da der Strafrichter bei Vergehen immer zuständig ist, wenn keine höhere Freiheitsstrafe als zwei Jahre zu erwarten ist.[386]

*Antrag der StA*

**b)** Notwendig ist gemäß § 407 I S.1 außerdem ein *Strafbefehlsantrag* der Staatsanwaltschaft. Bei diesem Antrag handelt es sich um eine besondere Form der Erhebung der öffentlichen Klage (§ 407 I S.4), weswegen die gleichen Voraussetzungen wie für die Einreichung einer Klageschrift vorliegen müssen. Insbesondere muß er schriftlich erfolgen und den von § 409 I S.1 Nr. 1 - 6 vorgeschriebenen Inhalt haben.

**435**

**c)** Der Strafbefehlsantrag muß gemäß § 407 I S.3 auf *bestimmte Rechtsfolgen* gerichtet sein. Welche Rechtsfolgen der Tat allein oder nebeneinander durch Strafbefehl festgesetzt werden dürfen, bestimmt § 407 II abschließend.

**d)** Wie die Klageerhebung nach § 170 I setzt der Strafbefehlsantrag voraus, daß der Beschuldigte der Tat *hinreichend verdächtig* ist.

**e)** Wenn das Hauptverfahren bereits eröffnet ist, kann ein Strafbefehlsverfahren nur unter den Voraussetzungen des § 408a stattfinden.

---

386　Kleinknecht/Meyer-Goßner, § 408, Rn. 5

## 2. Entscheidung des Gerichts

*Entscheidungsmöglichkeiten*

Die Entscheidungsmöglichkeiten des Gerichts sind in § 408 geregelt.

**436**

*Abgabe, Ablehnung, Termin-
ansetzung*

**a)** Nach § 408 I gibt der Vorsitzende des Schöffengerichts die Sache an den Strafrichter ab, wenn er dessen Zuständigkeit für begründet hält. Da es nach dem neuen § 25 GVG aber eine Zuständigkeit des Schöffengerichts für Vergehen nicht mehr geben kann, ist § 408 I ohne rechtliche Bedeutung.[387]

**b)** Ansonsten erfolgt die Prüfung durch den Richter, ob der Strafbefehl erlassen wird oder nicht. Da es sich um ein summarisches Strafverfahren handelt, muß die Schuld des Täters nicht zur Überzeugung des Gerichts feststehen, sondern es genügt, wenn das Gericht von einem hinreichenden Tatverdacht überzeugt ist.[388] Kommt der Richter zu dem Ergebnis, daß kein hinreichender Tatverdacht vorliegt, lehnt er den Erlaß des Strafbefehls ab, § 408 II S.1. Bejaht er diesen hingegen und hält er die beantragte Sanktion für angemessen, erläßt er den Strafbefehl, § 408 III S.1. Dabei darf er inhaltlich nicht von dem Strafbefehlsantrag abweichen.[389]

**c)** Wenn der Richter Bedenken hat, ohne Hauptverhandlung zu entscheiden, oder von dem Antrag der Staatsanwaltschaft abweichen will, hat er auch die Möglichkeit, die Hauptverhandlung anzuberaumen, § 408 III S.2.

## 3. Rechtsbehelf gegen den Strafbefehl

*Einspruchsfrist: 2 Wochen*

**a)** Gegen den Strafbefehl kann der Angeklagte gemäß § 410 I *Einspruch* einlegen. Dies muß innerhalb einer Frist von zwei Wochen nach der Zustellung des Strafbefehls schriftlich oder zu Protokoll bei dem Gericht erfolgen, das diesen erlassen hat.

**437**

Wird der Einspruch nicht fristgemäß eingelegt oder ist er sonst unzulässig, wird er vom Gericht ohne Hauptverhandlung durch Beschluß verworfen, § 411 I S.1.

**438**

*Folge: Termin wird anberaumt*

Andernfalls wird Termin zur Hauptverhandlung anberaumt, § 411 I S.2. Dabei übernimmt der Strafbefehl nach dem Einspruch die Funktion des Eröffnungsbeschlusses.[390]

Das anschließende Hauptverfahren ist grundsätzlich nach den allgemeinen Vorschriften (§§ 213 ff.) durchzuführen. Bei seinem Urteil ist das Gericht an den im Strafbefehl enthaltenen Ausspruch nicht gebunden (§ 411 IV). Es kann also auch eine reformatio in peius eintreten.[391]

> **hemmer-Methode: Beachten Sie die besondere Vorschrift des § 412 mit seiner Verweisung auf § 329 I, III und IV!. Hierbei handelt es sich um eine ideale Thematik für eine Anwaltsklausur im Zweiten Staatsexamen. Hat der Angeklagte den Termin zur Hauptverhandlung versäumt, so wird sein Einspruch verworfen.**

**439**

387 KLEINKNECHT/MEYER-GOBNER, § 408, Rn. 6

388 KLEINKNECHT/MEYER-GOBNER, vor § 407, Rn. 1

389 MEURER, JuS 1987, 882

390 OLG Düsseldorf StV 1989, 473

391 LR-GÖSSEL, § 410, Rn. 4

> Hiergegen stehen ihm als Rechtsbehelfe neben der Wiedereinsetzung in den vorigen Stand gemäß §§ 329 III i.V.m. §§ 44, 45 auch Berufung und Revision offen. Wichtig ist hierbei, daß die Rechtsmittelfristen für Berufung und Revision gemäß §§ 315 I, 342 I nicht durch das Wiedereinsetzungsverfahren unterbrochen werden. Der Rechtsanwalt wird diese deswegen zusätzlich zur Wiedereinsetzung einlegen. Gegenstand einer Revision bzw. Berufung ist im übrigen nur die Rechtmäßigkeit des Verwerfungsurteils, nicht aber der Strafbefehl.

*Rechtskraft bei verfristetem Einspruch*

**b)** Wird gegen den Strafbefehl nicht rechtzeitig Einspruch eingelegt, so erwächst er gleich einem Urteil in *Rechtskraft* (§ 410 III). Eine Neubeurteilung der Tat ist dann nur noch unter den Voraussetzungen einer Wiederaufnahme möglich. Dabei stellt die Vorschrift des § 373a dem Angeklagten einen zusätzlichen Wiederaufnahmegrund zur Verfügung.                                                                      **440**

## II. Beschleunigtes Verfahren, §§ 417 ff.

*beschleunigtes Verfahren; Zweck: Prozeßökonomie*

Eine weitere besondere Verfahrensart ist das beschleunigte Verfahren, das in den §§ 417 ff. geregelt ist. Auch dieses Verfahren dient dazu, aus Gründen der Prozeßökonomie eine raschere Aburteilung zu ermöglichen und die Strafgerichte zu entlasten.                          **441**

Dieses schnelle Vorgehen ist rechtspolitisch natürlich nicht ganz unbedenklich, da die Regelungen des gewöhnlichen Strafverfahrens wohlüberlegt sind und den größtmöglichen Schutz des Angeklagten bezwecken.

### 1. Voraussetzungen des beschleunigten Verfahrens

*Zuständigkeit des Amtsgerichts*

**a)** Erste Voraussetzung nach § 417 ist die *erstinstanzliche Zuständigkeit des Amtsgerichts* für das betreffende Verfahren.                 **442**

> hemmer-Methode: § 417 spricht von der Zuständigkeit des Strafrichters und des Schöffengerichts. Allerdings ist seit der Änderung von § 25 GVG durch das RpflEntlG eine Zuständigkeit des Schöffengerichts nur noch denkbar bei Verbrechen, falls die Verhängung der Mindeststrafe (also genau ein Jahr) genügt oder wegen des Eingreifens eines Strafmilderungsgrundes nur eine Freiheitsstrafe bis zu einem Jahr zu erwarten ist. In allen anderen Fällen ist der Strafrichter zuständig.

*Geeignetheit*

**b)** Die Sache muß gemäß § 417 *zur sofortigen Verhandlung geeignet* sein.                                                               **443**

Dies ist zum einen zu bejahen, wenn ein *einfacher Sachverhalt* vorliegt. Er muß also für alle Verfahrensbeteiligten in tatsächlicher Hinsicht leicht überschaubar sein, wobei rechtliche Schwierigkeiten die Einfachheit in der Regel nicht berühren.[392]

> Bsp.: *Ein einfacher Sachverhalt liegt vor, wenn D bei einem Diebstahl, bei dem er von mehreren Zeugen beobachtet worden ist, ertappt wird und sofort ein umfassendes Geständnis ablegt.*

Ebenso ist die Sache zur sofortigen Verhandlung geeignet, wenn eine *klare Beweislage* gegeben ist. Hierzu kann auf das oben dargestellte Beispiel verwiesen werden, also wenn der Beschuldigte gesteht oder genügende und sichere Beweismittel zur Verfügung stehen.

---

392  KLEINKNECHT/MEYER-GOßNER, § 417, Rn. 15

*Strafmaß*

**c)** Gemäß § 419 I S.2 darf im beschleunigten Verfahren eine höhere Freiheitsstrafe als von einem Jahr oder eine Maßregel der Besserung und Sicherung nicht verhängt werden.

**444**

*Antrag*

**d)** Erforderlich ist ein schriftlicher oder mündlicher *Antrag* der Staatsanwaltschaft (§ 417 I) beim Gericht. Fehlt dieser, so führt dies zur Einstellung nach §§ 206a, 260 III. Liegen die Voraussetzungen des § 417 vor und steht § 419 I S.2 nicht entgegen, ist der Staatsanwalt zur Stellung des Antrags verpflichtet.

Es besteht kein Ermessen mehr. Der Antrag kann frühestens nach Abschluß der Ermittlungen gestellt werden.

**445**

*nicht i.R.d. JGG*

**e)** Der Beschuldigte muß ein Erwachsener oder zumindest ein Heranwachsender sein. Bei Jugendlichen ist gemäß § 79 II JGG ein beschleunigtes Verfahren nicht zulässig.

**446**

## 2. Besonderheiten des beschleunigten Verfahrens

*Besonderheiten: Kein Zwischenverfahren; keine schriftliche Anklage*

Gegenüber dem normalen Strafverfahren weist das beschleunigte Verfahren einige Besonderheiten auf, die der Vereinfachung und schnelleren Verfahrensabwicklung dienen. Ein Zwischenverfahren entfällt. Die Hauptverhandlung wird sofort oder in kurzer Frist nach dem Antrag der Staatsanwaltschaft durchgeführt, § 418 I. Ferner bedarf es gemäß § 418 III keiner schriftlichen Anklage; es reicht, wenn die Anklage bei Beginn der Hauptverhandlung mündlich erhoben und ihr wesentlicher Inhalt in das Sitzungsprotokoll aufgenommen wird. Eine Ladung des Beschuldigten ist außer in dem Ausnahmefall des § 418 II entbehrlich. Zudem kann das Gericht im beschleunigten Verfahren nur Geldstrafe, Freiheitsstrafe bis zu einem Jahr und die Maßregel der Entziehung der Fahrerlaubnis verhängen, §§ 419 I S.2, S.3.

**447**

## III. Privatklage, §§ 374 - 394

*Ausnahme*

Das Privatklageverfahren stellt den im deutschen Strafverfahrensrecht einmaligen Ausnahmefall dar, daß eine Straftat von einer Privatperson verfolgt wird.

**448**

> **hemmer-Methode:** In der Ersten Juristischen Staatsprüfung wird eine genaue Kenntnis des Privatklageverfahrens in der Regel nicht erwartet. Was Sie wissen sollten, ist, daß hier eine Privatperson an die Stelle des Staatsanwalts tritt. Spezialregelungen sind den §§ 374 ff. zu entnehmen, während im übrigen die allgemeinen Vorschriften gelten.

## 1. Voraussetzungen des Privatklageverfahrens

> **hemmer-Methode:** Selbstverständlich müssen die allgemeinen Prozeßvoraussetzungen, die auch zu einer gewöhnlichen Klage gehören, immer gegeben sein. Dazu zählen z.B. das Eingreifen der deutschen Gerichtsbarkeit, der Rechtsweg nach § 13 GVG, die Prozeßfähigkeit usw.

*Voraussetzung: Privatklagedelikt*

**a)** Eine Privatklage ist nur zulässig bei den sog. *Privatklagedelikten,* die in § 374 I abschließend aufgelistet sind. Dabei handelt es sich um leichte Vergehen, welche die Allgemeinheit in der Regel wenig berühren. Die meisten Privatklagedelikte sind Antragsdelikte (Ausnahme z.B. § 241 StGB).

**449**

öffentliches Interesse gem. § 376

*Def. öffentl. Interesse:*

Die Staatsanwaltschaft erhebt bei diesen Delikten öffentliche Anklage nur, wenn ein *öffentliches Interesse* i.S.d. § 376 zu bejahen ist. Dies stellt für die Erhebung der öffentlichen Anklage eine Prozeßvoraussetzung dar. Ein öffentliches Interesse an der Verfolgung von Amts wegen ist in der Regel gegeben, wenn der Rechtsfrieden über den Lebenskreis des Verletzten hinaus gestört und die Strafverfolgung ein gegenwärtiges Anliegen der Allgemeinheit ist (Nr. 86 II RiStBV).

**450**

> *Bsp.: Dem Verletzten kann wegen seiner persönlichen Beziehung zum Täter die Erhebung einer Privatklage nicht zugemutet werden. Bei Beleidigungen ist das öffentliche Interesse gegeben, wenn die Ehrverletzung erheblich ist oder der Tatbestand des § 187a StGB erfüllt ist (Nr. 229 I, 232 I RiStBV).*

> **hemmer-Methode: In der Praxis wird also die Staatsanwaltschaft in den Fällen, in denen das öffentliche Interesse verneint wird, das Verfahren nach § 170 II einstellen und auf den Privatklageweg verweisen.**

Übernahme durch StA

Die Staatsanwaltschaft kann nach § 377 II S.1 in jeder Lage des Verfahrens bis zum Eintritt der Rechtskraft des Urteils durch ausdrückliche Erklärung die Verfolgung übernehmen.

**451**

Sonderfall

Ein Sonderfall besteht, wenn ein Privatklagedelikt im Rahmen einer Tat im prozessualen Sinn mit einem Offizialdelikt zusammentrifft.

**452**

> *Bsp.: M dringt widerrechtlich in das Haus des H ein und tötet diesen, als H sich ihm in den Weg stellt. Hier treffen Hausfriedensbruch (§ 123 StGB) und Totschlag (§ 212 StGB) zusammen. In einem solchen Fall ist die Privatklage ausgeschlossen. Vielmehr muß die Staatsanwaltschaft ohne Rücksicht auf ein öffentliches Interesse das Privatklagedelikt zusammen mit dem Offizialdelikt verfolgen.*

ggf. Strafantrag

**b)** Wenn das Privatklagedelikt zugleich ein Antragsdelikt ist, ist für die Zulässigkeit der Privatklage die rechtzeitige Stellung des *Strafantrags* notwendig. Allerdings liegt in der rechtzeitigen Klageerhebung durch den Privatkläger selbst die Stellung des Strafantrags, so daß diese dadurch ersetzt wird.[393]

**453**

Berechtigt: Verletzter

*Def. Verletzter:*

**c)** Zur Erhebung der Privatklage ist nur der *Verletzte* i.S.d. § 374 berechtigt. Verletzt ist, wer durch die behauptete Tat unmittelbar in einem durch die Privatklagedelikte geschützten Rechtsgut beeinträchtigt ist.[394] Neben dem Verletzten können auch die in § 374 II und III genannten Personen die Privatklage erheben.

**454**

**d)** *Sachlich zuständig* ist gemäß §§ 24, 25 Nr. 1 GVG der Strafrichter des Amtsgerichts.

**455**

Sühneversuch

**e)** Eine Sonderregelung besteht für die in § 380 aufgezählten Delikte. Nach dieser Vorschrift kann Privatklage erst erhoben werden, wenn vorher ein *Sühneversuch* vor einer durch die jeweilige Landesjustizverwaltung zu bezeichnenden Vergleichsbehörde erfolglos unternommen worden ist.

**456**

> **hemmer-Methode: Die Vorschrift des § 380 kann durchaus Gegenstand einer Frage in der mündlichen Prüfung sein. Beachten Sie, daß der Sühneversuch nicht Prozeßvoraussetzung, sondern Klagevoraussetzung ist. Fehlt der Sühneversuch, ist die Klage mit der Kostenfolge aus § 471 II als unzulässig zurückzuweisen.**

---

393  JOACHIMSKI, S. 255
394  BEULKE, Rn. 591

> Hat das Gericht aber das Fehlen übersehen und das Hauptverfahren eröffnet, ist der Mangel ohne Bedeutung.[395]

**f)** Die Klage muß *ordnungsgemäß erhoben* werden. Äußere Form und Inhalt der Anklageschrift werden durch § 381 festgelegt.                                           457

### 2. Vorgehensweisen für den Betreiber der Privatklage

*Verweisung auf den Privatklageweg*

Der Verletzte hat grundsätzlich zwei verschiedene Möglichkeiten zur Verfügung, ein Privatklageverfahren in Gang zu bringen.[396]                                           458

**a)** Normalerweise erstattet der durch ein Privatklagedelikt Verletzte nur Strafanzeige und stellt die eventuell erforderlichen Strafanträge. Die Staatsanwaltschaft prüft daraufhin, ob an der Strafverfolgung das öffentliche Interesse i.S.d. § 376 besteht. Falls dies der Fall ist, erhebt sie die öffentliche Klage. Andernfalls stellt sie das Verfahren nach § 170 II wegen Vorliegens eines Verfahrenshindernisses ein und verweist den Verletzten auf den Privatklageweg.

**b)** Die gemäß § 374 berechtigten Personen können jedoch auch ohne die Staatsanwaltschaft vorher damit zu befassen direkt vor dem zuständigen Gericht die Privatklage erheben, § 374 I.

### IV. Nebenklage, §§ 395 - 402

*Mitwirkung des Verletzten bei Nebenklage*

Sinn dieses Verfahrens ist es, dem Verletzten die Möglichkeit zu geben, sich der von der Staatsanwaltschaft erhobenen öffentlichen Klage anzuschließen. Dadurch soll ihm die Mitwirkung an einer umfassenden Sachverhaltsaufklärung ermöglicht werden.                                           459

### 1. Voraussetzungen der Nebenklage

*akzessorisch zur öffentlichen Klage*

**a)** Die Nebenklage ist *akzessorisch zur öffentlichen Klage* der Staatsanwaltschaft. Das bedeutet, daß der Nebenkläger nicht von sich aus Klage erheben kann, sondern sich lediglich der bereits erhobenen öffentlichen Klage anschließen kann. Vorher abgegebene Anschlußerklärungen werden im Zeitpunkt der Erhebung der öffentlichen Klage wirksam (§ 396 I S.2, 3).                                           460

*Anschlußbefugnis notw.*

§ 395

**b)** Wer zum Anschluß an die öffentliche Klage *befugt* ist, bestimmt § 395. Dazu gehören in erster Linie die durch die in § 395 I Nr. 1 und 2 aufgezählten Delikte Verletzten, ferner nahe Angehörige eines Getöteten (§ 395 II Nr. 1). Gemäß § 395 I Nr. 3 ist auch anschlußberechtigt, wer ein erfolgreiches Klageerzwingungsverfahren (§§ 172 ff.) durchgeführt hat. Zu nennen sind noch bestimmte Amtsträger (§ 395 II Nr. 2) und durch bestimmte Wirtschaftsdelikte Betroffene (§§ 395 II Nr. 3, 374 I Nr. 7, 8).                                           461

*Anschlußerklärung*

§ 396

**c)** Erforderlich ist weiterhin eine *Anschlußerklärung* des Berechtigten, § 396. Diese kann gemäß § 395 IV S.2 bis zum rechtskräftigen Abschluß des Verfahrens abgegeben werden. Der Anschluß wird gewöhnlich gegenüber dem mit der Sache befaßten Gericht schriftlich, zu Protokoll der Geschäftsstelle oder zu Protokoll in der Hauptverhandlung erklärt, § 396 I S.1.                                           462

---

395   KLEINKNECHT/MEYER-GOßNER, § 380, Rn. 10 f. m.w.N.

396   BEULKE, Rn. 591

*Bsp.: V ist von B brutal verprügelt worden. Daraufhin erhebt die Staatsanwaltschaft Anklage wegen gefährlicher Körperverletzung (§ 224 StGB). Nachdem V aus dem Krankenhaus entlassen worden ist, möchte er, daß B auf jeden Fall bestraft wird. Was kann er tun?*

Er kann dem Verfahren als Nebenkläger beitreten. Bei der gefährlichen Körperverletzung handelt es sich um ein Delikt nach § 395 I Nr. 1c). Als Opfer der Straftat ist V auch Verletzter im Sinne der Vorschrift. Da öffentliche Klage bereits erhoben ist, kann er gemäß § 396 den Anschluß erklären.

## 2. Entscheidung des Gerichts

*Zulassungsbeschluß*

Die Prüfung der Anschlußerklärung durch das Gericht umfaßt zunächst die Frage, ob der Erklärende zum Personenkreis des § 395 gehört und ob er prozeßfähig ist. Fällt diese Prüfung positiv aus, wird weiterhin geprüft, ob die Anschlußerklärung nach § 395 begründet ist. Davon ist auszugehen, wenn aufgrund der Sachlage oder des tatsächlichen Vorbringens des den Anschluß Erklärenden die Verurteilung des Angeschuldigten wegen einer Nebenklagestraftat wenigstens rechtlich möglich erscheint.[397] Ist dies zu bejahen, erläßt das Gericht einen Zulassungsbeschluß, andernfalls wird die Anschlußerklärung durch Gerichtsbeschluß zurückgewiesen.

**463**

> **hemmer-Methode: An dieser Stelle sollten Sie sich über folgendes Klarheit verschaffen: Der (positive) Zulassungsbeschluß des Gerichts hat nur feststellenden bzw. deklaratorischen Charakter. Die Nebenklägerstellung erhält der Erklärende bereits durch die Anschlußerklärung (prozeßrechtliche Bewirkungshandlung), sofern die Voraussetzungen für den Anschluß vorliegen.[398]**

*Beschwerde statthaft*

Gegen die Zulassung können die Staatsanwaltschaft und der Angeschuldigte den Rechtsbehelf der Beschwerde (§§ 304 ff.) einlegen. Dasselbe Recht haben die Staatsanwaltschaft und der Nebenkläger für den Fall, daß die Nebenklage nicht zugelassen wird.

**464**

> **hemmer-Methode: Ergänzend sei noch folgendes angemerkt: Wird der Nebenkläger zu Unrecht zugelassen, folgt daraus kein Revisionsgrund für den Angeklagten. Das ergibt sich daraus, daß durch die Zulassung der Nebenklage lediglich ein Mehr an Aufklärung erzielt wird, aber keine Rechte des Angeklagten verletzt werden.[399] Wird jedoch die Nebenklage zu Unrecht nicht zugelassen, kann dies unter Umständen eine Revision der Staatsanwaltschaft oder des Nebenklägers begründen.[400]**

## 3. Stellung des Nebenklägers

*Rechtsstellung des Nebenklägers*

Der Nebenkläger hat im großen und ganzen dieselbe Rechtsstellung wie ein Privatkläger, §§ 397 I, 385. Insbesondere hat er gemäß § 397 I S.1 ein Recht auf Anwesenheit in der Hauptverhandlung.

**465**

Daneben hat er als Verletzter die besonderen Rechte des § 406g, und zwar auch dann, wenn er den Anschluß noch nicht erklärt hat. Gemäß § 401 I ist der Nebenkläger außerdem unabhängig von der Staatsanwaltschaft zur Einlegung von Rechtsmitteln befugt. Dabei sind allerdings auch die Einschränkungen des § 401 I zu beachten.

---

397  KLEINKNECHT/MEYER-GOßNER, § 396, Rn. 10; BGH MDR 1978, 461; StV 1981, 535

398  JOACHIMSKI, S.265; OLG Celle NJW 1961, 378; OLG Köln NJW 1960, 306

399  BayObLG NJW 1953, 1116

400  RGSt. 66, 348

## V. Adhäsionsverfahren, §§ 403 - 406c

*Verbindung mit Zivilprozeß*

Das Adhäsionsverfahren ist ein Ausnahmefall im deutschen Strafverfahrensrecht. Es verschafft dem durch eine Straftat Verletzten die Möglichkeit, einen zivilrechtlichen Anspruch, den er eigentlich vor einem Zivilgericht durchsetzen müßte, im Strafverfahren zu verfolgen.

**466**

### 1. Voraussetzungen des Adhäsionsverfahrens

*allg. Voraussetzungen*

**a)** Die *allgemeinen Prozeßvoraussetzungen* müssen auch hier vorliegen. Zu erwähnen ist insbesondere die Prozeßfähigkeit des Verletzten. Das Adhäsionsverfahren ist nach § 403 I wegen anderweitiger Rechtshängigkeit ausgeschlossen, wenn wegen der Ansprüche schon ein Zivilprozeß läuft.

**467**

*Antragsberechtigung*

**b)** Zunächst muß derjenige, der ein solches Verfahren betreiben will, *antragsberechtigt* sein. Berechtigt sind der Verletzte oder sein Erbe, § 403 I. Der Begriff des Verletzten ist dabei weiter als der in § 172. Antragsberechtigt ist auch der mittelbar durch die Straftat Verletzte.

> *Bsp.: Berechtigt sind bei Sachbeschädigung oder Brandstiftung neben dem Eigentümer auch der Nießbraucher, Mieter oder Pächter.*

Der Erbe muß einen Erbschein vorlegen.

*Antrag*

**c)** Ferner muß ein *Antrag* bei dem zuständigen Gericht gestellt werden. Dieser kann gemäß § 404 I S.1 schriftlich oder mündlich zur Niederschrift des Urkundsbeamten, in der Hauptverhandlung auch mündlich bis zum Beginn der Schlußvorträge gestellt werden. Sein notwendiger Inhalt bestimmt sich nach § 404 I S.2. Der Antrag muß außerdem nach Form und Inhalt den Voraussetzungen eines Antrags im Zivilprozeß entsprechen.[401] Gemäß § 404 II hat der Antrag dieselben Wirkungen wie die Klageerhebung im Zivilrechtsstreit. Die mit ihm geltend gemachten Ansprüche werden rechtshängig.

**468**

### 2. Entscheidung des Gerichts

*Möglichkeiten der Entscheidung*

Das Gericht kann unter den Voraussetzungen des § 405 von einer Entscheidung über die zivilrechtlichen Fragen im Urteil absehen. Diese Möglichkeit hat es, wenn der Angeklagte weder einer Straftat schuldig gesprochen noch eine Maßregel der Besserung und Sicherung verhängt wird (§ 405 S.1, 1. Alt.), wenn es den Antrag ganz oder teilweise für unbegründet hält (§ 405 S.1, 2. Alt.), wenn sich der Antrag zur Erledigung im Strafverfahren nicht eignet (§ 405 S.2, 1. Alt.) oder wenn der Antrag unzulässig ist (§ 405 S.2, 2. Alt.). Der ablehnende Beschluß des Gerichts ist gemäß § 406a nicht anfechtbar.

**469**

> **hemmer-Methode: Die Regelung des § 405 ist auch der Grund, warum das Adhäsionsverfahren in der Praxis ausgesprochen geringe Bedeutung hat.[402] In der Mehrzahl der Fälle lehnen die Strafgerichte eine Entscheidung über die zivilrechtlichen Fragen ab.**

*Gericht prüft nach Grundsätzen des Strafverfahrensrechts*

Lehnt das Gericht den Antrag hingegen nicht ab, prüft es den zivilrechtlichen Anspruch nach den Verfahrensgrundsätzen des Strafverfahrensrechts, insbesondere dem Amtsermittlungsgrundsatz. Je nachdem, ob es den Anspruch für begründet hält, gibt es ihm im Strafurteil statt (§ 406 I S.1) oder nicht.

**470**

---

401   JOACHIMSKI, S. 267

402   JOACHIMSKI, S. 266

Die Entscheidung steht gemäß § 406 III S.1 einem im bürgerlichen Rechtsstreit ergangenen Urteil gleich. Der Eintritt der Rechtskraft bestimmt sich nach den Regeln der StPO, die Wirkung der Rechtskraft demgegenüber nach denen der ZPO.[403]

Dieses Urteil kann vom Angeklagten mit den gewöhnlichen Rechtsmitteln angefochten werden. Gemäß § 406a II S.1 kann die Entscheidung auch ohne den strafrechtlichen Teil angefochten werden. Dieser erwächst dann in Teilrechtskraft.

### 3. Stellung des Geschädigten

*keine Rechtsmittel*

Der Geschädigte erlangt durch den Antrag nicht dieselben Befugnisse wie ein Nebenkläger. Gemäß § 404 III hat er das Recht, an der Hauptverhandlung teilzunehmen, wo er gehört werden muß und Beweisanträge stellen kann. Es stehen ihm aber keine Rechtsmittel zu.                    *471*

---

403 KMR-FEZER, § 406, Rn. 11

## § 4 RECHTSBEHELFE

### I. Allgemeine Grundlagen

#### 1. Arten von Rechtsbehelfen

*zu unterscheiden*

Bei den Rechtsbehelfen unterscheidet man zwischen Rechtsmitteln und sonstigen Rechtsbehelfen.

472

*Rechtsmittel u. Rechtsbehelfe*

Zu den *Rechtsmitteln* gehören die Berufung (§§ 312 ff.), die Revision (§§ 333 ff.) und die Beschwerde (§§ 304 ff.). Allgemeine Vorschriften zu allen Rechtsmitteln enthalten die §§ 296 - 303. Im Unterschied zu allen anderen Rechtsbehelfen zeichnen sich die Rechtsmittel durch zwei besondere Merkmale aus. Das ist zum einen der sog. *Devolutiveffekt*, also die Verlagerung des Verfahrens auf eine höhere Instanz. Zum anderen der sog. *Suspensiveffekt*: Gemäß § 316 bzw. § 343 wird durch die fristgemäße Einlegung von Berufung oder Revision die Rechtskraft des Urteils gehemmt.

*Berufung + Revision:*
*→ Devolutiveffekt*
*→ Suspensiveffekt*

> **hemmer-Methode:** Demgegenüber hat die Beschwerde keinen Suspensiveffekt. Gleichwohl wird sie vom Gesetz als Rechtsmittel bezeichnet (vgl. §§ 296 ff.).

*Sonstige Rechtsbehelfe* sind die Wiederaufnahme des Verfahrens (§§ 359 ff.) und die Wiedereinsetzung in den vorigen Stand (§§ 44 ff.).

473

#### 2. Verbot der "reformatio in peius"

*reformatio in peius*

Hat der Angeklagte, sein gesetzlicher Vertreter oder zu seinen Gunsten die Staatsanwaltschaft Berufung oder Revision eingelegt, darf das Urteil in Bezug auf die Rechtsfolgen nicht zum Nachteil für den Angeklagten geändert werden, §§ 331 I, 358 II S.1.

474

Der Angeklagte soll bei der Einlegung eines Rechtsmittels nicht die Befürchtung haben müssen, es könnten ihm daraus Nachteile erwachsen.[404] Allerdings kann die angefochtene Entscheidung gemäß § 301 dann zuungunsten des Angeklagten abgeändert werden, wenn das Rechtsmittel von der Staatsanwaltschaft zuungunsten des Angeklagten eingelegt wurde.

---

404   BGHSt. 11, 319

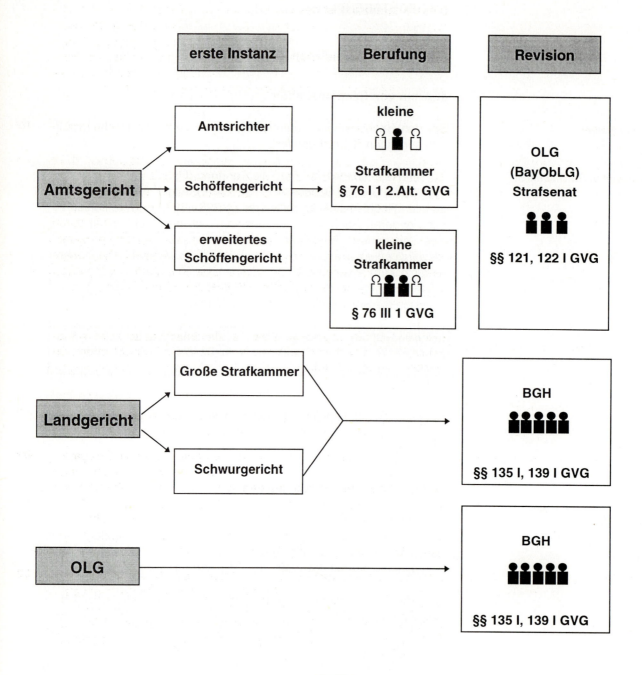

475

## II. Berufung, §§ 312 - 322

### 1. Zulässigkeit der Berufung

#### a) Auslegung des Rechtsmittels

*Auslegung: rechtliche o. tatsächliche Prüfung*

Problematisch ist, wenn die Berufung bei ihrer Einlegung nicht als solche bezeichnet wird. In diesem Fall ist das Gericht verpflichtet, die Erklärung des Rechtsmittelführers auszulegen. Es kommt darauf an, ob nur eine rechtliche Überprüfung (Revision) oder eine Überprüfung durch eine neue Tatsacheninstanz (Berufung) begehrt wird. In der Berufung wird nämlich nicht nur geprüft, ob die erstinstanzliche Entscheidung in sachlicher und rechtlicher Hinsicht zutreffend ist, sondern es können auch neue Tatsachen und Beweismittel eingeführt werden (§ 323 III).

Diese Abgrenzung ist deshalb erforderlich, weil der Rechtsmittelführer statt der Berufung unter den Voraussetzungen des § 335 auch gleich die Revision bei der nächsthöheren Instanz einlegen kann (sog. Sprungrevision). Wenn der Wille des Rechtsmittelführers nicht festgestellt werden kann, ist von einer Berufung auszugehen, da diese die umfassendste Überprüfung eines Urteils ermöglicht.[405]

### b) Statthaftigkeit

*statthaft gegen erstinstanzliches Urteil*

Gemäß § 312 ist die Berufung nur statthaft gegen erstinstanzliche Urteile des Amtsgerichts, also des Strafrichters oder des Schöffengerichts. Gegen erstinstanzliche Urteile des Landgerichts oder des Oberlandesgerichts muß dagegen gleich mit der Revision vorgegangen werden.

**476**

> **hemmer-Methode: Diese Anordnung des Gesetzgebers ist auf den ersten Blick überraschend. Der Grund für diese Regelung liegt darin, daß man davon ausgeht, daß bei den zahlenmäßig stärker besetzten oberen Gerichten eine sorgfältigere Urteilsfindung möglich ist.[406]**

Die Berufungsinstanz ist eine zweite Tatsacheninstanz. Das angefochtene Urteil wird in sachlicher und rechtlicher Hinsicht überprüft, außerdem können neue Beweismittel und Tatsachen eingeführt werden (§ 323 III).

### c) Annahme

*über Annahme entscheidet Berufungsgericht*

Gemäß § 313 muß in den dort genannten Fallgruppen von Bagatellkriminalität die Berufung angenommen werden. Regelungen, wann die Berufung angenommen werden muß, finden sich in § 313 II und III. Über die Annahme entscheidet das Berufungsgericht.[407]

**477**

### d) Anfechtungsberechtigung

*Berechtigte*

Wer Berufung einlegen kann, ist im Gesetz abschließend aufgezählt. Dies sind in erster Linie der Angeklagte (§ 296 I) oder sein gesetzlicher Vertreter (§ 298). Daneben kann gemäß § 296 I natürlich auch die Staatsanwaltschaft Berufung einlegen. Zu nennen sind ferner der Privatkläger (§ 390), der Nebenkläger (§ 401) und der Einziehungsbeteiligte (§§ 433, 296 I).

**478**

> **hemmer-Methode: Gemäß § 297 kann auch der Verteidiger für den Beschuldigten Rechtsmittel einlegen. Jedoch handelt es sich hierbei nicht um ein originäres, sondern nur um ein abgeleitetes Recht des Verteidigers. Gegen den Willen des Beschuldigten kann der Verteidiger nichts unternehmen.**

### e) Beschwer

*bzgl. Beschwer zu differenzieren*

Unablässige Voraussetzung für jedes Rechtsmittel ist ein Rechtsschutzinteresse des Anfechtenden, eine sogenannte Beschwer. Fehlt die Beschwer, muß das Rechtsmittel als unzulässig verworfen werden.[408] Es ist jedoch danach zu differenzieren, wer Berufung einlegen will.

**479**

---

405 OLG Köln MDR 1980, 690

406 ROXIN, PdW, S.402

407 Für Referendare: Die Prüfung der Annahme der Berufung eignet sich durchaus als Aufgabe für das Zweite Staatsexamen, da hier anhand des Urteils, der Berufungsbegründung und des Protokolls die Begründetheit der Berufung zu prüfen ist.

408 BGHSt. 16, 374; 28, 327

Der *Angeklagte* ist durch jede für ihn nachteilige Entscheidung beschwert. Seine Beschwer kann sich sowohl allein aus dem Schuldspruch (z.B. bei Absehen von Strafe) als auch aus dem Rechtsfolgenausspruch ergeben. Durch einen Freispruch oder eine Einstellung des Verfahrens kann er dagegen nie beschwert sein.[409]

**480**

*Sonderfall: Privat- und Nebenkläger*

*Privat- und Nebenkläger* sind nur beschwert, wenn das Privat- oder Nebenklagedelikt vom Gericht unzutreffend behandelt worden ist. Notwendig ist, daß der Angeklagte wegen des fraglichen Delikts nicht verurteilt worden ist. Ein Rechtsmittel zugunsten des Beschuldigten können Privat- und Nebenkläger dagegen nicht einlegen.

**481**

*StA immer bei unrichtiger Entscheidung beschwert*

Die *Staatsanwaltschaft* kann Berufung sowohl zugunsten als auch zuungunsten des Beschuldigten einlegen. Für sie ist eine Beschwer somit immer gegeben, wenn sie geltend macht, die Entscheidung sei unrichtig. Dies gilt sogar dann, wenn das angefochtene Urteil mit dem ausdrücklichen Antrag der Staatsanwaltschaft übereinstimmt.[410]

*Tenor maßgebl.*

Für die Frage der Beschwer ist allein der Urteilstenor von Bedeutung, auf die Entscheidungsgründe kommt es nicht an.

**482**

> *Bsp.: A ist vor dem Amtsgericht wegen Diebstahls angeklagt gewesen. Da ihm die vorgeworfenen Tat nicht nachgewiesen werden konnte, mußte er freigesprochen werden. In der Urteilsbegründung ist ausdrücklich hervorgehoben worden, daß der Freispruch "aus Mangel an Beweisen" erfolgt ist. Gegen diese "diskriminierende Formulierung" will A Berufung einlegen.*

Die Berufung ist unzulässig, da A durch die ihn belastenden Urteilsgründe nicht beschwert ist. Für die Beschwerde kommt es allein auf den Urteilstenor an, der aber auf Freispruch lautet.

### f) Form der Einlegung

*Form: schriftlich oder zu Protokoll der Geschäftsstelle*

Die Form wird durch § 314 I vorgegeben. Danach kann die Berufung nur schriftlich oder zu Protokoll der Geschäftsstelle des Gerichts des ersten Rechtszuges erfolgen. Die Berufung kann auch im Anschluß an die Hauptverhandlung zu Protokoll der Sitzungsniederschrift erklärt werden.

**483**

Adressat der Anfechtungserklärung ist immer das Gericht, dessen Urteil angefochten wird ("iudex a quo"), nicht das Berufungsgericht ("iudex ad quem").

### g) Berufungsfrist

*Frist: 1 Woche*

Gemäß § 314 I muß die Berufung innerhalb einer Woche nach Verkündung des Urteils eingelegt werden. Das gilt jedoch nur, wenn der Anfechtende bei der Urteilsverkündung in der Hauptverhandlung anwesend gewesen ist. Bei Abwesenheit des Angeklagten (z.B. gemäß §§ 411 II, 412, 231 II, 232, 233), des Staatsanwalts (z.B. gemäß § 78 JGG) oder des Nebenklägers beginnt die Berufungsfrist nach § 314 II mit der Zustellung des Urteils. Beachten Sie hierbei auch die Vorschrift des § 273 IV, die zu einer Verlängerung der Rechtsmittelfrist führen kann, falls das Protokoll nicht fertiggestellt ist.

**484**

> **hemmer-Methode: Die Berechnung der Frist erfolgt nach § 43. Als Faustregel kann man sich merken, daß die Frist immer mit dem Ende des gleichen Wochentags abläuft, an dem die Urteilsverkündung oder -zustellung erfolgt ist.**

---

409   JOACHIMSKI, S.205
410   RGSt. 48, 26; KG JR 1969, 349

### h) Zuständiges Berufungsgericht[411]

*sachlich zuständig: Kleine Straf-kammer*

*Sachlich zuständig* für sämtliche Berufungen gegen Urteile des Amtsgerichts ist die kleine Strafkammer des Landgerichts (§§ 74 III i.V.m. 76 I S.1 GVG). Dabei liegt die Berufungszuständigkeit bei Entscheidungen des Strafrichters (§ 25 GVG) und des normalen Schöffengerichts (§ 29 I GVG) bei der kleinen Strafkammer des Landgerichts. Diese ist mit einem Berufsrichter und zwei Schöffen besetzt, vgl. §§ 74 III i.V.m. 76 I S.1 GVG.

**485**

Bei Berufungen gegen Urteile des erweiterten Schöffengerichts des Amtsgerichts (§ 29 II GVG)[412] wird zu der kleinen Strafkammer ein zweiter Berufsrichter hinzugezogen (§ 76 III S.1 GVG). Dieser wirkt gemäß § 76 III S.2 GVG bei Entscheidungen außerhalb der Hauptverhandlung nicht mit.

> **hemmer-Methode:** Der Grund für diese letzte Regelung ist, daß der Spruchkörper in der zweiten Instanz nicht schlechter besetzt sein soll als der in der ersten Instanz.
> Obwohl die Strafkammer in diesem Fall die gleiche Besetzung aufweist wie normalerweise die große Strafkammer des Landgerichts (§§ 76 I S.1, 76 II GVG), handelt es sich weiterhin um eine kleine Strafkammer.

Die *örtliche Zuständigkeit* des Berufungsgerichts bestimmt sich nach den allgemeinen Vorschriften der §§ 7 ff.[413]

### 2. Prüfung der Rechtzeitigkeit durch das erstinstanzliche Gericht

*Ausgangsinstanz prüft Fristwahrung*

Gemäß § 319 I prüft, noch bevor das Berufungsgericht mit der Sache befaßt wird, das Gericht des ersten Rechtszuges, ob das Rechtsmittel rechtzeitig eingelegt worden ist. Ist dies nicht der Fall, so hat es die Berufung als unzulässig zu verwerfen. Gegen den Beschluß des erstinstanzlichen Gerichts kann nach § 319 II der Beschwerdeführer die Entscheidung des Berufungsgerichts beantragen.

**486**

### 3. Entscheidung des Berufungsgerichts

### a) Vorprüfungen

*Zulässigkeit*

Im Rahmen einer Vorprüfung stellt das Berufungsgericht zuerst einmal fest, ob die Zulässigkeitsvoraussetzungen der Berufung gegeben sind. Ist dies zu verneinen, wird die Berufung durch Beschluß als unzulässig verworfen, § 322 I.

**487**

Außerdem kann das Berufungsgericht das Verfahren bereits außerhalb der Hauptverhandlung einstellen, wenn es zu dem Ergebnis kommt, daß ein Verfahrenshindernis besteht (§ 206a).[414] Daneben kann das Berufungsgericht auch aus Opportunitätsgründen einstellen (§§ 153 ff.), wenn Staatsanwaltschaft und Angeklagter zustimmen.

### b) Berufungshauptverhandlung

*Grundsatz: Verfahren wie in 1. Instanz*

Der Gang der Hauptverhandlung in der Berufung entspricht grundsätzlich dem im Verfahren der ersten Instanz, §§ 323, 324, 325.

**488**

---

411  vgl. Skizze Rn. 144

412  s. oben, Rn. 146

413  s. oben, Rn. 151 ff.

414  BGHSt. 24, 208

## c) Entscheidung des Berufungsgerichts aufgrund der Hauptverhandlung

*fehlende Voraussetzungen*
*⇨ Prozeßurteil*

Stellt sich im Laufe der Hauptverhandlung heraus, daß eine oder mehrere Zulässigkeitsvoraussetzungen fehlen, verwirft das Gericht die Berufung durch Urteil als unzulässig (Prozeßurteil). Ebenso kann es auch in der Hauptverhandlung gemäß § 260 III das Verfahren wegen Fehlens von Prozeßvoraussetzungen einstellen. In diesem Fall ergeht ein entsprechender Beschluß.

**489**

*ansonsten Sachurteil*

Ansonsten entscheidet das Berufungsgericht in der Sache. Kommt es zu der Ansicht, daß die Berufung zulässig und begründet ist, hebt es das angefochtene Urteil auf und entscheidet selbst, § 328 I. Möglich ist auch, daß das Urteil nur teilweise aufgehoben und neu entschieden wird.[415]

Hält das Berufungsgericht die Berufung für unbegründet, wird die Berufung als unbegründet zurückgewiesen.

## III. Revision, §§ 333 - 358

### 1. Zulässigkeit der Revision

> **hemmer-Methode: Für die Zulässigkeitsvoraussetzungen der Revision gilt grundsätzlich dasselbe wie bei der Berufung. Genauer ausgeführt werden daher nur die abweichenden Punkte.**

### a) Statthaftigkeit

*Revision*

Die Revision ist gemäß § 333 statthaft gegen alle erstinstanzlichen Urteile des Landgerichts und des Oberlandesgerichts. Ferner findet sie statt gegen die Berufungsurteile der kleinen Strafkammer des Landgerichts.

**490**

*ggf. Sprungrevision*

Außerdem besteht gemäß § 335 die Möglichkeit der sogenannten *Sprungrevision* bei erstinstanzlichen Urteilen des Amtsgerichts. Der Rechtsmittelführer kann hier wählen, ob er gegen das Urteil des Amtsgerichts lieber mit der Berufung oder mit der Revision vorgehen möchte. Dieses Rechtsmittel, das die Berufung umgeht, empfiehlt sich, wenn nicht die tatsächlichen Feststellungen, sondern die Gesetzesauslegung des Gerichts erster Instanz angegriffen werden soll.[416]

*reine Rechtsinstanz*

Die Besonderheit der Revision besteht darin, daß es sich um eine *reine Rechtsinstanz* handelt (§ 337 I). Es wird nur geprüft, ob das angefochtene Urteil verfahrensrechtlich ordnungsgemäß zustandegekommen ist und ob das materielle Recht richtig angewandt worden ist.

### b) Einlegungsberechtigung

*Berechtigung*

Für die Frage, wer zur Einlegung der Revision berechtigt ist, gilt das bereits zur Zulässigkeit der Berufung Ausgeführte entsprechend.[417]

**491**

---

415   BEULKE, Rn. 557

416   LÖWE-ROSENBERG, § 335, Rn. 1

417   s. oben, Rn. 478

### c) Beschwer

*Beschwer*

Unabdingbare Zulässigkeitsvoraussetzung für alle Rechtsmittel, also auch für die Revision ist, daß der Revisionsführer beschwert ist.[418]

**492**

### d) Form der Revisionseinlegung

*schriftliche Einlegung bei iudex a quo*

Gemäß § 341 I muß die Revision schriftlich oder zur Niederschrift bei der Geschäftsstelle des Gerichts eingelegt werden. Eingelegt werden muß die Revision ebenfalls bei dem Gericht, dessen Urteil angefochten wird ("iudex a quo").

**493**

### e) Einlegungsfrist

*Frist: 1 Woche*

Die Revision muß innerhalb einer Woche nach der Verkündung des angefochtenen Urteils eingelegt werden, § 341 I. Ist der Angeklagte bei der Verkündung nicht anwesend gewesen, beginnt für ihn die Frist gemäß § 341 II mit der Zustellung des Urteils.

**494**

### f) Revisionsbegründung

*Begründung erforderlich*

Im Unterschied zum Berufungsverfahren ist für die Zulässigkeit der Revision erforderlich, daß der Beschwerdeführer einen Revisionsantrag stellt und diesen begründet, § 344. Der Rechtsmittelführer muß nach § 344 I S.1 in seinen Anträgen erklären, inwieweit er das Urteil anfechten will und seine Aufhebung beantragt.

**495**

### aa) Äußere Form der Revisionsbegründung

*Anwaltszwang*

Handelt es sich um eine Revision des *Angeklagten*, muß nach § 345 II die Revisionsbegründung entweder von seinem nach § 138 bereits zugelassenen Verteidiger oder von einem sonstigen Rechtsanwalt unterzeichnet sein. Der Angeklagte hat aber auch die Möglichkeit, die Revisionsbegründung zu Protokoll der Geschäftsstelle zu erklären.

**496**

*Privat- o. Nebenkläger, § 390 II entsprechend*

Wird die Revision von einem *Privat- oder Nebenkläger* eingelegt, so müssen diese die schriftliche Revisionsbegründung durch einen Rechtsanwalt unterzeichnen lassen. Dabei wird § 390 II entsprechend angewandt.[419]

Der *Staatsanwalt* ist innerdienstlich verpflichtet, seine Revisionsbegründung durch den Abteilungs- oder Behördenleiter unterzeichnen zu lassen. Fehlt jedoch diese Unterschrift, ist die eingelegte Revision aus diesem Grund trotzdem nicht unzulässig.

### bb) Revisionsbegründungsfrist

*Begründungsfrist: 1 Monat*

Die Revisionsbegründung muß nach § 345 I innerhalb eines Monats nach dem Ablauf der Einlegungsfrist bei dem Gericht, dessen Urteil angefochten werden soll, eingelegt werden.

**497**

Revisionsbegründungsfrist und Einlegungsfrist sind also streng zu unterscheiden. Die Revisionsbegründung kann aufgrund dieser Regelung auch nachgereicht werden.

---

418    s. oben, Rn. 479

419    vgl. JOACHIMSKI, S. 219

### cc) Revisionsgründe

*absolute und relative Revisionsgründe*

Aus der Revisionsbegründung muß zudem hervorgehen, ob er gegen das Urteil wegen der Verletzung einer Rechtsnorm über das Verfahren (Verfahrensrüge) oder wegen der Verletzung einer anderen Rechtsnorm (Sachrüge) vorgegangen wird, § 344 II S.1. Zu unterscheiden ist dabei zwischen den absoluten (§ 338) und den relativen Revisionsgründen (§ 337).

**498**

*Verfahrensrüge*

Die *Verfahrensrüge* befaßt sich mit der Verletzung von Verfahrensrecht. Darunter versteht man alle Rechtsnormen, die den Weg bestimmen, auf dem der Richter zur Urteilsfindung berufen und gelangt ist.[420]

> *Bsp.: In seiner Revisionsbegründung schreibt der Angeklagte einfach: "Ich möchte wegen der Verletzung von Verfahrensrecht Revision einlegen." Ist das ausreichend?*

> Gemäß § 344 II S.2 genügt dies als Revisionsbegründung nicht. Will der Angeklagte das Urteil wegen Verletzung einer Verfahrensvorschrift anfechten, muß er darlegen, auf welchen Tatsachen seiner Meinung nach die Gesetzesverletzung beruht.

> Bei der Rüge der Verletzung materiellen Rechts dagegen muß der Rechtsmittelführer nicht angeben, welche materiellrechtliche Rechtsnorm er für verletzt hält.

Verfahrensrecht ist verletzt, wenn eine gesetzlich vorgeschriebene Handlung unterblieben, wenn sie fehlerhaft vorgenommen worden ist oder wenn eine vorgenommene Verfahrenshandlung überhaupt unzulässig gewesen ist.[421]

*Sachrüge*

Alle anderen Vorschriften gehören zum sachlichen Recht und sind mit der *Sachrüge* anzugreifen.

> **hemmer-Methode: Um das Risiko der Unzulässigkeit zu minimieren, wird der Rechtsanwalt zusammen mit der Rüge der Verfahrensfehler immer auch die Verletzung sachlichen Rechts rügen.**

### g) Zuständiges Revisionsgericht[422]

### aa) Revisionszuständigkeit des Oberlandesgerichts

*Zuständigkeit des OLG*

Das Oberlandesgericht ist als Revisionsinstanz gemäß § 121 I Nr. 1b GVG zuständig bei Berufungsurteilen der Strafkammern des Landgerichts (§ 74 III GVG).

**499**

> **hemmer-Methode: An dieser Stelle sei noch einmal auf eine Besonderheit in Bayern hingewiesen. Bayern hat als einziges Bundesland i.S.d. Ermächtigung des § 9 EGGVG das Bayerische Oberste Landesgericht geschaffen. Dieses ist als Rechtsmittelinstanz in Bayern für alle Revisionen zuständig, die nach Bundesrecht normalerweise den Oberlandesgerichten zugewiesen sind (Art. 11 II Nr. 2 BayAGGVG).**

Daneben ist das Oberlandesgericht (bzw. in Bayern das BayObLG) zuständig für die sog. Sprungrevision (§ 335) gegen erstinstanzliche Urteile des Amtsgerichts, §§ 335 II StPO, 74 III, 121 I Nr. 1b GVG.

**500**

---

420    BGHSt. 19, 273; KLEINKNECHT/MEYER-GOßNER, § 337, Rn. 8

421    BGH MDR 1981, 157

422    vgl. Skizze Rn. 144

Eine ausnahmsweise Zuständigkeit des Oberlandesgerichts besteht für Revisionen gegen erstinstanzliche Urteile der großen Strafkammern des Landgerichts (§ 76 I S.1, 1. Alt. GVG), wenn mit der Revision ausschließlich die Verletzung von Landesrecht gerügt wird, § 121 I Nr. 1c GVG. Da eine derartige Rüge kaum vorkommt, ist die praktische Bedeutung dieser Möglichkeit gering.

Spruchkörper beim Oberlandesgericht sind gemäß § 116 I GVG die Senate. Ein Senat ist besetzt mit drei Berufsrichtern und verfügt über keine Schöffen, § 122 I GVG.

### bb) Revisionszuständigkeit des BGH

*Zuständigkeit des BGH*

Der BGH ist nach § 135 I GVG Revisionsinstanz für alle erstinstanzlichen Entscheidungen des Oberlandesgerichts (Staatsschutzdelikte, vgl. § 120 I und II GVG).

**501**

Außerdem ist der BGH zuständig für die Revisionen gegen die erstinstanzlichen Urteile der großen Strafkammern der Landgerichte, sofern nicht ausschließlich die Verletzung von Landesrecht gerügt wird, §§ 135 I i.V.m. 121 I Nr. 1c GVG. Die Revisionszuständigkeit des BGH ist hier der Regelfall, da StPO und GVG Bundesgesetze sind.

> **hemmer-Methode:** Es ist auffällig, daß der Instanzenzug bei schweren Straftaten nur die Revision beim BGH zur Verfügung stellt, während bei leichterer Kriminalität mit Berufung und Revision drei Instanzen (einschließlich einer zweiten Tatsacheninstanz) gegeben sind. Gerechtfertigt wird dies damit, daß die großen Strafkammern des Landgerichts mit drei Berufsrichtern und Laien besonders gut besetzt sind. Daher ist eine sorgfältigere Tatsachenfeststellung zu erwarten.[423]

### 2. Begründetheit der Revision

### a) Allgemeines

*Begründetheit, §§ 337, 338*

Ob eine Revision begründet ist, richtet sich danach, ob einer der Revisionsgründe der §§ 337 oder 338 erfüllt ist oder eine Prozeßvoraussetzung fehlt.

**502**

### b) Fehlen einer Verfahrensvoraussetzung

*Verfahrensvoraussetzungen v.A.w. zu prüfen*

Auch im Rahmen der Revision prüft das Gericht von Amts wegen, ob alle Verfahrensvoraussetzungen vorliegen. Es kann aber selbstverständlich in der Revisionsbegründung auf ein Fehlen hingewiesen werden.

**503**

Voraussetzung für eine Einstellung oder Zurückverweisung ist aber, daß zuvor eine zulässige Revision eingelegt worden ist, in der zumindest die Sachrüge geltend gemacht worden ist.

Im Rahmen der Revision soll hier nur auf einige besondere Prozeßvoraussetzungen eingegangen werden. Im übrigen wird auf die Ausführungen zum Hauptverfahren verwiesen.[424]

*Besonderheit: Berufung ist unzulässig*

Besonderheiten ergeben sich insbesondere, wenn eine vorausgegangene Berufung nicht als unzulässig erkannt worden ist. In diesem Fall ist das Berufungsurteil aufzuheben, da nur dieses Gegenstand der Revision ist. Das erstinstanzliche Urteil erwächst dann, selbst wenn es fehlerhaft gewesen ist, in Rechtskraft.

**504**

---

423  BEULKE, Rn. 54

424  Unten, Rn. 173 ff.

*reformatio in peius*

Umstritten ist auch, ob das Verbot der reformatio in peius gem. § 331 ein Verfahrenshindernis darstellt. Mit der h.M. ist zu Recht nicht von einer "einseitig beschränkten Rechtskraft"[425] durch das Verböserungsverbot auszugehen, da lediglich die Strafe nicht mehr verbösert werden darf, wohl aber der Schuldspruch. Allerdings ist nach der Rechtsprechung des BGH ein Verstoß gegen § 331 von Amts wegen zu berücksichtigen.[426]

**505**

> **hemmer-Methode: Machen Sie sich die Bedeutung der nicht immer leichten Abgrenzung zwischen Verfahrensverstoß und Verfahrenshindernis klar! Nur die letzteren prüft das Revisionsgericht von Amts wegen.**

### c) Verfahrensrüge

*Verfahrensrüge*

Bei den Verfahrensrügen ist zwischen relativen und absoluten Revisionsgründen zu unterscheiden.

**506**

### aa) Absolute Revisionsgründe

*§§ 338: absolute Revisionsgründe; unwiderlegliche Vermutung der Kausalität*

Die in § 338 aufgezählten Revisionsgründe werden als *absolute Revisionsgründe* bezeichnet. Grund dafür ist, daß das Gesetz bei Vorliegen eines der dort genannten Fehler unwiderlegbar vermutet, daß das angefochtene Urteil kausal auf dem Fehler beruht. Einen gesonderten Nachweis einer entsprechenden Kausalität muß der Rechtsmittelführer nicht erbringen. Zu bemerken ist, daß die § 338 Nr. 1 - 8 nur Verfahrensverstöße auflisten.

**507**

*Verstoß gegen die vorschriftsmäßige Besetzung*

**(1)** § 338 Nr. 1 bestimmt, daß die nicht vorschriftsmäßige Besetzung des erkennenden Gerichts einen absoluten Revisionsgrund darstellt. Diese Konkretisierung des Grundsatzes des gesetzlichen Richters ist aber entscheidend durch die Verbindung zu den §§ 222a, b eingeschränkt, wonach die Rüge einer fehlerhaften Besetzung eines Land- oder Oberlandesgerichts vor der Vernehmung des ersten Angeklagten zur Sache erfolgen muß. Auch die Aufstellung oder Änderung des Geschäftsverteilungsplans kann Gegenstand einer Revision nach Nr. 1 sein. Eine Abweichung vom Geschäftsverteilungsplan ist aber nur beachtlich, wenn sie willkürlich oder rechtsmißbräuchlich erscheint.[427]

**508**

> **hemmer-Methode: Beachten Sie, daß unter § 338 Nr. 1 auch der Fall subsumiert wird, daß der Richter oder ein Schöffe zeitweise nicht anwesend ist, z.B. durch Einschlafen. Obwohl dieser Fall nach dem Wortlaut eigentlich unter § 338 Nr. 5 fallen würde.**

**(2)** § 338 Nr. 2 und Nr. 3 stellen die Ergänzung zu den §§ 22, 23, 24 dar.[428]

*Unzuständigkeit des Gerichts*

**(3)** § 338 Nr. 4 sanktioniert die Entscheidung eines unzuständigen Gerichts. Die Rüge der örtlichen Zuständigkeit setzt allerdings die rechtzeitige Erhebung des Einwandes gemäß § 16 voraus. Zu beachten ist, daß die Vorschrift keine Bedeutung für die sachliche Zuständigkeit hat, da diese als Verfahrensvoraussetzung von Amts wegen zu prüfen ist.

**509**

---

425   Kleinknecht/Meyer-Goßner, § 331, Rn. 24

426   BGHSt. 14, 5

427   Kleinknecht/Meyer-Goßner, § 338, Rn. 7

428   Dazu oben, Rn. 201 ff.

*Abwesenheit best. Personen*

**(4)** § 338 Nr. 5 führt zur Aufhebung des Urteils, wenn die Hauptverhandlung in Abwesenheit des Staatsanwalts oder einer Person, deren Anwesenheit das Gesetz vorschreibt, stattgefunden hat. Hierunter fallen insbesondere der Angeklagte, der Verteidiger im Fall der notwendigen Verteidigung gemäß § 140 I und ggf. der Dolmetscher gemäß § 185 GVG. Wichtig ist, daß die Anwesenheit nur in einem wesentlichen Teil der Hauptverhandlung erforderlich ist. Nicht wesentlich ist z.B. die mündliche Eröffnung der Urteilsgründe. Bei Abwesenheit des Richters oder eines Schöffen gilt jedoch § 238 Nr. 1.

**510**

*Öffentlichkeit*

**(5)** § 338 Nr. 6 sichert den Öffentlichkeitsgrundsatz des § 169 GVG. Nach h.M. liegt ein absoluter Revisionsgrund aber nur bei einer unzulässigen Beschränkung der Öffentlichkeit vor. Im übrigen ist auch zu fordern, daß das Gericht die Beschränkung der Öffentlichkeit zu vertreten hat.[429]

**511**

**(6)** § 338 Nr. 7 verpflichtet das Gericht, das Urteil in 5 Wochen abzufassen und zu den Akten zu bringen.

**512**

*Beschränkung der Verteidigung*

**(7)** § 338 Nr. 8 schreibt die Aufhebung des Urteils für den Fall vor, daß die Verteidigung durch einen Beschluß des Gerichts in einem für die Entscheidung wesentlichen Punkt unzulässig beschränkt wird. Hierbei muß es sich um einen Beschluß gemäß § 238 II handeln, der eine Verfahrensvorschrift verletzt. Zu beachten ist, daß die Verletzung mancher Verfahrensvorschriften, wie z.B. die Rüge eines fehlerhaften Absehens von Vereidigung gemäß § 61, nicht ohne vorige Herbeiführung einer Entscheidung des Gerichts gerügt werden kann.

**513**

> **hemmer-Methode:** Da § 338 Nr. 8 eine unzulässige Beschränkung der Verteidigung in einem für die Entscheidung wesentlichen Punkt fordert, ist diese Vorschrift de facto nicht als absoluter, sondern als relativer Revisionsgrund anzusehen.

## bb) Relative Revisionsgründe

*relativer Revisionsgrund: Urteil muß auf Gesetzesverstoß beruhen*

Alle anderen Verfahrensrügen werden an § 337 festgemacht, wobei man hier von den *relativen Revisionsgründen* spricht. Der Wortlaut des § 337 verlangt, daß das angefochtene Urteil auf der behaupteten Gesetzesverletzung "beruht".

Bei *Verfahrensmängeln* muß das "Beruhen" deshalb im Einzelfall nachgewiesen werden. § 337 fordert aber keine positiv nachgewiesene Kausalität, vielmehr reicht es aus, wenn nicht auszuschließen ist, daß ohne den Verfahrensmangel anders entschieden worden wäre.[430]

**514**

> **hemmer-Methode:** Beachten Sie, daß die absoluten Revisionsgründe vor den relativen zu prüfen sind, weil sich in diesem Fall die Frage, ob das Urteil auf dem Verfahrensverstoß beruht, erübrigt.

## cc) Beispiele für Verfahrensrügen

*Rüge von Verstößen außerhalb des Hauptverfahrens*

Als Verfahrensrügen kommen unter Umständen auch außerhalb des Hauptverfahrens begangene Verstöße in Frage. Wegen der nach § 337 erforderlichen Beruhensprüfung können solche Fehler eine Revision aber nur begründen, wenn sie sich in der Hauptverhandlung fortsetzen (Grund: § 261).

**515**

---

429  KLEINKNECHT/MEYER-GOßNER, § 338, Rn. 49

430  BGH NJW 1951, 206

*Bsp.: Beim Verhör durch einen Polizisten im Ermittlungsverfahren wird gegen §§ 163a IV i.V.m. 136a I verstoßen. Wird das Geständnis dennoch in irgendeiner Form in der Hauptverhandlung verwertet, ist wegen Verstoßes gegen das Beweisverwertungsverbot des § 136a III S.2 die Revision nach § 337 begründet.*

Ein erheblicher Verfahrensverstoß kann auch darin bestehen, daß in der Vorbereitung der Hauptverhandlung die Ladung des Angeklagten unterlassen wird, obwohl dieser zum Erscheinen berechtigt, wenn auch nicht verpflichtet ist (z.B. im Fall des § 233). Ein Beruhen i.S.d. § 337 ist regelmäßig anzunehmen, da sich ein anwesender Angeklagter besser verteidigen kann.[431]

*Verfahrensfehler in der Hauptverhandlung*

Geht es um Verfahrensfehler in der Hauptverhandlung selbst, ist grundsätzlich die Beweisregel des § 274 zu beachten, wonach nur die Fehler zu beachten sind, die durch das Verhandlungsprotokoll nachgewiesen werden können.

**516**

Bei Nichtverlesen des Anklagesatzes liegt ein Verstoß gegen § 243 III vor. Die Kausalität i.S.d. § 337 ist in der Regel zu bejahen.[432]

Weitere zur Revision führende Verstöße sind das Unterlassen der Zeugenbelehrung nach § 52 oder der Verstoß gegen das Vereidigungsverbot des § 60. In Frage kommt außerdem die Nichtbeachtung von Verlesungsverboten nach den §§ 250 ff.

Ferner ist darauf zu achten, daß der Staatsanwalt seinen Schlußantrag stellt und ein bestimmtes Urteil fordert. Andernfalls liegt ein Verstoß gegen § 258 I vor. Der Fehler ist gewöhnlich auch kausal i.S.d. § 337, da dadurch die Verteidigung gestört wird.

Ebenso ist die Revision nach § 337 begründet, wenn dem Verteidiger und dem Angeklagten entgegen § 258 I nicht ausreichend Zeit zur Vorbereitung ihrer Verteidigung gelassen wird.

---

**hemmer-Methode:** Abgesehen von den eben genannten Beispielen gilt natürlich, daß grundsätzlich alle bereits vorher genannten Verstöße gegen das Strafprozeßrecht im Revisionsverfahren überprüft werden können. Hier sind nur einige häufige Beispiele dargestellt.
Im Rahmen der Revision kann der Klausurersteller das gesamte Strafverfahren abprüfen!

---

### d) Sachrüge

*Sachrüge bei materiellrechtlichen Mängeln*

Die Sachrüge wird grundsätzlich auf § 337 gestützt. Hinsichtlich der Rüge materiellrechtlicher Mängel prüft das Revisionsgericht insbesondere folgende Punkte:[433]

**517**

*richtige Anwendung des Gesetzes?*

Geprüft wird, ob das vorinstanzliche Gericht das materielle Recht zutreffend auf den festgestellten Sachverhalt angewendet hat, also Gesetzesauslegung und Subsumtion. Die Prüfung kann sich auf die Schuldfrage (z.B. Tatbestandsmäßigkeit, Rechtswidrigkeit, Strafausschließungsgründe, Qualifikationen usw.) oder auf die Frage der Rechtsfolge, v.a. die Strafzumessung, beziehen.

*Tragfähigkeit der Urteilsfeststellungen*

Ferner wird die Tragfähigkeit der Urteilsfeststellungen für die durchgeführte Subsumtion überprüft.

---

431   OLG Frankfurt NJW 1954, 167

432   BGH NStZ 1984, 521

433   Vgl. BEULKE, Rn. 567 m.w.N.

Dazu gehört die Prüfung, ob die Urteilsfeststellungen frei von Lücken, Widersprüchen und Verstößen gegen Denk- und Erfahrungssätze sind.[434]

> **hemmer-Methode: Ein Verstoß gegen Denkgesetze oder Erfahrungssätze wird in der Klausur die Ausnahme sein. Beachten Sie, daß genauso wie das Revisionsgericht auch der Klausurbearbeiter nicht seine Überzeugung von den geschilderten Tatsachen an die Stelle des Tatrichters setzen soll.**

### 3. Entscheidungen der Gerichte

*Vorprüfung durch "iudex a quo"*

**a)** Zuerst findet, wie auch bei der Berufung, eine *Vorprüfung* durch das Gericht, dessen Urteil angefochten wird ("iudex a quo"), statt. Darin prüft es, ob Form und Frist der Revision eingehalten worden sind. Wird dies verneint, ist die Revision durch Beschluß als unzulässig zu verwerfen, § 346 I.    **518**

*Vorprüfung durch Revisionsgericht*

**b)** Im Rahmen einer weiteren *Vorprüfung durch das Revisionsgericht* werden die Zulässigkeitsvoraussetzungen noch einmal geprüft, § 349 I.    **519**

Gemäß § 349 II hat das Revisionsgericht bei dieser Vorprüfung auch die Möglichkeit, auf Antrag der Staatsanwaltschaft das Rechtsmittel durch einstimmigen Beschluß als *offensichtlich unbegründet* zurückzuweisen. Offensichtlich unbegründet ist das Rechtsmittel dann, wenn für jeden Sachkundigen ohne längere Prüfung erkennbar ist, welche Rechtsfragen vorliegen, wie sie zu beantworten sind und daß die Revisionsrügen das Rechtsmittel nicht begründen können.[435]

Andererseits kann das Gericht gemäß § 349 IV das angefochtene Urteil durch Beschluß aufheben, wenn es die zugunsten des Angeklagten eingelegte Revision einstimmig für begründet hält.

*Verwerfung bei Unzulässigkeit o. Unbegründetheit*

**c)** In der Revisionshauptverhandlung (§§ 350, 351) entscheidet das Gericht über *Zulässigkeit und Begründetheit der Revision*. Kommt es zu dem Schluß, daß diese unzulässig oder unbegründet ist, verwirft es sie durch Urteil.    **520**

*Revision begründet: Aufhebung und Zurückverweisung oder eigene Entscheidung*

Hält das Gericht die Revision dagegen für begründet, hebt es das angefochtene Urteil nach § 353 I auf. Grundsätzlich wird dann die Sache zur erneuten Entscheidung an die Vorinstanz zurückverwiesen (§ 354 II).

Diese ist nach § 358 I an die rechtliche Beurteilung des Revisionsgerichts, die der Aufhebung zugrundeliegt, gebunden. Ausnahmsweise trifft das Revisionsgericht selbst eine Entscheidung, wenn die Voraussetzungen des § 354 I erfüllt sind.

### IV. Beschwerde, §§ 304 - 311a

#### 1. Zulässigkeit der Beschwerde

##### a) Statthaftigkeit

*statthaft gegen Beschlüsse und Verfügungen*

Gemäß § 304 ist die Beschwerde statthaft gegen gerichtliche Beschlüsse sowie gegen Verfügungen des Vorsitzenden, des Richters im Vorverfahren und des beauftragten oder ersuchten Richters.    **521**

---

434   BGHSt 14, 162; BGH NJW 1978, 113

435   KLEINKNECHT/MEYER-GOßNER, § 349, Rn. 10

*Bsp.: Anordnung der Unterbringung durch den Richter nach § 81. Richterliche Anordnung einer Beschlagnahme gemäß §§ 94, 98 I.*

> **hemmer-Methode: Erinnern Sie sich daran, daß die Beschwerde, obwohl sie von der StPO als Rechtsmittel bezeichnet wird, keinen Suspensiveffekt erzeugt. Gleichwohl können das Gericht, dessen Entscheidung angefochten wird, oder das Beschwerdegericht nach § 307 II die Aussetzung der Vollziehung der Maßnahme anordnen.**

*keine Beschwerde bei Entscheidungen, die der Urteilsfällung vorausgehen*

Zu berücksichtigen ist § 305 S.1, wonach Entscheidungen der erkennenden Gerichte, die der Urteilsfällung vorausgehen, nicht der Beschwerde unterliegen (Ausnahmen regelt § 305 S.2). Erforderlich ist ein innerer, sachlicher Zusammenhang mit der Urteilsfällung.[436]

**522**

Dieser ist eindeutig zu bejahen bei Entscheidungen, welche die Beweisaufnahme vorbereiten oder die Verhandlung zum Zwecke weiterer Sachaufklärung aussetzen (nach §§ 228 oder 262).

*Bsp.: A beantragt in der Hauptverhandlung, das Strafverfahren gegen ihn gemäß § 262 II auszusetzen, damit zuerst die Entscheidung des Zivilgerichts in einem schwebenden Verfahren über eine bürgerlich-rechtliche Vorfrage abgewartet werden kann. Das Gericht lehnt dies ab.*

A kann nicht mit der Beschwerde nach § 304 gegen diese Entscheidung vorgehen. Gemäß § 305 S.1 ist diese nämlich ausgeschlossen, da die Entscheidung in einem inneren Zusammenhang mit dem Urteil steht. Die Berücksichtigung der Entscheidung des Zivilgerichts bezüglich der Vorfragen kann sich nämlich direkt auf das Urteil auswirken.

Der Beschluß des Gerichts ist nur zusammen mit dem Urteil anfechtbar.

### b) Einlegungsberechtigung

*erforderlich: Verletzung eigener Rechte*

Zur Einlegung der Beschwerde berechtigt ist gemäß § 304 I, II jeder, der durch die Maßnahme in seinen Rechten verletzt, also in Freiheit, Vermögen oder einem sonstigen Recht materiellrechtlicher oder verfahrensrechtlicher Art beeinträchtigt ist.[437] Dies können der Beschuldigte, Zeugen, Sachverständige und andere Personen sein.

**523**

### c) Form der Einlegung

*Form: schriftlich o. zu Protokoll*

Einzulegen ist die Beschwerde gemäß § 306 I bei dem Gericht, dessen Entscheidung angefochten wird. Die Einlegung hat schriftlich oder zu Protokoll der Geschäftsstelle zu erfolgen. Eine Fristbindung besteht nicht.

**524**

### d) Zuständiges Beschwerdegericht

*Zuständig: Landgericht o. OLG*

Zuständiges Beschwerdegericht i.S.d. § 306 II Hs. 2 ist entweder das Landgericht (§§ 73 I, 76 I GVG), das Oberlandesgericht (§§ 120 III, IV, 121 I Nr. 2 GVG) oder der BGH (§ 135 II GVG).

**525**

### 2. Entscheidungen der Gerichte

*Devolutiveffekt nur bei fehlender Abhilfe*

Das Gericht, dessen Entscheidung angefochten wird, hilft der Beschwerde ab, wenn es sie für begründet hält. Andernfalls legt es die Beschwerde gemäß § 306 II Hs. 2 dem zuständigen Beschwerdegericht vor.

**526**

---

436   OLG Hamm MDR 1987, 868
437   KLEINKNECHT/MEYER-GOßNER, § 304, Rn. 6

Nur in diesem Fall hat die Beschwerde einen aufschiebend beding-ten Devolutiveffekt, da nur bei negativer Abhilfeentscheidung das Verfahren in eine höhere Instanz verlagert wird. Das Beschwerdege-richt entscheidet dann, ob die Beschwerde als unzulässig bzw. un-begründet zu verwerfen ist oder ob ihr stattgegeben wird (§ 309 II).

> **hemmer-Methode:** Diese eben dargestellte einfache Beschwerde ist in der Praxis der Normalfall. Daneben existieren noch die Möglichkeiten der weiteren Beschwerde und der sofortigen Beschwerde.

### 3. Weitere Beschwerde, § 310

*Rechtsmittel: Weitere Beschwerde*

Bei der weiteren Beschwerde handelt es sich um ein Rechtsmittel gegen bestimmte Entscheidungen des Beschwerdegerichts. Gemäß § 310 ist sie nur zulässig gegen Beschwerdeentscheidungen des Landgerichts oder des Oberlandesgerichts, das nach § 120 III GVG zuständig ist.

527

Die angefochtenen Entscheidungen müssen Verhaftungen oder einstweilige Unterbringungen betreffen. Die Möglichkeit der weiteren Beschwerde ist hier eingeführt worden, weil es sich um Maßnahmen handelt, die besonders schwer in die Rechte des Betroffenen eingrei-fen. Anzurufen ist das Oberlandesgericht (§ 121 I Nr. 2 GVG) bzw. der BGH (§ 135 II GVG).

### 4. Sofortige Beschwerde, § 311

*sofortige Beschwerde: 1 Woche Frist*

Im Unterschied zur normalen Beschwerde ist die sofortige Be-schwerde gemäß § 311 II befristet (innerhalb einer Woche nach Be-kanntmachung der Entscheidung) einzulegen. Sie wird bei dem Ge-richt eingelegt, dessen Entscheidung angefochten werden soll.

528

Dieses selbst ist aber zu einer Abänderung der Entscheidung nur ausnahmsweise unter den Voraussetzungen des § 311 III befugt. In allen sonstigen Fällen ist die Beschwerde direkt an das Beschwer-degericht weiterzuleiten.

### V. Wiederaufnahme des Verfahrens, §§ 359-373a

*Wiederaufnahme: Durchbrechung der Rechtskraft*

Das Rechtsinstitut der Wiederaufnahme des Verfahrens dient der Wahrung der materiellen Gerechtigkeit im Strafverfahren.

529

Grundsätzlich kann auch ein fehlerhaftes Urteil, nachdem es einmal rechtskräftig geworden ist, aus Gründen der Rechtsklarheit nicht mehr aufgehoben werden.

Die einzige Ausnahme bildet das Wiederaufnahmeverfahren, bei welchem eine Wiederaufnahme nur unter den engen Voraussetzun-gen der §§ 359, 362 möglich ist.

Zulässig ist die Wiederaufnahme nur gegen ein rechtskräftiges Urteil, also auch gegen Berufungs- und Revisionsurteile.

> **hemmer-Methode:** Das Wiederaufnahmeverfahren wird im folgenden nur in seinen Grundzügen dargestellt. Wichtig ist, daß Sie die Gesetzzessystematik erfassen. Zur Vertiefung wird auf die einschlägigen Kommentare zur StPO verwiesen.

530

## 1. Wiederaufnahmegründe

*Wiederaufnahme nur bei Vorliegen der gesetzlichen Gründe*

**a)** *Zugunsten des Verurteilten* kann ein Strafverfahren nur aus den in § 359 Nr. 1 - 5 genannten Gründen wiederaufgenommen werden. In der Praxis besonders relevant ist der Fall des § 359 Nr. 5, also die Beibringung neuer Tatsachen oder Beweismittel, die geeignet sind, ein für den Angeklagten milderes Urteil zu begründen. Unter Tatsachen versteht man konkrete Vorgänge der Vergangenheit oder Gegenwart, die dem Beweise zugänglich sind, nicht aber die Änderung von Rechtsnormen oder der Rechtsprechung.[438]

**531**

> *Bsp.: Der angeblich Ermordete taucht nach der Verurteilung überraschend wieder auf. Im Gefängnis stellt sich heraus, daß der Verurteilte schon zur Zeit der Tat geisteskrank gewesen ist.*

Beweismittel sind nur die förmlichen Beweismittel der StPO, nicht der Verurteilte selbst.[439]

*auch zuungunsten des Verurteilten*

**b)** Die Wiederaufnahme des Verfahrens ist auch *zuungunsten des Verurteilten* zulässig, allerdings nur unter den Voraussetzungen des § 362 Nr. 1 - 4.

**532**

> **hemmer-Methode: Für die Wiederaufnahme nach rechtskräftigem Strafbefehl enthält § 373a I einen weiteren Wiederaufnahmegrund.**

## 2. Verfahren

*Additionsverfahren prüft Zulässigkeit*

**a)** Als erstes prüft das gemäß §§ 367 I S.1 i.V.m. 140a GVG zuständige Wiederaufnahmegericht im sog. *Additionsverfahren*, ob der Antrag auf Wiederaufnahme (§ 366) zulässig ist. Die Zulässigkeitsvoraussetzungen finden sich in den §§ 359 - 367. Bei Unzulässigkeit des Antrags wird die Wiederaufnahme nach § 368 I verworfen. Andernfalls ergeht ein sog. Zulassungsbeschluß.

**533**

*Probationsverfahren prüft Begründetheit*

**b)** Danach wird im sog. *Probationsverfahren* überprüft, ob der Antrag begründet ist, §§ 369, 370.

**534**

Gemäß § 370 I muß der Wiederaufnahmeantrag insbesondere dann als unbegründet verworfen werden, wenn die darin aufgestellten Behauptungen keine genügende Bestätigung gefunden haben. Die Wiederaufnahmetatsachen sind genügend bestätigt, wenn aufgrund der Beweisaufnahme nach § 369 ihre Richtigkeit hinreichend wahrscheinlich ist. Ihr voller Beweis wird nicht gefordert.[440] Kommt das Gericht zu dem Ergebnis, daß der Antrag begründet ist, so ergeht ein *Wiederaufnahmebeschluß*, § 370 II.

*normalerweise neue Hauptverhandlung*

**c)** Normalerweise kommt es nun zu einer *neuen Hauptverhandlung* vor dem zuständigen Wiederaufnahmegericht (§ 140a GVG). Wenn aber für einen sofortigen Freispruch genügend Beweise vorhanden sind, kann nach § 371 II auf die Durchführung der Hauptverhandlung ausnahmsweise verzichtet werden. Ansonsten wird der Fall neu aufgerollt, es müssen also alle Beweise und Gegenbeweise neu beigebracht und gewürdigt werden.

**535**

---

438   BGHSt 39, 75; BVerfGE 12, 338

439   KG JR 1976, 76

440   BVerfGE NStZ 1990, 490; OLG Bremen NJW 1957, 1730

> **hemmer-Methode:** In dieser neuerlichen Hauptverhandlung gelten also dieselben Grundsätze wie in jeder normalen Hauptverhandlung. Zu erwähnen ist insbesondere der Grundsatz "in dubio pro reo". Außerdem darf das Urteil in Art und Höhe nicht zum Nachteil des Verurteilten verändert werden, wenn die Wiederaufnahme zu seinen Gunsten beantragt worden ist (Verbot der "reformatio in peius"), § 373 II.

Anschließend ergeht wie im normalen Verfahren ein Urteil, § 373 I.

### VI. Wiedereinsetzung in den vorigen Stand, §§ 44 ff.

*Wiedereinsetzung*

An letzter Stelle ist noch auf die Wiedereinsetzung in den vorigen Stand einzugehen, die im weiteren Sinne ebenfalls unter die Rechtsbehelfe fällt. Wenn jemand im Strafverfahren ohne Verschulden eine Frist versäumt hat, so ist ihm auf Antrag Wiedereinsetzung in den vorigen Stand zu gewähren, § 44 S.1. Besondere Bedeutung hat diese Möglichkeit vor allem, wenn es um die Versäumung von Rechtsmittelfristen geht. Der Antrag muß zulässig und begründet sein.

**536**

> **hemmer-Methode:** Beachten Sie, daß die Wiedereinsetzung in der StPO teilweise nicht nur bezüglich einer Frist gilt, sondern auch in eine Verfahrensposition zurückversetzen kann, wie etwa bei § 329 III!

### 1. Zulässigkeit

*Antrag*

**a)** Voraussetzung ist die Stellung eines *Antrags* auf Wiedereinsetzung durch denjenigen, der die Frist einzuhalten gehabt hätte, vgl. § 45.

**537**

*Frist: 1 Woche*

**b)** Der Antrag auf Wiedereinsetzung ist innerhalb einer *Frist von einer Woche* nach dem Wegfall des Hindernisses bei dem Gericht zu stellen, bei dem die Frist wahrzunehmen gewesen wäre, § 45 I S.1. Zur Fristwahrung genügt gemäß § 45 I S.2 auch ein Antrag bei dem Gericht, das über den Wiedereinsetzungsantrag entscheidet. Bei Versäumung einer Revisionsfrist wäre dies gemäß § 46 I das Revisionsgericht, da dieses auch in der Sache selbst entscheidet.

**538**

*Nachholung d. Handlung*

**c)** Die versäumte Handlung ist gemäß § 45 II S.2 innerhalb der Antragsfrist, also einer Woche *nachzuholen.*

> *Bsp.:* Konnte der Verurteilte wegen eines Herzinfarktes nicht fristgemäß (§ 341 I) Revision einlegen, muß er dies nun innerhalb einer Woche nach dem Zeitpunkt tun, in dem sein Gesundheitszustand dies wieder zuläßt.

*Glaubhaftmachung*

**d)** Den Hinderungsgrund muß der Antragsteller *hinreichend glaubhaft* machen, § 45 II S.1. Er muß alle Tatsachen, die für die Zulässigkeit und Begründetheit des Antrags von Bedeutung sind, wahrscheinlich machen.[441]

### 2. Begründetheit

*Begründetheit: Versäumung der Frist ohne Verschulden*

Der Antrag auf Wiedereinsetzung in den vorigen Stand ist begründet, wenn der Antragsteller ohne sein Verschulden an der Einhaltung der Frist gehindert war, § 44 S.1.

**539**

---

441  KLEINKNECHT/MEYER-GOßNER, § 45, Rn. 6

*Bsp.: Verzögerungen bei der Postbeförderung fallen grundsätzlich nicht in den Risikobereich des Antragstellers. Allerdings muß dieser die gewöhnlichen Postlaufzeiten zwischen Aufgabe- und Zustellungsort berücksichtigen.*[442]

Das Verschulden eingeschalteter Privatpersonen wird dem Antragsteller dann nicht zugerechnet, wenn er bei deren Auswahl und Überwachung die erforderliche Sorgfalt angewandt hat.[443]

Ein Verschulden seines Verteidigers ist dem Angeklagten in der Regel nicht zuzurechnen, da er zur Überwachung des Verteidigers grundsätzlich nicht verpflichtet ist.[444]

---

**hemmer-Methode: Vergegenwärtigen Sie sich auch fachübergreifende Zusammenhänge. Der Wiedereinsetzungsantrag ist eine Möglichkeit, sich rechtliches Gehör zu verschaffen. Wegen des sog. Subsidiaritätsgrundsatzes ist er daher vor Erhebung einer Verfassungsbeschwerde zu stellen.**

---

442 BGH NJW 1958, 2015

443 OLG Zweibrücken StV 1992, 360

444 BGHSt 14; 306; NStZ 1990, 25

**WIEDERHOLUNGSFRAGEN:**

**Die Zahlen verweisen auf die Randnummern des Skripts**

# INFO '97

## "Wer den Hafen nicht kennt, für den ist kein Wind günstig."
### (Seneca)

**Der Wind war günstig.**

*** Examensergebnisse Januar 1997 ***
*** z.B: Kursteilnehmer München ***
*** in *einem* Termin! ***

*2x sehr gut:* 14,04; 14,00
*14x gut:* 13,41; 13,40; 13,30; 13,10; 13,00; 13,00; 12,80; 12,56; 12,50; 12,04; 11,70; 11,56; 11,56; 11,50
*20x vollbefriedigend:* 11,12; 10,93; 10,83; 10,80; 10,66; 10,62; 10,45; 10,45; 10,30; 10,10; 10,00
9,93; 9,90; 9,87; 9,81; 9,70; 9,54; 9,50; 9,10; 9,10

*** insgesamt also 36x über 9 Punkte! ***

**Der Wind war nur günstig,
weil der Hafen bekannt war!**

**examenstypisch   •   anspruchsvoll   •   umfassend**

# .Die Skripten

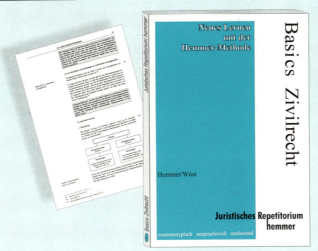

# .Die Karteikarten

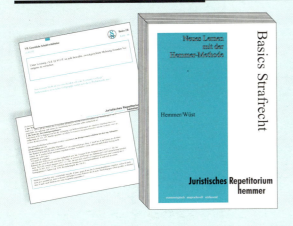

# .Die Übersichtskarten

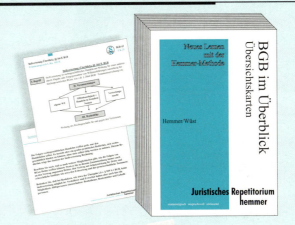

# .Das Spiel

**hemmer/wüst**

**Verlagsgesellschaft**

# Unsere Skripten

## .mini-basics

BGB
für Einsteiger

Öffentliches Recht
für Einsteiger

Strafrecht
für Einsteiger

weitere in Vobereitung

## .Basics

Basics

Assessor-Basics

## .Zivilrecht

BGB-AT/SchR-AT

Schadensersatzrecht I–III

Schuldrecht-BT I/II

Gewährleistungsrecht

Bereicherungsrecht

Deliktsrecht I–II

Sachenrecht I–III

Kreditsicherungsrecht

Erb-/Familienrecht

ZPO I/II

Handels-/Gesellschaftsrecht

Arbeitsrecht

Rückgriffs-/
Herausgabeansprüche

IPR

Privatrecht für BWL'er, WiWis &
Steuerberater

**EXAMENSTYPISCH · ANSPRUCHSVOLL · UMFASSEND**

# auf einen Blick

## .Strafrecht

Strafrecht AT I/II

Strafrecht BT I/II

StPO

Kriminologie, Jugend-
strafrecht und Strafvollzug

## .Öffentliches Recht

Verwaltungsrecht I–III

Staatsrecht I–II

Europarecht

Völkerrecht

Baurecht

Polizeirecht

Kommunalrecht

Steuererklärung
leicht gemacht

## .Classics

Classics

## .Fallsammlungen

Musterklausuren
für die Scheine

Musterklausuren
für's Examen

**EXAMENSTYPISCH · ANSPRUCHSVOLL · UMFASSEND**

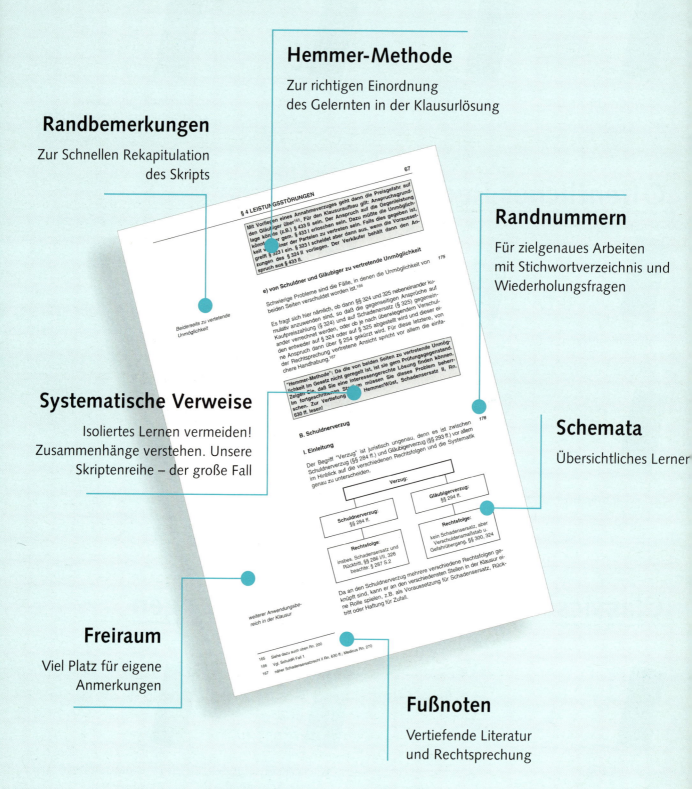

# Neues Lernen mit der Hemmer-Methode

## Der Aufbau

# Unsere Skriptenreihe ist logisch und durchdacht aufgebaut:

## Hemmer-Methode
Zur richtigen Einordnung des Gelernten in der Klausurlösung

## Randbemerkungen
Zur Schnellen Rekapitulation des Skripts

## Randnummern
Für zielgenaues Arbeiten mit Stichwortverzeichnis und Wiederholungsfragen

## Systematische Verweise
Isoliertes Lernen vermeiden! Zusammenhänge verstehen. Unsere Skriptenreihe – der große Fall

## Schemata
Übersichtliches Lernen

## Freiraum
Viel Platz für eigene Anmerkungen

## Fußnoten
Vertiefende Literatur und Rechtsprechung

## EXAMENSTYPISCH · ANSPRUCHSVOLL · UMFASSEND

# mini-basics
# Basics

Das Wichtigste in möglichst knapper Form leicht verständlich und klausurtaktisch aufbereitet. Konkrete Hinweise und Hintergrundinformationen erleichtern den Einstieg. Nichts ist wichtiger als richtig zu lernen! Sie sparen Zeit und Nerven! Das Studium macht Ihnen mehr Spaß, wenn Sie schon in den ersten Semestern wissen, mit welchem Anforderungsprofil Sie in Prüfungen zu rechnen haben und wie Sie den Vorstellungen, Ideen und Denkweisen von Klausurerstellern und Korrektoren möglichst nahe kommen. Die Basics behandeln das absolut notwendige Grundwissen. Die Hemmer-Methode vermittelt Ihnen Hintergrundwissen und gibt Ihnen Tips, wie Sie möglichst sicher durch Klausur und Hausarbeit kommen. Stellen Sie die Weichen für ein erfolgreiches Studium mit der Hemmer-Methode frühzeitig richtig.

## BGB/Ö-Recht/Strafrecht für Einsteiger
**nur DM 14,80**

Jura leicht gelernt! Prüfungstypische Problemfelder im Westentaschenformat. Der ideale Einstieg für Juristen, aber auch für BWL'er und WiWi's. Verschaffen Sie sich einen schnellen Überblick. Leicht und verständlich formuliert und mit vielen kleinen Beispielen. Und Jura macht Spaß!

## Basics Zivilrecht
**nur DM 19,90**

Vom Vertragsschluß bis zum EBV zeigt Ihnen dieses Skript, worauf es im Zivilrecht ankommt. Die wichtigsten Problemfelder des BGB werden mit der Hemmer-Methode kommentiert und zusätzlich anhand von Grafiken veranschaulicht. Dieses Skript ist sowohl für den Studienanfänger als auch für Endsemester ein unverzichtbares Hilfsmittel zur Prüfungsvorbereitung!

## Basics Strafrecht
**nur DM 19,90**

Alle klausurwichtigen Probleme und Fragestellungen des materiellen Strafrechts auf einen Blick: Vom StGB-AT bis hin zum StGB-BT finden Sie all das dargestellt, was als Grundlagenwissen im Strafrecht angesehen werden muß. Außerdem werden die wichtigsten Aufbaufragen mit der Hemmer-Methode einfach und leicht nachvollziehbar erläutert.

## Basics Öffentliches Recht
**nur DM 19,90**

Materielles und prozessuales Verfassungsrecht, ebenso wie Grundfragen des allgemeinen und besonderen Verwaltungsrechts, bilden zusammen mit wichtigen Problemstellungen des Staatshaftungsrechts die Grundlage für dieses Skript. Öffentliches Recht setzt Basiswissen voraus. Nur wenn Sie darin sicher sind, schreiben Sie die gute Klausur. Mit der Hemmer-Methode vermeiden Sie die typischen Fehler.

**EXAMENSTYPISCH · ANSPRUCHSVOLL · UMFASSEND**

# BGB-AT
# Schuldrecht-AT

Die Aufteilung der Unwirksamkeitsgründe nach den verschiedenen Büchern des BGB (z.B. BGB- AT, Schuldrecht) entspricht nicht der Struktur des Examensfalls. Unsere Skripten Primäranspruch I–III unterscheiden entsprechend der Fallfrage in Klausur, Hausarbeit und Examen zwischen wirksamen und unwirksamen Verträgen. Die Skripten Primäranspruch I–III sind als großer Fall gedacht und dienen auch als Checkliste für Ihre Prüfung.

## .BGB-AT/SchR-AT

nur
DM **19**,⁹⁰

**BGB-AT · Der Primäranspruch I:** Besteht der Vertrag, so kann der Anspruchsteller Erfüllung, z.B. Übereignung, Überlassung der Mietsache verlangen. Dies setzt unter anderem Rechtsfähigkeit der Vertragspartner, eine wirksame Willenserklärung, Zugang und ggf. Bevollmächtigung voraus. Nur wenn ein wirksamer Vertrag vorliegt, entsteht die Leistungspflicht des Schuldners und deren Folgeproblematik wie Wandelung und Schadensersatz.

**BGB-AT/SchR-AT · Der Primäranspruch II:** Scheitert der Vertrag von vornherein, so entfallen Erfüllungsansprüche. Die Unwirksamkeitsgründe sind im Gesetz verstreut, wie z.B. § 125, § 134, § 2301 BGB. Als konsequentes Rechtsfolgenskriptum sind alle klausurtypischen rechtshindernden Einwendungen zusammengefaßt. Lernen Sie mit der Hemmer-Methode frühzeitig, die im BGB verstreuten Unwirksamkeitsgründe richtig einzuordnen.

**BGB-AT/SchR-AT · Der Primäranspruch III:** Der Primäranspruch (bzw. Leistungs- oder Erfüllungsanspruch) fällt nachträglich weg, wie z.B. durch Erfüllung, Aufrechnung, Anfechtung, Unmöglichkeit. Nur wer Unwirksamkeitsgründe im Kontext des gescheiterten Vertrags einordnet, lernt richtig. Die rechtshemmenden Einreden bewirken, daß der Berechtigte sein Recht nicht (mehr) geltend machen kann.

**EXAMENSTYPISCH · ANSPRUCHSVOLL · UMFASSEND**

Neues Lernen
mit der
Hemmer-Methode

Fast in jeder Prüfung werden Sie mit Schadensersatzansprüchen konfrontiert. Schadensersatz ist Ausgleich eines vom Schädiger erlittenen Nachteils, nicht Strafe. Die klausurtypischen Problemfelder des Schadensersatzes (wie u.a. Vermögens-/Nichtvermögensschaden; unmittelbarer/mittelbarer Schaden; Primär- und Sekundärschadensansprüche) werden grundlegend dargestellt. Dabei wird der Reihenfolge in der Klausur Rechnung getragen. Wiederum gilt: Schadensersatz I–III sind Checkliste zur Vorbereitung auf Klausur und Hausarbeit.

## .Schadensersatzrecht

nur DM **19,**⁹⁰

**Schadensersatzrecht I:** Unterschieden wird zwischen vertraglichem Primäranspruch auf Schadensersatz (z.B. selbständiger Garantievertrag), gesetzlicher Garantiehaftung (z.B. §§ 463 S.1, 538 I 1.Alt. BGB) verschuldensabhängigen Gewährleistungsansprüchen sowie Rechtsmängelhaftung. Wichtig ist, die verschuldensunabhängige Schadensersatzverpflichtung von der schuldhaften abzugrenzen.

**Schadensersatzrecht II:** Behandelt die Klassiker wie Unmöglichkeit, Verzug, pVV, c.i.c. Dabei wird insbesondere Wert gelegt auf die Nahtstellen zum Besonderen Schuldrecht. Das Skriptum will Verständnis schaffen auch für neue Tendenzen im Schadensersatzrecht, wie z.B. die immer weitergehende Billigkeitshaftung bei der c.i.c.

**Schadensersatzrecht III:** Befaßt sich schwerpunktmäßig mit dem Anspruchsinhalt, d.h. mit der Frage des Umfangs der Ersatzpflicht, also dem "wieviel" eines dem Grunde nach bereits bestehenden Anspruchs. Ein Schadensersatzanspruch setzt bekanntlicherweise voraus, daß sowohl Ansprungsgrund (Haftungstatbestand) als auch der Anspruchsinhalt (Rechtsfolge) gegeben ist.

## .Schuldrecht-BT I/II

nur DM **19,**⁹⁰

**Schuldrecht-BT I:** Kaufrecht, Tausch, Schenkung, Miete, VerbrKrG, HaustürWG.

**Schuldrecht-BT II:** Pacht, Leihe, Darlehen, Leasing und Factoring bis hin zu Schuldversprechen und Schuldanerkenntnis werden umfassend dargestellt. Auch die examenstypischen Problemkreise des Dienst- und Werkvertrags sowie des Reisevertrags dürfen nicht fehlen. Natürlich mit der Hemmer-Methode kommentiert. Ein "Muß" für jeden Juristen.

**EXAMENSTYPISCH · ANSPRUCHSVOLL · UMFASSEND**

# Neues Lernen
# mit der
# Hemmer-Methode

Gewährleistungsrecht, Bereicherungsrecht und Deliktsrecht sind die "Klassiker" jedes Examens. Genaue Kenntnisse der Zusammenhänge innerhalb der einzelnen Rechtsgebiete sowie deren Konkurrenzverhältnis sind absolut unerläßlich. Die Hemmer-Methode schärft Ihr Problembewußtsein.

## .Gewährleistungsrecht

nur
DM **19,**⁹⁰

Im Vordergrund des Gewährleistungsrechts steht die Störung des Äquivalenzinteresses: Leistung und Gegenleistung sind nicht gleichwertig. Nur wer die Möglichkeiten des Gläubigers wie Erfüllung/Nachlieferung/Nachbesserung/ Wandelung/Minderung/Schadensersatz im Verhältnis zu den allgemeinen Bestimmungen (z.B. §§ 119 II; 320 ff. BGB; pVV) verstanden hat, hat klausurtypisch gelernt. Die Hemmer-Methode versteht sich als Gebrauchsanweisung für die erfolgreiche Bewältigung des anspruchsvollen Rechtsgebiets Bereicherungsrecht. Ohne Verständnis für diese Rechtsgebiet bleibt der Zusammenhang im Zivilrecht im Dunkeln.

## .Bereicherungsrecht

nur
DM **19,**⁹⁰

Die §§ 812 ff. BGB sind regelmäßig die Folge unwirksamer Verträge. Abgrenzungsprobleme gibt es u.a. zum Wegfall der Geschäftsgrundlage (z.B. Rückabwicklung bei der nichtehelichen Lebensgemeinschaft) und §§ 987 ff. BGB. Die Hemmer-Methode versteht sich als Gebrauchsanweisung für die erfolgreiche Bewältigung des anspruchsvollen Rechtsgebiets Bereicherungsrecht. Ohne Verständnis für dieses Rechtsgebiet bleibt der Zusammenhang im Zivilrecht im Dunkeln.

## .Deliktsrecht

nur
DM **19,**⁹⁰

**Deliktsrecht I:** Sämtliche klausurrelevanten Problemfelder der §§ 823 ff. werden umfassend behandelt. § 823 I BGB ist als elementarer, strafrechtsähnlicher Grundtatbestand leicht erlernbar. Die typischen Klausurprobleme wie Kausalität wurden besonders mit der Hemmer-Methode kommentiert. So vermeiden Sie häufig vorkommende Fehler. Auch bei § 831 BGB sollte nicht zu oberflächlich gelernt werden. Keinesfalls darf man sich zu früh auf den sog. "Entlastungsbeweis" stürzen.

**Deliktsrecht II:** Bei der Gefährdungshaftung steht im Vordergrund nicht die Tat, sondern die Zurechnung für einen geschaffenen Gefahrenkreis. Aus diesem Grund entfällt z.B. die Adäquanz bei § 833 S. 1 BGB im Rahmen der Kausalitätsprüfung. Klausurrelevant sind auch die Haftung nach StVG und ProdHaftG.

**EXAMENSTYPISCH · ANSPRUCHSVOLL · UMFASSEND**

# Sachenrecht

Sachenrecht ist durch immer wiederkehrende examenstypische Problemfelder gut ausrechenbar. Anders als das Schuldrecht ist es ein klar strukturiertes Rechtsgebiet. In der Regel besteht deswegen eine feste Vorstellung, wie der Fall zu lösen ist. Deshalb gilt es gerade hier, mit der Hemmer-Methode den Ersteller der Klausur als imaginären Gegner zu erfassen. Es gilt, Begriffe wie Wiederspruch und Vormerkung in ihrer rechtlichen Wirkung zu begreifen und in den Kontext der Klausur einzuordnen.

## .Sachenrecht

nur DM **19,**⁹⁰

**Sachenrecht I:** Die allgemeinen Lehren des Sachenrechts wie z.B. Abstraktionsprinzip, Publizität, numerus clausus sind für den Einstieg und ein grundlegendes Verständnis der Materie unabdingbar. Die Hemmer-Methode vermittelt den ständigen Fallbezug, "trockenes" Lernen wird vermieden. Im Vordergrund stehen Be-sitzrecht und das examenstypische Eigentümer-Besitzer-Verhältnis. Schließlich lernen Sie auch den Beseitigungsanspruch aus § 1004 BGB kennen.

**Sachenrecht II** behandelt den Erwerb dinglicher Rechte an beweglichen Sachen. Neben dem Erwerb kraft Gesetzes ist Schwerpunkt der rechtsgeschäftliche Erwerb des Eigentums. Daneben geht es um die klausurrelevanten Probleme beim Pfandrecht, der Sicherungsübereignung und dem Anwartschaftsrecht des Vorbehaltsverkäufers. Zahlreiche Beispiele und Hinweise in der Hemmer-Methode ermöglichen ein anschauliches Lernen und stellen die nötigen Querverbindungen her.

**Sachenrecht III** gibt einen umfassenden Überblick über die examensrelevanten Gebiete des Grundstückrechts. Lernen Sie die klassischen im Examen immer wiederkehrenden Probleme gutgläubiger Erst- und Zweiterwerb der Vormerkung, Mitreißtheorie beim gutgläubigen Erwerb einer Hypothek etc., richtig einzuordnen.

## .Kreditsicherungsrecht

nur DM **19,**⁹⁰

Der Clou! "Wettlauf der Sicherungsgeber", "Verhältnis Hypothek zur Grundschuld", "Verlängerter Eigentumsvorbehalt und Globalzession/Faktoring" sind häufig Prüfungsgegenstand. Lernen Sie das, was zusammen gehört, als zusammengehörend zu betrachten: Wie sichere ich neben dem bestehenden Rückzahlungsanspruch einen Kredit? Unterschieden werden Personalsicherheiten (Bürgschaft, Schuldbeitritt, Schuldmitübernahme und Garantievertrag), Mobiliarsicherheiten (Sicherungsübereignung, Sicherungsabtretung, Eigentumsvorbehalt und Pfandrecht) sowie Immobiliarsicherheiten (Grundschuld und Hypothek). Nur wer die Unterscheidung zwischen akzessorischen und nichtakzessorischen Sicherungsmittel verstanden hat, geht unbesorgt in die Prüfung.

**EXAMENSTYPISCH · ANSPRUCHSVOLL · UMFASSEND**

# Neues Lernen mit der Hemmer-Methode

## Erbrecht Familienrecht

Grundlegendes zum Erb- und Familienrecht gehört schon fast zum "Allgemein-Wissen". Das Gesetz selbst ist klar strukturiert. Es geht hier um Nachvollziehbarkeit und Berechenbarkeit. Für den Ersteller der Klausur ist Erb-/Familienrecht eine dankbare Fundgrube für Prüfungsfälle (u.a.: im Erbrecht die gesetzliche oder die gewillkürte Erbfolge, Widerruf, Anfechtung, gemeinschaftliches Testament, Vermächtnis; u.a. im Familienrecht: Ehestörungsklage, Zugewinnausgleich, nichteheliche Lebensgemeinschaft, Kindschaftsrecht).

### .Erbrecht

nur DM **19,90**

"Erben werden geboren, nicht gekoren" oder "Erben werden gezeugt, nicht ge-schrieben" deuten auf germanischen Einfluß mit seinem Sippengedanken. Das Prinzip der Universalsukzession und die Testamentsidee sind römisch-rechtliche Tradition. Die Spannung zwischen individualistischem (der Erbe steht im Vordergrund) und kollektivistischem Ansatz (die Sippe ist privilegiert) ist auch für die Klausur von großer praktischer Relevanz, z.B. gesetzliche oder gewillkürte Erbfolge, Formwirksamkeit des Testaments (auch gemeinschaftliches Testament und Erbvertrag), Widerruf und Anfechtung, Bestimmung durch Dritte, Vor- und Nach- sowie Ersatzerbschaft, Vermächtnis, Pflichtteilsrecht, Erbschaftsbesitz, Miterben, Erbschein. Auch die dingliche Surrogation, z.B. bei § 2019 BGB, und das Verhältnis Erbrecht zum Gesellschaftsrecht sollte als prüfungsrelevant bekannt sein.

### .Familienrecht

nur DM **19,90**

Das Familienrecht wird häufig in Verbindung mit anderen Rechtsgebieten geprüft. So sind z.B. §§ 1357, 1365, 1369 BGB Schnittstelle zum BGB-AT und nur in diesem Kontext verständlich. Die sog. "Ehestörungsklage" hat ihre Bedeutung bei §§ 823 und 1004 BGB. Da nur der geschädigte Ehegatte einen eigenen Schadensersatzanspruch gegen den Schädiger hat, stellen sich Probleme der Vorteilsanrechnung, vgl. § 843 IV BGB und Fragen beim Regreß. Von Bedeutung sind bei der "Nichtehelichen Lebensgemeinschaft" Bereicherungsrecht und, wie bei Eheleuten auch, familienrechtliche Bestimmungen sowie das Recht der BGB-Gesellschaft. Die typischen Problemkreise des Familienrechts sind berechenbar und damit leicht erlernbar.

**EXAMENSTYPISCH · ANSPRUCHSVOLL · UMFASSEND**

# ZPO · HGB · ArbR

ZPO, HGB und Arbeitsrecht werden auch im Ersten Examen immer beliebter. Grund dafür ist die überragende Bedeutung dieser Rechtsgebiete in der Praxis. Nur wer rechtzeitig prozessuale, handelsrechtliche und arbeitsrechtliche Fragestellungen beherrscht, meistert dann auch die verkürzte Referendarzeit.

## .Zivilprozeßrecht I/II

nur DM 19,⁹⁰

Versäumnisurteil, Erledigung, Streitverkündung, Berufung (ZPO I, sog. Erkenntnisverfahren) sowie Drittwiderspruchsklage, Erinnerung (ZPO II, sog. Vollstreckungsverfahren) sind mit der Hemmer-Methode leicht verständlich für die Klausuranwendung aufbereitet. Von den vielen Bestimmungen der ZPO sind insbesondere diejenigen, die mit materiellrechtlichen Problemen verknüpft werden können, klausurrelevant. ZPO-Probleme werden nur dann richtig erfaßt und damit auch für die Klausur handhabbar, wenn man den praktischen Hintergrund verstanden hat. Dies erleichtert Ihnen die Hemmer-Methode.

## .Handels-/Gesellschaftsrecht

nur DM 19,⁹⁰

Handelsrecht ermöglicht den Klausurerstellern bestehende BGB-Probleme durch Sonderbestimmungen (z.B. § 15 HGB, Prokura) und/oder Handelsbrauch zu verlängern. Fragen des Gesellschaftsrechts, insbesondere die Haftungsproblematik, sind schwerpunktmäßig mit der Hemmer-Methode für die Klausurbearbeitung aufbereitet. Dabei gilt: Richtig gelernt ist häufig mehr! Mit Kenntnis der angesprochenen Problemkreise gehen Sie sicher in die (Examens-)klausur.

## .Arbeitsrecht

nur DM 19,⁹⁰

Arbeitsrecht ist stark von Richterrecht geprägt und hat sich auch, wie z.B. im Streikrecht, praeter legem entwickelt. Gerade aus diesen Gründen ist die Arbeitsrechtsklausur im Regelfall standardisiert: Kündigungsschutz (Feststellungsklage) und Lohnzahlung (Leistungsklage) bilden häufig das Grundgerüst. Eingestreut sind regelmäßig Probleme wie z.B. Gratifikationen, Urlaubsabgeltungsanspruch, faktische Bindung und Anwendbarkeit der Grundrechte. Das Skript ist klausurorientiert aufgebaut und wird mit der Hemmer-Methode zur idealen Gebrauchsanweisung für Ihre Arbeitsrechtsklausur.

**EXAMENSTYPISCH · ANSPRUCHSVOLL · UMFASSEND**

Neues Lernen
mit der
Hemmer-Methode

Über 20 Jahre Erfahrung in der Juristenausbildung kommen jetzt auch BWL'ern, WiWi's und Steuerberatern zugute. Gerade nicht verwissenschaftlicht kommt Jura 'rüber.
Wegen der ständig zunehmenden Verflechtung der internationalen Beziehungen gewinnt das IPR immer mehr an Bedeutung. Fälle mit Auslandsberührung sind inzwischen alles andere als eine Seltenheit.

## .Herausgabeansprüche

nur DM **19,**⁹⁰

Der Band setzt das konsequente Rechtsfolgesystem der bisherigen Skripten fort. Ansprüche auf Herausgabe sind in Klausur (klassisches Examensproblem) und Praxis von wesentlicher Bedeutung. Die Anspruchsgrundlagen sind in verschiedenen Rechtsgebieten verstreut. Verschaffen Sie sich frühzeitig einen Überblick.

## .Rückgriffsansprüche

nur DM **19,**⁹⁰

Der Regreß ist examenstypisch. Dreiecksbeziehungen sind nicht nur im wirklichen Leben problematisch, sondern auch im Recht. Der Band gibt unsere Erfahrungen mit den verschiedenen Examenskonstellationen wieder. Beispielshaft ist die Begleichung einer Schuld durch einen Dritten und der Regreß beim Schuldner. In Betracht kommen häufig GoA, Gesamtschuld und Bereicherungsrecht.

## .Internationales Privatrecht

nur DM **19,**⁹⁰

In der Praxis wird der Jurist von morgen nicht darum herumkommen, sich mit IPR zu beschäftigen. Internationale Verflechtungen gewinnen an Bedeutung. Es wird auch den nationalen "Scheuklappen" entgegen gewirkt. Das Skript ist fallorientiert und ermöglicht den leichten Einstieg.

## .Privatrecht für BWL'er, WiWis & Steuerberater

nur DM **19,**⁹⁰

Schneller – leichter – effektiver! Denken macht Spaß und Jura wird leicht. Gerade für "Nichtjuristen" ist wichtig, was und wie Sie Jura lernen sollen, wie Gelerntes in der Klausur angewendet wird. Wir geben Ihnen gezielte Tips und verraten typische Denkmuster von Klausurerstellern. Viele Fallbeispiele erleichtern das Verstehen.

**EXAMENSTYPISCH · ANSPRUCHSVOLL · UMFASSEND**

# Strafrecht
# Strafprozeßrecht
# Kriminologie

Eine zweistellige Punktezahl ist im Strafrecht immer im Bereich des Möglichen. Gerade im Strafrecht ist es wichtig, die Klassiker genau zu kennen. Im Strafrecht/Strafprozeßrecht wird Ihre Belastbarkeit getestet: innerhalb relativ kurzer Zeit müssen viele Problemkreise "abgehakt" werden.

## .Strafrecht-AT I/II

nur DM **19,**⁹⁰

Im Strafrecht AT I finden Sie u.a. allgmeine Hinweise zum Aufbau von Klausur und Hausarbeit, das vorsätzliche Begehungs- wie auch Unterlassungsdelikt sowie das Fahrlässigkeitsdelikt. Anwendungsorientiert werden im AT II Ihnen z.B. die Problemkreise Versuch (insbesondere Rücktritt vom Versuch), Täterschaft und Teilnahme (z.B. "Täter hinter dem Täter"), die Irrtumslehre (z.B. "aberratio ictus") usw. vermittelt.

## .Strafrecht BT-I/II

nur DM **19,**⁹⁰

Bei den Klassikern wie u.a. Diebstahl, Betrug einschließlich Computerbetrug, Erpressung, Hehlerei, Untreue (BT I) und Totschlag, Mord, Körperverletzungsdelikte, Aussagedelikte, Urkundsdelikte, Straßenverkehrsgefährdungsdelikte (BT II) sollte man sich keine Fehltritte leisten. Mit der Hemmer-Methode wird der verständnisvolle Umgang mit Fällen, die im Grenzbereich eines oder mehrerer Tatbestände liegen, eingeübt. Auf klausurtypische Fallkonstellationen wird hingewiesen.

## .StPO

nur DM **19,**⁹⁰

Strafprozeßrecht hat durch die Verkürzung der Referendarzeit auch im Ersten Juristischen Staatsexamen an Bedeutung gewonnen: Begriffe wie Legalitätsprinzip, Opportunitätsprinzip, Akkusationsprinzip dürfen dann keine Fremdworte mehr sein. Lernen Sie spielerisch die Abgrenzung von strafprozessualem und materiellen Tatbegriff. Finden Sie stets den richtigen Kontext mit der Hemmer-Methode.

## .Kriminologie, Jugend-
## strafrecht und Strafvollzug

nur DM **19,**⁹⁰

Kriminologie ist eine interdisziplinäre Erfahrungswissenschaft und umfaßt im wesentlichen Aspekte des Strafrechts, der Soziologie, der Psychologie und der Psychatrie. Erscheinungsformen und Ursachen von Kriminalität, der Täter, aber auch das Opfer und Kontrolle und Behandlung des Straftäters stehen im Mittelpunkt. Nicht nur ideal für die Wahlfachgruppe.

## EXAMENSTYPISCH · ANSPRUCHSVOLL · UMFASSEND

# Neues Lernen mit der Hemmer-Methode

# Verwaltungsrecht

Auch die Verwaltungsrechtsskripten sind klausur- und hausarbeitsorientiert und damit als großer Fall zu verstehen. Trainieren Sie Verwaltungsrecht mit uns so, wie Sie es in der Klausur brauchen. Lesen Sie die Skripten wie ein großes Schema. Lernen Sie mit der Hemmer-Methode die richtige Einordnung. Im öffentlichen Recht gilt: Wenig Dogmatik – viel Gesetz. Gehen Sie deshalb mit dem sicheren Gefühl in die Prüfung, die Dogmatik genau zu kennen und zu wissen, wo Sie was wie zu prüfen haben. Wie Sie mit der Dogmatik in Klausur und Hausarbeit richtig umgehen, vermittelt Ihnen die Hemmer-Methode.

## .Verwaltungsrecht

nur DM **19,**⁹⁰

**Verwaltungsrecht I:** Die zentrale Klageart in der VwGO ist die Anfechtungsklage. Wie ein großer Fall sind im Verwaltungsrecht I die klausurtypischen Probleme sowohl der Zulässigkeit (z.B. Vorliegen eines VA, Probleme der Klagebefugnis, Vorverfahren) als auch der Begründetheit (z.B. Ermächtigungsgrundlage, formelle Rechtmäßigkeit des VA, Rücknahme und Widerruf von VAen) entsprechend der Reihenfolge in der Klausur grundlegend dargestellt.

**Verwaltungsrecht II:** Auch hier wird die richtige Einordnung der Prüfungspunkte im Rahmen der Zulässigkeit und Begründetheit von Verpflichtungsklage, Fortsetzungsfeststellungsklage, Leistungsklage, Feststellungsklage, Normenkontrolle eingeübt. Die gleichzeitige Darstellung typischer Fragestellungen der Begründetheit der einzelnen Klagearten, macht dieses Skript zu einem unentbehrlichen Hilfsmittel für die Vorbereitung auf Zwischenprüfungen und Examina.

**Verwaltungsrecht III:** Widerspruchsverfahren, vorbeugender und vorläufiger Rechtsschutz (insbesondere §§ 80 V, 123 VwGO), Rechtsmittel (Berufung und Revision) sowie Sonderprobleme des Verwaltungsprozeß- und allgemeinen Verwaltungsrechts sind danach für sie keine "Fremdwörter" mehr. Profitieren Sie von unseren gezielten Tips! Wir sind als Repetitoren Sachkenner von Prüfungsfällen.

## .Steuererklärung leicht gemacht

nur DM **19,**⁹⁰

Das Skript gibt alle erforderlichen Anleitungen und geldwerte Tips für die selbständige Erstellung der Einkommensteuererklärung. Zur Verdeutlichung sind Beispielsfälle eingebaut, deren Lösungen als Grundlage für eigene Erklärungen verwendet werden können.

**EXAMENSTYPISCH · ANSPRUCHSVOLL · UMFASSEND**

# Staatsrecht
# Europarecht

Neues Lernen
mit der
Hemmer-Methode

hemmer! Die Skripten

Stoffauswahl und Schwerpunktbildung von Verfassungsrecht (Staatsrecht I) und Staatsorganisationsrecht (Staatsrecht II) orientieren sich am praktischen Bedürfnis von Klausur und Hausarbeit. Da in diesem Bereich häufig nach dem Prinzip "terra incognita" gelernt wurde, gilt es Lücken zu schließen. Wer Staatsrecht richtig gelernt hat, kann sich jedem Fall stellen. Lernen Sie mit der Hemmer-Methode, sich Ihres Verstandes zu bedienen. Es gilt der Wahlspruch der Aufklärung: "sapere aude" (Wage Dich Deines Verstandes zu bedienen); Kant, auf ihn Bezug nehmend Karl Popper (Beck'sche Reihe "Große Denker").

## .Staatsrecht

nur DM **19,**⁹⁰

**Staatsrecht I:** Die Grundrechte sind das Herzstück der Verfassung. Zulässigkeit und Begründetheit der Verfassungsbeschwerde geben jedem Klausurersteller die Möglichkeit Grundrechtsverständnis abzuprüfen. Die einzelnen Grundrechte werden im Rahmen der Begründetheit der Verfassungsbeschwerde umfassend erklärt. Lernen Sie mit der Hemmer-Methode den richtigen Fallaufbau, auf den gerade im öffentlichen Recht besonders viel Wert gelegt wird.

**Staatsrecht II:** Speziell hier gilt: Die wenigen Klassiker, die immer wieder in der Klausur eingebaut sind, muß man kennen. Dies sind im Prozeßrecht: Organstreitigkeiten, abstrakte und konkrete Normenkontrolle, föderale Streitigkeiten (Bund-/Länderstreitigkeiten); im materiellen Recht: Staatszielbestimmungen (Art. 20 GG), Finanzverfassung, oberste Staatsorgane, Gesetzgebungskompetenz und -verfahren, Verwaltungsorganisation, politische Parteien, auswärtige Gewalt.

## .Europarecht

nur DM **19,**⁹⁰

In Zeiten unüberschaubarer Normenflut (jetzt auch noch Prüfunggegenstand EG-Recht!) ermöglicht dieses Skript die zum Verständnis notwendige Orientierung und Vereinfachung. Die klausurtypische Darstellung stellt die Weichen für Ihren Lernprozeß. Das Skriptum erfreut sich großer Beliebtheit bei Studenten und Referendaren. Verständlich und klar strukturiert erspart es Zeit und dient dem Allgemeinverständnis für dieses in Zukunft immer wichtiger werdende Prüfungsgebiet.

## .Völkerrecht

nur DM **19,**⁹⁰

Die Probleme im Völkerrecht sind begrenzt. Der Band vermittelt den Einstieg in die Rechtsmaterie und stellt die wichtigsten Probleme des Völkerrechts dar. Ergänzt durch Beispielsfälle und die Judikatur des IGH ist dieses Skript ein unverzichtbares Hilfsmittel.

Staatsrecht · Europarecht · Völkerrecht

**EXAMENSTYPISCH · ANSPRUCHSVOLL · UMFASSEND**

Neues Lernen
mit der
Hemmer-Methode

# Landesrechtliche
# Skripten

Das besondere Verwaltungsrecht ist schwerpunktmäßig in den jeweiligen Ländergesetzen geregelt. Erfolgreiche und examenstypische Vorbereitung ist daher nur mit solchen Materialien möglich, in denen die landesspezifischen Besonderheiten dargestellt werden. Auch die Praxis kann nur mit den jeweils einschlägigen landesrechtlichen Vorschriften arbeiten – und die gilt es in Lehrbüchern erst einmal zu finden. Für solche hochspezialisierten Anforderungen wurde unsere landesrechtliche Reihe konzipiert – jedes Skript mit Hemmer-Methode zum günstigen Einzelpreis von 19,90 DM!

## .Baurecht

nur
DM **19**,⁹⁰

Bauplanungs- und Bauordnungsrecht werden in klausurtypischer Aufarbeitung so dargestellt, daß selbst der Anfänger innerhalb kürzester Zeit die Systematik des Baurechts erlernt. Vertieft dargestellt werden darüber hinaus alle wichtigen Spezialprobleme des Baurechts wie gemeindliches Einvernehmen, Vorbescheid, Erlaß von Bebauungsplänen ect. – ein Muß für jeden Examenskandidaten!

**Bislang für folgende Länder**
Bayern, Thüringen, Sachsen-Anhalt, NRW, Rheinland-Pfalz, Saarland

## .Polizeirecht

nur
DM **19**,⁹⁰

Gerade das Polizei- und/oder Sicherheitsrecht stellt sich von Bundesland zu Bundesland unterschiedlich dar: Hier kommt die Stärke der landesrechtlichen Skripten voll zur Geltung! Lernen Sie im jeweils regionalen Kontext die Begriffe Primär- und Sekundärmaßnahme, Konnexität, Anscheins- und Putativgefahr usw. Der Aufbau des Skripts orientiert sich an der typischen Systematik der Polizeirechtsklausur.

**Bislang für folgende Länder**
Bayern, Thüringen

## .Kommunalrecht

nur
DM **19**,⁹⁰

In vielen Bundesländern ist Kommunalrecht das Herz der verwaltungsrechtlichen Klausur, da es sich mit den meisten anderen Bereichen des Verwaltungsrecht-BT hervorragend verbinden läßt: Begriffe wie eigener und übertragener Wirkungskreis, Kommunalaufsicht, Verbands- und Organkompetenz, Befangenheit von Gemeinderäten, Kommunale Verfassungsstreitigkeit, gemeindliche Geschäftsordnung und vieles mehr werden in gewohnt fallspezifischer Art dargestellt und erklärt.

**Bislang für folgende Länder**
Bayern, NRW

**EXAMENSTYPISCH · ANSPRUCHSVOLL · UMFASSEND**

# Classics
# Fallsammlungen

Die Classics-Skripten fassen die examenstypischen Entscheidungen der Obergerichte zusammen. Wir nehmen Ihnen die Auswahl und die Aufbereitung der Urteile ab. Leicht ablesbar und immer auf den "sound" bedacht, machen Originalentscheidungen plötzlich Spaß. Die Fallsammlungen sind die Musterklausuren für die Scheine und das Examen. Was kommt immer wieder dran? Aufbau und Sprache werden inzident mitgeschult. Mit den Musterklausuren sind Sie fit für die Prüfung!

## .Classics

DM 19,⁹⁰

Rechtskultur und Verständnis des Gesetzes werden in weiten Teilen von der Rechtsprechung geprägt. Die wegweisenden Entscheidungen müssen Student, Referendar und Anwalt bekannt sein. Auf leicht erfaßbare, knappe, präzise Darstellung wird Wert gelegt. Die Hemmer-Methode sichert den für Klausur und Hausarbeit notwendigen "background" ab.

## .Fallsammlungen

DM 19,⁹⁰

"Exempla docent – beispielhaft lernen". Für kleine/große Scheine und das Examen gilt: Wer den Hafen nicht kennt, für den ist kein Wind günstig. Profitieren Sie von unserer langjährigen Erfahrungen als Repetitoren. Musterklausuren, kommentiert durch die Hemmer-Methode, vermittelt technisches know how, nämlich wie man eine Klausur schreibt, und inhaltliche Beschreibung, was überhaupt als Prüfungsthema typisch ist.

**EXAMENSTYPISCH · ANSPRUCHSVOLL · UMFASSEND**

# Neues Lernen mit der Hemmer-Methode

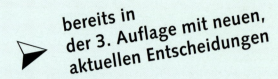

▶ bereits in der 3. Auflage mit neuen, aktuellen Entscheidungen

## Die neue Reihe mit der Hemmer-Methode

Ergänzend zur großen Skriptenreihe nun auch unsere Assessor-Basics: Die Gebrauchsanweisung für das Assessorexamen! Als Einstieg in die Referendarzeit oder zur kompakten Wiederholung der wichtigsten Probleme. Klausurtechnik und -taktik dargestellt am "Großen Fall".

### Klausuren-Training Zivilprozeß
nur DM 24,90

Drittwiderklage · "Baumbach'sche Formel" · Versäumnisurteil · Klagerücknahme nach VU · Einseitige Erledigungserklärung · Streitverkündung · Parteiwechsel · gewillkürte Prozeßstandschaft · einverständliche Teilerledigung · unselbständige Anschlußberufung · einstweilige Verfügung · Vollstreckungsabwehrklage · Vollstreckungsbescheid und und und …

**Das Hilfsmittel zur erfolgreichen Bewältigung der Referendarstation!**

### Klausuren-Training Arbeitsrecht
nur DM 24,90

Streitgegenstandstheorie · verhaltensbedingte Kündigung · betriebsbedingte Kündigung · personenbedingte Kündigung · Änderungskündigung · befristeter Arbeitsvertrag · Aufhebungsvertrag · Weiterbeschäftigungsanspruch · Gläubigerverzug · EntgeltFG · innerbetrieblicher Schadensausgleich · Karenzentschädigungen gemäß §§ 74 ff. HGB.

**Klausurtypische Darstellung der wichtigsten arbeitsrechtlichen Problemstellungen!**

### Klausuren-Training Strafprozeß
nur DM 24,90

Abschlußverfügungen · Plädoyer des Staatsanwalts · Strafurteil · Revisionsrecht (Gutachten und Revisionsbegründung).

**Eine Zusammenfassung der wichtigsten Probleme des Strafprozeßrechts unter besonderer Berücksichtigung typischer Verknüpfungen mit dem materiellen Strafrecht.**

**EXAMENSTYPISCH · ANSPRUCHSVOLL · UMFASSEND**

# hemmer/wüst

§ by hemmer

**erlagsgesellschaft**

nmer/wüst   Verlagsgesellschaft mbH
rgentheimer Str. 44 · 97082 Würzburg
: 0931/797 82 33  Fax: 0931/797 82 34

| z. | Nr. | Titel | |
|---|---|---|---|
| ___ | MI | BGB für Einsteiger · mini-basics '98 | nur DM 14,80 |
| ___ | MII | StGB für Einsteiger · mini-basics '98 | |
| ___ | MIII | Öffentl. R. für Einsteiger · mini-basics '98 | |
| ___ | I | Basics Zivilrecht · 2. Aufl. '97 | je DM 19,90 |
| ___ | II | Basics Strafrecht - 2. Aufl. '98 | |
| ___ | III | Basics Öffentliches Recht · 3. Aufl. '98 | |
| ___ | 1 | BGB-AT · Der Primäranspruch I · 3. Aufl. '98* | |
| ___ | 2 | BGB-AT/SchR-AT · Der Primäranspruch II · 3. Aufl. '98* | |
| ___ | 3 | BGB-AT/SchR-AT · Der Primäranspruch III · 3. Aufl. '98* | |
| ___ | 4 | Schadensersatzrecht I · 2. Aufl. '98* | |
| ___ | 5 | Schadensersatzrecht II · 2. Aufl. '98* | |
| ___ | 6 | Schadensersatzrecht III · 2. Aufl. '97* | |
| ___ | 40 | Schuldrecht-BT I '98 | |
| ___ | 41 | Schuldrecht-BT II '98 | |
| ___ | 7 | Gewährleistungsrecht · 2. Aufl. '99* | |
| ___ | 8 | Bereicherungsrecht · 4. Aufl. '99* | |
| ___ | 9 | Deliktsrecht I · 3. Aufl. '97* | |
| ___ | 10 | Deliktsrecht II · 3. Aufl. '97* | |
| ___ | 11 | Sachenrecht I · 2. Aufl. '97* | |
| ___ | 12 | Sachenrecht II · 2. Aufl. '97* | |
| ___ | 12A | Sachenrecht III · 2. Aufl. '98* | |
| ___ | 13 | Kreditsicherungsrecht '97* | |
| ___ | 14 | Familienrecht · 3. Aufl. '98* | |
| ___ | 15 | Erbrecht · 3. Aufl. '98* | |
| ___ | 16 | Zivilprozeßrecht I · 3. Aufl. '98* | |
| ___ | 17 | Zivilprozeßrecht II · 2. Aufl. '97* | |
| ___ | 18 | Arbeitsrecht · 4. Aufl. '98 | |
| ___ | 19A | Handelsrecht · 2. Aufl. '98* | |
| ___ | 19B | Gesellschaftsrecht · 2. Aufl. '98* | |
| ___ | 31 | Herausgabeansprüche '97 | |
| ___ | 32 | Rückgriffsansprüche '97 | |
| ___ | 20 | Strafrecht-AT I · 3. Aufl. '98* | |
| ___ | 21 | Strafrecht-AT II · 3. Aufl. '98* | |
| ___ | 22 | Strafrecht-BT I · 3. Aufl. '98* | |
| ___ | 23 | Strafrecht-BT II · 3. Aufl. '98* | |
| ___ | 30 | StPO · 2. Aufl. '97 | |

| Anz. | Nr. | Titel | |
|---|---|---|---|
| _____ | 24 | Verwaltungsrecht I · 2. Aufl. '97* | je DM 19,90 |
| _____ | 25 | Verwaltungsrecht II · 2. Aufl. '97* | |
| _____ | 26 | Verwaltungsrecht III · 3. Aufl. '98* | |
| _____ | 27 | Staatsrecht I · 2. Aufl. '97* | |
| _____ | 28 | Staatsrecht II · 3. Aufl. '97* | |
| _____ | 29 | Europarecht · 2. Aufl. '97 | |
| _____ | 36 | Völkerrecht '97 | |
| _____ | 33 | Baurecht/Bayern · 2. Aufl. '98 | |
| _____ | 33 | Baurecht/NRW · 2. Aufl. '99 (ab März '99) | |
| _____ | 33 | Baurecht/RhPfz | |
| _____ | 33 | Baurecht/Saarland | |
| _____ | 33 | Baurecht/Sachsen-Anhalt | |
| _____ | 33 | Baurecht/Thüringen | |
| _____ | 34 | Polizei- u. Sicherheitsrecht/Bayern · 2. Aufl. '99 (ab 04. '99) | |
| _____ | 34 | Polizeirecht/Thüringen | |
| _____ | 35 | Kommunalrecht/Bayern · 2. Aufl. '99 (ab Ende März) | |
| _____ | 35 | Kommunalrecht/NRW · 2. Aufl. '99 (ab März '99) | |
| _____ | C1 | BGH-Classics Zivilrecht · 2. Aufl. '98 | je DM 19,90 |
| _____ | C2 | BGH-Classics Strafrecht '97 | |
| _____ | C3 | Classics Ö-Recht '98 | |
| _____ | 37 | Internationales Privatrecht '97 | je DM 19,90 |
| _____ | 38 | Steuererklärung leicht gemacht · 2. Aufl. '98 | |
| _____ | W1 | Privatrecht für BWL'er, WiWis & Steuerberater '98 | |
| _____ | P1 | Kriminologie, Jugendstrafrecht & Strafvollzug '98 | |
| _____ | F1 | Basics Zivilrecht · Musterklausuren f.d.Scheine '98 | je DM 19,90 |
| _____ | F2 | Basics Strafrecht · Musterklausuren f. d. Scheine '98 | |
| _____ | F3 | Basics Öffentliches Recht · Musterklausuren f. d. Sch. '98 | |
| _____ | F4 | Musterklausuren für's Examen · Zivilrecht '98 | |
| _____ | F5 | Musterklausuren für's Examen · Strafrecht '98 | |
| _____ | | Superpaket (29 Stück · alle Skripten mit *) | 444,- |

Assessorbasics:

| | | | je DM 24,90 |
|---|---|---|---|
| _____ | I | Klausurentraining Zivilprozeß · 3. Aufl. '98 | |
| _____ | II | Klausurentraining Arbeitsrecht · 3. Aufl. '98 | |
| _____ | III | Klausurentraining Strafprozeß · 3. Aufl. '98 | |

**jetzt bestellen**

_____ **ABO Life&Law  die hemmer-Zeitschrift**     je DM 9,80

noch Sonderpreis DM 7,80  für unsere Kursteilnehmer
Nachbestellung möglich, solange Vorrat reicht!

trags-Nr. wird vom Verlag ausgefüllt:

Gesamtsumme (bitte eintragen): _____
zzgl. Versandkostenanteil: + 6,40 DM
Endsumme (bitte eintragen): _____

te alle Angaben deutlich in Druckschrift angeben!

Buchen Sie die Endsumme von meinem Konto ab:

name, Name

Kreditinstitut

ße, Nr.

BLZ, Konto-Nr.

, Ort

Datum, Unterschrift

efon, ggf. Kunden-Nr.

Bestellformular · Stand: 25.02.1999

# Karteikarten:
# Das Angebot im Überblick

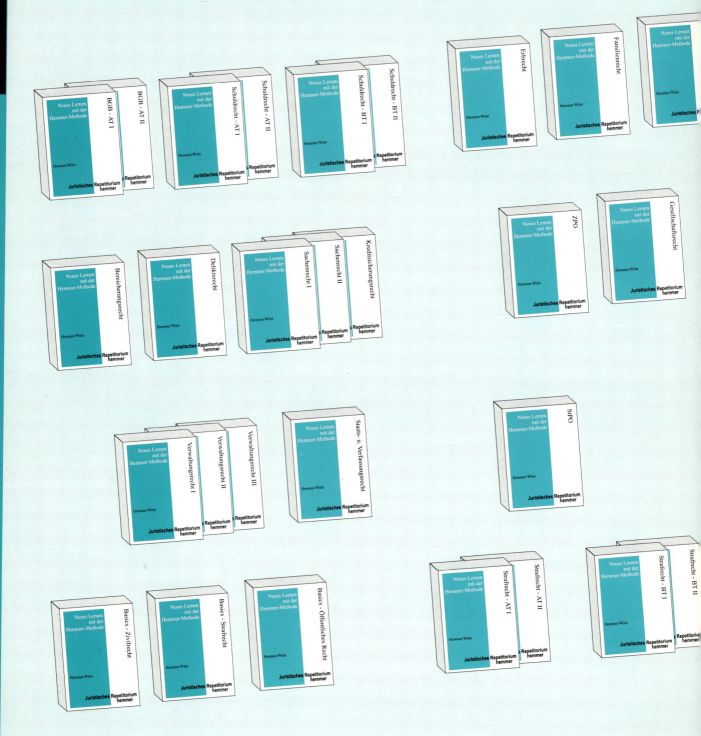

hemmer/wüst
Verlagsgesellschaft

# Der Aufbau

## Neues Lernen mit der hemmer-Methode

## Jede Karteikarte ist logisch und durchdacht aufgebaut:

### Einleitung

führt zur Fragestellung hin und verschafft Ihnen den Überblick über die Problemstellung

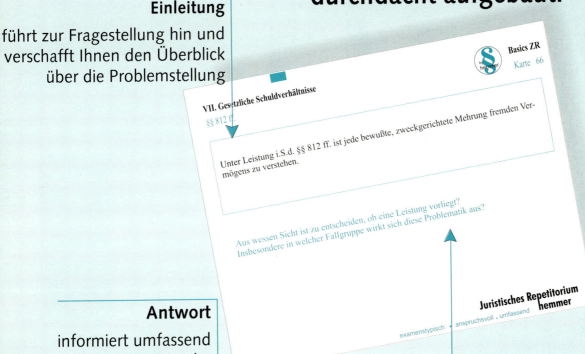

**Basics ZR**
Karte 66

**VII. Gesetzliche Schuldverhältnisse**
§§ 812 ff.

Unter Leistung i.S.d. §§ 812 ff. ist jede bewußte, zweckgerichtete Mehrung fremden Vermögens zu verstehen.

Aus wessen Sicht ist zu entscheiden, ob eine Leistung vorliegt? Insbesondere in welcher Fallgruppe wirkt sich diese Problematik aus?

*Juristisches Repetitorium*
hemmer

examenstypisch · anspruchsvoll · umfassend

### Antwort

informiert umfassend und in prägnanter Sprache

### Frage oder zu lösender Fall

konkretisiert den jeweiligen Problemkreis

Zu diesem Problem werden im wesentlichen *zwei Auffassungen* vertreten:
**1. Der Wille des Leistenden**
Nach e.A. soll es auf den Willen des Leistenden ankommen. Hierfür wird insbesondere der *Wortlaut des § 267 I* ausgeführt, der nahelegt, daß immer die Vorstellung des Leistenden selbst maßgebend sei.
**2. Die Sicht des Zuwendungsempfängers**
Nach heute h.M. ist dagegen wie bei der Auslegung von Willenserklärungen der *objektive Empfängerhorizont* maßgebend, §§ 133, 157. Hierfür sprechen vor allem *Vertrauensschutzgesichtspunkte* und der *Gedanke einer gerechten Risikoverteilung.*

Die unterschiedlichen Auffassungen werden vornehmlich **im Dreipersonenverhältnis bei den sog. Subunternehmerfällen** relevant.
Die Konstellation ist regelmäßig folgende:
Der Bauherr B bestellt bei dem Unternehmer U ein schlüsselfertiges Haus. U kauft bei X im Namen des B Materialien, die X wortlos liefert und dann eingebaut werden. Nachdem U nicht zahlt und auch B den Vertrag nicht genehmigt, will X aus § 812 gegen B vorgehen.
Läßt man den *Willen des Leistenden* maßgeblich sein, hat X gegen B den Anspruch aus § 812 I 1 1.Alt. Im Rahmen des § 818 III stellt sich dann die Frage, in wieweit sich B bzgl. der Zahlung an U auf Entreicherung berufen kann. Die h.M verneint dagegen § 812 I 1 1.Alt., da nach dem *objektiven Empfängerhorizont* eine Leistung des U vorliegt, §§ 951, 812 I 1 2.Alt. scheitert dann am Vorrang der Leistungskondiktion. X muß sich an seinen Vertragspartner U halten (vgl. H/W, BereicherungsR, Rn. 148 ff.).

Medicus vertritt hier eine vermittelnde Ansicht: X kann gegen B aus der Leistungskondiktion vorgehen, sofern B noch nicht an U gezahlt hat, denn in diesem Fall bedarf es eines Schutzes des B nicht. Hat B dagegen schon gezahlt, so bleiben dem X auch nach Medicus nur seine Ansprüche gegenüber U.

### hemmer-Methode

ein modernes Lernsystem, das letztlich erklärt, was und wie Sie zu lernen haben. Gleichzeitig wird background vermittelt. Die typischen Bewertungskategorien eines Korrektors werden miterklärt. So lernen Sie Ihre imaginären Gegner (Ersteller und Korrektor) besser einzuschätzen und letztlich so zu gewinnen.

## EXAMENSTYPISCH · ANSPRUCHSVOLL · UMFASSEND

# .Die Übersichtskarten

## NEU

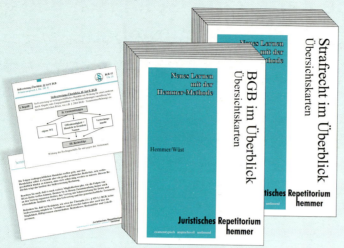

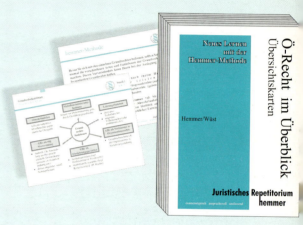

Die wichtigsten Problemkreise im Zivil-, Straf- und Öffentlichen Recht knapp, präzise und übersichtlich dargestellt. Sie erfassen effektiv auf einen Blick das Wesentliche. Die graphische Aufbereitung auf der Vorderseite erleichtert den schnellen Zugriff.

Die Kommentierung mit der **hemmer-Methode** auf der Rückseite schafft die Einordnung für die Klausur. Nutzen Sie die Übersichtskarten auch als Checkliste zur Kontrolle, ob die klausur-typischen Problemfelder präsent sind.

# .Jurapolis - das Spiel zur Methode

**Das Spiel zur Methode:** Examenstypisch, anspruchsvoll, umfassend. Wie in unseren Kursen und Skripten gilt auch hier das Motto: **Spielend durch´s Examen**. Dieses Spiel stellt eine ideale Ergänzung zum Lernalltag dar und ermöglicht eine Verbindung von Spaß, Freizeit, Arbeitsgemeinschaft und Lernen.

Es handelt sich um eine **fiktive Wirklichkeit**, die aber vielleicht gar nicht so fiktiv ist: Immer deutlicher zeichnet sich auch in Deutschland eine Privatisierung der juristischen Ausbildung ab. Diese Entwicklung kann schon heute auf eine lange und erfolgreiche Tradition zurückblicken ("schon Goethe war beim Repetitor") und wird sich in Zukunft noch verstärken.

Hemmer greift diese Entwicklung - entsprechend seiner sonstigen Ausbildungsmethodik - spielerisch auf und zeichnet ein Zukunftsszenario, in dem nach dem Vorbild der Vereinigten Staaten auch in Deutschland die akademische Ausbildung in den Händen privater Hochschulen liegt, die sich aus Studiengebühren finanzieren.

Im Vordergrund steht, spielerisch mit der Juristerei umzugehen. Das bedeutet auch, daß Sie bestimmen, was gespielt wird. Ihnen steht es frei, sämtliche Rechtsgebiete mit Ihren Freunden durchzuspielen. Haben Sie z.B. vormittags in Ihrem Kurs Fälle des Allgemeinen Schuldrechts besprochen, so können Sie Ihre dort gewonnenen Kenntnisse nachmittags zur Abrundung und Vertiefung im Rahmen eines Spiels mit den Karteikarten überprüfen. Gerade bei sog. unbeliebten Rechtsgebieten wie z.B. der StPO macht es gemeinsam mehr Spaß. Sie werden Jura einmal auf eine ganz andere Art und Weise erleben: Keine Klausurschreiberei, kein einsames Wälzen von unverständlichen Literaturmeinungen, sondern ein spannender Wettkampf gegen Ihre Mitstreiter, die Ihnen alles abverlangen. Hier zeigt sich, wer der Beste ist.

**Also, viel Spaß und Glück !**

**mmer/wüst**
**rlagsgesellschaft**

mer/wüst Verlagsgesellschaft mbH
gentheimer Str. 44 · 97082 Würzburg
0931/797 82 33 · Fax: 0931/797 82 34

| Nr. | Titel der Karteikartensätze | | Anz. | Nr. | Titel der Karteikartensätze | |
|---|---|---|---|---|---|---|
| 20.01 | Basics Zivilrecht | nur DM 24,80 | | 22.27 | Staats- und Verfassungsrecht | nur DM 24,80 |
| 20.02 | Basics Strafrecht | | | 22.20 | Strafrecht-AT I | |
| 20.03 | Basics Öffentliches Recht | | | 22.21 | Strafrecht-AT II | |
| 22.01 | BGB-AT I | | | 22.22 | Strafrecht-BT I | |
| 22.02 | BGB-AT II | | | 22.23 | Strafrecht-BT II | |
| 22.031 | Schuldrecht-AT I | | | 22.191 | Handelsrecht | |
| 22.032 | Schuldrecht-AT II | | | 22.14 | Familienrecht | |
| 22.40 | Schuldrecht-BT I | | | 22.15 | Erbrecht | |
| 22.41 | Schuldrecht-BT II | | | 22.16 | ZPO I | |
| 22.08 | Bereicherungsrecht | | | 22.30 | StPO | |
| 22.09 | Deliktsrecht | | | 22.192 | GesR | |
| 22.11 | Sachenrecht I | | | | Gesamtzahl Karteikartensätze (bitte eintragen) | |
| 22.12 | Sachenrecht II | | | | | |
| 22.13 | Kreditsicherungsrecht | | Anz. | Nr. | Titel der Übersichtskartensätze | |
| 22.24 | Verwaltungsrecht I | | | 25.01 | *neu* BGB im Überblick | nur DM 59,90 |
| 22.25 | Verwaltungsrecht II | | | 25.02 | *neu* Strafrecht im Überblick | nur DM 59,90 |
| 22.26 | Verwaltungsrecht III | | | 25.03 | *neu* Ö-Recht im Überblick | nur DM 24,90 |

Gewünschte Übersichtskartensätze bitte ankreuzen

_____ **Jurapolis - das hemmer-Spiel zu den Karteikarten**      nur DM 79,90
(ein Kartensatz Basics ZivilR ist enthalten)
zzgl. Versandkostenanteil DM 10,-

_____ **ABO Life&Law die hemmer-Zeitschrift**      je DM 9,80

**noch Sonderpreis DM 7,80** für unsere Kursteilnehmer
Nachbestellung möglich, solange Vorrat reicht!

_____ **Jahrgangsband 1998**      nur DM 149,90
zzgl. Versandkosten*

_____ **Einband für Jahrgang 1998**      nur DM 9,90
zzgl. Versandkosten*

_____ **Jahresstichwort- Themenverzeichnis 1998**      nur DM 5,00
zzgl. Versandkosten

uslieferung ab Februar 1999, solange der Vorrat reicht

Gesamtsumme (bitte eintragen):
zzgl. Versandkostenanteil:      + 6,40 DM *
**oder**
zzgl. Versandkostenanteil bei Bestellung des Spiels:      +10,00 DM

Endsumme (bitte eintragen):

\* entfällt bei Mitbestellung des Spiels

rags-Nr. wird vom Verlag ausgefüllt:

weiß, daß meine Bestellung nur erledigt wird, wenn ich einen Verrechnungsscheck in Höhe meiner Bestellungs-Gesamtsumme zzgl. des
rsandkostenanteils beilege oder zum Einzug ermächtige. Bestellungen auf Rechnung können leider nicht erledigt werden. Bei Rücklastschriften wegen
lerhaften Angaben wird eine Unkostenpauschale in Höhe von 30 DM fällig. Die Lieferung erfolgt unter Eigentumsvorbehalt.

te alle Angaben deutlich in Druckschrift angeben!

Buchen Sie die Endsumme von meinem Konto ab:

name, Name

Kreditinstitut

ße, Nr.

BLZ, Konto-Nr.

, Ort

fon, ggf. Kunden-Nr.

Datum, Unterschrift

# Unsere Philosophy-Principles

· · · · · · · · · · ·

## Was den Erfolg der hemmer-Methode ausmacht

Es besteht eine allgemeine Übereinkunft: Juristische Methode kann nicht in derselben Weise erlernt werden wie Algebra; anders ausgedrückt: Es gibt in der Juristerei kein vollständiges System von Regeln, bei deren Befolgung man notwendigerweise zum richtigen Ergebnis gelangt.

### *kein schematisches Lernen*

Von daher ist das zu schematische Lernen eine falsche, der Rechtsanwendung nicht entsprechende Lernmethode. Es besteht bei diesem, als träges Wissen bezeichnetem Lernen die Gefahr, daß abstrakte, anwendungsunspezifische Inhalte den Lernstoff bestimmen. Der Stoff wird dann in systematisch geordneter Weise dargestellt, das im Stoff enthaltene Wissen kann jedoch gerade für die in Frage stehenden Probleme nicht verwandt werden. Die unnatürlich klare Problemstellung läßt keine Fragen offen.

### *Assoziatives Lernen heißt: Problem erkannt, Gefahr gebannt*

Die im Examen zu lösende Fallfrage ist in der Regel viel komplexer und nicht wohldefiniert. Im Gegenteil, man muß zunächst überhaupt erst einmal erkennen, daß ein Problem vorliegt. Fehlt das Gespür für das Aufstöbern des Problems, nützt dann auch das zum Problemfeld vorhandene Wissen nichts. Dieses entsprechende „feeling" für die Juristerei ist mit unserer Assoziationsmethode erlernbar.

Neben dem Fehlen von Problembewußtsein besteht ein weiteres Defizit des herkömmlichen Lernens in der Zersplitterung der Lerninhalte. Durch die künstliche Trennung von z.B. BGB-AT und Bereicherungsrecht wird der Anschein erweckt, die Inhalte hätten wenig miteinander zu tun. Schon bei den Scheinen, spätestens aber im Examen zeigt sich der Irrtum. So hat gerade der fehlgeschlagene Vertrag seine Bedeutung im Bereicherungsrecht; Minderjährigenprobleme stellen sich besonders hier (z.B. Entreicherung und verschärfte Haftung). Auch im Öffentlichen

## Über das schematische Lernen

**Man kann sich irren, aber es lohnt sich nicht, sich selbst zu betrügen!**

Das sogenannte *schematische Lernen* suggeriert eine Einfachheit, die weder der Komplexität des Lebens noch der des Examens gerecht wird. Schematisches Lernen verführt dazu, der eigentlich im Examen gestellten Aufgabe auszuweichen. Das schematische Lernen führt zwar zu einem *kurzfristigen* Erfolgserlebnis, löst aber nicht die gestellte Aufgabe. *Unter-* *scheiden Sie* zwischen kurzfristigem und langfristigem Gewinn. Es geht – anders als teilweise in der Schule – *nicht mehr* darum, sich mit dem geringsten Widerstand durchzumogeln. Sie leben in einer Konkurrenzgesellschaft. Schöpfen Sie Ihre eigenen Ressourcen aus. Lernen Sie, spielerisch mit dem Examensfall umzugehen. Gefragt sind nämlich *eigene Verantwortung, richtiges Gewichten* und *Sich-Entscheiden-können*. Textverständnis für den Examensfall kann *nur so* entstehen und vertieft werden.

Recht und Strafrecht ist das Auseinanderhalten von AT und BT künstlich und entspricht nicht der Examensrealität. Durch die schematische Trennung besteht die Gefahr, daß das Wissen in verschiedenen Gedächtnisabteilungen abgespeichert wird, die nicht miteinander in Verbindung gebracht werden.

Diesem Gesichtspunkt trägt die HEMMER-METHODE Rechnung: Wissen wird von Anfang an unter Anwendungsgesichtspunkten erworben – das gilt sowohl für unsere Skripten als auch im verstärkten Maß für den Hauptkurs. Damit wird die Kompetenz der Wissensanwendung gefördert. Gezielte Tips, wie Sie sich Zeit und Arbeit ersparen, begleiten Sie schon ab dem ersten Semester. Wir setzen unsere Ausbildung

dann in unserem Examenskurs fort, indem wir auf anspruchsvollem Niveau Examenstypik umfassend einüben.

### *Anders als im wirklichen Leben gilt für Klausuren und Hausarbeiten:*

#### *„Probleme schaffen, nicht wegschaffen".*

Mit der von uns betriebenen Assoziationsmethode lernen Sie, richtig, nämlich problemorientiert, an den Examensfall heranzugehen. Sie lernen damit, „wie" Sie an einen Examensfall herangehen und „was" das nötige Rüstzeug ist. Mit Beendigung unseres Kurses ist in der Regel das entsprechende „feeling" für Examensfälle erlernt!

Die ersten beiden Stunden in der Klausur sind entscheidend: Diese üben wir mit Ihnen in unserem Kurs immer wieder ein. Wir lassen Sie bei dem oft mühevollen Schritt vom bloß abstrakten Wissen zur konkreten Examensanwendung nicht allein. Das häufig gehörte Argument, man müsse erst 200 Klausuren schreiben, – für Freischüßler ohnehin kaum praktikabel – wird überflüssig, wenn man unter Anleitung examenstypisch trainiert.

### *Training unter professioneller Anleitung*

Erst das ständige Training unter professioneller Anleitung führt zur Sicherheit im Examen. In den Examensfällen geht es auch häufig nicht um ein

## EXAMENSTYPISCH · ANSPRUCHSVOLL · UMFASSEND